大展好書　好書大展
品嘗好書　冠群可期

大展好書　好書大展

品嘗好書·　冠群可期

道家南宗
丹道修真長壽學

張伯端　石泰　薛道光　陳泥丸　白玉蟾　原著

蘇華仁　總主編

張高澄　陳攖寧
呂　直　蘇德仙　編著

大展出版社有限公司

中國道家內丹養生之道祖師　中華民族神聖祖先　黃帝　聖像

中國道家丹道養生祖師老子聖像

紫陽授道杏林圖

南宗二祖石杏林

南宗三祖薛道光

陳楠真人

南宗四祖陳泥丸

白玉蟾真人

南宗五祖白玉蟾

皇帝、老子丹道當代傳人吳雲青坐像

弘捐丹道

造福人天

贈天下善士

吳云青书

丙子年秋

世界著名《老子道德經》養生之道當代傳人吳雲青墨寶

苏华仁道长

丙戌秋

唐明邦

丹道回春

當代易學與道學學術泰斗武漢大學唐明邦教授墨寶

謹將本叢書敬獻給

中國道家養生之道集大成者
中華民族神聖祖先皇帝，老子

獻給渴望身心健康事業成功，天人合一者。

中華聖祖黃帝、老子養生之道禮贊：

浩浩茫茫銀河悠，

浮動蔚藍地球，

造化生人世間稠，

生老病亡去，

轉眼百春秋。

黃帝、老子創養生，

度人超凡康壽，

道法自然合宇宙，

復歸於嬰兒，

含笑笑遙遊。

——蘇華仁

《中國道家養生與現代生命科學叢書》總主編
2008年春於廣東羅浮山軒轅庵紫雲洞道家養生堂

142 歲的吳雲青增補為延安市政協委員

陝西省延安市青化砭村 142 歲的老人吳雲青，增補為延安市五屆政協委員。

吳雲青出生於清朝道光 18（戊戌）年臘月（即 1839 年）。原為青化寺長老，現為人民公社社員。他雖然經歷了 142 個春秋，但仍精神矍鑠，步履穩健。

張純本攝
（新華社稿）

1980 年 9 月 10 日《人民日報》第四版

世界著名生物學家牛滿江博士 1982 年專程來中國北京向邊智中道長學煉中國道家養生時合影

華陽隱居告誡

清君先人云櫛眼理髮那也遍多

君弱去壯之病華衛身之災滯去失之道取

去體之篇此難可以問乎

南嶽夫人曰言去性命之全敗也信去得失

之關鍵也

守生一篤者一年使那石白光該更生肉擁

咳孤松某自羈奴徐五事那受之灾耳

目膚用靜氣雖後與色之不宇行事而學
筆夫寫于倒多陰逸橡于林繁之中遠人
間而把淡列而無領而云髮
大素矢智之搖已生君心也心中程弓首棟和
雖是以二搖不可見不寫之筋首棟出此橋
單生與其實歟好也
西堆先人云神者度形舟薄岸當別去徘
狙生死輪但苦心程豫

紫薇夫人歌寒翠濟鑣湖足尺拔秦公高

會大林塔霞窗玄華宮信色菖濡萬戶

石栖東峰

方英吟曰弓心許支子言當採玉足二草

不雨泊幽泬不能来　筌

陵舟一槳九華三飛雲三海巒甜徳真徘徊

仰唱集鸞玉巖陽容于三陰三優童額

于九鑣三戶

節墨四出

樂山證形把去宏神青字只一則暖不白

免更鑒

脩穀入山當辱白石芋白石子左以石多

報與師白石先生

嘉定壬申上元日瑷山邑人錄

《中國道家養生與現代生命科學系列叢書》第 2 輯
編委會名單

本叢書所載中國道家丹道修真長壽秘傳師承

1. 吳雲青（1838～1998）

中華聖祖黃帝，老子創立道家丹道修真長壽當代 160 歲傳師，世界著名壽星。（詳況登陸央視四台發現之旅「肉身不腐之謎」）

2. 邊智中（1910～1989）

中國道家華山派丹道修真長壽當代傳師，世界著名生物學家牛滿江道功師父。

3. 李理祥（1893～1996）

中國道家龍門派丹道修真長壽當代百歲傳師，中國當代著名道家醫學傳師。

4. 李嵐峰（1905～1977）

中國道家金山派丹道修真長壽當代傳師，張三豐太極拳與丹道修真長壽當代傳師。

5. 唐道成（1868～1985）

中國道家武當派丹道修真長壽當代 117 歲傳師，中國當代著名道家醫學傳師。

6. 趙百川（1876～2003）

中國道家青城山丹道修真長壽當代 127 歲傳師，中國當代著名長壽老人。

7. 李靜甫（1910～2010）

中國當代華山丹道道醫著名百歲道長、華山道教協會原會長。

《中國道家養生與現代生命科學系列叢書》
總主編蘇華仁簡介

· 蘇華仁與恩師吳雲青1996年合影於西安樓觀台老子說經台

　　蘇華仁道長，道號蘇德仙，20世紀中葉出生在舉世聞名的《周易》發源地和世界文化遺產殷墟與甲骨文的發祥地──中國古都安陽（古都安陽同時是中華智聖鬼谷子的故鄉）。

　　為追求宇宙天地人大道，年輕時曾雲遊四海、尋真問道，三生有幸於1980年被1998年160歲坐化、至今金剛肉身不壞的世界著名丹道養生老人吳雲青收為入室掌門弟子，精心培養長達十八年。（世界著名壽星吳雲青老人修道養生和坐化肉身不朽情況主要載《人民日報》1980年9月10日、中央電視台四台國際頻道「發現之旅」欄目2010年11月25日晚間以「肉身不腐之謎」節目播出，登錄央視網站即可觀看）；蘇華仁道長還曾師從當代道功名師李嵐峰、當代華山道功名家邊智中、

117 歲的丹道高師唐道成、終南山百歲道醫李理祥、青城山
127 歲道長趙百川、當代佛門禪宗泰斗虛雲法師弟子九華山佛
學院首座法師釋明心、佛門密宗泰斗釋圓照、佛門淨土宗百歲
禪師釋淨嚴，有緣學得中國道家內丹與佛家禪修秘傳。

蘇道長曾於 1980 年被中國禪宗祖庭少林寺行正禪師委任
為副主持，二人同住一屋。現任中國道教十大名山羅浮山軒轅
庵、紫雲洞道長。

他將中國道家內丹養生學傳授給海內外有緣的國家、地區
和人士，同時用中國道家內丹養生修真學為攻克聯合國公布
十七種疑難雜症中的十六種（艾滋病除外）進行了多年探索，
取得不少科研成果，康復患者無數，享譽海內外。

蘇華仁道長數十年從事內丹養生修煉，基本上已達先天境
界，對各種中國道家內丹養生理論和功法有全面而獨到的精煉
解釋。如今，揮手之間，口中金津玉液泉湧無窮，身輕如燕、
行走無聲、皮膚已煉至橘子色……是不可多見的理論與實修兼
具、有正宗傳承、用生命證明了丹道絕學的當代道家高人。

蘇華仁道長還兼任中國老子道學文化研究會常務理事，中
國作家協會河南分會的會員，中國安陽《周易》研究會常務理
事，中國珠海市老子道學文化研究會名譽會長，中國珠海市古
中醫養生發展研究會會長、新加坡道家養生學會名譽會長等職。

近年來，蘇華仁道長與世界著名易道泰斗唐明邦、董應周
和山西科學技術出版社副總編趙志春等同道精心編著《中國道
家養生與現代生命科學系列叢書》（共十二冊），蘇道長擔任總
主編。本叢書由山西科學技術出版社出版後受到海內外同道好

評。書目如下：

1.《老子<道德經>養生之道》
2.《藥王孫思邈道醫養生》
3.《道家內丹功與現代生命科學》
4.《太極拳祖師張三豐內丹養生》
5.《<周易參同契>與道家養生》
6.《世界著名壽星吳雲青談中國傳統養生之道》
7.《<黃帝外經>丹道修真長壽學》
8.《<鬼谷子>與茅山道派丹道修真學》
9.《葛洪<抱朴子>道醫丹道修真長壽學》
10.《呂洞賓丹道修真長壽精華》
11.《華山陳搏老祖丹道修真長壽學》
12.《道家南宗丹道修真長壽學》

通訊地址：中國廣東博羅縣羅浮山寶田國際會議大酒店
　　　　　中醫養生理療中心轉軒轅庵　蘇華仁道長收。
郵　　編：516133　手機：13138387676，13542777234
電子郵箱：su13138387676@163com
公開郵箱：su13138387676@126com　密碼：510315
網　　站：wwwdjystcom
博　　客：http：//blog.sina.com.cn/suhuaren
　　　　　http：//hi.baidu.com／蘇華仁

　　北京愛心中立高文化有限責任公司，是一個專門研究、傳承、創新、傳播經典文化的組織，公司以全真和合論為指導理論，以提升全民文化自覺自信為己任，以健康國民身心為宗旨，以促進和平和諧為目的，秉承傳統，契合當代，弘揚國學經典文化，傳承孝道養老美德，結合傳統工藝精髓，發展身心健康事業。

　　公司目前在北京、河北、山東、甘肅等地共有連鎖店 18 處，公司秉著「誠信合作、互利共贏」的理念誠邀社會文化精英與愛好者共謀發展、共促和諧。

　　電話：010-51811253

　　地址：北京豐台區小屯路 9 號立高大廈

目錄

⁂第一章⁂
《道家南宗丹道修真長壽全書》緒言

張高澄

用宇宙大自然力量，化盡人類不自然的生活習慣，是道家養生的真傳。

古今中外，言養生之道，最透徹博大精深者，莫過於由中華民族神聖祖先黃帝、老子開創的中國道家文化與中國道家丹道養生修真學。此為古今中外養生行家所公認。

中國道家於養生，統括宇宙天地人大自然法則，綜合百家養生之長，在實證效驗工夫訣竅等方面，無不體用兼顧，知本溯源，可以窮極宇宙造化，可以直達頤養天年，可以成就仙聖，開發大智慧，而達到「天人合一」。

雖然稱為「養生」，其實涵蓋自然大道，不可小視。道家養生決然不是純修形體，徒事延年而已。其要緊處在於從心性著手，高尚心境，淳全心智，返後天而全先天真性，進而性命雙修，煉精化氣氣化神，使生命回春，進化常新，此即性、命兼修，動、靜雙修，心身再造的工夫。

故洞賓呂祖特在其名詩《窯頭坯歌》中精闢地吟寫道：「伏羲傳道至如今，窮理盡性至於命。」所以養生和修道的途徑一致。必須經過窮理，明通大道妙慧四達，然後可以奪天地造化之機，達到健康長壽、進而達到天人合一，長生久視的養生目

的和讓人類從必然王國進入自由王國的理想境地。

中國養生方面的理論汗牛充棟，為了達到養生長壽，實現長生久視之理想，整個道家的宗師，幾千年來一直在研究總結經驗，並且不遺餘力地身體力行世界上所有對人體有益的各種修行手段和方法，使得道家修行的理論和實踐都是登峰造極的。其中最具有代表意義的兩個道教宗派，就是道教全真教的南北二宗。他們各自的修行入手方式似乎截然相反，但是所取的最終結果都是輝煌完美的。

我們這裏雖然講述南宗養生學理論，但是對其他道宗完全沒有任何斥貶，僅僅是要指明各自的特點和特色，讓學人見宗知旨，胸有成竹，不會迷惑於小術，而能下學而上達，雖然不一定要做神仙長生不老，但是至少也要能夠保全性命之根本，達到健康長壽。見到身中大道妙趣，樂享天年，也是人生養生與事業成功的根本保證。

作者希望不要將此書內容當做普通書籍，僅僅作為幾種不同的功法來研習。但是，要諸位徹底理解性、命雙修的基本原理以方便大家進行練習，本書的目的是為了讓天下人都知道，人體自身之中有長生藥，就是精、氣、神，人類能夠用正確地簡易系統化的方法來保全、昇華、滋養全身，最終達到祛病延年，延緩衰老。

中國道家丹道養生修真學所講的內煉精、氣、神三寶，早已經為現代科學透過實驗的方法得到證實：精即脫氧核糖核酸，氣即是臆肽，神即是丘腦。這裏尤為重要的意旨是希望所有的人能夠按照本書所給出的方法即刻能夠下手修習，見效快，掌握容易。萬萬不要到了氣血雙虧，能量衰減，精神頹敗以後，或者認為生了重病以後再學習養生之術，可以祛除病魔，就不是作者的本意。

作者希望要是人人從小學習這些終身受益的養生、修身養性的方法，及其長大已經至少知道如何規範自己的行為，使之和於維護生命的大道理，那本書的目的就在於此。

養生的層次有高低不同。在低級的準備階段和藥物調理方面，幾乎稍微有點常識的人都可以自己按章照做，不會產生過多的誤解。但是到了高級階段，養生過程要在生理心理方面進行綜合性的訓練，一定需要有經驗的指導老師親臨指點，否則容易出偏差。甚至包括服食方面。也需要有經驗的老師指點，才能事半功倍。

最後本書以純粹養生實學為宗旨，純屬於人體生理心理綜合調和方面的原理，具體的訓練和闡述。對於和養生無關的其他玄虛妄誕之說，卻並不涉及。如果有同仁希望談論道學或者其他玄學問題，可以在另外場合交流。

第一節　中國道家和南宗養生概論

一、中國道家養生綜述

養生長壽是人類的需求，世界生物生、老、衰、亡的自然傾向。中國道家歷代宗師對養生格外注重。道家南宗始祖張紫陽《悟真篇》詩曰：「昨日街頭猶走馬，今朝棺內已眠屍。」幾乎道家宗師都是直欲振臂吶喊喚醒世人，其切望不論男女老幼，人人重視養生之情，油然可見。特別是人過中年，成就學問造詣漸至純青，各行各業人士，無論工、農、學、商、政治、藝術、文學家等等，

然而身體器官機能衰退，苟能健康快樂聰慧的生活，其對個人、家、國、天下、科學文化等各方面的貢獻，必然與日俱

增！然而歷史上不少英雄豪傑，偉岸天才如諸葛孔明一樣「出師未捷身先死，長使英雄淚沾襟」的比比皆是，深可嘆惜！但是一般人總是「只圖利祿貪容顯，不顧形容暗悴枯」不能在日常生活中稍事調養功夫，防病於未然。化災於未兆，使此生無疾病之苦，使我身延年益壽，終享天年，即非明智之舉，苟稱萬物主靈，亦誠然當之有愧！

中國道家養生學中的訣法與功夫，完全徹底依照人體生理心理發展的自然規律。在形體精神兩個方面進行鍛鍊，毫無迷信性質和宗教色彩。雖然「神仙境界」為修行的最高境界，世人常視之怪誕，而究其實則與「真人，聖人，佛陀」境界同旨。下面我們還要仔細考察神仙境界與養生關係，可知其道絕非虛誕。

中國道家自古至今在養生上的殊勝成就，即使在當代，遠非其他諸子百家儒佛與現代西方之養生家、醫學家、科學家們所可企及，中國晉代道家名師葛洪已有「我命由我不由天，煉金還丹億萬年」之說，可見其境界和真實效驗已經領先世界其他國家至少有一千多年。

中國道家養生學核心思想和核心機制是「道法自然」規律，經過各派人士數千年的實踐，不但在理論上系統周密，而操作程式次第嚴謹詳明。因為道家是按照嚴格的生命科學和自然科學精神在研究養生問題，各派宗師都是身體力行，細緻體驗，周密記錄，所以在方法、實證和理論上，道家的養生方法都能夠經得起重複實驗和理論的推敲。

惟古丹經典籍，說理玄遠，旨趣高妙，然而隱語秘其真機，必須經過名師詮釋方獲真相真訣。

中國道家養生要旨，以精、氣、神為生命的根本要素，始終圍繞「精、氣、神」之煉化，而道家尤重「先天精氣神」又

乃為仙家養生秘訣之首。整個養生的過程就是圍繞著精氣神，由後天而知先天，由先天而知天地自然，最終行住坐臥，須臾不離純任自然，為道家養生之道最上一乘。

二、中國道家神仙理論與養生實踐

中國道家修煉的目的在通常人眼中就是做長生不死的神仙。雖然長生不死一直是上至天子下至庶人長盛不衰的古今一大國人情結，究竟何謂神仙，許多人都沒有明確概念。

有的認為活得長，有人認為不死，有的認為騰雲駕霧，超凡脫俗，跳出三界外，不在五行中，顯然是非同凡響的神妙。其實按照道家經典理論來看，長生不死雖然在理論上有可能，在實踐中有個別成功特例，但是，嚴格說來是人類美好的理想。不過，人類能夠樂享天年，健康快樂富於智慧的水準上達到人的基本壽命，譬如 120 歲以上，對於道家來說是完全有路可以遵循達到的，這些都是人的自然屬性，並非高深不可及的玄虛神秘之說，而屬於下學而上達的範疇，即人人可學，按一定的有效方法和生理心理訓練的確然階梯，就可以升堂入室而窺全奧。至於為何學之者無數，得之者鱗角，則屬於學道人的見地和努力程度有關。

如果能夠理解道家在神仙理論上的基本知識，則在養生方面至少可以得到比較完整的知識，學習養生就能夠胸有成竹，方向明確。至於如何達到這樣境地，無論你是從外丹，還是內丹，瑜伽，佛法，都是一個徹底改造我們身心的生命科學系統工程。凡是希望獲得極樂，永生，不滅，長生久視的人，如果不懂得道家神仙學說是無法透徹理解中國養生學方面的歷史和發展狀況。如果正確地理解道家思想學說，養生問題的境界和操作手段也就比較容易明白。

對於道家的神仙理論，應該從人的心理和生理方面，以及不同層次的人和自然的關係等方面去做完整的考察，才能掌握完備的養生知識。所以，我們下面要用一些篇幅來仔細討論道家關於神仙的經典理論。

（一）神仙境界

神仙層次和境界在《鍾呂傳道集》裏講的比較透徹，這本書是鍾離權和弟子呂洞賓之間的傳道過程的完整記錄，建議有意於此者不妨仔細閱讀一下。首先古人說的人，仙，和鬼是按照陰陽學說嚴格劃分的。鍾離權說：「純陰而無陽者鬼也，純陽而無陰者仙也，陰陽相雜者人也。唯人可以為鬼，可以為仙。少年不修，恣情縱意，病死為鬼也。知之修煉，超凡入聖，脫質而為仙也。」

這裏面有三個概念要明白：一是陰陽純粹狀態為仙和鬼的區別，陰陽相雜是人；二是恣意縱情，耗盡身中之陽，也就成了純陰無陽之體，往往不得善終，病死成鬼；三是修煉脫去陰質，化為純陽而成仙。

很明顯修仙就是不要恣意縱情，致使病魔纏身死後純陰，而是要把身中相雜之陰煉化脫質為純陽。其實所有的道家修煉問題都是圍繞著如何轉化形質，即所謂脫胎換骨，達到純陽之體而展開的。而道家的養生問題也和化陰為陽密切相關。

《鍾呂傳道集》中闡述的修仙次第謹嚴，依次分為鬼仙、人仙、地仙、神仙和天仙共五種仙。這五種仙其實就是當時修行人的五種層次。

1. 鬼仙

《鍾呂傳道集》說：「鬼仙者五仙之下一也，陰中超脫，神像不明，鬼關無姓，三山無名。雖不入輪廻，又難返蓬瀛，終

無所歸，止於投胎奪舍而己。……修持之人，不悟大道，而欲速成，形如槁木，心若死灰，神志內守，一志不散，定中以出陰神，乃清靈之鬼，非純陽之仙。以其一志，陰靈不散，故曰鬼仙。古今崇釋之徒，用功到此，乃曰『得道』，誠可笑也。」

這是修行中的一種常見的反常現象：如果修行者不悟修煉純陽正法大道，僅僅修習入定，是執小法欲速成，常會於定中出陰神而死去，因為意志堅固不散，故歸為鬼仙一類。據說這樣人死後陰神聚而不散，靈明而無大慧，墮落下乘。由於這個現象和養生無大關聯，有待科學發達後究及於此或可透徹其中緣由，所以並不做過多討論。

但是這裏已經指明，如果修行人不明白純陽為仙的道理，必然偏執小法，不但不能獲得道行的成就，而且容易追求極端效果出現反常的死亡，對於這樣的現象不能不引以為戒。

2. 人仙

《鍾呂傳道集》說：「人仙者五仙之下二也，修真之士，不悟大道，道中得一法，法中得一術，信心苦志，終世不移，五行之氣，誤交誤合，形質且固，八邪之疫，不能為害，多安少病，乃曰人仙。……修持之人，始也或聞大道，業重福薄，一切磨難，遂改初心，止於小成，行法有功，終身不能改移，四寸不能變換。如絕五味者，豈知有六氣；忘七情者，豈知有十戒；行漱咽者，咳吐納之為錯；著採補者，笑清靜以為愚；好即物以奪天地之氣者，不肯休糧；好存想而採日月之精者，不肯導引；孤坐閉息，安知有自然；屈體形勞，不識於無為；採陰取婦人之氣，與縮金龜者不同；養陽食女子之乳，與煉丹者不同。以類推究，不可勝數，然而皆是道也。」

這裏是說，如果修行人已經明白了達到純陽才是修仙的難一途徑，又有幸遇見道中明師，得到如何化陰為陽的一法一

術，但是不能獲全法於大道，執著一偏法門不及其餘。只見樹木不見森林，那麼五臟堅固，筋骨強實等小功可成，固然屬於道法，卻是其中偏見小術。僅僅長壽住世，安樂延年而已，故曰人仙。

另外，「多安少病」說明人仙並非沒病之人。「止於小成」說明境界不高智慧不夠，更何況不能堅韌持恒，往往半途而廢，故未能得全法而入上乘。

按照書中的定義，形固身安，邪疫不害，似乎人仙已經為世人欽羨不已，但在道術中，僅僅小成之法，決然不可留戀不捨。不過就養生來說，這些方法已經能夠令世人受益，所以關於養生的種種問題往往要從這裏開始。

3. 地仙

再說地仙，書中有：「法天地升降之理，取日月生成之數，身中用年月，日中用時刻，先要識龍虎，次要配坎離，辨水源清濁，分氣候早晚，收真一，察二儀，列三才，分四象，別五遠，定六氣，聚七寶，序八卦，行九州，五行顛倒，氣傳子母。而液行夫婦也，三田反覆，燒成丹藥，永鎮下田，煉形住世，而得長生不死，以作陸地神仙，故曰『地仙』。」

很明顯，此時修行者的修煉過程方法已經合於天地自然大法，逆轉五行法則，顛倒反覆，使得高層次的精氣神打合一片，而能夠使形成肉體不再衰老，故而長生不死。雖然這些方法神妙，極為有益身心，而且簡易可學，是我們將要仔細討論的部分，但其實這已經涉及高級養生的範疇，對修行者的心理素質悟性資質也有相當的要求。

我們希望能夠按照養生的要求，在書中把修行的方法詳盡介紹，使得所有人都可以自我衡量自我評估自行擇取，量力而行，循序漸進，而能最終受益。

4. 神仙

神仙的級別是「修真者既已成地仙，厭居塵世，用功不已，關節相連，抽鉛添汞，而金精煉頂，玉液還丹，練形成氣，而五氣朝元，三陽聚頂，功滿忘形，胎仙自化。陰盡陽純，身外有身，脫質升仙，超凡入聖，謝絕塵俗，以返三山，乃曰『神仙』。」

由此看來，其有地仙資質，經過進一步「用功不已」，系統化修煉而得到徹頭徹尾的改造，轉變為徹底的「陰盡陽純」之純陽之體，就是神仙。

自古以來中國人一直饒有興趣的關心這些神仙之術，大家都想知道，我們普通人能否學習這些修行的方法，依法修煉也達到這樣的境界？南宗的宗師對此問題的答案當然是非常令人振奮的：每個人只要是活人都可以學！對於這些看似五花八門的修行的方法如「抽鉛添汞」，「金精煉頂」等，至今每個道派都有不同的詮釋。

不過道教經典中已經將這些次第標明，方法又都有真實效驗，程度可以逐步驗證，如果能夠有經驗豐富的老師指導，學習起來一定不會毫無依據。

所以我們可以說，從道家已經掌握的豐富的修仙理論知識和實踐經驗中，我們完全可以將其應用在養生實踐中去，而獲得非凡的成就。

5. 天仙

最後關於天仙，《鍾呂傳道集》說：「修真者既為『神仙』，功夫已成，便傳道人間，廣行仁義道德，從而功行滿足，受天書以返洞天，是曰『天仙』。」

這個層次的仙人，顯然已經不是考慮修身養性衛生健康問題，而是已經脫胎換骨超凡脫俗的道德淳全之士，在「傳道人

間，廣行仁義道德」。不過，這裏提出的觀點是：以自然道法助人，行道德仁義之事，是學仙的一個重要部分。

《鍾呂傳道集》中最後總結說：「人之仙，其等有三，太上引年益壽，其次安而引年，下其安而無疾——皆小乘也。地之仙，其等有三；太上極陽輕身，騰舉自如；其次煉形久視，至於千歲；其下引年益壽——皆中乘也。神之仙，其等有三；太上超凡入聖，而歸三島；其次煉神合道，出入自然；其下煉形成氣，恒古長存——皆大乘也。」

至此，我們也已經從養生的角度完整的考察了道家的對養生方面的理論根源，以及各種層次的境界效果與目標。綜合而言，對學習養生的人來說，這五等仙術之中，鬼仙基本無益身心，天仙或許未敢奢望，而人仙、地仙、神仙之術都在於特殊的心理和生理方面的訓練，於養生方面效驗非同小可，是我們要加以認真研究和學習的。

三、中國道家丹功宗派簡介

中國道家養生學，實則僅僅和道家丹鼎諸派的內丹學說密切相關。以至於現在幾乎全世界的養生家無不以道家內丹派為研究重點。所以，這裏有必要將道家內丹各家學說做一個系統的介紹。

中國近代道學大師王沐先生曾經說：「道教自唐末五代以後，由重視外丹轉入內煉，成為一個內丹丹功系統，自鍾離權、呂洞賓兩真人留傳功法以後，逐步分成五大派，師徒相傳，至今來衰。」茲摘錄王先生「道教丹功宗派漫談」如下：

（一）北派

北派名稱，係由宗教而來，當時王重陽創全真教，本主張

三教合一，「不主一相，不立一教」，以道教的《道德經》、佛教的《心經》、儒家的《孝經》為全真教祖經。實際當時北方已為金人所統治，立教比較困難，主張三教圓融，易於傳教。至於在丹功方面，仍是祖述鍾、呂，並以鍾、呂內丹繼承者自居。讀其所著《金關玉鎖訣》釋金關玉鎖意義，即明指練功時如何無漏。他設問說：「假令白牛去時如何擒捉？訣曰：『白牛去時，緊叩玄關，牢鎮四門，急用仙人釣魚之法，又用三島手印指黃河逆流，白牛自然不走。』」（道藏第七九六冊）白牛色白為西方金，象徵元精。

此段發揮《參同契》第二十三章而明顯講出，即契文「太陽流珠，常欲去人，卒得金華，轉而相因」的含義。

欲漏不漏時緊守丹田，不動耳目口鼻，三島手印即「兩支慧劍插真土，引得黃河水逆流」之口訣，這都是鍾呂系統的功法。他總結此功法決曰：「一名金關玉鎖定，二名三島回生換死定，三名九曲黃河逆流定」，可以證明他的丹功淵源。又設問曰：「何者是神仙抱一？」回答說：「一者為道也。一生二，二生三，三生萬物。三中四智功，五眼恁起，六根掃蕩，七魄運開，八卦說，九思真，道憑無漏果圓融。意想自神長在丹田，抱守元氣，莫教散失，此是抱一之法。」這更說明王重陽功法是鍾、呂體系。

王重陽功法傳與七個弟子，以邱處機成就最高、聲望最著，他於王重陽逝後，在陝西磻溪苦修六年，隴州龍門苦修六年，冥思深煉，總結師承，開創龍門一派，傳世至今。因為在教統上南北分立，此功法屬於北宗全真派，所以在內丹分派上稱為北派。

北派主張是先修性後修命，修性即是修心，修命即是修術，本來兩者不能截然分開。因邱處機真人等強調先後之別、

輕重之分，遂成為此派丹功特點，邱祖語錄曰：「吾宗三分命功，七分性學，以後只稱性學，不得稱功。功者有為之事，性何功哉？」又曰：「吾宗惟貴見金，而水火配合，其次也；大要以息心凝神為初基，以性明見空為實地，以忘識化障為作用，回視龍虎鉛汞，皆法相而已，不可拘執。不如此便為外道，非吾徒也。」此種開示徒眾的話，實是拍板定弦。所以北派雖講性命雙修，仍以修心為主。

王重陽在甘河橋上所遇之二仙人，本未實指鍾、呂，但確是傳給他丹訣的人。當時重陽有詩曰：「四旬八上始遭逢，口訣傳來便有功」。只提師傳，未稱姓氏。明王世貞在跋《王重陽碑》一文則講後人追稱二仙為鍾、呂，乃邱處機之意，蓋確定教祖身份，實為抬高本教地位之目的。

後來元世祖封東華帝君及鍾、呂、劉、王為真君，元武宗又追封為帝君，在宗教上地位崇高，在丹法上全真一派，亦被內煉者尊稱北派。但與王重陽創教時「不主一相，不立一教之言」已經有了發展變化了。

王重陽七弟子，在丹功上雖各立門戶，但功法大致相同。邱祖龍門派則傳流最盛，至元朝末年北派與南派合流後，互相融合功法，遂均以漢魏伯陽、宋張伯端的《參同契》、《悟真篇》為祖經。

明末清初之伍沖虛、柳華陽，許多丹經都列在北派之外，另稱「伍柳派」。實際明末伍沖虛的丹功，仍以龍門派丹功為核心。伍沖虛名守陽，為龍門第八代，王常月之弟子，為教中之律師。他雖將龍門派丹功推進一步，但不離教內心傳，貫徹了三教合一的精神，講丹術而證以禪理，所著《天仙正理直論》、《仙佛合宗》，均貫徹三教圓融的丹功，不過內容仍以道功為主，其他不過參證而已。

清柳華陽原為僧人，後自稱拜伍沖虛為師，著有《金仙證論》、《慧命經》，發揮北派清修丹法之要旨，以佛語講丹功，其《慧命經》實為別開生面之作。不過，書內所引《首楞嚴經》經文，對照搜尋，並無原句，蓋多屬自創之辭，假佛經而說理之作。

此兩書對初步內煉的人影響很大，雖有人說他的功法步驟過於瑣碎，但以佛語為形式，寓口訣於其中，如果仔細思量，必有心得，所以眾推為啟蒙的好書。

同時有朱元育《參同契闡幽》、《悟真篇闡幽》，發揮心得，暗示口訣，道教界亦推為名著。其他有劉一明《道書十二種》，出入儒釋，另創新詞，說清修派之丹法，亦極透徹。

北派著作，在清朝同光年間，北京北郊天壽山桃源觀道士盼蟾子劉名瑞《又稱劉琇峰》有敲蹻三種計《道源精微歌》、《敲蹻洞章》、《灑瀟易考》等著作，闡發了丹功清修密旨，但行文艱澀，又多用道經奇字，頗難竟讀。彼自稱師承為南無派兼龍門派，又稱為柳華陽弟子《南無派系譚處端系統》。

自稱為劉名瑞弟子的趙避塵，是清末光宣時代人，一九四二年羽化，他的丹功師承北宗，震動一時，又拜僧人了然、了空為師。他著有《性命法訣明指》，入手功夫先觀兩眉之間的主竅，並看鼻準。坐式「兩手和合扣連環，四門緊閉守正中」的口訣，則是北派。因師承較雜，所以自認為北派支流，自稱千峰老人，創千峰派。

道教講內練功法，多以北派龍門派為正統。不過現在有許多假借北派名義來宣揚自己功法，或誇耀自己為龍門嫡傳，但真偽雜糅，法術多端，所以全真教徒在教內傳徒非常慎重，不肯輕易收徒，也是主要原因。

（二）南派

南派創始者為天臺張伯端，生於北宋太宗太平興國八年（西元 983 年），羽化於宋神宗元豐五年（西元 1082 年），住世九十九年。屢次參加考試未成，乃作胥吏，因誤責小婢而致其自殺，由此悟天下冤案眾多，盡焚所作文書，放棄吏職。又以觸犯焚毀文書罪，流放嶺南，後隨成都陸詵，在蜀遇劉海蟾，授以口訣，乃改名用成。著有《悟真篇》、《金丹四百字》等，為南宗第一祖。

中國道協前會長陳攖寧評曰：「紫陽師一刀筆吏耳。徹悟後，居然能用非常手段，斬絕塵緣，不可謂非大智大勇矣。《悟真篇》序自言：『涉獵三教經書，以至刑法書算、醫卜戰陣、天文地理，吉凶生死之術靡不詳究。』雖古聖哲何以加茲。除金丹玄旨直接魏祖心傳之外，尚有悟真篇外集，深契達摩最上一乘之妙道，久已收入佛教禪宗語錄部內。至師始集大成，前無古人，後無來者，嗚呼，其初不過一刀筆吏耳。」對於南派初祖，評價極高。

南派始於北宋，傳道則在南宋初期。張伯端丹功雖繼承鍾、呂之學，但來親承教誨，其所以以鍾呂為祖的原因，實由劉海蟾推來。鍾離權傳呂洞賓，呂傳劉海蟾。劉在四川傳張伯端，所以互稱為同祖同源，元末兩派終於合併。

與南派丹法主張的最大歧異之處，是北派功夫主張先性後命，三分命功，七分性學。南派則主張先命後性。北派主張主者是性、賓者是命。南派張伯端則說：「命之不存，性將焉存？」又在自序中說：「世間凡夫，卒難了悟，黃老悲其貪著，先以修命之術順其所欲，漸次導之於道。」

兩派分歧，到元代晚期清修派理論漸趨接近，功法合流。至明清兩代，如伍沖虛、柳華陽等，已將兩者匯成一體。

但南派陰陽派一支，以陳致虛、翁葆光等著作為代表，將《悟真篇》解為男女雙修，至明清兩代，自成一個系統，也有信徒研究，如清代四川道士傅金銓《證道秘書十二種》、《悟真四注》都是主張男女雙修的，但也自言法、財、侶、地不易求得，此派今已逐漸衰微了。

　　南宗有五祖：張伯端、石泰、薛道光、陳泥丸、白玉蟾。石泰著有《還源篇》，薛道光著有《還丹復命篇》，陳泥丸著有《翠虛篇》、《泥洹集》。白玉蟾本名葛長庚，瓊州人，出生時，母夢一蟾蜍白物，故別號白玉蟾，幼年出家，拜陳泥丸為師，平生有《指玄集》傳世。圓頓子（陳攖寧）稱其以純乾未破之身，學清靜無為之法，較悟真篇之作用，大有不同。他的丹功主張，強調清修，詩集中說：「怪事教人笑兒回，男兒今也會懷胎，自家精血自交媾，身裏夫妻實妙哉？」又說：「神即火兮氣即藥，心為爐兮身為田，自耕自種自烹煉，一日一粒似黍然。」都突出清修秘義。

　　有的談到南派丹功，認為全係陰陽丹功。有的說陰陽雙修，乃對坐而使神氣相通，二氣相合，使生妙化。另一說則講泥水丹法，如清傅金銓即是此類。

　　南派主張雙修，是性命雙修，道以養性，術以延命，一切道功，不離修真養性之法，正宗丹法，不傳邪道，陰陽方法均屬下乘，亦無成功之人。

（三）東派

　　東派為明嘉靖時陸潛虛所創。潛虛名西星，號長庚，青年時讀儒書，後傾全力於丹功，自言在修煉期間，呂洞賓曾親臨其北海草堂，住二十多天，密傳丹法，於是遂開東派丹功。彼即自稱呂祖親傳，則應與北派王重陽南派張伯端二師為同輩師

兄弟，當然丹功亦自成一家。

然其功法，雖有天元地元人元之別，但前面講基本功法，築基堅固後人元與天元合修，所謂人元，即陰陽同煉：所稱天元，即進入上乘煉神境界。陸西星著有《方壺外史十五種》、《道緣匯錄》、《賓翁自記》（呂祖的自傳）、《南華融墨》等，筆墨簡潔，說理透徹。《方壺外史》裏的《參同測疏》、《悟真篇小序》論內丹丹功頗多發揮，但其丹功主張，傳者極少。據云其法上達於道，不流於邪，行道雙修，限於夫婦同煉，但所著書中對此無過多記載。

陸西星雖為道士，但未住宮觀，《揚州志》載其於書無所不窺，嫻文辭，兼工書畫，中秀才後，名望很高，後來九次參加省試，均未考中，遂棄儒生之服，改裝為道士，乃開東派丹法，纂述仙經數十種，尤其以《南華副墨》盛行於世。羽化後葬興化縣北郭外，碑書「陸山人墓」。

近人考據《封神演義》為陸西星而非許仲琳作，但因有所影射，所以不署作者姓名。

陸西星雖創東派，並未立教，所以師弟傳授系統，記載不詳，但繼承東派丹功的，卻是西派。有的書記載東派朴真道人玄寥子（明末人）云東派之開關展竅訣，提吸追攝訣，過關服食訣，較密宗所傳尤為上乘而簡妙。但以上功法，我未曾寓目，僅以此證明末尚有東派傳流而已。

（四）西派

西派創始人為李涵虛，四川樂山縣人，原名元植，自稱於峨嵋山遇呂洞賓，授以大道，於咸豐六年成道，乃改名西月，字涵虛，號長乙山人，又稱圓嶠外史。李氏在信仰上與陸潛虛相同，同稱呂祖親傳而開派，於道統上自成一家。

但李對陸潛虛非常尊敬，整理其《道緣匯錄》、《賓翁自記》為《海山仙跡》，並重訂《呂祖年譜》。在《海山仙跡》中自序云：「譜成，有一老人攜一揚州俊士蒞臨，見而悅之，並為旁批數十行，飄然而去。老翁必係呂師也，揚州俊士其即陸潛虛乎？」足見其傾倒之情懷。

　　此書卷六中有一段「示冷生」說：「萬曆間有冷生者，不知其名字里居，業岐黃，喜遊雲水。生嘗云：古來神仙，吾仰純陽祖及今張三豐。隱顯人間，逢緣普度。又云：純陽有三大弟子，為群真冠：海蟾開南派，重陽開北派，陸潛虛開東派，吾願入西方，化一隱淪，親拜呂翁之門，身為西祖。一日上黃鶴樓，忽遇呂祖，謂之曰：汝欲臨凡耶？今乃萬曆丙午，丙候二百年丙寅之歲，降於錦水之湄，為吾導西派可也。」此段實托言冷生，自道身世。

　　東派陸潛虛逝於明萬曆三十四年（1606 年），李涵虛則為清丙寅年即嘉慶十一年（1806 年）降生，恰為二百年，所以《海山仙跡》此段，乃李涵虛暗示在明朝陸潛虛將化時，呂洞賓已示冷生去開西派，並有寓自己為潛虛後身之意。所以陸名西星，李改名西月，月與星同輝，且比其更亮。

　　陸字潛虛，李改名涵虛，潛為隱於其中，涵字則包於其內；陸名長庚，李則自稱為長乙山人，庚為西金之代稱，乙則東木之術語，故李又常署名火西月，蓋李字上為木字。木生火也；陸道號方壺外史，李自稱圓嶠山人，「方壺」、「圓嶠」同為三仙山之名，而方圓又對稱之詞。以上均證明李涵虛以東派陸西星後身自居，亦沿襲其丹法而繼承之。

　　但因李涵虛曾受三豐丹法，與鍾、呂丹法匯合。所以與東派又不盡相同。他將性功分為九層煉心，又將命功分為四層：開關、築基、得藥、煉己。其所著《道竅談》開關展竅一章說：

「學道者只要凝神有法，調息有度，陰蹻氣萌，攝入鼎內，勿忘勿助，後天氣生，再調再烹，真機自動，乘其動而引，不必著力開，而關自開，不必著力展，而竅自展，真氣一升於泥丸，於是而河車之路可通，要皆自然而然，乘乍動而又靜之際，微微起火。逼近尾閭，逆流天谷，自然煉精化氣，灌注三宮。」此種功法，與各派接近。

但李解《無根樹》詞，與劉一明的見解不同，曾合刊於木板《三豐全書》內，蓋李涵虛主張煉丹之士，年老油乾，必須用栽接之法，始能發出嫩枝。此種功法，清修派不同意，所以注《無根樹》對張三豐丹法有兩種解釋。

李涵虛著述較多，有《太上十三經注釋》、《無根樹詞》、《文終經》、《後天串述》、《道竅談》、《三車密旨》等。後兩種經陳攖寧先生曾加注解印行，可以研究。

西派有傳代九字「西道通，大江東，海天空」。四川成都空青洞天印有木板三豐全書。包括李涵虛大部分著作，與今石印本不同。

西派創始人既自稱為呂祖弟子，則與其他北、南、東等派並列，丹功雖殊途同歸。功法則各有發展，但東西兩派接近南宗陰陽派，所以在道教中不採其說。

（五）中派

中派並非教團，亦非金丹內煉派系，乃後來內丹煉師將接近中派學說及丹功功法，列在一起，稱曰中派，實際都是北派南派的改革者，自行著書立說並傳徒而已。

中派推崇元道士李道純為代表人物，李道純湖南都梁人，號清庵，道號瑩蟾子，為南派白玉蟾之再傳弟子，在揚州儀真長生觀常住。其功法融匯三教，主張中和。以儒家所言「喜怒

未發之謂中，發而中節之謂和」之意，與內丹丹功結合，暗示一陽未發而內煉，陽氣初動而中節（指火候），故其將《中和集》之中和，象徵玄關一竅。他著有《中和集》、《三天易髓》、《全真集玄秘要》、《瑩蟾子語錄》等。

在語錄玄關曰：「夫玄關者，至玄至妙之機關也，今之學者，多泥形體。或云眉間，或云臍輪，或云丹田，都皆非也。但著於形體上都不是，辦不可離此身向外尋求。諸丹經皆不言正在何處，所以難形，筆舌亦說不得。故『玄關』二字，聖人只書一個中字示人。」「易曰寂然不動，中之體也，感而遂通，中之用也。」瑩蟾子打破了三教界限，創一種新的丹功。

其次為黃元吉，元吉名裳，清末豐城人，因與元代淨明派之黃元吉姓字均同，論者常誤為一人。然檢其所著《道德經自序》署光緒十年，當為晚清丹師。著有《樂育堂語錄》、《道德經注釋》。

其功法不用後升前降，《道德經注釋》第二十六章注：「何以逆之剋之？始用順道，以神入氣中。迨火蒸水沸（即以神引動元精），水底金生（元精發現），斯時玄竅開而真信至（活子時動）。至是為真陽生而子藥產，此為外藥；於是木載金升（即神攜精上升），切切摧之。款款運之，上升乾鼎（泥丸），以真意引之下入丹田。即入坤腹，再候真陽火動，為內藥生，合為大藥。蓋小藥（外藥）生在腎管外，其氣小，故曰小藥；此則生於氣根內故曰內藥。以此內外交煉，結為金丹，此即悟真篇所言『化成一片紫金霜是也』」。總之，黃元吉之法實為中黃直透，不講開合，是其丹功特點。

還應重點提出的是閔小艮的中黃直透法，閔小艮道名一得，是北宗龍門派第十一代道士，隱於金蓋山中，著有《古書隱樓藏書》、《金蓋心燈》。

《古書隱樓藏書》多發揮中黃直透之丹功，非北派亦非南派功法，以清修為主，茲抄其中有代表性的《泄天機》一段，以示其功法之特點。

《泄天機》署泥丸李翁口授，閔一得重纂，似為閔自著而假泥丸之名。其第二段云：「於陽生之際，用天目照於陰蹻，但隨真息開合，吸動陰蹻，隨息起伏。自覺尾閭之前，啟有靈竅，並覺竅內颼颼然，如磁引針，天地之真氣，入於陰蹻，升從脊前夾縫中，直達泥丸，存留約至三五息，又至陰蹻，吸接後息所入之氣，始聽上升，蓋已寓升降於闔闢中也。」

閔小艮對此段按語說：「丹家理氣，原有三道，曰赤、曰黑、曰黃，赤者心氣，黑乃督脈，性潤下，法必制之使升，此二道精氣所由出，人物賴以生存者。黃乃黃中，徑路循赤黑中縫，而統率二氣為開闔主宰，境則極虛而寂，故所經駐，只容先天。此中黃也。」

1985 年北京西郊中醫研究院以現代儀器測試後三關氣通的情況，發現有赤黑兩條上升之路，曾同我研究，我認為可以證實閔小艮之說，惜尚未測出黃道，我們當再努力。

總之，丹功派別雖多（以上只署舉其大者），但目的則一，只看實踐如何。我希望各派研究者再加努力，小之可用以醫療疾病，大之則可延長壽命，去偽存真，將來必有更多的成就。道教上乘功法，似較一般氣功功法更高一層，我們當努力探求。

四、中國道家養生術對養生界和其他教派的影響

由於道家養生術的功效顯著方法簡易，自上古時代就廣為人們所接受，很快為流傳到社會乃至各家宗派，對中國的儒、釋、醫、武術、民間諸家修煉或功夫，乃至其宗旨學說，均有革鼎之影響。

道家養生術與佛教禪定同步流傳、發展，道家一方面吸收融合佛教禪定之學，一方面又對佛教禪定發生影響。南北朝時期，佛教僧尼習練道家服氣、辟穀等術者甚眾。如北魏名僧曇鸞，曾赴江南從陶弘景學道家煉養法，善有《論氣治療方》、《服氣要訣》。今《道藏》中所存《曇鸞法師服氣法》，當即其《服氣要訣》，其說具釋道融合的色彩。

　　天臺宗創始人、佛教止觀學的集大成者智凱，在其《摩訶止觀》、《小止觀》中，吸收了道家「六字氣」法。

　　宋代以來，道家內丹術曾吸引過一些禪僧，如金丹派南宗三祖薛道光，原為禪師。明清時代有寂無、柳華陽等，以禪僧身份闡揚道家內丹，後者尤以以佛解道著稱。佛教少林武術養生術，受道家養生術影響之跡亦灼然可見。

　　道家養生術及其煉養理論，對儒學影響更大。理學奠基者周敦頤及先天象數學的創立者邵雍，其學說都與傳自名道士陳摶的《無極圖》、《先天圖》有極深的淵源關係。周敦頤無極→太極→陰陽→五行→萬物的宇宙論模式，源出道家內丹學，其「無欲」、「主靜」之說，也出內丹。邵雍詠內丹的詩作，說明他與道家有很深的關係。

　　北宋蜀學的代表人物蘇軾，在《養生訣上張安道》中自言「頗留意養生，讀書延問方士多矣。」其所述內視、漱咽、守竅、按摩、閉息等法，皆出道家。《東坡雜記‧龍虎鉛汞說寄子由條》，表現出他對道家內外丹術相當通達。朱熹一生熱衷於道家內丹，曾化名考注《周易參同契》。明代以來，儒門習練、論述道家內丹者列多。如王陽明自青年時代起就親近道士，修煉內丹，其門下王龍溪、朱得之等皆大談內丹，朱得之還撰有《宵練匣》論煉養之事。明代泰州學派的羅汝勞，早年曾師事淨明道士胡清虛學煉養術。林兆恩則學養生術於道士卓

晚春，把源於道家的養生術編織進其三教合一的學說中。清初大思想家王夫之亦有《漁鼓詞》詠內丹。

道家養生術養生學與中醫的關係至為密切。道家煉養理論及方法，既多承自中醫，而被道家所大大發展了的養生術養生學，對中醫也有深刻影響。

名道士兼醫藥學家的葛洪、陶弘景、孫思邈的養生術養生著述，被奉為中醫養生學的要籍。道家養生術養生、養生術醫療之說，不斷被中醫所吸收。

明代以來，中醫諸家論養生術養生，普遍採攝道家內丹說。如李東垣《蘭台秘藏》論安心靜坐，李時珍《奇經八脈考》引證丹書，肯定「內景隧道唯反觀者能照察之」。陳繼儒《養生膚語》稱精氣神為上品上藥。楊繼洲《針灸大成》述小周天搬運。朝鮮醫籍《東醫寶鑒》採用了道書中的煉精法、金液還丹法等多種養生術煉養法。

近代名醫張錫純《醫學衷中參西錄》宣導「學醫宜看丹經」，對內丹煉化精氣神之術有精闢的闡述。

≫第二章≪

張伯端:《悟真篇》釋義

張紫陽仙師略傳

陳攖寧

　　師姓張名伯端,字平叔,浙江省臨海縣人,宋時,嘗為府吏。一日,因事有感,乃賦詩云:「刀筆隨身四十年,是非非是倒還顛;一家溫飽千家怨,半世功名百世衍;紫綬金章今已矣,芒鞋竹杖任悠然;有人問我蓬萊路,雲在青山月在天。」賦畢,遂縱火焚其案卷,得罪遣戍,師處之晏如也。

　　後當宋神宗熙寧間,遊蜀,遇劉海蟾真人,授以「金液還丹」口訣。乃改名用誠,號紫陽山人。

　　宋英宗治平中,訪扶風馬處厚於河東,以所著《悟真篇》授之曰:「畢生所學,盡在是矣。願公流布此書,當有因書而會意者」。

　　元豐五年夏,趺坐而化,住世凡九十六歲。(虞陽案:仙鑒與道鑒,作九十九歲,誤。)弟子用火燒之,得大如芡實者千百粒,色皆紺碧。所著有《悟真篇》、《悟真篇外集》、《金丹四百字》、《贈白龍洞劉道人歌》等作,行於世。是為南宗第一祖。

圓頓（即陳攖寧）按：紫陽師一刀筆吏耳。徹悟後，居然能用非常手段，斬絕塵緣，不可謂非大智勇矣。《悟真篇》序自言：「涉獵三教經書，以至刑法書算、醫卜戰陣、天文地理、吉凶生死之術，靡不詳究」。雖古聖哲何以加茲，豈公門人中所能望其項背哉！除金丹玄旨直接魏祖心傳而外，尚有《悟真篇外集》，深契達摩最上一乘之妙道。久已收入佛教禪宗語錄部內。性命雙修之學，至師始集大成。前無古人，後無來者嗚呼！其初不過一刀筆吏耳。

自　序

磋夫！人身難得，光景[1]易遷，罔[2]測短修[3]，安逃業報[4]。不自及早省悟，惟只甘分待終[5]，若臨歧[6]一念有差，墮三途[7]惡趣[8]，則動經塵劫[9]，無有出期[10]。

當此之時，雖悔何及[11]！故老釋[12]以性命[13]學開方便門，教人修種[14]以逃生死：釋氏以空寂[15]為宗，若頓悟[16]圓通，則直超彼岸[17]，如其習漏[18]未盡，則尚徇於有生[19]；老氏以煉養為真，若得其要樞[20]，則立躋聖位，如其未明本性，則猶滯於幻形。

其次《周易》有窮理盡性至命之辭，《魯語》[21]有毋意必固我[22]之說，此又仲尼[23]極臻乎性命之奧也。

然其言之常略而不至於詳者何也？蓋欲序正人倫，施仁義禮樂之教[24]，故於無為之道未嘗[25]顯言，但以命術寓諸易象，性法混諸微言耳[26]。至於莊子推窮物累[27]逍遙[28]之性，孟子善養浩然之氣，皆切幾言之[29]。

迨夫漢魏伯陽[30]引易道交媾之體[31]，作《參同契》以明大丹之作用；唐忠國師[32]於語錄首敘老莊[33]言，以顯至道之本末。如此，豈非教雖分三[34]，道乃歸一。

〔1〕光景：時光景物。景，《四庫》本作「陰」。

〔2〕罔：沒有，不能。

〔3〕修：長。

〔4〕業報：佛教有因果說，認為每人所作的孽都有一定的報應。

〔5〕甘分待終：分，《四庫》本作「守」。

〔6〕臨歧：臨分別，在此指由生轉死之際。歧，《四庫》、《三注》本作「期」。

〔7〕三途：佛教認為作惡多端要墮落於地獄、餓鬼、畜生三惡道。墮三途，《四庫》本作「立墮三塗」；《直指》本作「墮於三塗」。

〔8〕惡趣：趣，趣向。佛教六道輪迴中三途又稱三惡道。

〔9〕塵劫：佛教認為無窮長時間。

〔10〕出期：出頭之日，指重新轉世為人。

〔11〕當此之時，雖悔何及：此八字，《直指》本無。

〔12〕老釋：道家、佛家。因老子、釋迦牟尼分別是這兩教祖師，故以此代稱。

〔13〕性命：性指天道、天理，命指生命。

〔14〕修種：遵佛教果報之說，種下善因，以後可獲善果。

〔15〕空寂：佛教認為宇宙萬物為假相，其本體是空的，沒有形象，沒有始終，如《心經》：「色不異空，空不異色，色即是空，空即是色。」修煉者內不見身心，外不見世界，即達此境界。

〔16〕頓悟：佛教常用語，指頓然明悟真理，自心與真理契合為一。

〔17〕彼岸：佛教形容生死煩惱是苦海，修到羅漢地位以

上，脫離生死為到達彼岸。

〔18〕習漏：佛教認為由眼耳鼻舌身意六根不斷流出煩惱習氣，即為習漏。此句前「其」字，《四庫》、《三注》本作「有」。

〔19〕徇於有生：徇，《直指》本作「循」。依從，順從。有生，有生有滅的有為法，與不生不滅的無為法相反。

〔20〕要樞：《四庫》本作「樞要」。

〔21〕魯語：《四庫》本作《魯論》，《論語》之一，相傳係魯國人所傳。

〔22〕毋意必固我：即《論語・子罕》：「子絕四——毋意、毋必、毋固、毋我。」毋意，不亂猜臆想；毋必，不盲目絕對地肯定或否定；毋固，不拘泥固執；毋我，不唯我獨是。

〔23〕此又仲尼：《四庫》本無「又」字，仲尼，《直指》本作「孔子」。

〔24〕禮樂之教：《四庫》本作「禮樂有為之教」。

〔25〕嘗：《四庫》本作「常」。

〔26〕微言耳：《四庫》本作「微言故耳」。

〔27〕推窮物累：《莊子・天道》：「故知天樂者無天怨，無人非，無物累，無鬼責。」《莊子・刻意》與此基本同。物，事物；累，牽累。累，《直指》本作「類」。

〔28〕逍遙：《莊子》有《逍遙遊》篇。

〔29〕至於莊子……切幾言之：言之，《四庫》本作「之矣」。切幾，切近機微。

〔30〕魏伯陽：東漢末浙江上虞人，舊傳《周易參同契》作者。

〔31〕引易道交媾之體：《四庫》、《三注》本作「引易道陰陽交姤之體」。媾，《直指》本亦作「姤」。

〔32〕唐忠國師：唐代高僧惠（或作慧）忠被尊為國師，

有語錄傳世。

〔33〕老莊：老子、莊子，為道家的代表人物。

〔34〕教雖分三：指分道、佛、儒三教。

本段大意是講人身難得，光陰迅速，若不及早修道，一旦死期到來，懊悔莫及。而修道主要是道、佛、儒三家，立言有時不同，每一家修持者亦各有出入，但是總的大道意旨還是一致的。如《周易參同契》是道家書引用儒家經典，慧忠禪師語錄引用道家語言，更是語言形式上亦互相吸取。

奈何後世黃緇[1]之流各自專門，互相非是，致使三家宗要迷沒邪歧[2]，不能混一而同歸矣！且今人以道門尚[3]於修命，而不知修命之法理出兩端：有易遇而難成者，有難遇而易成者。

如煉五芽之氣[4]，服七曜[5]之光，注想按摩，納清吐濁，念經持咒，噀水叱符[6]，叩齒集神，休妻[7]絕粒[8]，存神閉息運眉間之思，補腦還精習房中之術[9]，以至服煉金石草木之類，皆易遇而[10]難成者。

以上諸法，於修身之道率多滅裂[11]，故施力[12]雖多而求效莫驗。若勤心苦志，日夕修持，止可以[13]辟病，免遭非橫[14]，一旦不行，則前功漸棄。此乃遷延歲月，事必難成[15]，欲望一得永得，還嬰返老，變化飛升，不亦難乎！深可痛傷。蓋近世修行之徒，妄有執著，不悟妙法之真，卻怨神仙謾語。殊不知成道者皆因煉金丹而得，恐泄天機。遂托數事為名[16]，其中惟閉息一法，如能忘機絕[17]慮，即與二乘[18]坐禪相同。若勤而行之，可以入定出神。奈何精神屬陰，宅舍[19]難固，不免長[20]用遷徙[21]之法，既未得金汞返還[22]之道，又豈能回陽換骨，白日而升天哉！

注釋

〔1〕黃緇：黃冠緇衣（緇，黑色）。道士的帽子大都用黃色，以此作道教徒和佛教徒的代稱。《直指》本作「緇黃」。

〔2〕迷沒邪歧：歧，《四庫》本作「教」。迷，《直指》本作「迭」。

〔3〕尚：崇尚。

〔4〕五芽之氣：氣，《四庫》本作「炁」。蕭庭芝《金丹大成集》：「五芽，乃五臟之真氣。」《中黃經》：「子能守之三屍棄，得見五芽九真氣。」

〔5〕七曜：日、月及金、木、水、火、土五星。

〔6〕噀水叱符：道教徒作法事時，常有噴水及畫符以叱使鬼神的舉動。

〔7〕休妻：為斷絕男女情慾，離別妻子。

〔8〕絕粒：即所謂「辟穀」，不進食物。

〔9〕房中之術：透過一定的男女交合，來做修道的手段。

〔10〕而：《四庫》本無「而」字。

〔11〕率多滅裂：大多是支離破碎。多，《四庫》本作「皆」。

〔12〕力：《四庫》本作「功」。

〔13〕以：《四庫》本無「以」字。

〔14〕非橫：非命橫禍。

〔15〕事必難成：《四庫》本作「必難成功」。

〔16〕深可痛傷……遂托數事為名：《直指》本無此八句。

〔17〕絕：《四庫》本作「息」。

〔18〕二乘：佛教的聲聞乘與緣覺乘。聲聞乘，意為聽聞佛陀言教的覺悟者，以自身解脫為目的，修學四諦為主，最高果位是阿羅漢。緣覺乘，出生於無佛之世，觀十二因緣之理，悟而得道。

〔19〕宅舍：喻身體。

〔20〕長：《四庫》、《直指》本作「常」。

〔21〕遷徙：指的是使生命肉體在時間上延長。

〔22〕返還：《四庫》本作「還返」。

這一段中，說了兩個方面的內容。前部分承上啟下，指出後世道佛兩家之徒不知三教的大道本來是一，而妄作門戶分別。修身養命之法張氏總結起來歸結為易遇難成與難遇易成兩種。後部分分析易遇難成之法，這些修法都是社會上容易求得的方法，實際上以修身養命來講都不完整，所以難有成就，至多只有小效，一旦停止修煉，前功盡棄。

其中只有閉息法稍微成就高一點，從精神上下工夫，但精神屬陰，沒有回陽成丹，因而不能使身體起奇異變化。

夫煉金液還丹者，則難遇而易成。要須洞曉陰陽，深達造化，方能追二氣[1]於黃道[2]，會三性[3]於元宮[4]，攢簇五行[5]，和合四象[6]，龍吟[7]虎嘯[8]，夫唱婦隨[9]，玉鼎[10]湯煎，金爐[11]火熾，始得玄珠[12]有[13]象，太乙[14]歸真。都來片餉[15]工夫，永保無窮逸樂。至若防危慮險，慎於運用抽添[16]，養正持盈[17]，要在守雌抱一[18]。自然復陽生之氣[19]。剝陰殺之形，節氣既周[20]，脫胎神化，名題仙籍，位號真人，此乃大丈夫功成名遂之時也[21]。

注釋

〔1〕二氣：元精，元神。

〔2〕黃道：內煉者認為人身上運行藥物的道路有三條，黑道屬腎，紅道屬心，即任督兩脈；自會陰直達泥丸者為黃道，由中央意土主持。亦有指黃道即任督二脈之合稱。

〔3〕三性：又稱三姓，乃木液、金精、意土三家，又見本

書下卷《西江月》詞：「二八誰家姹女，九三何處郎君，自稱木液之金精，遇土卻成三姓」。

〔4〕元宮：指丹田。

〔5〕攢簇五行：《金丹四百字序》：「以東魂之木、西魄之金、南神之火、北精之水、中意之土（會聚一處）是為攢簇五行」。

〔6〕和合四象：《金丹四百字序》：「以含眼光，凝耳韻，調鼻息，緘舌氣，是為和合四象。」又，青龍肝木，白虎肺金，朱雀心火，玄武腎水亦稱四象。雙修派《金丹真傳·修真入門》：「將彼氣血，以法追來，收入黃庭宮內，配我精神，煉作一家，名為四象和合。」

〔7〕龍吟：內煉術常以青龍喻心中真汞。吟，喻真汞發動。

〔8〕虎嘯：內煉術常以白虎喻腎中真鉛。嘯，喻真鉛產生。

〔9〕夫唱婦隨：夫喻元神，婦喻元精。倡、隨形容兩者互相擒制的關係。倡，《四庫》作「唱」。唱，古同倡，導也。

〔10〕玉鼎：喻頭上泥丸宮。

〔11〕金爐：喻腹部丹田。

〔12〕玄珠：《莊子》「黃帝遺其玄珠，令罔象求而得之。」在此喻金丹。

〔13〕有：《四庫》本作「成」。

〔14〕太乙：或寫成為太一，大一，天地未分前混沌狀之元氣。

〔15〕片餉：片響，片刻。

〔16〕抽添：抽鉛添汞，指化陰精為元陽，以達純陽金丹。

〔17〕養正持盈：《周易·蒙》：「蒙以養正，聖功也。」《老子·九章》：「持而盈之，不若其已。」在此都譬作內煉術過程中需要沐浴溫養，使金丹不因火候過燥而走失。

〔18〕守雌抱一：《老子‧二十二章》：「是以聖人抱一，為天下式。」同書《二十八章》：「知其雄，守其雌，為天下溪。」在此譬作沐浴溫養時精神內守，寧靜不動。

〔19〕復陽生之氣：《四庫》本作「返初生之炁」。

〔20〕節氣既周：火候進退，有如節氣變化，如初進陽火，初進陰符象冬至、夏至，溫養沐浴象春分、秋分。周，《直指》本作「交」。

〔21〕此乃大丈夫功成名遂之時也：此句之後，《直指》本有「近世修行之徒，妄有執著，不悟妙法之真，卻怨神仙謾語，殊不知成道者，皆因煉金丹而得，聖人恐泄天機，遂記數事為名」。

本段主要講難遇而易成的煉金丹之術。煉金丹有很多重要的訣竅，只要懂得這些訣竅，如法修煉，成功是很快的，成就是很高的。

今之學者，有取鉛汞為二氣，指臟腑為五行，分心腎為坎離，以肝肺為龍虎，用神氣為子母，執津液為鉛汞，不識浮沉[1]，寧分主客[2]？何異認他財為己物，呼別姓為親兒；又豈知金木相剋[3]之幽微，陰陽互用之奧妙。是皆日月失道，鉛汞異爐，欲望結成[4]還丹，不亦遠[5]乎？

注釋

〔1〕浮沉：鉛重而沉，汞輕而浮。即元精易下泄，元神易上亂，內煉時則使元神下沉，受元精之擒，再元精上浮，受元神之制。

〔2〕主客：據董德寧《悟真篇正義》稱本書主賓有三種：以五行本有沉浮為主賓，如上卷第四首「誰識浮沉定主賓」，即是使木火由在外之賓沉於下，金水由在內之主浮於上。以左

右升降為主賓，如中卷第二十三首「饒他為主我為賓」。即一般火候是進陽火退陰符，重在化陰為陽，而在溫養沐浴時宜「益水安金」，「行火止水，只行水候，不行火候」。以神氣親疏為主賓者，如中卷第五十首「不識陽精及主賓，知他那個是疏親」，指的行火候時元神為主，元精為賓，以修煉的階段論，則「先煉氣修命為主，而後養神修性為賓。」客，《直指》本作「賓」。

〔3〕金木相剋：金水為一家成真鉛，木火為一家成真汞；相剋，喻鉛擒汞，藥制神。

〔4〕欲望結成：《四庫》本作「欲結」。

〔5〕遠：《四庫》本作「難」。

本段是講後世學習內煉者由於不知術語的實質意義，理解錯誤，導致實踐上亦不會成功。

僕幼親善道，涉獵三教經書，以至刑法、書算、醫卜、戰陣、天文、地理、吉凶死生之術，靡不留心詳究。唯金丹一法，閱盡群經及諸家歌詩論契，皆云日魂[1]月魄[2]，庚虎[3]甲龍[4]，水銀朱[5]砂，白金黑錫，坎男[6]離女[7]，能成金液還丹，終不言真鉛真汞是何物色；不說[8]火候法度，溫養指歸[9]；加以後世迷途恣[10]其臆說，將先聖典教妄行箋注，乖訛萬狀，不惟紊亂仙經，抑亦惑誤後學。

僕以至人未遇，口訣難逢，遂至寢食不安，精神疲悴，雖尋求遍於海嶽，請益盡於賢愚，皆莫能通曉真宗，開照心腑[11]。後至熙寧二年[12]己酉歲，因隨龍圖[13]陸公[14]入成都，以夙志不回，初誠愈恪，遂感真人[15]授金丹藥物、火候之訣，其言甚簡，其要不繁，可謂指流知源，語一悟百，霧開日瑩，塵盡鑒[16]明，校之丹經，若合符契。因念世之學仙者十有八

九，而達真要者[17]未聞一二。

僕既遇真詮[18]，安敢隱默，罄所得成律詩[19]九九八十一首，號曰《悟真篇》。內七言四韻一十六首，以表二八之數；絕句六十四首，按周易諸卦[20]；五言一首，以象太乙之奇；續添《西江月》一十二首，以周歲律[21]。其如鼎器尊卑、藥物斤兩、火候進退、主客後先、存亡有無、吉凶悔吝，悉備其中矣[22]。於本源真覺之性有所未盡，又作為歌頌樂府及雜言等，附之卷末，庶幾達本明性之道，盡於此矣。所期同志者覽之，則見末而悟本，舍妄以從真。

時皇宋熙寧乙卯[23]歲旦天臺張伯端平叔敘。

注釋

〔1〕日魂：指心火中陰液。離日喻心火。離卦中陰爻，即指寓寄著的肝木之魂。

〔2〕月魄：指腎水中陽氣。坎月喻腎水。坎卦中陽爻，即指寓寄著的肺金之魄。

〔3〕庚虎：庚，十干中屬西方；虎，白虎，屬西方之獸。合之指肺金之魄，亦即腎水中陽氣，見注〔2〕月魄。

〔4〕甲龍：甲，十干中屬東方；龍，青龍，屬東方之獸。合之指肝木之魂，亦即心火中陰液，見注〔1〕日魂。

〔5〕朱：《四庫》本作「丹」。

〔6〕坎男：《周易・說卦》：「坎再索而得男，故謂之中男。」內煉中常以坎喻腎，中爻陽爻喻腎中真陽。

〔7〕離女：《周易・說卦》：「離再索而得女，故謂之中女。」內煉中常以離喻心，中爻陰爻喻心中真陰。

〔8〕不說：《四庫》本為「又不說」。

〔9〕溫養指歸：《四庫》本作「涵養指歸」。

〔10〕恣：放縱。

〔11〕腑：《四庫》本作「臟」。

〔12〕熙寧二年：西元 1069 年。《四庫》本、《直指》本均無「二年」二字。

〔13〕龍圖：龍圖閣學士。龍圖閣為北宋時所設，設學士等官，為侍從皇帝的榮譽銜頭。

〔14〕陸公：陸詵（西元 1012～1070 年），《宋史》卷三百三十二有傳。

〔15〕真人：後人多以為是劉海蟾（名操）。劉曾為遼國進士，呂洞賓弟子。

〔16〕鑒：鏡子。

〔17〕達真要者：《四庫》本作「達其真要者」。

〔18〕詮：《三注》本作「筌」。

〔19〕成律詩：《直指》本無「律」字。

〔20〕周易諸卦：即六十四卦。

〔21〕歲律：十二月。因每歲十二月有如節律。

〔22〕悉備其中矣：宋薛道光《悟真篇三注》，元戴起宗《悟真篇注疏》等於此後接文為「及乎篇集既成之後，又覺其中惟談養命固形之術，而於本源真覺之性有所未究。遂玩佛書及《傳燈錄》，至於祖師有擊竹而悟者，乃形於歌頌、詩曲、雜言三十二首。今附之卷末。」又，「悉備其中矣……盡於此矣。」《正義》本刪。

〔23〕熙寧乙卯：西元 1075 年。

張氏自述為求得煉丹真訣，經過廣泛學習，不斷研究，一直到後來遇到名師傳授後，方才對此真正明白。他不願保守，於是作《悟真篇》，又為了使後學進一步能由命養性，於是附以一些詩句、偈語，以供閱讀。

上　卷

七言四韻十六首

第一

不求大道出迷途[1]，縱負[2]賢才[3]豈丈夫。百歲光陰石火爍[4]，一生身世水泡浮。只[5]貪利祿求榮顯，不覺[6]形容暗瘁枯。試問堆金等山岳[7]，無常[8]買得不來無？

〔1〕迷途：追求名利之途。

〔2〕縱負：縱，縱然。負，負有。

〔3〕賢才：《講義》作「賢材」。

〔4〕石火爍：擊石取火，火星一閃即過。喻時間短促。

〔5〕只：《翁注》本作「為」。

〔6〕覺：《三注》、《十書》、《講義》、《直指》、《翁注》等本，均作「顧」。《直指》本云：「不顧，一本不覺，一本不管」。

〔7〕等山岳：《直指》本作「如岱岳」。

〔8〕無常：佛教指世上的事物是不斷變化的，沒有恆常，在此是指生命終結。無，《翁注》本作「元」。

本首詩勸人學道、修道。詩從反面指出，只有領悟大道，脫離生死才是真實的利益。若追求功名利祿，不顧光陰迅速，一旦生命將盡，再有堆山般的財富，亦是無用，皆屬於空。

第二

人生雖有百年期，壽夭窮通[1]莫預知：昨日街頭猶走馬，今朝棺內已眠屍！妻財拋[2]下非君有，罪業將行[3]難自欺。大藥[4]不求爭得遇[5]，遇之不煉是愚癡。

注釋

〔1〕壽夭：《直指》本作「夭壽」。窮通：窮，指生活事業上遭遇困難（不僅僅指經濟上）；通，與此相反。

〔2〕抛：《十書》本作「遺」。

〔3〕罪業將行：據佛教的說法，眾生三世輪廻，而輪廻的動力就在於上一生一世所作的「業」。由罪孽之因，感召成下一世之苦果。將行，即這一生結束時，業力隨之而行。

〔4〕大藥：內丹術中稱藥有三種：煉精化氣稱外藥，化氣終結生內藥，過大關時稱大藥。

〔5〕爭得遇：爭，通怎；得遇，謂得遇明師。

前六句進一步演說上首詩提及的生死「無常」。所謂「萬般將不去，唯有業隨身」。作者勸勉人們應努力求道，才會有機緣遇到明師，遇到明師不依法修道，實是愚癡。

第三

學仙須[1]是學天仙[2]，唯有金丹[3]最的端。二物[4]會時情性[5]合，五行全處[6]虎龍蟠[7]。本因戊己為媒娉[8]，遂使夫妻鎮合歡[9]。只[10]候功成朝玉闕[11]，九霞光[12]里駕翔[13]鸞。

注釋

〔1〕須：《三注》本作「雖」。

〔2〕天仙：《鍾呂傳道集》云：「仙有五等。天仙、神仙、地仙、人仙、鬼仙，皆是仙也。」

〔3〕金丹：即第二首注〔4〕之大藥，經過內煉，凝結後煉丹，服後可成仙。

〔4〕二物：真陰、真陽。內丹術中又對稱為真鉛、真汞；青龍、白虎；長男、少女；赤汞、朱砂；金烏、玉兔；上弦、

下弦等等。

〔5〕情性：火情水性，水火為不相容之物，而內煉術中卻有相合之性，故賦予精神性詞語形容之，乃同類有情之物。

〔6〕五行全處：木生火，合為一家，指真汞、情；金生水，合為一家，指真鉛、性；情性合，以土為一家從中媒合，即五行全。清修派指五行為肺金、肝木、腎水、心火、脾土。雙修派以男身指震木，具有離火之氣，女身指兌金，具有坎水之氣，離中陰爻為己土，坎中陽爻為戊土，以土氣相通有媒合之功。

〔7〕虎龍蟠：白虎真鉛，青龍真汞。蟠與「五行全」意同。

〔8〕戊己為媒聘：見注〔6〕。

〔9〕夫妻鎮合歡：夫喻神、妻喻精。鎮通正，久常的意思。合歡，以夫妻感情的融洽，喻精神凝結的過程。鎮，《四庫》本作「得」。

〔10〕只：《翁注》本作，「直」。

〔11〕朝玉闕：朝，朝禮。闕，宮闕玉闕，指仙人的宮闕。玉，《四庫》、《三注》、《十書》、《直指》等本作「北」。

〔12〕霞光：《翁注》《講義》本作「光霞」。

〔13〕翔：《翁注》、《十書》本作「祥」。

第四

此法真[1]中妙[2]更真，都緣我獨異於人[3]：自知顛倒由離坎[4]，誰識浮沉[5]定主賓[6]?金鼎[7]欲留朱裏汞[8]，玉池[9]先下水中銀[10]。神功運火非終旦[11]，現出深潭日一輪[12]。

注釋

〔1〕真，指丹功、仙道。如《自序》：「老氏以煉養為真」。「悟之則一切皆真。」

〔２〕妙：《老子》：「玄之又玄，眾妙之門。」此處指丹功的妙用，即火候真訣。

〔３〕獨異於人：《老子》：「我獨異於人，而貴食母。」此處指煉丹者逆轉五行之道為仙，與一般人順隨五行之道不同。

〔４〕顛倒由離坎：逆轉五行的升降浮沉之性。離外陽而內陰，坎外陰而內陽。清修派指腎水為陰，內含真陽，即真鉛。心火為陽，內含真陰，即真汞。雙修派指男子陽身，卻內具真陰；女子陰身，卻內具真陽。

〔５〕浮沉：五行中火升、木浮、金沉、水降，煉內丹宜顛倒之，使原浮者沉，原沉者浮。

〔６〕主賓：清修派指的是心火真汞為賓，腎水真鉛為主。雙修派認為順而成人，則男上女下，逆而成仙，則男下女上。上為主、下為賓。

〔７〕金鼎：清修派指頭頂泥丸宮。雙修派指自己男身。

〔８〕朱裏汞：朱，離火之色。汞，喻離火中真陰。

〔９〕玉池：清修派指自身腹部丹田下、會陰上的處所。雙修派則指為彼方女身。

〔１０〕水中銀：水，坎水。銀，喻坎水中真陽。

〔１１〕旦：《十書》本作「夕」。

〔１２〕深潭日一輪：深潭：喻丹田。日，喻真陰真陽交合，產生內藥的景象。日，《三注》本作「月」。

主要指出煉金丹的過程是顛倒五行。清修派認為一般人是情慾上動，精氣下泄，以成人道，有生育之能。而煉丹者顛倒五行，使情歸於性，為了在泥丸宮留住元神以結金丹，先將上浮的元神心火下降，使下沉的元精腎水能繫戀住它，互不外泄，融合後產生藥物（煉金丹的半成品）。

朱元育《悟真篇闡幽》可參看：「離之匡廓屬乾，是名金

鼎，其中浮而易走者為朱裏汞，賓之位，心之象也；坎之匡廓屬坤，是名玉池，其中沉而不遷者為水中銀，主之位，身之象也。汞性刻刻流轉，順以出之易走而難留，不能自主。如欲留之，必須用水中之銀。金性鎮重，出自坎宮，反來作主，逆以制之，真汞受制，始不飛走，到此心身一片，寂然不動矣。」

「自己之精氣血液者，朱裏汞也，不可令其走逸，故云『欲留』，如彼之華池靈液、丹井甘泉者，水中銀也，即先天一點真氣，故云『先下』。又欲留者，但令其住而不令其去，要取於人而不失於己。又云先下者，彼到而我待之，鉛至以汞迎之，坎動而離受之。」均可參考。

第五

虎躍龍騰[1]風浪粗[2]，中央正位[3]產玄珠[4]。果生枝上[5]終期熟，子在胞中[6]豈有殊？南北宗源[7]翻卦象[8]，晨昏火候[9]合天樞[10]。須知大隱[11]居廛市，何必[12]深山守靜孤？

注釋

〔1〕虎躍龍騰：虎、龍分別為真鉛、真汞之喻。躍、騰形容兩者發動之象。

〔2〕風浪粗：喻真鉛、真汞交感結合時運動之象。

〔3〕中央正位：指黃庭丹田。

〔4〕玄珠：見《自序》中注。

〔5〕果生枝上：喻採藥後內煉過程。

〔6〕子在胞中：喻丹田藥物的生成。胞中：《直指》本作「腹中」，並云「一本胞中」。

〔7〕南北宗源：按先天卦像是乾南坤北，人體相應的是上為乾南，下為坤北。

〔8〕翻卦象：喻進陽火、退陰符有如卦象的變化。人身是背陽腹陰，進陽火從尾閭開始，如一陽初生的復卦，以後是陽氣順督脈漸漸增長，由遯卦、泰卦、大壯卦、夬卦、直至頭頂時進陽火為純陽乾卦之象。接著退陰符從百會開始，如一陰初始的姤卦，陰氣順身前督脈、再是任脈漸漸增長，由臨卦、否卦、觀卦、剝卦，直至會陰時退陰符為純陰坤卦之象。雙修派陳致虛另有一說，總指陰上陽下交濟之象，如坎上離下之水火既濟卦，坤上乾下之地天泰卦，震下兌上之澤雷隨卦，艮下兌上之澤山咸卦。

〔9〕晨昏火候：每日早晚煉丹火候是不同的。一往一復。《周易參同契》將六十四卦中乾坤認作鼎器之象，坎離認作水火、鉛汞之象，其餘六十卦，按《序卦》之次，每兩卦值一日，一卦為清晨火候之象，次一卦為黃昏火候之象。

〔10〕合天樞：天樞，北斗第一星。此處是藉以指整個北斗星座，北斗星的斗柄隨著每月的推移，指向會相應的旋移，一年正好旋轉一周。

〔11〕大隱：謂隱居在社會中間。《文選》中所錄王康琚《反招隱詩》：「小隱隱陵藪，大隱隱朝市，伯夷竄首陽，老聃伏柱史」。

〔12〕何必：《講義》、《翁注》本作「休向」。《三注》本作「何不」。

指出修道者不必執著於避離塵囂，隱居山林。而應當著意於反求諸己。這中間有產藥後進火退符的講究。《悟真篇》相承於《周易參同契》。《周易參同契》：「循環璇璣，升降上下，周流六爻，難以察睹，故無常位，為易宗祖」，亦是指火候上合天文變化（璇璣即北斗星），在十二月、十二時有相應消長。晨昏火候亦最早見於《周易參同契》：「朔旦屯直事，至暮蒙當

受」，清代朱元育注：「靜極而動，萬化萌生，屯之象也；動極而靜，萬化斂藏，蒙之象也。」故此處的晨昏火候實指動靜而言，其餘反覆相綜卦的值日亦類似於此。

雙修派言火候，在產藥後溫養的理解與雙修派同，而採外藥則有異，首句及末二句內容均與採外藥有關。

第六

人人本[1]有長生藥[2]，自是迷途[3]枉擺[4]拋。甘露降時天地合[5]，黃芽生處[6]坎離交。井蛙應謂[7]無龍窟，籬鷃爭知[8]有鳳巢。丹[9]熟自然金滿屋[10]，何須尋草學燒茅[11]。

〔1〕本：《三注》本作「自」。

〔2〕長生藥：清修派指精、氣、神。《玉皇心印妙經》：「上藥三品，神與氣精。」雙修派認男女身中分具真陰、真陽之氣。

〔3〕迷途：《三注》、《集成》、《直指》、《翁注》等本作「迷徒」。《道樞》、《十書》、《講義》、《三注》本作「愚迷」。

〔4〕擺：《四庫》、《道樞》本作「棄」。

〔5〕甘露降時天地合：甘露，薛道光《悟真三注》認為是金丹之異名，陸西星《悟真篇・小序》稱係玉漿，朱元育《悟真篇闡幽》認為喻先天一氣。降，指甘露降入中宮。時，《講義》本作「須」。天地合，朱元育《悟真篇闡幽》云：「身心便是長生大藥，兩者合併，真種自生，有若甘露之降自天中，黃芽之產在土內。蓋甘露從天而降，黃芽從地而生，喻天地相合，陰陽互化，一陽生而產藥也。」

〔6〕黃芽生處：黃芽，出《周易參同契》：「將欲制之，黃芽為根。」黃是中黃之氣，芽是生機之萌。俞琰注：「水中產鉛

也」，薛道光認為是金丹之異名。陸西星解為真鉛之別名。處，《講義》本作「要」。

〔7〕應謂：《道樞》本作「將謂」。《講義》本作「應為」。

〔8〕爭知：《直指》本作「安知」，並云：「一本爭知」。

〔9〕丹：《講義》本作「藥」。

〔10〕金滿屋：內丹煉成，金已純陽，屋指丹穴。陳繼儒《寶顏堂秘笈·廣集》第47帙：內丹未凝前結丹之位置曰土釜，必須凝結之後，其結丹處所才名做「金胎神室」。

〔11〕尋草、燒茅：煉服食者須尋仙草、煉外丹者須茅草燒爐，此二法與煉內丹之方法不同。

本首詩仍是強調反求自身，因為自身中具足煉金丹的精、氣、神三寶，不要因迷惑而拋棄三寶，徒勞地向外馳求，去燒製外丹。否則有如井中之蛙認為沒有龍窟，籬上鶪鳥不知道有鳳巢。雙修派強調反求自己家室，男、女身中含真汞，真鉛，可以內煉。

第七

要知產藥川源處，只在西南〔1〕是本鄉。鉛遇癸生〔2〕須急採，金逢望遠〔3〕不堪嘗〔4〕。送歸土釜〔5〕牢封固〔6〕，次入流珠〔7〕廝配當〔8〕。藥重一斤須二八〔9〕，調停火候托陰陽〔10〕。

注釋

〔1〕西南：指坤位，先天卦位中坤居西南。又，納甲法認為，新月初生為震卦之象，象徵一陽初生。而此前一月晦日，是坤卦之象。清修派以《周易·說卦傳》「坤為腹」，指此為腹部丹田；雙修派則以坤譬女身。而且以此指女身中真鉛發動之前的光景。

〔2〕鉛遇癸生：腎為水，真鉛為先天壬水，癸水為後天之

水。壬水藏於癸水中之時，非癸水生而壬水不現，真鉛不見。《黃帝內經》稱男子年屆二七，女子年屆二八，天癸至。天癸即癸水，清修派指男子自身每於後半夜無欲念而自然舉陽之時。雙修派指女子彼方，每月行經前，有真陽發動，「此時水源至清，有氣無質」，陳致虛「真陽初動乃曰癸生，天地以七日而來復，……人身以三日而看經。經，鉛也，癸動後而生鉛。鉛之初生名曰先天真一之氣，……言鉛言癸而不言水者，取其氣也。」遇，《道樞》、《講義》、《翁注》等本作「見」。

〔3〕遠：《直指》本作「後」，並云「望後，一本望還」。

〔4〕金逢望後不堪嘗：金，指真鉛精氣。真鉛精氣在人體內消長，有一定週期，月象由新月而至十五日圓滿，以後由圓轉缺，精氣轉弱。望，即農曆十五。

〔5〕土釜：土居五行之中，釜為烹物的盛器，以此喻居於腹中之丹田。

〔6〕封固：煉精化氣的階段有採、封、煉、止四步。其中封即封固，又名封爐，即收採藥物，將之安存於土釜中，以意念守護它。以目光內視他，不使他逃逸。最後若存若忘，合乎自然。固，《道樞》、《十書》、《講義》、《三注》、《翁注》等本作「閉」。

〔7〕流珠：即汞，見《周易參同契》：「白虎為熬樞，汞日為流珠。」

〔8〕廝配當：廝配即互相配合意義。此句，喻真鉛、真汞結合在一起。

〔9〕二八：舊市秤一斤為十六兩。兩個八兩係半斤對半斤，喻相等。指真鉛、真汞相等，合成藥物。

〔10〕托陰陽：托，《翁注》本作「託」。陰陽，在此有二說，一指坎卦陰中的陽爻，離卦陽中的陰爻，調停火候者乃取

坎填離，使成純陽。一指第五首「翻卦象」的六陽卦與六陰卦，調停火候者是周天運轉時陰陽的消長、煉精以化氣。

論採藥須選擇適當的時機，即掌握「活子時」——一陽初生的時候。若過其時，則陽太老而不堪用，採藥後又須將此陰精陽氣的合成物封固在丹田土釜，然後以元神觀照之，使神與氣合，再進而宜進陽火退陰符以調養之。

第八

休[1]煉三黃[2]及四神[3]，若尋眾草[4]更[5]非真。陰陽得類[6]方[7]交感，二八相當自合親[8]。潭底日紅[9]陰怪滅，山頭[10]月白[11]藥苗新。時人要[12]識真鉛汞，不是凡砂及水銀。

注釋

〔1〕休：《道樞》本作「伏」。

〔2〕三黃：雌黃、雄黃、硫黃。

〔3〕四神：朱砂、水銀、鉛、硝。

〔4〕眾草：指仙草。《道樞》本作「草木」。

〔5〕更：《十書》、《三注》本作「便」。

〔6〕得類：陰以陽為類，陽以陰為類。近人尚秉和《周易尚氏學‧繫辭上傳》釋「方以類聚」：「陰遇陽為類，類則聚，聚則和合而吉矣」。又陳致虛注：「如女必以男為類，如汞必以鉛為類」。類，《道樞》本作「位」。

〔7〕方：《翁注》、《講義》、《道樞》、《直指》、《十書》本均作「歸」。《三注》本作「俱」。

〔8〕自合親：《直指》本云：「一本是合親。」

〔9〕潭底日紅：清修派喻坎水中陽爻發動，或喻丹田神氣相合，將升往頭頂。雙修派喻內藥在丹田溫養生效。

〔10〕山頭：清修派喻頭頂泥丸宮。雙修派指為丹田。

〔11〕月白：白為西方金色，月為陰精代表，月白指真鉛。

〔12〕要：《道樞》本作「不」。

強調煉丹的原料在於人身中的精神氣血，只要將四者結合，真鉛真汞調和，由丹田產藥，上升至頭頂煉養，自會成功。切勿將修煉術語中所講的原料誤解成身外之礦物。

第九

陽裏陰精質不剛[1]，獨修一物[2]轉羸尪[3]。勞形按引[4]皆非道，服氣[5]餐霞總[6]是狂；舉世謾求[7]鉛汞伏[8]，何時得見虎龍降？勸君窮取生身處，返本還源[9]是藥王[10]。

注釋

〔1〕陽裏陰精質不剛：陽裏陰精，指離卦外陽而內陰。雙修派強調男子雖為陽身而內中僅有陰精。《十書》、《講義》本作：「莫把孤陰為有陽」。《翁注》本作：「引把孤陰為有陽」。

〔2〕獨修一物：孤陰或孤陽。一，《講義》、《三注》本作「此」。雙修派強調須取同類身中真鉛。

〔3〕羸尪：瘦弱。

〔4〕引：《直指》本作「影」。

〔5〕服氣：《講義》、《十書》本作「煉氣」；《翁注》本作「煉炁」。

〔6〕總：《講義》本作「更」。

〔7〕舉世：《直指》本云：「一本畢世。」謾：《直指》、《四庫》、《翁注》本作「漫」，下同。

〔8〕鉛汞伏：喻水火凝結、伏合在一起。下句「虎龍降」意義與此同。鉛汞，《講義》本作「金汞」。

〔9〕源：指自己的心性。《三注》、《十書》、《講義》本作

〔10〕藥王：大藥。見第二首詩注〔4〕。明‧陸西星云：「藥王陽精，是曰真鉛，真鉛曰真，即藥王也。」

指孤陰不生，孤陽不長，須取坎中之陽，與離中之陰，兩相結合，才能形成金丹乾陽。鍾離權《指玄篇》：「涕唾精津氣血液，七者原來盡屬陰，若將此物為丹質，怎得飛神貫玉京。」同樣強調應煉陽精，勿煉陰類。且陽精本在生身之處，即順行成人，逆行成仙的人身處所。

第十

好把真鉛〔1〕著意尋，莫教容易度光陰。但將地魄〔2〕擒朱汞〔3〕，自有〔4〕天魂〔5〕制水金〔6〕。可謂道高龍虎伏，堪言德重鬼神欽；已知壽永〔7〕齊天地，煩惱無由更上心。

注釋

〔1〕真鉛：即上首詩所說的藥王。朱元育《悟真篇闡幽》雲：「真鉛乃先天一氣，從虛無中來，即金丹大藥也。」

〔2〕地魄：葉文叔《修真十書》列有真鉛七十四種異名，此為其中之一。真鉛為水中之金，按《河圖》，水數一，為坤卦居於北方，坤為地；金數四，居於西方，魄為西方金氣，故水中之金稱為地魄。

〔3〕擒朱汞：指以鉛擒汞。

〔4〕有：《講義》本作「見」。

〔5〕天魂：真汞之異名，見《修真十書‧丹房寶鑒圖》。真汞為火中之木，按《河圖》，心火數二，為乾卦居於南方，乾為天；肝木數三，居於東方，魂為東方木氣，故火中之木稱為天魂。

〔6〕制水金：指以汞制鉛。

〔7〕壽永：《十書》、《翁注》本作「永壽」。

強調內煉必須真鉛、真汞互相伴隨、擒制，《金丹四百字》：「真土擒真鉛，真鉛制真汞，鉛汞歸真土，身心寂不動。」閔一得注：「心火飛揚像汞，腎水沉重象鉛」，因心火元神朱汞一煉即飛，故先隨元精黑鉛下沉，繼而腎精化氣再隨元神上升。

明·伍沖虛《仙佛合宗語錄》：「古聖強言為火藥，不離神氣自相隨。」鉛汞互制，一般丹書中又稱作「五行攢簇」或「三家相見」。煉內丹至藥物產生後講的運神、制精、用意（如本詩「著意」、「但將」、「自有」等詞），均不離此內容。

第十一

黃芽〔1〕白雪〔2〕不難尋，達者須憑德行深。四象五行全藉土〔3〕，三元〔4〕八卦豈離壬；煉成靈質〔5〕人難識，消盡陰魔〔6〕鬼莫侵，欲向人間留秘訣，未逢〔7〕一個是知音。

注釋

〔1〕黃芽：見第六首詩注〔6〕。

〔2〕白雪：與黃芽同為構成內丹的基本物質。朱元育《悟真篇闡幽》：「離中真陰，是名白雪。」薛道光《悟真篇三注》：「白雪者，鉛汞之氣。」陸西星《方壺外史》：「黃芽、白雪，鉛汞之異名。」《金丹四百字》：「虛無生白雪，寂靜發黃芽，玉爐水溫溫，鼎上飛紫霞。」葉文叔《修真十書》也指白雪、黃芽分別為汞、鉛之異名。

〔3〕全藉土：木火一家，金水一家，兩家會合須賴中土一家。藉，《三注》本作「仗」。

〔4〕三元：劉一明《悟真直指》列為元精、元氣、元神三者；陸西星《方壺外史》列為天元、地元、人元三者。翁葆光

託名薛道光《悟真篇三注》指陽龍、陰虎，及合成之丹土三者。

〔5〕靈質：即大藥。

〔6〕陰魔：內煉時神意散亂或外界干擾者稱魔。

〔7〕逢：《三注》本作「聞」。

論述煉內丹藥物的產生，全憑中土為媒介，將真鉛、真汞調和而成，而兩者是先天的，須不動欲念時產生，故強調只有「德行深者」才能達到。

第十二

草木陰陽亦兩齊，若還缺一不芳菲：初開綠葉陽先倡〔1〕，次發紅花蔭後隨〔2〕。常道即斯為日用〔3〕，真源反此〔4〕有誰知？報言學道諸君子，不識陰陽〔5〕莫亂為〔6〕。

注釋

〔1〕初開綠葉陽先倡：綠葉屬陰，從枝上綻發出來需陽氣的倡先作用。初，《翁注》本作「先」。倡，《翁注》、《三注》、《講義》等本作「唱」。

〔2〕次發紅花蔭後隨：紅花屬陽，開花後結果，果實為陰，屬陰隨陽後之象。次，《翁注》本作「後」。

〔3〕常道即斯為日用：按翁葆光的理解是「天地氤氳，萬物化醇，男女媾精，萬物化生。」則夫婦之道亦是常道，亦是百姓日用的內容之一。即，《十書》本作「只」，《集成》本作「積」。

〔4〕真源反此：真源，即第九首詩中所指「生身處」；反此，即第九首詩中「返本還元是藥王」，可參見。即將自身腎精不是順而成人，泄之於外，而是逆而化氣補腦。按雙修派陳達靈的解釋，「順則為凡父凡母，逆則為靈父聖母，男返是女，女返是男。」反此，《講義》、《三注》本等本作「反覆」。

《集成》、《十書》等本作「返此」。《翁注》本作「返本」。

〔5〕不識陰陽：可參見第七首「調停火候托陰陽」句。

〔6〕亂為：《講義》、《十書》、《三注》、《翁注》本等均作「強嗤」。

指出內煉的始終，皆運用了陰陽調和的思想。強調孤陰不生、獨陽不長，兩者不能缺一。

煉內丹如不知這些規律和具體運用，功輒得咎，不易成功，甚至有害。

第十三

不識玄中顛倒顛〔1〕，爭如火裏好栽蓮〔2〕，牽將白虎〔3〕歸家〔4〕養，產個明珠〔5〕是〔6〕月圓。謾守藥爐〔7〕看火候，但安神息〔8〕任天然。群陰〔9〕剝〔10〕盡丹成熟，跳出樊籠〔11〕壽萬年〔12〕。

注釋

〔1〕顛倒顛：凡人順五行之道，煉丹者乃與此相逆，見第十二首詩注〔4〕。

〔2〕爭如火裏好栽蓮：爭通怎。蓮生水中，火中栽蓮，即「顛倒顛」。又，火喻離卦，蓮長在水中喻坎中陽爻，以此喻取坎填離。另有一說，火為離卦，上栽之蓮花乃坎卦之象，上坎下離，即水火交濟之象。

〔3〕白虎：指真鉛：陸子野謂真鉛，即西方金精，「白，喻其質；虎，喻其難伏」。

〔4〕家：清修派指為丹田。雙修派翁葆光的解釋，「真一之精屬汞為青龍，在東；白虎本是真一精之子，寄體在西，其家在東。」乃西家指女身，東家指男身。女身為坎，而內含真陽之氣，即真鉛。真陽本應男身所有，故稱歸家。

第二章　張伯端：《悟真篇》釋義

79

〔5〕明珠：喻元精製元神後凝成的藥物。

〔6〕是：《講義》、《直指》、《集成》、《三注》、《道樞》等本均作「似」。

〔7〕謾守藥爐：謾，空的意思。守，指用神貫注、內視。藥爐，指丹田。

〔8〕安神息：安，《十書》本作看。神息，又稱真息，其時呼吸若有若無，與元神相依之息。此句，《道樞》本，「但修神定自然安」。

〔9〕群陰：各種陰魔，見第十一首注〔7〕。

〔10〕剝：《三注》本作「消」。

〔11〕樊籠：鳥籠，喻人生貪慾拘約人的靈性。樊，《講義》、《直指》、《十書》、《三注》、《翁注》、《道樞》等本作「凡」。《直指》本並云：「凡籠，一本樊籠」。

〔12〕壽萬年：《道樞》本作「不是難」。

前四句仍是講順行成人、逆行成仙。按清修派言之，則以自身之精，不是順行下泄，而顛倒上行，使上濟心神，元精、元神互為擒制，再溫養於丹田。而按雙修派言之，則取他身中之陽精，因為取之不易，不慎反戕傷人身，故喻作火裏栽蓮，牽將白虎。

以下四句是強調取得真鉛後靜養，兩派理解相同。

第十四

三五一〔1〕都〔2〕三個字，古今明者實然稀。東三南二同成五〔3〕，北一西方四共之〔4〕。戊己自居生數五〔5〕，三家相見〔6〕結嬰兒〔7〕。嬰兒是一〔8〕含真氣〔9〕，十月胎圓〔10〕入聖基〔11〕。

注釋

〔1〕三五一：三，三家，指元神、元精、真意。五，指相

合成家。據《河圖》生數相合成五而來，具體見注〔3〕、〔4〕、〔5〕。一，指丹母或金丹。已成曰金丹，未成曰丹母。

〔2〕都：總括、總領。

〔3〕東三南二同成五：據《河圖》東三為木，南二為火，木生火合為五數，成為一家。按清修家認為在人相應是肝魂、心神，合為元神。

〔4〕北一西方四共之：據《河圖》北一為水，西四為金，金生水合為五數，成為一家。按清修家認為在人相應是肺魄、腎精合為元精。

〔5〕戊己自居生數五：從一至九，一、二、三、四、五為生數，前四數居《河圖》內圍，而五獨居中，六、七、八、九為成數，居《河圖》週邊。五數自成一家。按清修家認為在人相應是脾意，內煉時稱真意。「居」，《四庫》、《道樞》、《集成》等本作「歸」。自，《三注》本作「身」。生數五，《翁注》、《講義》等本作「本生數」。

〔6〕三家相見：指元神、元精由真意作媒，而相互結合。又按清修家認為稱此為身、心、意相見，因先天的元精、元氣、元神，在後天分別為身、意、心。

〔7〕結嬰兒：結，《道樞》本作「產」。嬰兒，即丹母或金丹。

〔8〕嬰兒是一：《集成》、《四庫》本作「是知太一」。一，即注〔1〕中的「一」。

〔9〕含真氣：含，《三注》本作「舍」。氣，《四庫》、《翁注》、《十書》，《講義》等本作「炁」。

〔10〕十月胎圓：喻煉氣化神的過程。

〔11〕入聖基：入，《道樞》本作「合」。聖基，成聖成仙的基礎。

按清修派講內煉是如何調集自身的精、氣、神。五臟中有腎精、肝血、脾意、肺氣、心神。由五臟的五行特徵，及五行在《河圖》中的生數相合成五，有相生的特點，使成元精、元氣、元神三家。再由三家相合，凝結成「一」——丹頭，再經溫養——有如「十月懷胎」，生長成金丹。

按雙修派講，五位生數不是代表五臟之氣，只是籠統而言，震木離火同性為一家，真汞產於中，兌金坎水同情為一家，真鉛生於內，離己坎戊同根為一家。

又，震木離火一家宜先作煉己功夫，使己土不受木剋；兌金坎水一家則賴戊土生金的作用，使金氣旺盛。金木相交，即真鉛、真汞相合，為三家相合。

第十五

不識真鉛正祖宗[1]，萬般作用枉施功。休妻[2]謾遣[3]陰陽[4]隔，絕粒[5]徒[6]教腸胃空。草木[7]金銀[8]皆滓質[9]，雲霞日月[10]屬朦朧。更饒吐納並存想，總與金丹事不同。

注釋

〔1〕祖宗：指出處。

〔2〕休妻：斷絕男女情慾。

〔3〕謾遣：《四庫》本作「漫」。《正義》本原注：「遣當作道，乃字相類之誤也。」

〔4〕陰陽：指男女。本句翁葆光託名薛道光注疏引王真人曰：「學人剛強辭妻妾，不念無為無不為。」

〔5〕絕粒：辟穀不食。

〔6〕徒：《三注》本作「從」。

〔7〕草木：能延年益壽的植物藥。

〔8〕金銀：煉外丹的金銀鉛汞等礦物藥。

〔9〕滓質：無用的渣滓。

〔10〕雲霞日月：指吐納雲霞清氣，吸取日月精華的修煉方法。

強調修道之法只有煉金丹才是正途，而煉金丹須從正確提取身中的精氣以作藥物入手。除此之外，離別妻室、辟穀、服靈藥、煉外丹、吐納、導引等等，均勞而無功，或者僅能獲微效，不能根本解決問題。

陳達靈注本首詩認為，人類因凡父之精、凡母之血而有身，相對的煉內丹所取的真鉛是所謂靈父聖母之氣，靈、聖是形容其作用，此非淫慾所致。雙修派認為常以白虎譬真鉛，即告誡人們，不得其法者反以傷身，為白虎所傷。

第十六

萬卷仙經語〔1〕總同，金丹只此是根宗。依他坤位〔2〕生成體〔3〕，種在乾家〔4〕交感宮〔5〕。莫怪天機俱漏泄〔6〕，都緣學者〔7〕自迷〔8〕蒙。若人〔9〕了得詩中意，立見〔10〕三清太上翁〔11〕。

注釋

〔1〕語：《十書》本作「話」。

〔2〕坤位：清修派指認腹部丹田，《周易·說卦》：「坤為腹」。雙修派指對方女身。翁葆光託名薛道光稱坤為坤母。

〔3〕體：指真鉛即先天一氣，所謂真鉛。清修派認為腹部腎精化生；而雙修派認為女身中真陽，陳達靈注：「先天一氣，內也。唯此先天一氣雖曰在內，而從外來。」

〔4〕在乾家：乾家：清修派指認頭部泥丸宮，《周易·說卦》：「乾為首」。而雙修派陸墅認為：「他為坤位，我是乾家。」則是相對坤母而言的男身。在，《三注》、《直指》、《十書》、《講義》各本作「向」。

〔5〕交感宮：清修派指認元氣與元神，乃一陰一陽，在泥丸宮交感成丹。雙修派認為與乾家一詞連讀，指出取得身外之真鉛，而按在自身（男身）中。陳達靈云：此鉛金一物，「但依世間男女生成之法，而逆種於乾宮。故真一子云：『更為男女，近做夫妻』者此也。」

〔6〕俱漏泄：《四庫》本作「都洩漏」。《翁注》、《三注》兩本作「都漏泄」。《集成》本作「多洩漏」。《十書》本作「俱漏盡」。《講義》本作「今漏泄」。《直指》本作「俱露泄」，並云：「露泄，一本作漏泄」。

〔7〕都：《集成》、《四庫》兩本作「只」。《三注》本作「卻」。《翁注》本作「蓋」。者，《講義》本作「道」。

〔8〕自迷：自，《十書》本作「盡」。迷，《集成》、《四庫》本作「愚」。

〔9〕人：《翁注》本作「能」。

〔10〕立見：立，《講義》本作「即」。見，《翁注》本作「在」。

〔11〕三清太上翁：道家認為元始天尊所化法身有三：玉清元始天尊，上清靈寶天尊，太清道德天尊。

本首詩點明了煉金丹的最基本點：如何認定產藥之處，採藥後置於何處。清修派認為藥物真鉛產於腹部丹田，得後與真汞交於泥丸；而雙修派以為得之於對方女身，安於自身男身。

中　卷

七言絕句六十四首

第一

先把乾坤為鼎器〔1〕，次將〔2〕烏兔〔3〕藥來烹。既驅〔4〕二

物〔5〕歸黃道〔6〕，爭〔7〕得金丹〔8〕不解生。

注釋

〔1〕乾坤為鼎器：清修派認為，乾鼎指頭部泥丸宮，坤器指腹部土釜（丹田）；雙修派認為乾鼎為自身男，坤器為他身女。如陸墅注：「我為乾鼎，彼為坤器。」陳致虛注：「鼎器者何也？靈父聖母也。」（參見上卷第十六首詩注〔2〕、〔3〕）。

〔2〕將：《直指》、《十書》、《三注》、《翁注》等本均作「摶」。

〔3〕烏兔：金烏、玉兔，即古代傳說太陽中三足鳥、月亮中白兔。清修派以此譬作心火中真鉛，腎水中真汞；雙修派認為太陽、乾鼎喻靈父中真汞，月亮、坤器喻聖母中真鉛。

〔4〕既驅：驅，驅使。轉作導引的意義。既，《講義》本作「會」。

〔5〕二物：真汞與真鉛。

〔6〕黃道：黃為五行土色，地位處中；道，脈道。合為一詞指中脈，自泥丸直貫會陰（參見《自序》注〔9〕）。亦有以為合任督二脈之稱。煉丹運火於此作小周天，有如太陽行天的黃道軌跡。

〔7〕爭：同怎。

〔8〕金丹：《講義》本作「黃芽」。《翁注》本作「靈丹」。

本首詩概括了煉內丹的要點：以身體的泥丸宮、丹田為爐器，以元精、元神為藥物，二者結合後運行於任督脈作周天，進火退符，煉成金丹。

以上為清修派的理解。按雙修派的理解是，爐器分別指「靈父」、「聖母」。

第二

安爐立鼎法乾坤[1]，鍛鍊精華制魄魂[2]，聚散[3]氤氳成[4]變化，敢將玄妙等閒論[5]。

(注釋)

〔1〕乾坤：陰陽。《周易·繫辭下》：「乾坤其《易》之門戶邪。乾，陽物也；坤，陰物也。」按清修派理解，《周易·乾文言》：「本乎天者親上，本乎地者親下，則各以其類也。」積陽在上，為乾、為天，相應在人身為頭部、胸部，陽神安居著。積陰在下，為坤、為地，相應在人身為腹部，陰精存置著。乾鼎、坤爐分別指頭部泥丸、腹部丹田。接雙修派的理解，如陳致虛注解本詩：「爐鼎是彼我，乾坤則男女。」

〔2〕魄魂：清修派以身內精氣交合理解，則據《黃帝內經》：肺之神為魄，肝之神為魂。肺中之魄寓於腎，肝中之魂寓於心。制約魂魄使相結合，則腎精、心神亦相會，可成精華。按雙修派理解，如陳致虛注解本詩：「靈父聖母所媾之氣曰精華，又曰華池神水，以此變煉於父母軀殼之中以成丹，皆仿（乾）天（坤）地之造化耳。」

〔3〕聚散：聚，形容真汞、真鉛相合相制的狀態；散，形容藥物產後火候轉運的過程。

〔4〕成：《翁注》、《三注》兩本作「為」。《直指》本云：「一本為變化。」

〔5〕玄妙等閒論：《講義》本作「方體預言論」。《翁注》本作「玄妙托言論」。玄，《集成》本作「元」。《直指》本作「佉」。

強調煉內丹所遵循的是陰陽變化的原則：陽須下降，陰須上升。經過鍛鍊，心神攝合肝魂為真汞，腎精攝合肺魄為真鉛，成煉丹的、精華般的原質，兩者交合運轉於周天，以結金

丹。此中元妙今以普通的方式敘述出來。以上為清修派理解。雙修派理解已見注〔3〕陳致虛注。

第三

休泥丹灶費工夫，煉藥須尋偃月爐[1]，自有天然真火育[2]，何[3]須柴炭及吹噓。

注釋

〔1〕偃月爐：清修派認為指丹田與泥丸宮。《周易參同契》有「偃月作鼎爐」句。偃月，月亮半弦時之象，袁仁林注解：偃月，「借喻爐鼎，爐以烓火，鼎以烹物，因其下部得陽，勢將上進，黑白均判，恍如偃月，遂法以名爐而鼎在焉。」按雙修派意思，似指女人身上組織。陳致虛在《周易參同契》「偃月爐」下注明：「此及白虎、上弦、兌、魄，均屬彼方」。本詩翁葆光注：「偃月爐之形，仰開如偃月樣陰海是也。」又，陰海，陰氣所集之處（翁葆光《金丹大要》）。

〔2〕天然真火育：清修派認為天然真火，指元神、真意。育，《三注》、《集成》、《直指》本作「候」。《翁注》、《講義》本作「養」。《十書》本作「用」。

〔3〕何：《講義》、《十書》、《三注》、《翁注》、《直指》等本作「不」。

指出煉內丹是借用了煉外丹的一些術語，在依法實踐時不要拘泥於字面上的意義，而要正確理解。

第四

偃月爐[1]中玉蕊[2]生，朱砂鼎內[3]水銀[4]平。只因火力[5]調和後，種得黃芽[6]漸長成。

注釋

〔1〕偃月爐：見上首詩注〔1〕。雙修派稱其為「陰爐」。

第二章　張伯端：《悟真篇》釋義

87

〔2〕玉蕊：花之初開，喻一陽初動之真陽。雙修派著重指出是陰中之陽，如坎卦中陽爻。

〔3〕朱砂鼎內：朱砂鼎，喻泥丸宮。內，《四庫》本作「中」。雙修派稱其為「陽鼎」。

〔4〕水銀：指真陰。雙修派著重指出是陽中之陰，如離卦中陰爻。

〔5〕火力：《道樞》本作「火裏」。

〔6〕黃芽：見上卷第六首注〔6〕。

清修派指丹田腎水有如坎卦，經修煉後，內有真陽發動，泥丸心火有如離卦，經修煉後，內有真陰發動。進一步修煉調和後，可使藥物逐漸長成。而雙修派指陰身中真陽發動，與陽身中真陰相合結丹。

第五

咽津納氣〔1〕是人行〔2〕，有藥〔3〕方能造化〔4〕生。鼎內〔5〕若無真種子〔6〕，猶將水火〔7〕煮空鐺。

注釋

〔1〕咽津納氣：指舊的「服氣法」。

〔2〕人行：指不能長生成仙的一般作為，指服氣法等。舊有「伏氣不服氣，服氣須伏氣，服氣不長生，長生須伏氣。」之說。指出服氣僅注意後天的精氣，伏氣是伏得真鉛才能返回先天。

〔3〕藥：指真鉛。《講義》、《四庫》、《道樞》本均作「物」。

〔4〕造化：《講義》、《集成》、《四庫》、《道樞》等本作「萬物」。

〔5〕鼎內：《講義》本作「裏面」。

〔6〕真種子：即指藥（真鉛）。

〔7〕猶將水火：《道樞》本作「猶如猛火」。

仍強調內煉中必須有真鉛為原料，否則一無所得，內煉術與服氣法不同即在於此。

第六

調和鉛汞要成丹，大小[1]無傷[2]兩國[3]全。若問真鉛何物是[4]，蟾光[5]終日照西川[6]。

注釋

〔1〕大小：分別指陽、陰。《周易》泰卦卦辭「小往大來」，小指外卦坤陰，大指內卦乾陽；否卦卦辭「大往小來」之大、小同上義。另有一說，「乾之長男曰震，言大也，主產汞；坤之小女曰兌，言小也，主產鉛」（陳致虛《悟真篇注》）。

〔2〕無傷：雙修派陸墅稱：「求鉛伏汞之法，要在調和。使無太過、不及之患。太過則恐傷彼，不及恐不結丹。」

〔3〕兩國：清修派認喻元神、元精。雙修派認作長男、小女。陳致虛稱：「震兌調和，何傷之有！兩國全者，彼既無虧，我亦濟事。」

〔4〕何物是：《三注》、《十書》、《直指》等本作「是何物」。

〔5〕蟾光：月光。古代傳說月中有蟾蜍，故常以蟾蜍譬月。而月亮屬陰，是金水之精，故月光指真鉛元精。

〔6〕西川：西方屬金之方，川屬水，故以此喻金水相合之陰精。

指出要煉成金丹，需真鉛陰與真汞陽兩者調和（所謂半斤對半斤，即「二八」）。而真鉛的形成，又需合金水之精，即前詩中提及的金水合並成一家。

第七

未煉還丹莫入[1]山，山中內外盡非[2]鉛，此般至寶家家[3]

有，自是愚〔4〕人識不全〔5〕。

注釋

〔1〕入：《四庫》、《講義》、《翁注》等本作「隱」。

〔2〕非：《直指》本作「皆」。

〔3〕家家：清修派泛指個人，雙修派強調夫婦家室。

〔4〕愚：《集成》、《講義》、《翁注》、《四庫》等本作「時」。

〔5〕識不全：《四庫》本作「不識全」。

闡明煉內丹的實質是從自身入手，身中元精即是真鉛。不必像有些人一提修煉，環境就選擇深山野林、人跡罕至處。而雙修派是強調山中所有之物皆非同類，若煉還丹必須求得同類，應居於塵世。同類，即陰與陽相對起之謂。

第八

竹破須〔1〕將竹補宜，抱雞〔2〕當〔3〕用卵〔4〕為之。萬般非類〔5〕徒勞力，爭似〔6〕真鉛合聖機。

注釋

〔1〕須：《翁注》、《道樞》兩本作「還」。

〔2〕抱雞：《十書》、《道樞》本作「復雞」。《三注》本作「覆雞」。

〔3〕當：《道樞》本作「須」。

〔4〕卵：《十書》本作「子」。

〔5〕非類：見上卷第八首詩注〔6〕，淵源於《周易參同契》：「欲作服食仙，宜以同類者，植禾當以黍，覆雞用其卵。」相同的還有《還金術》：「竹斷須竹續，木破須木補，屋漏用瓦蓋，人衰以類主。」《翁注》本作「作用」。

〔6〕似：《三注》本作「得」。

本首詩取譬立說，意思是：精是人體生命的基本物質，它

是無形的,憑藉著氣而成形,長成身體。有質的軀體衰殘以後,須烹煉無形的精氣來補助它。精氣的衰耗,不用精氣補助,則為「非類」,勞而無功,不能返本還源,獲得長生。雙修派秉承《周易》陰與陽相對為同類的認識,認為真鉛不是獨身所得,須取之於對方。如翁葆光注云:「人稟天地之秀氣而生,真鉛是天地之母氣,托同類之物,孕而有之,故真鉛為母氣,我精氣為子氣,豈非同類之至妙!」

第九

用鉛不得用凡鉛[1],用了真鉛[2]也[3]棄捐,此是用鉛真[4]妙訣,用鉛不用是誠言。

注釋

〔1〕凡鉛:喻後天的氣血陰陽,屬滓質濁物。

〔2〕真鉛:喻先天元精,屬無形之清物。

〔3〕也:《講義》、《直指》本作「亦」。

〔4〕真:《道樞》本作「玄」。

指出煉內丹的真鉛不是自身中一般的氣血陰陽。凡由情慾動而外泄之精,屬後天之精,若心定意安,則元精保存,屬先天之精,即是真鉛。又,內煉運用元精,是為了化生元氣,元氣化生元神;即真汞的不斷添加,鉛氣漸漸散去,亦有形容為以坎中陽爻,填入離中陰爻,最後坎離均不見,變成乾陽。內煉有關鉛的知識,主要在於以上兩點。

第十

虛心實腹[1]義俱[2]深,只為虛心要[3]識心,不[4]若煉鉛先實腹,且[5]教守取[6]滿堂金[7]。

注釋

〔1〕虛心實腹:《老子·三章》:「是以聖人之治,虛其

心，實其腹」。虛心，指心神寧靜，煩惱不染；實腹，指腎精充實，葆養不泄。

〔2〕俱：《翁注》本作「居」。

〔3〕要：《翁注》本作「安」。

〔4〕不：《十書》本作「莫」。

〔5〕且：《講義》本作「見」。

〔6〕守取：《直指》本作「收取」，並云：「一本守取。」

〔7〕滿堂金：《老子·九章》：「金玉滿堂，莫之能守。」滿堂，喻全身，金，喻金丹。

煉內丹，主要應心意淡泊，神歸於內，同時保養腎精，不隨情慾外泄，然後用神火烹煉精氣，會結成金丹，使全身形體起質的變化。陳達靈《悟真篇注疏》認為虛心是了性功夫，實腹是了命功夫。實腹是以精氣（窒）固（身）形，以使身體不變壞。

第十一

夢謁西華[1]到九天，真人[2]授我指玄篇[3]，其中[4]簡易無多語，只是[5]教人[6]煉汞鉛。

注釋

〔1〕西華：泛指仙人所居宮殿。

〔2〕真人：《講義》、《翁注》、《道樞》等本作「分明」。

〔3〕指玄篇：有兩種。一為五代末、宋初的陳摶著。陳曾在四川青城山下學「鎖鼻術」，即屬內煉法。一為呂洞賓著。玄，《集成》、《直指》本作「元」。

〔4〕中：《四庫》本作「間」。

〔5〕是：《四庫》本作「說」。

〔6〕人：《講義》本作「君」。

本首詩的出典是《雲笈七籤》:「《八素經》云:西華宮有琅簡蕊書,當為真人者乃得此文。」在此藉以強調,道書千經萬論所談的正確修道方法,就是煉內丹。

第十二

道自虛無生一氣,便從一氣產陰陽[1]。陰陽再合成三體[2],三體重生萬物昌[3]。

注釋

〔1〕陰陽:清修派指為身中陰精、陽神;雙修派分指為男女身中的真氣。此兩個「氣」字,《翁注》、《十書》本均作「炁」。

〔2〕成三體:由虛無生一氣為一體,再變陰陽為二體,陰陽結合成金丹為三體。成,《翁注》、《三注》、《講義》等本作「生」。

〔3〕昌:《翁注》、《直指》等本作「張」。

指出陰精、陽氣原從一氣狀態中分為二物。二物返本還原,再合二為一,結成金丹,從而能妙應萬變。這種演變,符合《老子・四十二章》:「道生一,一生二,二生三,三生萬物。」的論述。

第十三

坎電[1]烹轟[2]金水方[3],火發崑崙[4]陰與陽[5],二物[6]若還和合了[7],自然丹[8]熟遍身香。

注釋

〔1〕坎電:指坎中陽爻。

〔2〕烹轟:清修派認為喻腎水中真陽發動;雙修派陳致虛注:「坎電者,乃彼鉛氣發旺之時。」

〔3〕金水方:清修派認為指丹田,金水合成真陽之地。雙修派指為坤(女)方:「坎電者水火也。金水為坤方。」

〔4〕火發崑崙：崑崙，山之最高者，此火清修派喻為頭頂泥丸元神。雙修派喻指乾龍男身中之神火，位置當在會陰穴之上，翁葆光云：「崑崙在海水中，我身之崑崙，本在下元海水中生出。」

〔5〕陰與陽：陰指坎電，陽指崑崙之火。

〔6〕二物：真陰、真陽。

〔7〕和合了：《講義》本作「歸一處」。

〔8〕丹：《翁注》本作「藥」。

指出真陰發動，與真陽互相擒制，漸成金丹。金丹運轉後感覺：自尾閭透夾脊、玉枕雙關，瀝瀝有聲，直上泥丸，又顆顆降下重樓，其味甘美，馨香無比，滿身增輝，如《周易參同契》所言：「金砂入五臟，霧散若風雨，薰蒸達四肢，顏色悅澤好，髮白皆返黑，齒落生舊新，老翁復丁壯，耆嫗成姹女。」

第十四

離坎若還無戊己[1]，雖含四象[2]不成丹。只緣彼此懷真土，遂使金丹有返[3]還。

注釋

〔1〕戊己：按《納甲法》：坎納戊，離納己。坎中陽爻，即屬戊土，離中陰爻，即屬己土。

〔2〕四象：見《自序》中「和合四象」注。

〔3〕返：《翁注》本作「反」。

離為火，為真汞，坎為水，為真鉛。坎離之結合，須賴中土黃婆媒合，戊、己同為土，即屬於此。

第十五

日居離位[1]反為女[2]，坎配蟾宮[3]卻是男[4]。不會個中顛倒意[5]，休[6]將管見事[7]高談。

〔1〕日居離位：日指陽氣，離卦外陽，如火。《直指》本云：「一本離居日位。」

〔2〕反為女：離卦外陽而內陰。《周易·說卦傳》：「離再索而得女，故謂之中女。」前一女字，指位居中爻的陰爻。反，《講義》、《三注》、《十書》等本作「翻」。

〔3〕坎配蟾宮：蟾宮為月亮之喻，在此指陰，坎卦外陰，如水。

〔4〕卻是男：坎卦外陰而內陽。《周易·說卦傳》：「坎再索而得男，故謂之中男。」前一男字。指位居中爻的陰爻。

〔5〕意：《集成》本作「妙」。《翁注》本作「理」。

〔6〕休：《集成》本作「徒」。

〔7〕事：《道樞》本作「作」。

清修派理解是心為日、為離、為陽，但內煉時取用者為其陽中之陰（真陰）；同樣的，腎為月、為坎、為陰，但內煉時取用者為其陰中之陽（真陽）。雙修派理解是女身為陰，內中反具陽氣，男身為陽，內中反具陰氣。內煉法以易象言之，是取坎填離。

第十六

取將坎位中心實[1]，點化離宮腹內陰[2]。從此變成乾健體[3]，潛藏飛躍[4]總[5]由心。

〔1〕中心實：坎卦初爻、三爻為陰爻，屬虛；中爻為陽爻，屬實。

〔2〕腹內陰：離卦初爻、三爻為陽爻，屬實；腹內指中爻，為陰爻。內，《講義》、《十書》、《四庫》、《三注》等本作

〔3〕乾健體：純陽金丹。健，《集成》本作「卦」。

〔4〕潛藏飛躍：指元陽的沉伏升舉變化。出《周易・乾卦》：初九爻稱為「潛龍勿用」，九四爻稱為「或躍在淵」，九五爻稱為「飛龍在天」。

〔5〕總：《三注》、《翁注》、《直指》等本作「盡」。《直指》本並云：「盡由，一本總由，一本更由。」

生命的初始為乾健之體，由乾破體為坎離，即由先天純陽變成後天水火；為使失者復返，去者復還（所謂「七返九還」），即須照本首詩所講的，取坎水中陽氣以填補離火中陰精，虧損者既補足，元神健旺，成為純陽，即乾健體。當此之際，則身體可隨心所欲，起神奇變化。

第十七

震龍汞〔1〕出是〔2〕離鄉〔3〕，兌虎鉛生〔4〕在坎方〔5〕。二物總因〔6〕兒產母〔7〕，五行全要入中央〔8〕。

注釋

〔1〕震龍汞：震卦在後天八卦方位中居東方，青龍為東方之獸。清修派以此指東方肝木魂，借喻先天元神。雙修派陳致虛認為：「震為乾之長男，遵父之志而行道。」借喻乾男陽剛之氣。

〔2〕出是：《講義》、《十書》、《集成》、《四庫》、《三注》、《翁注》、《直指》等本均作「自出」。《直指》本並云：「自出，一本出自」。

〔3〕離鄉：離卦在後天八卦方位中居南方。清修派以此指南方心火神。雙修派指陽身中藏有真陰。

〔4〕兌虎鉛生：兌虎鉛：兌卦在後天八卦方位中居西方，

白虎為西方之獸。清修派以此指西方肺金魄，借喻先天元精。雙修派陳致虛認為：「兌為坤之少女，代母之位而行道。」借喻坤女陰柔之氣。鉛生，《四庫》本作「金生」。

〔5〕坎方：坎卦在後天八卦方位中居北方。清修派以此指北方腎水志。雙修派指陰身中藏有真陽。

〔6〕因：《三注》本作「成」。

〔7〕兒產母：金生水、木生火。然而金精、木液反胎藏於水、火之中，成坎卦中陽爻，離卦中陰爻之象。《周易參同契》：「金為水母，母隱子胎，水者金子，子藏母胞。」及《性命圭旨》：「五行顛倒術，龍從火裏出，五行不順行，虎自水中生。」均指同一意義。

〔8〕入中央：即「三五合一」，參見上卷第十四首詩。

清修派認為講的是木火相合為一家，即後天識神，藏有先天元神；金水相合成一家，即後天陰精，藏有先天元精。兩家逆而行之，由有返無，最後在意土的作用下，結合成丹。雙修派否定以上看法，認為「以心腎氣液為龍虎鉛汞，有同兒戲」，《鍾呂傳道集》：「蓋借人身心腎氣液以曲譬陰陽，明其妙用耳。」陳致虛認為：「體用不出於陰陽造化，皆因於交媾。至哉其言乎！」

第十八

月[1]才天際[2]半輪明[3]，早有龍吟虎嘯[4]聲，便好用功[5]修二八[6]，一時辰[7]內管丹成。

注釋

〔1〕月：喻元精真水。

〔2〕際：《三注》本作「霽」。

〔3〕半輪明：農曆的每月初八半夜，月升中天，月像是上

弦平，明亮占圓月之半，喻真水有氣無質，不老不嫩。

〔4〕龍吟虎嘯：見上卷第五首詩注〔1〕。另有說藥物產生時，自覺氣海丹田中有一聲如吼而起。

〔5〕功：《集成》、《講義》、《四庫》、《三注》各本作「工」，《十書》本作「心」。用功，《道樞》本作「堅心」。

〔6〕二八：見上卷第七首詩注〔9〕。

〔7〕一時辰：喻火候調停恰當的短暫時間。按雙修派翁葆光認為一時之中又分六候，其中初八、廿三月象所象徵的兩候即是成丹的時刻。

本首詩的旨意是：內煉調和水火鉛汞，須掌握火候，詩中以弦月的明暗各半，以一斤的分量各半，來譬喻鉛、汞的藥量相當。只有乘此時機，可事半功倍，迅速合成內丹。丹書中有「一刻之功夫，奪一年之造化」的說法。

第十九

華嶽〔1〕山頭〔2〕雄虎嘯〔3〕，扶桑〔4〕海底〔5〕牝龍吟〔6〕，黃婆自〔7〕解相媒合，遣做夫妻共一心。

注釋

〔1〕華嶽：即西嶽華山，西方屬金，以此指五行中之金。

〔2〕山頭：清修派認為喻頭頂泥丸交感宮。雙修派認為雄虎蹲踞山頭，借喻真鉛之為物，危而難取（陳致虛《悟真篇三注》）。

〔3〕雄虎嘯：虎為西方之獸，屬金，金生水，故常借作坎水之代詞。雄者，指坎水中的真陽。嘯，喻其發動。

〔4〕扶桑：古書中稱為東方日出之國。東方屬木，以此指五行中之木。

〔5〕海底：清修派認為喻腹內丹田。雙修派認為牝龍潛伏

海底，借喻真汞險而難取（陳致虛《悟真篇三注》）。

〔6〕牝龍吟：龍為東方之獸，屬木，木生火，故常借作離火之代詞。牝者，指離火中的真陰。吟，喻真陰發動。

〔7〕黃婆：喻真意。黃為中土之色。婆，媒婆，喻其有從中媒合真鉛真汞為一之意。其地位在中宮黃庭。自，《四庫》本作「日」。

清修派認為腎水中真陽發動，心火中真陰產生，這時適當其時，可以由真意遣使真陽、真陰結合，凝結成丹。雙修派認為雄虎、牝龍均喻險而難降之物，是至陽之氣，居於恍惚不測之內，只有積德深厚，煉己純熟，方能施功，合而為一。

第二十

西山白虎正〔1〕倡狂，東海青龍不可當。兩手〔2〕捉來令死鬥〔3〕，化〔4〕成一塊〔5〕紫金霜。

注釋

〔1〕正：《三注》、《講義》、《翁注》、《道樞》等本作「性」。

〔2〕手：《十書》本作「獸」。雙修派強調本詩是講「外象」，不是講「內象」。且結合劉海蟾詩句（見提要），可知以陽男身出發，取陰女身中真鉛與自身中真汞相合而言，以「手」字為是。

〔3〕死鬥：雙修派強調陽男、陰女身中之物結合的過程，如行不得法，是危險至甚。陸墅注云：「這個死字，權有深理，諺云：欲求生富貴，須下死工夫。」

〔4〕化：《十書》本作「煉」。

〔5〕塊：《四庫》、《集成》本作「片」。

大意與上首基本相同。其設譬用詞當淵源於劉海蟾的詩句：「左手捉著青龍頭，右手拽著白虎尾，一時將來入口吞，

思量此物甚甘美。」陳致虛云：「且道雲何降（龍）伏（虎）？云何死鬥？咄！『耳口目三寶，閉塞勿發通，真人潛深淵，浮游守規中。』」

第二十一

赤龍[1] 黑虎[2] 各[3] 西東，四象[4] 交加戊己[5] 中，復姤[6] 自茲[7] 能運用，金丹誰道不成功？

注釋

〔1〕赤龍：喻木火為一家。赤，為南方火色。龍，為東方青龍。

〔2〕黑虎：喻金水為一家。黑，為北方水色。虎為西方白虎，西方屬金。

〔3〕各：《講義》、《翁注》兩本作「合」。

〔4〕四象：指金木水火。

〔5〕戊己：中央土。

〔6〕復姤：復卦指初生的一陽，姤卦指初生的一陰。

〔7〕茲：《翁注》、《講義》本作「然」；《直指》本作「此」。

闡明三家會合，形成內藥，然後可河車搬運。當一陽初生，其象為復卦，從背後尾閭穴（有稱「天根」者）沿督脈上升，為進陽火，上至頭頂百會穴（有稱「月窟」者），一陰初生，其象為姤卦，始退陰符，沿身前督脈、任脈下降，歸入丹田。

第二十二

先且觀天明五賊[1]，次須察地[2] 以安民[3]，民安國[4] 富當[5] 求戰[6]，戰罷[7] 方能見聖人[8]。

注釋

〔1〕五賊：義與五行近。《陰符經》：「天有五賊，見之者

昌。」後人解釋：在天為五星，在地為五嶽，在人倫為五常，在人體為五臟。陸墅注此，認為是一心具有五行之性。金主怒、木主喜、水主涼、火主炎、土主靜，因五行各主一性，若互不相能，元氣傷矣，故稱五賊。陳致虛注此云：「丹道之言五賊，即眼耳鼻舌意為天之五賊；色聲香味觸為世之五賊；愛慾貪瞋癡為內之五賊。天之五賊不謹於內，則內之五賊蜂起；世之五賊不除於外，則天之五賊豣生。」

〔2〕地：清修派譬作丹田。雙修派譬作身體。

〔3〕民：譬作精氣。

〔4〕國：譬作身體。

〔5〕當：《翁注》本作「方」。

〔6〕戰：清修派指元神、元氣互為擒制，作河車搬運。雙修派指陰陽結合以採鉛求丹的過程。

〔7〕罷：《翁注》、《講義》本作「勝」。

〔8〕聖人：喻金丹結成後成真人仙子。人，《十書》本作「君」。

指出為使陰陽結合以成真一之氣（金丹基質），先宜煉己，而煉己應依陰陽五行的道理，去除「五賊」。否則五賊為害，「眼見色則愛起而賊精，耳聽聲則欲起而搖精，鼻聞香則貪起而耗精，口嘗味則嗔起而走精，身意遇觸則癡起而損精。五者日夜戕賊於身，其精能有幾何。」煉丹者以身為國，以精氣為民，然後謹慎相戰，才能成功。

第二十三

用將[1]須分左右軍[2]，饒他為主我為賓，勸君[3]臨陣休輕敵[4]，恐喪吾家無價珍[5]。

第二章 張伯端：《悟真篇》釋義

注釋

〔1〕將：喻火候。

〔2〕左右軍：清修派以為左軍喻文火，右軍喻武火。雙修派強調為男女身，「左為我，右為彼」（見陳致虛注）。

〔3〕勸君：《十書》本作「大凡」。

〔4〕休輕敵：強調宜聚精會神。雙修派認為取外丹不宜有邪欲之心，翁葆光云：「主為陽而雄，好爭也；賓為陰而雌，好靜也。即是守雌而不雄，持靜而不爭，此慮險防危之意，畏敬之至也。兵法曰：以逸待勞，以靜制動是也。」

〔5〕無價珍：喻丹母。

《老子‧三十一章》：「偏將軍居左，上將軍居右……君子居則貴左，用兵則貴右。」本首詩的詞語借用之，清修派以闡明運轉河車時的火候運用。即烹煉時用武火，由尾閭上升進陽火時吸氣深長，由百會下降時呼氣悠揚，意念內視須濃烈。入室溫養時用文火，由背後督脈上升至夾脊，再由身前任脈下降至丹田，呼吸若有若無，意念內視須輕淡，須注意的是不可昏沉，只有小心翼翼，丹母才不會突然散失。雙修派與上理解有別，陳致虛認為本詩次句乃言「彼居上而我在下，彼欲動而我欲靜也。」是取真鉛時對彼我雙方的要求。

第二十四

火[1]生於木[2]本藏鋒[3]，不會鑽研莫強攻，禍發總[4]因斯害己，要須[5]制伏覓金公[6]。

注釋

〔1〕火：清修派譬元神。雙修派指為一身元氣。

〔2〕木：清修派譬為肝木。雙修派指整個身體。火生於木，《十書》本作「木生於火。」

〔3〕鋒：《十書》、《集成》、《直指》等本作「烽」。

〔4〕總：《集成》、《四庫》等本作「必」；《翁注》、《十書》等本作「只」；《三注》本作「柢」。

〔5〕須：《翁注》、《講義》本作「能」。

〔6〕金公：二字結合為「鈆」字，正為「鉛」的異體字。即指真鉛。公，《十書》本作「翁」。

清修派認為內煉時肝性木，化助心神火，沒有元精真鉛起來，與它們相應，互為擒制，則會損壞身體，所謂「火煮空鐺」。雙修派認為火喻精氣，木喻身體。內煉時發動身中精氣，宜遵法制，一般「百姓昧此，皆流於淫蕩邪僻之歸己」，則精氣雖盛，而愛欲之禍至矣。若要制伏禍機，使精氣有益於身體，須覓得真鉛。

第二十五

金公〔1〕本是東家〔2〕子，送〔3〕在西鄰〔4〕寄體生。認得喚來〔5〕歸舍養，配將姹女〔6〕作〔7〕親情。

注釋

〔1〕金公：見上首詩注〔6〕。公：《講義》、《十書》本作「翁」。

〔2〕東家：離卦，因先天八卦中離卦居東。清修派認作心火，雙修派認作男身。

〔3〕送：《翁注》本作「卻」。

〔4〕西鄰：坎卦，因先天八卦中坎卦居西。清修派認作腎水，雙修派認作女身。

〔5〕喚來：《直指》本喚作「呼來」。來，《講義》本作「回」。

〔6〕姹女：譬自身中真汞。

〔7〕作：《四庫》、《集成》、《講義》、《十書》、《翁注》、

《三注》等各本均作「結」

坎中陽爻，為真陽。是由先天乾陽破體而來，乾卦轉向東方，中爻失去，遂成離坎中虛，乾卦轉向西方，中爻留存，遂成坎卦中實。

今由顛倒逆轉之功，西方坎中之陽填於東方離中之陰，仍回復成乾卦純陽之體。本詩可與上卷第十三首詩參看。

第二十六

姹女遊行[1]自[2]有方，前[3]行須短後[4]須[5]長，歸來卻入黃婆[6]舍，嫁個金公[7]作老郎[8]。

注釋

〔1〕遊行：清修派指循行周天。雙修派認為精氣受激發、行進的道路。在常人，男女交感後，「精自兩脛而上，由五臟升泥丸，與髓同下，自夾脊、雙關至外腎交媾」，在修金丹者，則指與此相反的行程。

〔2〕自：《四庫》、《集成》本作「各」字。

〔3〕前：清修派指身前之督脈與任脈。雙修派指真鉛由彼身進入自身的路程。

〔4〕後：清修派指身後之督脈。雙修派指真鉛進入體內溫養的過程，由督脈而上，再由任脈而下，在心中絳宮冶煉。

〔5〕須：《翁注》本作「行」。

〔6〕黃婆：見本卷第十九首詩注〔7〕。

〔7〕金公：喻坎中真陽。《四庫》、《集成》、《三注》各本均作「金翁」。

〔8〕老郎：譬純陽，有如乾卦。

清修派認為是描述河車搬運，即所謂周天運轉。從尾閭沿背後督脈而上，過命門、夾脊、玉枕，上抵泥丸，再沿身前督

脈而下，沿任脈，過重樓（咽喉）、膻中，降至丹田，每當藥物過泥丸時，使元氣儘量地化成金丹，稱「九轉還丹」。雙修派指作調動自身真汞姹女靜候真鉛來臨，由身外採入真鉛，然後循督脈而上，再由任脈而降，先心宮冶煉，再黃庭兩相結合，溫養十月，以成純陽。

第二十七

縱識朱砂與黑鉛，不知火候[1]也如閑，大都全藉修持力，毫髮差殊不作[2]丹。

注釋

〔1〕火候：清修派認為周天運行時意念與呼吸的運用。一般是：氣息綿綿、意念強烈者為武火，多用於採藥、封爐，循行督脈之時；氣息與意念若有若無為文火，多用於煉藥溫養、循行任脈之時。雙修派認為火候有內外之分，外火候指對方真鉛發動之時，如崔氏《入藥鏡》：「天應星，地應潮」，呂洞賓《沁園春》：「正一陽初動，中宵漏永，溫溫鉛鼎，光透簾幃」均是。內火候是指真鉛產得後在己身中溫養功夫，一如清修派所論的文火，宜放鬆、自然為準。

〔2〕作：《直指》本作「結」。

指出火候在內煉中是十分的重要，清修派有文武之分，雙修派有內外之分。

第二十八

契論經歌[1]講至真，不將火候著於文。要知口訣通玄[2]處，須共神仙[3]仔[4]細論。

注釋

〔1〕契論經歌：契，《周易參同契》；經，《陰符經》、《道德經》；論、歌，泛指後世修道者論述的詩文歌詞，《三注》本

作「丹經」。

〔2〕玄：《集成》本作「元」；《直指》本作「佒」；《三注》本「通玄」作「玄通」。

〔3〕仙：《四庫》本作「明」。

〔4〕仔：《講義》、《十書》、《三注》本作「子」。

強調懂得火候十分重要，《周易參同契》、《道德經》、《陰符經》雖然論述內煉的各個方面，而火候口訣只有向已成功者探討，才會獲得真諦。《周易參同契》論《火記》六百篇：「竊待賢者談，曷敢輕為書，結舌欲不語，絕道獲罪誅，寫情寄竹帛，恐泄天之符。」表示火候內容不敢輕易寫成文字。

第二十九

八月十五玩蟾輝[1]，正是金精壯盛時。若到一陽來[2]起復，便堪[3]進火莫延遲。

注釋

〔1〕蟾輝：指月光。見本卷第六首注〔3〕。

〔2〕來：《講義》、《翁注》、《道樞》本作「才」。來起復，《直指》本作「才動處」，並云：「才動，一本才起。」《三注》本作「才起處」。

〔3〕堪：《集成》、《三注》本作「宜」。《道樞》本此句作「便將見火莫淹遲。」

月屬金水之精，中秋之月最為明亮，本首詩借此喻金水旺盛之時。金水旺盛，會一陽初生於中，所謂「活子時」。清修派認為此時便應當急急地進陽火，使其過尾閭、夾脊、玉枕，升往泥丸。一般說，「一陽初生」，表現為男子玉莖上舉。

此時進陽火，既不能太早，亦不能過遲，否則會如內煉術語中所謂「過嫩」、「過老」。

第三十

一陽才動作丹時，鉛鼎溫溫[1]照幌帷[2]。受氣之初容易得[3]，抽添[4]運用卻[5]防危。

注釋

〔1〕鉛鼎溫溫：喻丹田火熱感。

〔2〕幌帷：喻人身兩目。

〔3〕得：《十書》本作「識」。

〔4〕抽添：抽鉛添汞。

〔5〕卻：《十書》本作「且」，《翁注》本作「慎」；《直指》本作「切」。

指出一陽初動活子時來臨後，丹田有溫熱感，《翠虛篇》描述：「膀胱如燃，內中兩腎如湯煎。」丹田和暖後，元氣上養兩目，遂有光華耀現於兩目。清修派指自身中有此變化，此時運轉河車，以精化氣，以氣養神，使陰精漸減，陽神漸增，須注意的是防走火出偏差，具體的要點是情如槁木、心如死灰，意念不能妄動。

雙修派以為前兩句乃指對方產生真鉛時徵兆。第三句是講取其真鉛過程，「容易得」與第二十六首「前行須短」意同。最後一句是指得藥後的溫養，則與清修派所講相同。

第三十一

玄珠[1]有象逐陽生，陽極陰消[2]漸[3]剝形，十月霜飛丹始熟，此[4]時神鬼也[5]須驚。

注釋

〔1〕玄珠：見前《自序》注〔12〕。玄，《集成》本作「元」。《直指》本作「伭」。下同。

〔2〕消：《三注》本作「來」。

〔3〕漸：《翁注》本作「盡」。

〔4〕此：《十書》本作「憑」。

〔5〕也：《四庫》、《集成》本作「亦」。

形容得到的藥物在運轉河車時進陽火，退陰符的情形。當一陽初生，象復卦；沿督脈直至頭頂泥丸，在此過程中陽火逐漸增長，成二陽臨卦，三陽泰卦，四陽六壯卦，五陽夬卦，直成純陽乾卦之象。《周易參同契》「朔旦為復……黃鍾建子」，復卦建子月，即農曆十一月。臨卦「丑之大呂」，即農曆十二月。泰卦、大壯卦、夬卦相應為農曆正月寅、二月卯、三月辰。「乾健盛明……陽終於巳」，乾卦建巳月，即農曆四月。當由泥丸向身前退陰符過程中，真陰逐漸增長，成一陰姤卦，二陰遯卦，按《周易參同契》：「姤始紀緒……午為蕤賓」，則以上六卦相應的為農曆五月午、六月未、七月申、八月酉、九月戌、十月亥。經此進火退符，丹母方能結成金丹。

第三十二

前弦之後後弦前〔1〕，藥味平平〔2〕氣象全，採得歸來爐裏〔3〕煨，煉〔4〕成溫養自〔5〕烹煎。

注釋

〔1〕前弦之後後弦前：月亮的明亮部分屬陽魂、屬金，晦暗部分屬陰魄、屬水。當上弦月與下弦月（農曆初八日與廿三日月象）時，明暗相等。前弦之後是指上弦月象徵陰中陽半，得水中之金半斤。後弦前是指下弦月象徵陽中陰半，得金中之水半斤。

〔2〕平平：金丹煉成為純陽，喻其斤量為一斤。而煉丹的基質真鉛中金水宜各居一半，舊秤十六兩為一斤，則是八兩對八兩。

〔3〕裏：《四庫》、《集成》本作「內」。

〔4〕煉：《講義》、《三注》本作「煆」。

〔5〕自：《十書》本作「似」。

以月象的明暗，喻煉丹的真鉛宜含金水之氣各半。

第三十三

長男〔1〕乍飲西方酒〔2〕，少女初開北地花〔3〕，若使青娥〔4〕相見後，一時關〔5〕鎖在黃家〔6〕。

注釋

〔1〕長男：據《周易》震卦為長男。指自身。

〔2〕西方酒：喻兌卦，因兌卦在後天卦位中居西方。指少女，酒為陰物。

〔3〕北地花：北地，為陰寒之地；花，陽物。以此喻一陽初生。雙修派指外藥產生。地，《四庫》、《集成》本作「苑」。

〔4〕青娥：喻巽卦風象，轉指內煉時呼吸。因《周易》巽卦為長女，屬風，風屬木、色青。

〔5〕關：《翁注》本作「開」。

〔6〕黃家：黃者，中土之色。以此喻神室黃庭。

首句是指驅陽就陰，或稱以鉛制汞，次句是指驅陰就陽，或稱以汞擒龍。待鉛汞交合於中宮後，運行火候以生成大藥。崔希範《入藥鏡》：「起巽風，運坤火，入黃房，成至室。」及石泰《還原篇》：「長男才入兌，少女便歸乾，巽宮並土位，關鎖自周天。」均與本首詩意義相同。

第三十四

兔雞〔1〕之月及其時，刑德〔2〕臨門藥象之。到此金砂宜沐浴〔3〕，若還加火必傾危。

注釋

〔1〕兔雞：兔屬卯，雞屬酉。

〔2〕刑德：退陰符為刑，進陽火為德。

〔3〕砂：《四庫》、《集成》本作「丹」。宜沐浴：古代休假又稱沐日，以此譬溫養。宜，《十書》本作「須」。

主要是談運行火候的過程中要注意卯酉沐浴，即文火溫養。最早談內煉時沐浴的是《周易參同契》。《參同契》中「立義設刑，當仁施德」，「刑主伏殺，德主生起」，即本首詩稱刑德的出典，實際是在論退陰符、進陽火。《參同契》又論到：「二月榆死，魁臨干卯，八月麥生，天罡據酉。」「俠列卯門，榆莢墮落，還歸本根。」魁星為北斗第一星，天罡即北斗。農曆二月、八月，北斗之柄分別指向卯（東）方、酉（西）方，因此這兩月又稱卯月、酉月。

春氣本主生發，屬德，二月卯，居春季之中，得春氣之半，卻會榆莢墮落，這是德中有刑。秋氣本主伏殺，屬刑；八月酉，居秋季之中，得秋氣之半，卻會麥芽萌生，這是刑中有德。內煉時須與此天地氣化相應，臨卯之時暫停行陽德，臨酉之時暫停行陰刑。

具體的是：由督脈上升進陽火，宜注意吸氣，尾閭為一陽初生，象復卦，屬子月、子時，升至夾脊為陽陰相平，象泰卦，屬卯月、卯時，此時文火溫養，宜神住吸歇，否則木火已旺，將會過燥。由百會向身前下降退陰符，宜注意呼氣，百會為純陽，象乾卦，屬午月、午時，降至黃庭為陰陽相平，象否卦，屬酉月、酉時，此時文火溫養，宜神住呼歇，否則金水已足，將會過濫。李道純《中和集》論到沐浴在內煉中的重要：「蓋金丹未結以前，非沐浴不能凝珠呈象。而仙胎既結以後，非沐浴不能出神達化。沐浴為煉丹之總括妙用。」

第三十五

日月三旬[1]一遇逢[2]，以時易日法神功。守城[3]野戰[4]知凶吉，增得靈砂[5]滿鼎紅。

〔1〕三旬：三十日，即一月。旬，十日。

〔2〕一遇逢：因月亮的光亮是由太陽照耀產生的，每由上月的月末晦日，轉向下月的月初朔日，由暗初明，是日月重新相會的結果。

〔3〕守城：喻溫養功夫。

〔4〕野戰：喻採鉛功夫。

〔5〕靈砂：指金丹或未結金丹前之丹母。《庚辛玉冊》：「靈砂者，硫汞製而成形，謂之丹基，可以變化五行，煉成九還。以一伏時周天火而成者為金鼎靈砂。以九度抽添，用周天火而成者為九轉靈砂。」

首句是指陰陽精氣相交，有如每月初的月象，該象有如震卦。故《周易參同契》：「晦日朔旦，震來受符，當此之時，天也媾其精，日月相撢持。」而一月陰氣的初生是朔日，若以一日的陽氣初生而論，則是子時（活子時），如《周易參同契》強調：「天地之雌雄兮，徘徊子與午。」懂得這些規律，可以取一日之功以奪一月的造化。第三句講懂得溫養、採藥要訣，則可使靈砂煉養成丹。

第三十六

否泰[1]才交萬物盈，屯蒙[2]二[3]卦稟[4]生成。此[5]中得意休求象，若究群爻謾[6]役情。

〔1〕否泰：兩卦均為乾陽、坤陰各半，故泰否於時令象徵

二月春分、八月秋分，氣候是不寒不熱；於月亮象徵初八上弦、廿三下弦，與全月比，是明暗相等。總之陰陽二氣和平相交，有利萬物的長養，內煉者取法之，在進陽火至夾脊為卯時，退陰符至黃庭，為酉時，可以溫養成丹。

〔2〕屯蒙：《周易》六十四卦卦序，乾坤為首，《參同契》：「乾坤者，易之門戶，眾卦之父母。」此下即為屯蒙，《周易·序卦》傳：「屯者，物之始也；蒙也，物之稚也。」以六十卦輪轉一月，一日兩卦，如《參同契》：「朔旦屯直事，至暮蒙當受，晝夜各一卦，用之如次序。」如始進陽火於尾閭子時，始退陰符於泥丸午時。王道淵《崔公入藥鏡注解》：「朝屯一陽生於下，暮蒙一陰生於上，一陽一陰，人身運化，與天地同也。達此理者，可以長生久視。」

〔3〕二：《講義》、《三注》、《翁注》、《四庫》各本作「受」。

〔4〕稟：《十節》本作「受」。

〔5〕此：《十書》本做「簡」。

〔6〕謾：《四庫》本作「漫」。

指出《周易參同契》借用卦象以說明火候，得屯、蒙、泰、否卦象之意義，已足以明白運行火候的技巧，不必更多地尋求其他卦象，空作參究。

第三十七

卦中〔1〕設象〔2〕本〔3〕儀〔4〕形，得象〔5〕妄言意自明。後世迷人〔6〕惟泥象〔7〕，卻行卦氣〔8〕望飛升。

注釋

〔1〕卦中：卦，八卦（乾、坤、震、巽、坎、離、艮、兌）。中，《講義》本作「有」。

〔2〕象：四象（少陰、少陽、老陰、老陽）。

〔3〕本:《講義》本作「象」,《道樞》本作「像」。

〔4〕儀:兩儀(陰、陽)。

〔5〕得象:《直指》本云:「一本得意。」

〔6〕人:《道樞》、《直指》、《三注》本作「徒」。

〔7〕泥象:《直指》本作「執象」。

〔8〕氣:《集成》本作「象」。

《周易‧繫辭》:「易有太極,是生兩儀,兩儀生四象,四象生八卦。」本首詩意指內煉的整個過程,可以由《周易》的兩儀、四象、八卦等表示。如魏伯陽演《參同契》,以乾坤喻爐鼎身體,以坎離喻藥物精神氣血;以屯蒙始,既未濟終,輪轉值日,喻火符搬運。所以《參同契》中種種卦象、卦辭均為煉丹設喻之辭,應當善會其意。

《莊子‧外物》:「言者所以在意,得意而妄言。」若拘泥句下,固執不化,還想求得丹成飛升,是做不到的。

第三十八

天地盈虛^{〔1〕}自有時,審能^{〔2〕}消息^{〔3〕}始知機。由來庚甲^{〔4〕}申明令,殺盡三屍^{〔5〕}道可期。

注釋

〔1〕虛:《講義》本作「虧」。

〔2〕能:《十書》本作「觀」。

〔3〕消息:一消一長,互為更替。

〔4〕庚甲:《周易》中蠱卦《象曰》:「先甲三日,後甲三日,終則有始,天行也。」又,巽卦九五的爻辭:「無初有終,先庚三日,後庚三日,吉。」總以甲、庚為天干日子的前後有所變更,此後這兩字合詞成命令的意思。

〔5〕三屍:道家稱人體內害人的三種,分別名彭倨、彭

質、彭矯，故又稱三彭。或說是青姑、白姑、血姑，分別居於腦中、鼻中、腹胃，或說分別居於頭中、腹中、足中。三，《翁注》本作「陰」。

說的是天地之間的陰陽進退是有一定的規律的，如夏至日，白晝長，黑夜短，即陽盈陰虛，而轉到冬至日，白晝短，黑夜長，即陰虛陽盈，能夠知道進退消長，就算懂得機微，於內煉來講，即知道火候應如何的升降。

天時的運轉，常以逢庚逢甲的前後表明變化，能掌握類似的道理，可以內煉成功消滅陰魔了。

第三十九

要得谷神[1]長不死，須憑玄牝[2]立根基，真[3]精既返黃金室[4]，一顆明珠[5]永不離。

注釋

〔1〕谷神：陰陽不測謂之神，感而遂通若虛谷之回應，故名。

〔2〕玄牝：內煉中又稱玄關，有諸說，有指玄為鼻，牝為口，有指眉間，有指兩腎中間，有指丹田，也有指自己的心性本體。清修派以後二說為多見。可參見《金丹四百字序》。雙修派陳致虛則云：「蓋玄牝乃人身出入之門戶……是陰陽媾精之處。」

〔3〕真：《講義》本作「陽」。

〔4〕室：《四庫》、《集成》本作「屋」。

〔5〕明珠：《三注》、《十書》、《直指》本作「靈光」，《翁注》本作「圓光」。

《老子六章》：「谷神不死，是謂玄牝。玄牝之門，是謂天地根，綿綿若存，用之不勤。」本首詩即據此演化。

主要強調宜明白玄牝，由此下工夫，獲取真精，加以溫養，煉成金丹，可以永遠不失，大起妙用。

第四十

玄牝[1]之門世罕知，休將[2]口鼻妄施為。饒君吐納經千[3]載，爭[4]得金烏[5]搦兔兒[6]。

 注釋

〔1〕玄牝：雙修派陳達靈曰：「借玄喻陽，借牝曰陰。」

〔2〕休將：《翁注》、《道樞》本作「指他」。休，《三注》本作「指」。

〔3〕千：《直指》本作「多」。

〔4〕爭：通怎。

〔5〕金烏：見本卷第一首詩注〔3〕。

〔6〕兔兒，見本卷第一首詩注〔3〕。

指出玄牝之門，應當認清。由於《老子‧河上公章句》注「玄」是天，於人為口，鼻口之門是天地元氣與人相接之處，許多人就學吐納導引，而其實這也是錯誤。

第四十一

異名同出[1]少人知，兩者玄玄[2]是要機。保命[3]全形明損益，紫金丹[4]藥最[5]靈奇。

注釋

〔1〕異名同出：《老子‧一章》：「此兩者同出而異名，同謂之玄，玄之又玄，眾妙之門。」同出者，指同出於真一之氣。異名者，指的是由真一之氣分化為陰陽，清修派認為人體稟賦先天真一之氣，受形之後，有元神、元精之分。雙修派認為人體產生追溯其始，均由真一之氣所生成，各得其偏而有男女之分。

〔2〕玄玄：參見注〔1〕，意指陰陽兩者提純結合，回升到一氣狀態。

〔3〕命：《講義》本作「性」。

〔4〕丹：《講義》本作「真」。

〔5〕最：《講義》本作「是」。

指精氣二物同出於真一之氣，經過內煉，使二物重新合一，可以大起神妙。《老子‧三十九章》：「昔之得一者，天得一以清，地得一以寧，神得一以靈，以盈一以盈，萬物得一以生，侯王得一以為天下貞。」這一，即真一之氣，即詩中所稱紫金丹藥，因其與天地造化相通，故靈奇甚。

第四十二

始於〔1〕有作〔2〕人難見〔3〕，及至無為〔4〕眾始〔5〕知。但為無為為要〔6〕妙，豈〔7〕知有作是根基。

注釋

〔1〕於：《十書》本作「之」。《翁注》本作「因」。

〔2〕有作：內煉的初中期是有為法，清修派指的是築基、採藥、封爐、搬運周天。雙修派指的是採外藥過程，如陳致虛注：「到老無為，如何得藥！入室採鉛，是云有作。」亦有釋「有作」是修命功階段。

〔3〕難見：《四庫》、《講義》本作「爭覺」。《三注》、《十書》本作「無人見」。《翁注》本作「人爭見」。

〔4〕無為：指溫養得效，煉形化氣。亦有釋為修性階段，如翁葆光認為是指「面壁九年，抱一以空其心，以見其性，性即神也。」

〔5〕始：《翁注》、《講義》本作「所」。

〔6〕要：《四庫》、《翁注》本作「道」。

〔7〕豈：《四庫》、《集成》本作「不」。

本首詩是稱內煉的初中期，是有為法，而其功效難以見到，待至末後，由必然過渡到自由王國，沒有什麼具體的作法可言，屬無為法。《老子‧四十八章》：「為道日損，損之又損，以至於無為，無為而無不為。」此時功效神奇，是離不開早期的有為法基礎，發展而來的。

第四十三

黑中有白〔1〕為丹母，雄裏懷雌〔2〕是聖胎，太乙〔3〕在爐宜〔4〕慎守，三田〔5〕聚寶〔6〕應三台〔7〕。

注釋

〔1〕黑中有白：黑為水色，白為金色。清修派指腎水中藏有真鉛，雙修派則指的是外藥，乃陰女身中藏有真陽。

〔2〕雄裏懷雌：清修派指心火如離卦，外陽為雄，內陰為雌，心火中懷有真汞。雙修派則指此時是煉內藥，即陽男身中已取得真鉛，在加以提煉。懷，《集成》、《四庫》、《三注》本作「藏」。

〔3〕太乙：先天的真一之氣。乙，《四庫》、《集成》本作「一」。

〔4〕宜：《講義》本作「能」。

〔5〕三田：有指上中下三丹田（上丹田腦中泥丸，中丹田心，下丹田氣海精門，《黃庭經》有「三田之中精氣微」句）。並有指三性（金水一家、木火一家、中土一家）。

〔6〕聚寶：《四庫》、《講義》本作「寶聚」。

〔7〕三台：天上的星座，星命家所謂其與人間的三公相應。

指出真鉛與真汞調和方能成丹，《老子‧二十八章》：「知其雄，守其雌，為天下谿。為天下谿，常德不離，復歸於嬰

兒。知其白，守其黑，為天下式。為天下式，常德不忒，復歸於無極。」其中的雌與雄，黑與白，以及兩者間的關係，《周易參同契》賦予內煉中的含義是：「陽稟陰復，雄雌相須，須以造化，精氣乃舒。」雄雌亦即真汞、真鉛。《周易參同契》：「知白守黑，神明自來，白者金精，黑者水基。」朱熹注：「白謂汞，黑謂鉛。金精言其生於鉛，水基能生水也。」這種白金汞與黑水鉛的關係，在《周易參同契》中尚有論述：「故鉛外黑，內懷金華」，「金為水母，母隱子胎；水者金子，子藏母胞。」當兩者和合交融，恢復成一體，成真一之氣（所謂復歸於「嬰兒」、「無極」），宜謹慎溫養。

三田中所聚之寶即精氣神（《黃庭內景經》：「三田之中精氣微」），可煉成金丹，猶如天上三台星座，近於紫微星座（應於人事，即輔佐君主之三公）。

第四十四

恍惚之中尋有象[1]，杳冥之內覓真精[2]。有無從[3]此自[4]相入，未見如何想得成。

注釋

〔1〕恍惚之中尋有象：《老子·二十一章》：「道之為物，惟恍惟惚。惚兮恍兮其中有象，恍兮惚兮其中有物。」本句是講一陽初動，心中有恍惚如醉感。之中尋，《翁注》、《講義》本作「難求中」。

〔2〕杳冥之內覓真精：《老子·二十一章》：「窈兮冥兮，其中有精，其精甚真，其中有信。」本詩指煉丹之始，凝神氣穴，呼吸微微，以至胎息，真精產生，此時有身入杳冥，不可言狀的感覺。雙修派則指有此感覺之時，正可採取對方身中真精。之內覓，《翁注》、《講義》本作「莫測是」。

〔3〕從：《四庫》等本作「由」。

〔4〕自：《講義》本作「互」。

本首仍借用《老子》書中語，以說明煉精化氣「得藥」時的感受。崔希範《入藥鏡》：「先天氣，後天氣，得之在，常似醉。」以及邵雍《恍惚吟》：「恍惚陰陽初變化，氤氳天地乍迴旋。中間些子好光景，安得功夫入語言。」都是體驗有得之言，非他人想像得到的。

第四十五

四象〔1〕會時玄體〔2〕就，五行全〔3〕處紫金明〔4〕。脫胎入口功通〔5〕聖，無限龍神盡失驚〔6〕。

注釋

〔1〕四象：見《自序》「和合四象」注。

〔2〕玄體：大藥。《集成》本作「元體」。

〔3〕行全：《翁注》本作「方行」。

〔4〕紫金明：大藥由紅汞黑鉛合成，紫兼有紅黑二色。金，《四庫》、《翁注》、《集成》、《講義》等本作「光」。《直指》本：「紫金，一本紫光。」

〔5〕功通：《四庫》、《集成》本作「通神」；《翁注》、《三注》、《十書》本作「通身」；《直指》、《講義》本作「身通」。

〔6〕盡失驚：《翁注》本作「暗聳驚」。

形容集合五臟精氣煉成大藥的感覺。大藥煉成還未成丹時呈紫金色，故又稱「金液」，此時再作周天之行名「金液還丹」，大藥在泥丸合成後下降於身前，經過口中時有如甘露，其狀有如雀卵，顆顆下滴，美妙無比。

第四十六

華池〔1〕宴〔2〕罷月澄輝〔3〕，跨個金龍〔4〕訪紫微〔5〕。從此

眾仙相見〔6〕後，海田〔7〕陵谷任遷移。

（注釋）

〔1〕華池：《黃庭外景經》：「下有華池生腎精」。注：下有華池，名曰氣海，腎中之精，於此生動。白玉蟾亦稱：「華池正在氣海門。」

〔2〕宴：《四庫》、《集成》本作「飲」。《講義》本作「讌」。

〔3〕月澄輝：喻真陽充滿。澄，《十書》、《道樞》本作「凝」。

〔4〕金龍：喻還丹之金液。

〔5〕紫微：北極星，因天上群星拱列於它的南方，它的地位最高。在此借喻頭頂泥丸。

〔6〕見：《四庫》、《翁注》、《集成》、《講義》、《十書》本作「識」。

〔7〕田：《十書》、《講義》、《三注》、《翁注》、《道樞》、《直指》等本作「潮」。《直指》本云：「海潮，一本海田。」

描繪金液還丹之象，即金液在丹田形式（道家書中有稱內視時確見銀光閃耀），然後仍作周天搬運上行，至頭頂泥丸（道家書中稱內視時確見金光閃耀）。

第四十七

要知煉養〔1〕還丹〔2〕法，須〔3〕向家園〔4〕下種栽。不假吹噓並著力，自然丹〔5〕熟脫靈〔6〕胎。

（注釋）

〔1〕煉養：《集成》、《十書》、《直指》、《三注》等本作「金液」。煉，烹煉，係周天子午運轉。養，溫養，係黃庭、夾脊處卯酉沐浴。

〔2〕還丹：由真汞下擒真鉛後產生內藥，內藥經煉養後，

精化氣，氣化神。由元氣化成元神的過程，即金液還丹。

〔３〕須：《四庫》、《集成》、《翁注》等本作「自」。《講義》本作「宜」。

〔４〕家園：清修派喻身體。雙修派強調是男女家室。

〔５〕丹：《講義》、《翁注》本作「果」。

〔６〕靈：《三注》、《講義》、《翁注》、《直指》、《十書》等本作「真」。

強調內煉要知火候，要從身體中取得煉丹的基質，如《周易參同契》：「同類易施功，非類難為巧。」清修派指同類即身中的三寶，雙修派指同類為陰陽對立之身。而內煉的整個過程應是依照自然，不可勉強。《老子・二十五章》：「天法道，道法自然。」

第四十八

休〔１〕施巧偽為功力，認取他家〔２〕不死方〔３〕。壺內〔４〕旋添延命酒〔５〕，鼎〔６〕中收取返魂漿〔７〕。

(注)(釋)

〔１〕休：《十書》本作「徒」。

〔２〕他家：身外同類。

〔３〕不死方：精氣神。

〔４〕壺內：自身。

〔５〕延命酒：指真鉛。延，《三注》、《翁注》、《講義》、《十書》本作「留」。

〔６〕鼎：泥丸。

〔７〕返魂漿：金液。

指出依照自然，取身外同類之三寶，添之真鉛，以增助金液。道家書中有稱此為修龍虎大丹。

第四十九

雪山^[1]一味好醍醐^[2]，傾入東陽^[3]造化爐^[4]。若過崑崙^[5]西北去，張騫^[6]始^[7]得見麻姑^[8]。

注釋

〔1〕雪山：雪色白，乃西方之色。清修派以西方指產生白虎真鉛之地，乃喻腎；雙修派以西方指彼方女身。

〔2〕醍醐：精製的乳酪，喻真鉛。

〔3〕東陽：清修派以東方指真汞安居之地，乃泥丸交感宮。雙修派以東方指己方男身。東，《道樞》本作「陰」。

〔4〕造化爐：喻丹田。

〔5〕崑崙：見第十三首詩注〔4〕。

〔6〕張騫：《漢書》有傳，以出使西域著名。喻真陽。

〔7〕始：《十書》、《三注》本作「方」。

〔8〕麻姑：傳說中著名女仙，喻真陰。

清修派認為首句是指金水相合，次句是木火相合。丹書中常以肺金指性，肝木指情，由性情相合以成內藥，再經運轉河車，由身後上升，經過泥丸，以成金液，然後再顆顆下降，落入丹田。雙修派認為本首詩簡述女身之真陽進入男身與真陰相合，產生內藥，再河車運轉的過程。

第五十

不識陽精^[1]及主賓^[2]，知他那個是疏親。房中^[3]空閉尾閭穴，誤殺閻浮^[4]多少人。

注釋

〔1〕陽精：坎中一陽，為真陽。《四庫》本作「陰陽」。

〔2〕主賓：見《自序》中「寧分主客」之注。

〔3〕房中：房中術，利用男女交合修道的一種方法。

〔4〕閻浮：閻浮提，佛經中指印度，以後泛指中國及東方諸國。本詩中作世上之義。

本首詩是批評一些修道者由於不懂真鉛何在，不懂主賓、疏親在河車搬運中的關係，錯用房中術，禍害無窮。

第五十一

萬物芸芸〔1〕各返〔2〕根，返〔3〕根復命即長〔4〕存。知常返本〔5〕人難會，妄作招凶往往聞〔6〕。

（注釋）

〔1〕芸芸：眾多貌。

〔2〕返：《翁注》本作「反」。

〔3〕返：《講義》本作「歸」。《翁注》本作「反」。

〔4〕長：《直指》、《講義》本作「常」。

〔5〕返本：《講義》本作「妙道」。返，《翁注》本作「反」。

〔6〕往往聞：《四庫》、《集成》、《十書》、《三住》本作「眾所聞」。

本首詩所用詞語均出於《老子‧十六章》：「夫物芸芸，各復歸其根；歸根曰靜，靜曰復命；復命曰常，知常曰明；不知常，妄作凶。」意指由陰陽蕩摩化生萬物，今返回根本，仍歸陰陽二氣，由二氣而歸入太極。在內煉中返根復命是指煉氣修命，知常返本是指養神修性。

第五十二

歐冶〔1〕親傳鑄劍方，莫邪〔2〕金水配柔剛。煉成便會知人意，萬里誅妖一電光。

（注釋）

〔1〕歐冶：春秋時鑄劍能匠。

〔2〕莫邪：同注〔1〕。《講義》、《翁注》本作「耶溪」。《直

指》本作「莫耶」。

歐冶、莫邪，古代傳說他們所鑄之劍有神異。本首詩清修派認為煉金丹和鑄神劍一樣，以身體為冶爐，身中元神、元氣為材料，呼吸為橐籥，進火退符為火候，終至金丹煉成，使一切煩惱塵累都能消除。

清代劉一明《悟真直指》：「以體言則為丹，以用言則為劍。其實劍也丹也。」劍即譬喻金丹的妙用。雙修派則強調劍喻智慧，能斬絕內煉過程中邪欲之念，使內煉成功。

第五十三

敲竹 [1] 喚龜 [2] 吞玉芝 [3]，鼓琴 [4] 招鳳 [5] 飲刀圭 [6]。近來 [7] 透體金光現 [8]，不與凡 [9] 人話此規 [10]。

注釋

〔1〕敲竹：竹中心虛空，故敲竹轉喻以汞擒鉛，是「寂然不動，感而遂通」。

〔2〕龜：北方元武之象。

〔3〕玉芝：喻真火汞。

〔4〕鼓琴：喻兩者合意，如鼓琴瑟。

〔5〕鳳：南方朱雀之象，屬真火汞。

〔6〕刀圭：藥物的量器，轉喻藥物，今喻陰符。

〔7〕近來：《直指》本作「邇來」。

〔8〕現：《翁注》本作「別」。

〔9〕與凡：《翁注》本作「許常」。

〔10〕規：《講義》本作「機」。

清修派認為是述驅陽就陰，陰虛心受之，驅陰就陽，有如夫婦琴瑟和好。當陰陽結合，金液長成，終於還液成金丹。雙修派認為是形容採取外藥的過程，龜是下行之物，鳳是上飛之

物，其進入身體途徑，據陸子野認為和《入藥鏡》所稱「上鵲橋、下鵲橋」同。

第五十四

藥逢氣類[1]方成象[2]，道在[3]希夷[4]合[5]自然[6]。一粒靈丹吞入腹，始知我命不由天[7]。

注釋

〔1〕氣類：《周易・乾》：「同聲相應，同氣相求」。《莊子・漁父》：「同類相從，同聲相應。」清修派強調身體中的真汞真鉛為同類。雙修派強調陰陽男女對舉為同類。陳致虛注：「《易》云：『西南得朋，乃與類行，若二陽同類則成亢旱，豈有性情相感！二陰同室則必爭，安得陰陽相類哉！蓋陰從陽方為類，鉛投汞方為藥。」

〔2〕成象：《周易・繫辭》：「成象謂之乾」，「在天成象」。在本首詩轉喻結成金丹。

〔3〕在：《講義》本作「即」。《翁注》本作「合」。

〔4〕希夷：《老子・十四章》：「視之不見名曰夷，聽之不聞名曰希。」《四庫》、《集成》本作「虛無」。

〔5〕合：《翁注》本作「即」。

〔6〕自然：《老子・二十五章》：「人法地，地法天，天法道，道法自然。」

〔7〕我命不由天：《抱朴子》：「我命由我不由天。」天，天命。

指出煉內丹的用藥，必須是身體中的真汞真鉛，取法自然，待金丹煉成，由泥丸下吞入口中，進入丹田，則相信自身與天地相應，命運全可由自己把持。如《上古天真論》：「上古有真人者，提挈天地，把握陰陽，呼吸精氣，獨立守神，肌肉

若一，故能壽敝天地，無有終時，此其道生。」

第五十五

赫赤[1]金丹一日成，古仙垂語[2]實堪[3]聽。若言九載三年者，總是推延[4]款[5]日程。

(注釋)

〔1〕赫赤：《翁注》、《三注》、《講義》、《直指》本作「赫赫」。

〔2〕古仙垂語：道書中有張果老詩：「赫赫金丹一日成，黃芽不離水銀坑。」垂，《講義》本作「留」。《道樞》本作「詩」。

〔3〕堪：《講義》本作「信」。《道樞》本作「最」。

〔4〕總是推延：總，《三注》、《直指》本作「盡」，《道樞》本作「盡是無稽」。此句《直指》本作「盡是遷延款日晨」。

〔5〕款：遲緩。

本首詩和本卷《第三十五首》「以時易日法神功」義同，指善煉內丹者取法一年之氣化入於一月，一月之氣化入於一日，一日之氣化入於一時，則丹成甚速，所言九載三年者，反嫌其長。雙修派認為本詩強調取外藥掌握活子時是關鍵。

第五十六

大藥[1]修之有易難，也知由我亦[2]由天[3]。若非積[4]行施陰[5]德，動有群魔作障緣。

(注釋)

〔1〕大藥：見上卷《第二》詩注〔4〕。藥，《四庫》本作「道」。

〔2〕我亦：《講義》本作「命也」。我，自身努力。

〔3〕天：天命，在本詩強調的是宿世因緣。

〔4〕積：《直指》本作「修」。

〔5〕陰：《十書》本作「功」。施陰德，《直指》本作「積陰德」。

指出各人煉金丹，迅速難易不同。有福有緣者速而易，無福無緣者遲而難。從中可以明白，煉丹的能否有成就，既需要後天的努力，亦有關先天的福德。為了彌補和增厚先天的福德，宜默默無聞地廣行善事，則可後天直造先天。若不是如此，動輒機緣不足，或發生敗壞修煉的意外事件。

第五十七

三才〔1〕相盜食〔2〕其時〔3〕，此是神仙道德機〔4〕。萬化既安諸慮息，百骸俱理證無為〔5〕。

注釋

〔1〕三才：天地人三者之總稱。

〔2〕食：《直指》本作乃「及」。

〔3〕時：《翁注》本作「食」。

〔4〕此是神仙道德機：《講義》本作「道德陰符顯聖機」。《直指》、《三注》本作「道德神仙隱此機」。《翁注》本作「道得神仙隱此機」。

〔5〕無為：順於自然，若無所為。

本首詩的取意淵源於《陰符經》：「天生天殺，道之理也。天地，萬物之盜；萬物，人之盜；人，萬物之盜。三盜既宜，三才既安。」指的是宇宙萬物，都盜取天地陰陽之氣以化成其體。人們又盜取萬物以養身（如饑則食稻米蔬果，寒則衣棉麻皮革）。反之，萬物亦能盜人，以生災患。譬如人盜水火以成日常生活之用，而水火又可成災害人。

本詩中強調內煉是人盜萬物。掌握變化時節，這是煉成功的關鍵。金丹煉成，天地間萬化亦安，身體的生理變化有序，

思想上可證得無為境界。

第五十八

陰符[1]寶字逾三百，道德[2]靈文滿[3]五千。今古上仙無
限數，盡從[4]此處達真詮[5]。

注釋

〔1〕陰符：《陰符經》，舊題黃帝撰，全文三百八十四字。

〔2〕道德：《道德經》傳老子所撰，故又稱《老子》，全文
五千字許。

〔3〕滿：《四庫》、《集成》、《講義》等本作「止」。

〔4〕從：《直指》、《三注》、《翁注》、《講義》等本作「於」。

〔5〕真詮：真理。

本首詩是說 300 餘字的《陰符經》和 5000 字的《道德經》，
是自古以來修煉成仙的理論指南書籍，告示後學必須重視，加
以學習。

第五十九

饒君聰慧過顏閔[1]，不遇真師莫強猜。只為丹經無口訣，
教君何處結靈胎。

注釋

〔1〕顏閔：孔夫子的高足顏回、閔子騫。

指出內煉必須有真師親授，否則任憑你聰明過於顏回、閔
子騫，盲修瞎猜，也不會成功。上首詩是強調尊重經典理論，
本首詩強調的是重視師授。

第六十

了了[1]心猿[2]方寸[3]機，三千[4]功行[5]與天齊。自然
有鼎[6]烹龍虎[7]，爭奈[8]擔家戀子妻。

〔1〕了了：明白。

〔2〕心猿：《講義》本作「根源」，《翁注》本作「猿心」。

〔3〕方寸：指心。

〔4〕三千：泛指多數。

〔5〕行：《講義》、《翁注》本作「滿」。

〔6〕鼎：包括頭上泥丸、腹中丹田。

〔7〕龍虎：龍指真汞，虎指真鉛。

〔8〕爭奈：《四庫》、《集成》、《翁注》、《三注》、《講義》、《直指》、《十書》本作「何必」。

能明白方寸之地——心可以包容無窮，則後天積累眾多的功行，可以追加，以至和先天的造化等齊。這時在身中修煉，會進行得很自然、很順利，不會如《第五十六首》「動有群魔作障緣」。只是不能留戀俗情，受家庭牽累，使心地不淨。否則前面的條件具備，有這一點欠缺，亦是無可奈何的。

第六十一

未煉還丹須速[1]煉，煉了還須[2]知止足[3]。若也持盈[4]未己心，不[5]免一朝遭殆[6]辱。

注釋

〔1〕速：《四庫》、《集成》、《翁注》、《講義》、《十書》等本作「急」。須速，《直指》本作「即速」。

〔2〕還須：《講義》本作「須還」。《翁注》本作「仍當」。

〔3〕止足：停止進火候。

〔4〕持盈：《老子・九章》：「持而盈之，不如其已。」

〔5〕不：《講義》本作「未」。

〔6〕殆：《四庫》、《集成》本作「禍」，《翁注》本作「恥」。

指出煉外丹須乘年輕精力充沛之時。《黃帝內經素問・上古天真論》：男子二八（十六歲）腎氣盛，天癸至；七八（五十六歲）天癸竭，精少，腎臟衰，形體皆極。女子二七（十四歲）而天癸至，任脈通，太衝脈盛，月事以時下；七七（四十九歲）任脈虛，太衝脈衰少，天癸竭，地道不通。

以上精氣充盛如乾卦純陽，當精氣轉衰，如剝卦，陽將竭盡。而煉丹進火宜注意停止的時候主要有二次：一為採藥作丹，封藏凝結為丹母之後；一為入寶溫養，丹胎成熟為金液之終；否則將有功敗垂成之虞。

第六十二

須將[1]死戶[2]為生戶，莫執生門[3]號[4]死門。若會殺機明反[5]覆，始知害裏卻生恩。

注釋

〔1〕須將：《四庫》、《集成》、《講義》、《直指》等本作「但將」，《翁注》本作「休將」。

〔2〕死戶：清修派指人體在下之氣海丹田，密閉於中，無孔竅出入。雙修派認為精血出入之門戶，縱慾者乃由此而死。

〔3〕生門：清修派指人體在上之口鼻，呼吸之氣由此出入。雙修派認為精血由此出入，生育人體之門。

〔4〕號：《講義》、《道樞》本作「作」。

〔5〕反：《道樞》本作「返」。

《黃庭內景經》：「後有密戶前生門」。乃本首詩「死戶」、「生門」之出處。詩中又以《陰符經》的思想，辯證地討論了生死關係。《陰符經》：「生者死之根，死者生之根。恩生於害，害生於恩。」「天發殺機，日月星辰；地發殺機，龍蛇起陸；人發殺機，天反地覆。」清修派認為如丹田密閉於下，卻

是精氣生發之樞機。口鼻雖有氣出入，而精氣常由此消耗，當然再作反覆，呼吸調整，又可將其作橐籥，調節火候之用，於內煉又成有利。雙修派認為父精母血出入交媾，順常理則生人，逆常理，縱淫慾，過分消耗，則成「生門號死門」。

修仙者則和此順逆之理不同，「有不生之生，生則長生；不順之順，順則至順」，即詩中「死戶為生戶」，「若能明此，則害裏生恩，男兒有孕也」（翁葆光語）。

第六十三

禍福由來互倚伏，還如影響[1]相隨逐。若[2]能轉此[3]生殺機，反[4]掌之間災變福。

注釋

〔1〕影響：如物體在光中投影，如發出的聲音在空中迴響。

〔2〕若：《四庫》、《集成》、《講義》等本作「會」。

〔3〕此：《翁注》本作「使」。

〔4〕反：《講義》、《翁注》本作「返」。

本首詩繼續說明上首詩的意義，而且更廣泛些，包括內煉中的所有矛盾，都可轉化為有利的方面。首句出《老子·五十八章》：「禍兮福之所倚，福兮禍之所伏。」

第六十四

修行混俗且[1]和光[2]，圓即[3]圓兮方即方。顯晦[4]逆從[5]人[6]莫測，教人爭[7]得見行藏[8]。

注釋

〔1〕且：《講義》本作「及」。

〔2〕和光：《老子·四章》：「挫其銳，解其紛，和其光，同其塵」。和，和同。光，在外的優勝表現。合起來說就是所表現的和其他事物一樣沒有特殊之處。

〔3〕即：《講義》本作「則」。

〔4〕顯晦：顯，地位顯達，受人所知。晦，地位平常，無人知曉。《翁注》本作「晦顯」。

〔5〕逆從：逆，事業不利，環境惡劣；從，事業順利，環境順心。逆，《四庫》本作「送」。

〔6〕人：《講義》本做「皆」。

〔7〕爭：通怎。

〔8〕行藏：活動行蹤，出《論語》：「用之則行，捨之則藏。」《三注》本作「無藏」。

修道之人，應按照道的規律。《老子・四章》：「道沖而用之或不盈，淵兮似萬物之宗。挫其銳，解其紛，和其光，同其塵，湛兮似或存，吾不知誰之子，象帝之先。」總之應表現自然，不可驚世駭俗，故意做作。

下　卷

五言四韻一首
（以象太乙）

女子[1]著青衣[2]，郎君[3]披素練[4]。見之不可用，用之不可見。恍惚[5]裏相逢，杳冥[6]中有變。一霎火焰飛[7]，真人[8]自出現。

注釋

〔1〕女子：喻離卦（火）中陰爻。即真汞、真陰。清修派指在心火中，雙修派指在男身中。

〔2〕青衣：青色屬木，震卦木的譬喻。清修派指肝膽之氣，雙修派指男子之身。

〔3〕郎君：喻坎卦（水）中陽爻，即真鉛、真陽。清修派

指在腎水中，雙修派指在女身中。

〔4〕素練：白色綢絹。兌卦白色屬金，金的譬喻。

〔5〕恍惚：見中卷《第四十四》疏解。此句《道樞》本作「夫婦若相逢」。

〔6〕杳冥：見中卷《第四十四》疏解。此句《道樞》本作「恩情自留戀」。杳，《三注》作「窈」。

〔7〕一霎火焰飛：《道樞》本作「爐中火焰紅」。

〔8〕真人：喻金丹。

首句指木火為一家，次句指金水為一家。第三、四句指腎水、心火為後天滓質之物，有形可見，不能用於煉丹。而真陽真陰，為先天無形之物，才能用以煉丹。當真陽真陰結舍，會產生恍惚、杳冥之感（參見中卷第四十四首疏解），一剎那間，如火焰騰飛，金丹結成。

西江月十二首

第一

內藥[1]還同[2]外藥[3]，內通外亦須通。丹頭和合類[4]相同，溫養兩[5]般作用。內有天然真火，爐[6]中赫赫長紅。外爐[7]增減要勤功，妙絕無[8]過真種[9]。

注釋

〔1〕內藥：清修派認為煉氣化神之基質，即金液。雙修派指為自身真精，與彼方真氣的結合。

〔2〕同：《講義》、《十書》、《翁注》等本作「如」。

〔3〕外藥：清修派指為煉精化氣之基質。雙修派指為女子彼身之真氣。

〔4〕和合類：《講義》本作「利害略」。類，《翁注》本作「略」。

〔5〕兩：《十書》本作「萬」。

〔6〕爐：《講義》、《翁注》本作「鼎」。

〔7〕外爐：清修派指為上丹田泥丸。雙修派指為女身。

〔8〕無：《翁注》本作「莫」。

〔9〕真種：真鉛。

本首詩是講內煉的兩個層次。清修派指煉外藥是煉精化氣，其溫養是有為法。煉外藥是煉氣化神，其溫養是無為法。雙修派則指取外藥，是取彼方之真鉛，煉內藥是將真鉛取得後與自身真汞結合。真鉛、真汞之和合雖同，而溫養不同，

第二

此道〔1〕至神至聖，憂君分〔2〕薄難消，調和鉛汞〔3〕不終朝，早睹玄珠〔4〕形〔5〕兆。志〔6〕士若能修煉，何妨〔7〕在市居朝，工夫容易藥非遙，說破〔8〕人須〔9〕失笑。

注釋

〔1〕道：《四庫》、《集成》、《翁注》本作「藥」。

〔2〕分：緣分。

〔3〕汞：《十書》本作「鼎」。

〔4〕玄珠：金丹。

〔5〕形：《翁注》本作「成」。

〔6〕志：《翁注》本作「至」。

〔7〕妨：《十書》本作「拘」。

〔8〕破：《講義》、《翁注》本作「著」。

〔9〕須：《翁注》本作「皆」。

大意是只要能調和鉛汞，產生內藥，則煉成亦很快了，就看你能否做到第一步。其實這鉛汞，即身體中的精神氣血，說穿了並不神秘，是家家都有的東西，不必避離塵世去作追尋。

第三

　　白虎[1]首經[2]至寶，華池[3]神水[4]真金。故知上善[5]利源深，不比尋常藥品。若要[6]修成九轉[7]，先須煉己持心。依時採取定浮沉[8]，進火須[9]防危甚。

注釋

　　〔1〕白虎：喻坎水真精。

　　〔2〕首經：首，初也，《直指》本作「有」。首經喻坎水真經。雙修派認為女子月經初潮前無質有氣，此氣即是外藥真鉛。陸墅《悟真篇三注》：「男子二八而真精通。女子二七見天癸降，當其初降之時，是首經耶？不是首經耶？……神水即首經也。」

　　〔3〕華池：見中卷《第四十六首》注〔1〕。

　　〔4〕神水：即白虎首經。

　　〔5〕上善：借《老子·八章》稱讚水的性用：「水善利萬物」來讚美真鉛。

　　〔6〕若要：《講義》本作「要假」。

　　〔7〕九轉：幾經周天運轉。

　　〔8〕浮沉：浮，上升泥丸；沉，下降丹田。

　　〔9〕須：《翁注》本作「堤」。

　　指煉內丹的基質坎水真精，是至寶，是真金，屬水性。《老子·八章》：「上善若水」，益人很深，不比尋常。若要取得，則須清心寡慾，掌握自己，再與真氣相合，採取時忌火候太過而失敗。

第四

　　若要真鉛留汞，親中不離家臣[1]，木[2]金[3]間隔會無因，須仗媒人[4]勾引。木性愛金順義，金情戀[5]木慈仁。相吞相

第二章　張伯端：《悟真篇》釋義

啖^[6]卻相親，始覺男兒有孕。

注釋

〔1〕家臣：喻真汞。

〔2〕木：東方木魂，喻真汞。

〔3〕金：西方金魄，喻真鉛。

〔4〕媒人：喻義土。

〔5〕戀：《四庫》本作「愛」。

〔6〕啖：《疆村》本作「陷」。

指出若要以鉛制汞，先須煉己，使汞安住。而鉛汞結合，又憑媒合者作用。

第五

二八^[1]誰家姹女^[2]，九三^[3]何處郎君^[4]。自稱木液^[5]與金精^[6]，遇土^[7]卻成三性^[8]。更假丁公^[9]鍛鍊，夫妻^[10]始結^[11]歡情。河車^[12]不敢暫留停，運入崑崙峰頂^[13]。

注釋

〔1〕二八：陰數，喻真汞。

〔2〕姹女：喻火中真陰。姹，《四庫》本作「詫」。

〔3〕九三：陽數，喻真鉛。

〔4〕郎君：喻水中真陽。

〔5〕木液：木生火。木液指離火中真陰，又稱神水。

〔6〕金精：金生水。金精指坎水中真陽，又稱神火。

〔7〕土：《四庫》本作「七」。

〔8〕三性：木液（神水）、金精（神火）、中土（真意）之總稱。

〔9〕丁公：十干中丙丁屬火，丙陽丁陰，以分別比喻文火、武火。

〔10〕夫妻：真陰（真鉛）與真陽（真汞）。

〔11〕結：《翁注》本作「合」。

〔12〕河車：子午任督脈運轉。

〔13〕崑崙峰頂：在此雙修派與清修派理解相同，為頭頂泥丸宮。

指出鉛汞結合後，在體內河車搬運。（崑崙一詞，雙修派在此理解與清修派同）

第六

七返[1]朱砂[2]返本，九還[3]金液[4]還真。休將寅子數坤申，但要五行成準。本是水銀一味，周流歷遍[5]諸辰[6]，陰陽數足自通神，出入豈[7]不離玄牝[8]。

〔1〕七返：按《河圖》天地五行生成數，地二生火，天七成之。返，木火上焱，仍返於上，成離卦之象，為真汞。

〔2〕朱砂：木火合氣成真汞。

〔3〕九還：按《河圖》，地四生金，天九成之。還，金水下沉。仍還於下，成坎卦之象，為真鉛。

〔4〕金液：金水合氣成真鉛。

〔5〕歷遍：《講義》、《翁注》本作「經歷」，《彊村》、《三注》本作「遍歷」。

〔6〕諸辰：喻三田、五臟。

〔7〕豈：《四庫》、《集成》本作「不」。

〔8〕玄牝：見中卷《第三十九首》詩注〔2〕。

本首詞是講按《河圖》，一水、二火、三木、四金、五土，人的真一之氣亦如此化生，變水、變砂、變汞、變金、變丹，「七乃火數，九乃金數，以火煉金，返本還元，謂之金丹」（《金

丹四百字序》）言七、言九，不可誤執從寅數至中為七，從子數至中為九。其間關鍵是真鉛一味，流轉作用於上丹田泥丸、中丹田黃庭、下丹田華地，及五臟而已。

第七

雄[1]裏內含雌[2]質，真陰[3]卻抱陽精[4]。兩般和合藥方成，點化魂靈魄聖[5]。通道金丹一粒，蛇吞立變[6]龍形，雞餐[7]乃亦化[8]鸞鵬，飛入真陽清境[9]。

注釋

〔1〕雄：指離火。

〔2〕雌：指離火中陰爻，即上卷第四首所謂「朱裏汞」。

〔3〕真陰：指坎水。真，《講義》、《三注》、《疆村》、《直指》、《十書》等本作「負」。《直指》本云：「卻抱一本抱卻」。

〔4〕陽精：指坎水中陽爻，即上卷《第四首》所謂「水中銀」。

〔5〕魂靈魄聖：靈，《疆村》、《十書》本作「纖」。聖，《疆村》、《十書》本作「勝」。《翁注》本作「魄靈魂聖」。《直指》本作「魄纖魂勝」，並云：「一本魄仙魂聖」。

〔6〕變：《講義》、《四庫》、《集成》、《十書》、《翁注》等各本作「化」。

〔7〕餐：《直指》、《疆村》、《十書》、《講義》、《四庫》等本作「飡」。

〔8〕化：《十書》、《翁注》、《講義》等本作「變」。

〔9〕飛入真陽清境：《講義》本作「俱入清陽真境」。清，《十書》本作「真」，《四庫》、《集成》、《講義》、《三注》本作「聖」。《翁注》本作「盡入真陽仙境」。

指坎水中真陽，離火中真陰，兩者結合，能化腐朽為神

奇,使肉體大起質的變化。

第八

天地[1]才經否泰[2],朝昏好識[3]屯蒙[4]。輻[5]來湊[6]
轂[7]水朝宗,妙在抽添[8]運用。得一[9]萬般皆畢,休[10]分
南北西東[11],損之又損慎前功,命寶不宜輕弄。

(注)(釋)

〔1〕天地:據《周易‧說卦》,天為乾象,為純陽;地為
坤象,為純陰。

〔2〕否泰:否泰二卦是天地相交之象(否是乾上坤下,泰
是坤上乾下),內煉進火退符至卯酉時取法於此,作溫養沐
浴。經,《翁注》、《集成》本作「交」。

〔3〕好識:好,《講義》本作「要」。識,《翁注》本作「用」。

〔4〕屯蒙:《周易》兩卦。屯蒙兩卦是相綜卦,其象是一
反一覆,六十四卦除乾坤為鼎爐,坎離為鉛汞外,六十卦值一
月,每一對相綜卦為清晨、黃昏的火候象徵。

〔5〕輻:聯結車輞和車轂的直條。

〔6〕湊:趨也,指車輪的輻聚集到車軸上。湊,《翁注》、
《集成》、《直指》本作「輳」。

〔7〕轂:車輪中心,有窟窿可以插軸。

〔8〕抽添:抽坎水鉛中真陽,點化離火汞中真陰,以結成
純陽金丹,乾卦之象。

〔9〕一:真鉛。

〔10〕休:《直指》本作「體」。

〔11〕南北西東:喻四象。

指出泰否屯蒙的輪轉,象徵著河車搬運的火候演變,經抽
添符火,氣化歸於丹田,如百川之水歸宗於海。能返樸歸真,

使真一之氣充滿全身，則金丹之功告成，《老子・三十九章》：「昔之得一者，天得一以清，地得一以寧，神得一以靈，以盈一以盈，萬物得一以生，侯王得一以為天下貞。」即是得一之謂。得真一之氣，即已渾合四象，《老子・四十八章》：「為學日益，為道日損，損之有損，以至於無為。」雙修派認為「損之又損」。即煉己以使無慾，不宜輕易玩忽採鉛過程。

第九

冬至一陽來復，三旬增一陽爻。月中[1]復卦朔晨超[2]，望罷乾終姤兆[3]。日又別為寒暑，陽生復起中宵，午時姤卦一陰朝，煉藥須知昏曉。

注釋

〔1〕中：《翁注》本作「終」。

〔2〕朔晨超：朔，《疆村》本作「溯」。超，《疆村》本作「潮」，《集成》、《直指》、《三注》本作「朝」。

〔3〕姤兆：《講義》本作「變姤」，《翁注》本作「遇兆」。

本首詩談煉藥的火候，若以一年論，冬至白晝最短，黑夜最長，象復卦，以後白晝增長，黑夜減短，逐月而成臨卦、泰卦、大壯卦、夬卦等象，歷半年後成乾卦純陽之象，以上可用以指導進陽火。由純陽後夏至白晝最長，黑夜最短，則一陰再生，象姤卦，以後黑夜增長，白晝減短，逐月而成遯卦、否卦、觀卦、剝卦等象，歷半年後成坤卦純陰之象，以上可用以指導退陰符。若以一月攢簇一年的氣化而論，則初一朔日的晨月，光明有如新眉，為復卦之象，以後光明部分逐日增長，至十五望日，明月圓滿有如乾卦，由後光明部分逐日減縮，是姤卦的兆象。若以一日攢簇一月的氣化而論。中宵子夜屬一陽初生，當午時屬乾卦陽滿，以後一陰初生象姤卦，再至夜半象坤

卦純陰。總之內煉須知時節的陰陽進退，從而能作出相應的火候進退。可取一時一刻的氣化，攢簇長時間的氣化，使內煉的功效大大增加。

第十

不辨五行四象，那分朱汞鉛銀。修[1]丹火候未曾聞，早便稱呼居隱[2]。不肯[3]自思己錯，更將錯路教人。誤他永劫[4]在迷津，似恁[5]欺心安忍！

(注釋)

〔1〕修：《翁注》本作「燒」。

〔2〕居隱：不出家而隱居修道者，稱為居士或隱士。居，《四庫》、《集成》本作「大」。

〔3〕不：《四庫》、《翁注》、《集成》本作「靡」。肯，《講義》本作「解」。

〔4〕劫：《講義》本作「世」。

〔5〕似恁：俗語「像這樣」。

本首詞指斥一些盲修瞎練者，既不懂內煉中五行四像是何所指，亦不分朱汞、鉛銀是何物。修丹火候從無所知，便自我標榜為修道之人。且以誤傳誤，禍害他人入於迷途，不能知返。

第十一

德行修逾八百，陰功積滿三千。均齊物我與親冤，始合神仙本願。虎兕[1]刀兵不害，無常火宅[2]難牽，寶符[3]降後去朝天，穩駕鸞車鳳輦[4]。

(注釋)

〔1〕兕：古書中稱雌犀牛。

〔2〕火宅：佛家喻塵世是大火包圍的房屋，十分危險。見《法華經・譬喻品》。《翁注》本作「鬼賊」。

〔3〕寶符：道教中驅役鬼神畫寫的符號，此比喻金丹。

〔4〕鸞車鳳輦：《四庫》、《集成》本均作「瓊輿」，《講義》、《翁注》本作「鸞輿」。

本首詞與中卷第五十六首詩意義同，認為內煉的成功與否歸根結蒂是有宗教意義的。只有修陰騭，積功德，能物我均齊、冤親平等，才符合作神仙的胸懷。只有這樣，魔障不能阻撓，如《老子・五十章》：「蓋聞善攝生者，陸行不遇虎兕，入軍不被甲兵；兕無所投其角，虎無所措其爪，兵無所容其刃。」

第十二

牛女[1]情緣道合[2]，龜蛇[3]類稟[4]天然。蟾烏[5]遇朔[6]合嬋娟[7]，二氣相資運轉。總[8]是乾坤[9]妙用，誰能[10]達此真詮[11]。陰陽否隔即成愆，怎得天長地遠。

注釋

〔1〕牛女：牛郎、織女。

〔2〕合：《四庫》、《集成》、《翁注》、《講義》本作「本」。

〔3〕龜蛇：龜喻北方坎水，蛇喻南方離火。

〔4〕稟：《疆村》、《直指》本作「秉」。

〔5〕蟾烏：見中卷第一首注〔3〕。

〔6〕朔：《四庫》本注云：「一作晦」。

〔7〕嬋娟：美好貌。

〔8〕總：《疆村》、《直指》、《三注》本做「本」。

〔9〕乾坤：乾陽坤陰。

〔10〕能：《四庫》、《講義》本作「人」。

〔11〕真詮：《十書》、《疆村》、《講義》、《三注》、《翁注》本作「深淵」。

本首詞強調內煉的關鍵總以陰陽自然和合為要。首句以牛

郎織女兩星作譬，稱陰陽相會頗有情分；次句以玄武龜蛇相扶作譬，稱陰陽相合實屬自然；第三句以日月相逢於初一作譬，稱陰陽相逢現出美好景象。

薛道光《丹髓歌》即有合乎後兩句意義之詩：「烏無形，兔無影。烏兔只是日月精，烏兔交是天地永。」「龜無緣，蛇無跡。龜蛇只是陰陽形，二氣交會混為一。」可作參考。下闋末二句即是講陰陽之氣不交，則內煉不會成功。

西江月又一首

丹是色身至[1]寶，煉成變化無窮。更能性[2]上究真宗，決了無[3]生妙用。 不待他身後世，現前獲道[4]神通。自從鐘呂[5]著斯[6]功，爾後誰能繼踵。

注釋

〔1〕至：《翁注》本作「妙」。

〔2〕能性：能，《四庫》、《集成》、《講義》本作「於」。性，心性，佛教認為世上的一切，都是由其所變的幻影，而只有它是最本質的。

〔3〕無：《四庫》、《集成》、《講義》本作「死」。

〔4〕現前獲道：《四庫》本作「現前獲佛」。《三注》、《十書》本作「見前獲佛」。《直指》本作「眼前獲佛」。

〔5〕自從鐘呂：《四庫》、《集成》、《三注》、《講義》、《直指》、《十書》本作「自從龍女」。《翁注》本作「自然龍女」。

〔6〕著斯：《翁注》本作「降奇」。

前兩句是講透過煉精化氣，煉氣化神，金丹製成，身體起奇妙變化。接著二句的大意是：金丹製成，只是命功的完成，只有更作向上，參究心性，煉神還虛，才能達到本然而然、無生無滅的境界。下闋講這樣不必再待轉世後一生成佛，即這一

生可獲成就。佛教中一般認為婦女修道成佛比男人困難，然而法華會上龍女轉身成佛。後世誰能再作努力，繼承前輩取得成就。透過本首詞，亦可理解張氏為使人們懂得「真宗」，將其禪宗語錄作《悟真篇・附餘》的意義。

七言絕又五首

第一

饒君了悟真如[1]性，未免拋身卻入身。何似更能[2]修大藥[3]，頓[4]超無漏[5]作真人。

〔1〕真如：又稱法身。佛教指永恆常存的實體、自性。宇宙全體即其體現。因其自身不生不滅，故名為真；無異無相，故名為如。

〔2〕何似：《四庫》、《集成》、《講義》本作「若解」。《三注》本作「何事」。能，《三注》、《十書》、《直指》本作「兼」。

〔3〕大藥：見上卷第九首詩注〔10〕。

〔4〕頓：《翁注》本作「迥」。

〔5〕無漏：漏即煩惱，生死流轉的原因。能證得羅漢地位，就能無漏。

只是理論上明白佛教中的心性，仍不能解決生死問題，難免一生結束，離開這具肉體，隨著業識又轉生進入他胎。如果能夠懂得煉金丹，更能實踐，由此修持上去，可以立即超脫煩惱，成為有道之士。

第二

投胎奪舍[1]及移居[2]，舊住名為四果[3]徒。若會[4]降龍[5]並伏虎[6]，真金[7]起屋[8]幾時枯。

〔1〕奪舍：舍，喻人的肉體。奪舍即借他人肉體而生存於世。

〔2〕移居：指這一生結束，靈魂離開肉體後，轉入他一肉體，為另一生。

〔3〕四果：佛教依聲聞乘修得的聖果有四種：1. 須陀洹果，意譯為預流果，指參與而入聖賢之流；2. 斯陀含果，意譯為一來果。一來，指回生於欲界及天界一度。3. 阿那含果，意譯為不還果，指不再還返於欲界及天界受生。4. 阿羅漢果，指不再轉生。

〔4〕會：《翁注》本作「解」。

〔5〕降龍：謂木火調合為一家成汞神。

〔6〕伏虎：謂金水調合為一家成鉛精。

〔7〕真金：金丹。

〔8〕屋：喻全身體質。《翁注》本作「處」。

意指修到四果地位，仍難免於轉身受生（其實按佛教之理，前二果是如此，後二果已非如此）。如果能取得身中真汞、真鉛，合成金丹，體質起神奇變化，再亦不會變壞。

第三

鑒形[1]閉息[2]思神[3]法，初學[4]艱難後坦途。倏忽縱[5]能遊萬國，奈何屋舊[6]卻移居。

〔1〕鑒形：鑒，觀照。指觀想內視某一形體的一種修法。

〔2〕閉息：息，呼吸。專門調停呼吸的一種修法。

〔3〕思神：運用心神存想思念的一種修法。

〔4〕學：《翁注》本作「出」。

〔5〕縱：《直指》本作「總」。

〔6〕屋舊：喻肉體衰老。《四庫》、《集成》、《講義》本作「破屋」。《十書》本作「棄舊」。

意指存神閉息等修持方法，開始學習是很困難，以後進展容易，能很快得些神通。雖然如此，但是仍免不了轉世輪廻。

本首詩可以和《自序》參看：「其中惟閉息一法，……若勤而行之，可以入定出神。奈何精神屬陰，宅舍難固，不免長用遷徙之法。既未得金汞返還之道，又豈能回陽換骨，白日而升天哉？」

第四

釋氏[1]教人修極樂[2]，只[3]緣極樂是金方[4]。大都色相惟茲[5]實，餘二非真謾[6]度量。

注釋

〔1〕釋氏：佛教教祖釋迦牟尼。

〔2〕極樂：西方極樂世界。

〔3〕只：《十書》、《翁注》本作「亦」。

〔4〕金方：西方。因五行中西方屬金。

〔5〕茲：《集成》、《講義》本作「金」。

〔6〕謾：《四庫》、《講義》本作「漫」。

佛教有《佛說阿彌陀經》，內容是釋迦牟尼佛講示，西方有極樂世界，有阿彌陀佛於中主持。能往生其處則享樂無窮，永無輪廻苦惱。經中並勸導眾生發願往生。

本首詩講西方極樂世界的美好，是五行中屬金之方的緣故。佛的化身是金身，佛土是黃金為地，而道家內煉取得的是金丹。這些真實不虛的，不再變滅的都是金質，所以，佛道二家是相通的。除此以外的修煉，都不會取得黃金色相，只是徒勞無益。

第五

俗語〔1〕常言合至〔2〕道，宜向其中細尋討。能於〔3〕日用顛倒求，大〔4〕地塵沙盡成寶。

（注釋）

〔1〕語：《翁注》本作「謂」。

〔2〕至：《三注》、《十書》、《翁注》、《直指》本作「聖」。

〔3〕能於：《三注》、《直指》本作「若將」，《翁注》本作「能將」。

〔4〕大：《十書》本作「天」。

意思是「道」之為物，在在處處都有，表現在日常生活之間（可參見上卷第七首「此般至寶家家有，自是愚人識不全」），若能用心體會，追求其意，則隨處獲益。如夫婦交感，則神火上動，精氣下泄，以成生育之機，此為順行。修道者下降神火於丹田，上升精水於腦中，以成內煉之用，此為逆行，即是日用顛倒之意。

附：

讀《周易參同契》〔1〕

大丹妙用法乾坤〔2〕，乾坤運兮五行〔3〕分。五行順兮〔4〕常道〔5〕有生有滅，五行逆兮〔6〕丹體常靈常存。一〔7〕自虛無〔8〕兆〔9〕質，兩儀〔10〕因一開根。四象〔11〕不離二體〔12〕，八卦〔13〕互為祖孫。萬象生乎變動，吉凶悔吝〔14〕茲分。百姓日用不知，聖人能究本源。顧易道妙盡乾坤之理，遂托象於斯〔15〕文。否泰交，則陰陽或升或降；屯蒙作，則動靜在朝在昏。坎離為男女水火，震兌乃龍虎魄魂。守中〔16〕則黃裳元吉〔17〕，遇亢則無位而尊。既未慎萬物之終始，復姤昭二氣之歸奔。月盈

虧應精神之衰旺，日出沒合營衛之寒溫。本立言以明象，既得象以妄言。猶設象以指意，悟其意則象捐。達者惟簡惟易，迷者愈惑愈繁。故知修真上士讀《參同契》者，不在乎泥象執文。

注釋

〔1〕周易參同契：舊傳東漢魏伯陽著。據近人考證，作者尚有魏氏之師徐從事，及徐氏另一徒淳子斟。內容為煉內外丹之專著，有承先啟後的作用，被後世尊為「萬古丹經王」。

〔2〕法乾坤：法，取法。乾為陽、為天，坤為陰、為地。《周易·繫辭上傳》：「法象莫大乎天地。」

〔3〕五行：五行者，金木水火土。升者為陽，降者為陰。水屬陰中之陰，火屬陽中之陽，木屬陽中之陰，金屬陰中之陽，土居於中。如《尚書·洪範》：「水曰潤下，火曰炎上，木曰曲直，金曰從革，土爰稼穡。」

〔4〕五行順分：見下卷絕句五首之第五首解。

〔5〕常道：平常人的生活規律。

〔6〕五行逆分：同注〔4〕。

〔7〕一：太極。

〔8〕虛無：無極。

〔9〕兆：開始。

〔10〕兩儀：陰陽。

〔11〕四象：少陰、少陽、老陰、老陽。

〔12〕二體：兩儀。

〔13〕八卦：乾、坤、坎、離、震、巽、艮、兌。

〔14〕吉凶悔吝：《周易·繫辭上傳》：「吉凶者，言於其失得也。悔吝者，言於其小疵也。」

〔15〕斯：這。

〔16〕守中：《老子·第五章》：「多言數窮，不如守中。」

《漢·河上公注》：「不如守德於中，育養精神，愛氣希言。中，內煉時指作中宮丹田。

〔17〕黃裳元吉：《周易·坤》六五：「象曰：黃裳元吉，文在中也。」黃色是中土之色，裳是下身的外衣，元是諸善之首。朱熹注：六五以陰居尊，中順之德，充諸內而見於外，故其象如此，而其占為大善之吉也。

本篇辭賦總結了《周易參同契》的大要，即內煉術和《周易》的哲學思想有關。闡解如下：

煉大丹使起神奇妙用，主要取法於乾坤陰陽，如安爐立鼎，即以首（泥丸）為乾作鼎，腹（丹田）為坤作爐，又如進火為陽，退符為陰等等均是。陰陽既作分判，則有對立運動，從而分判出五行。若以內煉術而論，則心主神屬火，腎主志藏精屬水，脾主意屬土，肺主魄屬金，肝主魂屬木，若神火上炎，精水下泄，順於五行之性者，則成人類生育的規律。新一代由精血交合而產生，老一代由精氣消耗而衰亡。若神火下煦，精水上潤，逆於五行之性者，則結成丹體，常現靈奇，常存不滅。

周敦頤《太極圖說》「無極而太極」，《周易·繫辭上傳》：「易有太極，是生兩儀，兩儀生四象，四象生八卦。」《周易·說卦傳》：「乾，天也，故稱乎父。坤，地也，故稱乎母。震一索而得男，故謂之長男。巽一索而得女，故謂之長女。坎再索而得男，故謂之中男，離再索得女，故謂之中女。艮三索而得男，故謂之少男。兌三索而得女，故謂之少女。」這些講明了無極——太極——兩儀——四象——八卦的遞變。既有陰陽對立，便有運動。

《周易·繫辭上傳》：「剛柔相推而生變化，是故吉凶者失得之象也，悔吝者憂虞之象也。」以上的大易之道，充滿於宇

宙之中，表現在日常之間，然而只有明哲者能瞭解，如《周易・繫辭上傳》：「仁者見之謂之仁，智者見之謂之智，百姓日用而不知。」鑒於易道微妙，概括盡陰陽之理，於是在《周易參同契》中依託易象來表達煉丹術。否泰二卦為陰陽之氣相等時交合，否為陰升陽降，泰為陽升陰降，象徵著進火退符宜溫養沐浴的時候。屯蒙二卦，是《周易》六十四卦卦序除乾坤坎離以外的首兩卦，《序卦傳》：「屯者，物之始生也。……蒙者，蒙也，物之稚也。」這兩卦卦象相互綜錯，一正一反，由其開始輪值一早一晚的火候，六十卦正分值一月三十日的早晚火候。坎為男、為水，象徵著內煉的鉛；離為女、為火，象徵著內煉的汞。震卦在先天卦位中居於東方為木，乃內煉中青龍、肝魂的代義詞，又因木生火，反受剋於火，故此類詞又作真汞的代義詞。兌卦在先天卦位中居於西方為金，乃內煉中白虎、肝魂的代義詞，又因金生水，反胎藏於水，故此類詞又作真鉛的代義詞。

《周易》坤卦六五的象辭：「黃裳元吉，文在中也。」內煉時可理解「中」為丹田，意守丹田，則精氣充足，外潤肌膚，是最美好的事。《周易》乾卦的文言「上九曰：亢龍有悔。何謂也？子曰：貴而無位，高而無民，賢人在下位而無輔，是以動而有悔也。」內煉者借喻為進火退符應當適時適量，若過於亢進，則火符雖然尊貴亦是有害。既濟、未濟為《周易》卦序的終末兩卦，既濟是六爻陰陽當位（陽爻居陽位，陰爻居陰位為當位，否則不當位），陰陽和濟。若僅以此作結束，則無需再變化，因而繼之以未濟，六爻陰陽失位。

陰陽不濟，預示需繼續變化，故《參同契》：「既未至晦爽，終則復更始，日辰為期，動靜有早晚。」是說每月從屯蒙至既未濟，週而復始，火候動靜合此變化。復卦、姤卦為一陽

來復、一陰初始之象，昭示了初進陽火，初退陰符的意義。月亮的圓缺和精神的衰旺相應，《參同契》即常以朔日月亮象震卦，隱喻一陽初生，上弦月、下弦月分別象泰卦、否卦，隱喻陰陽二氣相平，望日月亮象乾卦，隱喻陽氣充滿，晦日月亮象坤卦隱喻陰氣充盛。

《黃帝內經素問·八正神明論》對此天人相應亦有論述：「月始生，則血氣始精，衛氣始行；月廓滿，則血氣實，肌肉堅；月廓空，則肌肉減，經絡虛，衛氣去，形獨居，是以因天時而調血氣也。」可以參考。

太陽的出沒與營衛的運轉有關，《靈樞經·營衛生會》篇亦有論述：「營在脈中，衛生脈外，營周不休，五十而復大會，陰陽相貫，如環無端。衛氣行於陰二十五度，行於陽二十五度，分為晝夜，故氣至陽而起，至陰而止，……夜半為陰隴（隆），夜半後為陰衰，平旦陰盡而陽受氣矣；日中為陽隴，日西而陽衰，日入陽盡而陰受氣矣。」內煉時運行火候即應根據這些天人相應的規律。

《參同契》書中引用《周易》文字的本意是：藉以說明內煉過程中各種關係的形象；若懂得掌握這些形象反映的規律，則可忘卻這些文字。猶如設立易象意有所指，明白它的意義後則易象可以不用。明達者總結這些道理認為只是很簡單、很容易的事情，不悟者弄得是越來越糊塗、越來越煩惱。所以，可懂得真正高水準的修煉者讀《參同契》時並不在於執著易象、文字。

贈白龍洞劉道人歌

玉[1]走金[2]飛兩曜忙，始聞花發又秋霜。徒誇鑠鏗[3]千來歲，亦似雲中一電光。一電光，何太速，百年都是三萬日，

其間寒暑互煎熬，不覺童顏暗中央，縱有兒孫滿眼前，卻有恩愛轉牽纏，及乎精竭身枯朽，誰解教君暫駐延。暫駐延，既無計，不免將身歸逝水，但看古來聖賢人，幾個解留身在世！

注釋

〔1〕玉：玉兔，月曜別稱，因古代傳說月中有白兔。

〔2〕金：金烏，日　別稱，因古代傳說日中有三足烏。

〔3〕籛鏗：彭祖之名，或稱老彭。相傳上古陸終氏第三子，堯封之于彭城（今江蘇徐州），以後歷虞、夏，至商為守藏史，在周為柱下史，年齡767歲而不見衰。

本段詩講光陰迅速，即使如籛鏗千歲，在宇宙長河中亦不過是一瞬間而已。如貪戀天倫之樂，反成修道障礙，終於由時間流逝，而歸衰亡，即使自古以來的賢聖，亦沒有能留住生命以至今天。

身在世，亦有方，只為世人沒度量，競向山中尋草木，伏鉛制汞點[1]丹陽[2]。點丹陽，事迥別，須向坎中求赤血[3]，捉來離位制陰精[4]，配合調和有時節[5]。時節正，用媒人[6]，金公[7]姹女[8]結親姻[9]。金公偏好騎白虎[10]，姹女常駕赤龍[11]身。虎來靜坐秋山[12]裏，龍向碧潭[13]奮身起。兩獸相逢戰一場[14]，波浪奔騰如鼎沸，黃婆[15]丁老[16]助威靈，撼動乾坤走神鬼。

注釋

〔1〕點：點化、引發。

〔2〕丹陽：純陽。

〔3〕赤血：喻真陽。

〔4〕陰精：真陰。

〔5〕時節：活子時。火候按時進退。

〔6〕媒人：中央意士。

〔7〕金公：真鉛。兩字合為「鈆」，即鉛之異體字。

〔8〕姹女：真汞。

〔9〕結親姻：喻真汞、真鉛結合。

〔10〕白虎：西方金，金生水，卻居於水中，成為一家。

〔11〕赤龍：東方木，木生火，卻居於火中，成為一家。

〔12〕秋山：指心或泥丸。

〔13〕碧潭：指腎或丹田。

〔14〕戰一場：喻精水、神火相合。

〔15〕黃婆：黃，中土之色；婆，媒婆；合詞指脾土，因其居中有媒合鉛汞為丹的作用。

〔16〕丁老：十干中丙丁屬火，丙喻武火，丁喻文火。

指出世上是有長生妙方，只是世人不識，誤尋所謂仙草靈藥，並取鉛汞而煉外丹。要取真正靈丹，與以上不同，宜向腎水求真陽，心火中求真陰。兩者調和須等候真陽初生之「活子時」。活子時來臨，用脾土真意為媒，真陽真陰如男女結親合而為丹。腎水中真陽常合有肺金之氣，心火中真陰常合有肝木之氣。金水上潤於心，木火下炎於腎，當兩家交遇變化，由脾土真意牽引，呼吸之氣鼓動，則丹藥產生，靈奇驚人。

須臾戰罷雲雨[1]收，種個元珠[2]在泥底[3]。從此根苗[4]漸長成，隨時灌溉抱真精。十月脫胎吞入口，不覺凡身已有靈。

注釋

〔1〕雲雨：內藥產生時杳冥、恍惚感。

〔2〕元珠：喻內藥丹頭。

〔3〕泥底：腹部丹田。

〔4〕根苗：丹書中又稱「黃芽」，即丹頭。

內藥產生後，在丹田溫養，經過幾番周天運轉，金液從泥丸下降，吞入口中，再還丹於丹田，金丹漸成，體質起神奇變化。

此個事，世間稀，不是等閒[1]人得知。夙世若無仙骨分，容易如何得遇之。得遇之，宜便煉，都緣光景[2]急如箭。要取魚時須結罟，莫待臨淵空嘆羨。聞君知藥已多年，何不收心煉汞鉛。休教燭被風吹滅，六道輪廻[3]莫怨天。

注釋

〔1〕等閒：一般、平常。

〔2〕光景：時光景物。

〔3〕六道輪廻：佛教認為每一種生命，這一生結束後隨著他的神志和業力，又轉變為新的生命，這就是輪廻。而生命體共有六種形式：天道、人道、畜生道、阿修羅道、餓鬼道、地獄道，總稱六道。

本段詩指出只有夙世有福德因緣者才能遇到這種法門，所以世上懂得這法門者稀少，不是一般人能知道的。既然得到了，就宜修煉，總因光陰如箭，為防衰老宜乘早修煉，不要已經衰老時空歎息。張氏瞭解劉道人懂得這一法門已經多年，勸他收心歸靜煉金丹，不要不修煉而將生命如蠟燭被風吹滅，仍落於生死輪廻，反怨老天不照應。

近來世上人多詐，盡著布衣[1]稱道者。問他金木[2]是何般，噤口無言如害啞，卻云服氣[3]與休糧[4]，別有門庭道路長。君不見，《破謎歌》[5]裏說，太乙[6]含真法最良。莫怪言詞多狂劣，只教時人難鑒別。唯君心與我心同，方敢傾懷向君說。

注釋

〔1〕布衣：老百姓的衣服。布，原由麻、紵、葛織成，古時只有少數年老的百姓才穿著絲織品。

〔2〕金木：即白虎、青龍。

〔3〕服氣：吐納導引。

〔4〕休糧：辟穀。

〔5〕破謎歌：全稱為《破迷正道歌》，傳為漢代鍾離權所述，收入正統本《道藏·洞真部眾術類》。

〔6〕太乙：又作太一，天地未分，混沌之元氣。

本段詩指示修道者選擇法門須分辨邪正：有許多詐偽之人，都是混在平常人隊伍中自稱有道之人，問他白虎金、青龍木等是什麼樣的東西，都回答不上來，卻介紹吐納導引與辟穀，另外還有一些方法，都很繁雜，離成道很遠。破迷歌云：「如何卻是道，太乙含真氣，五行不順行，虎向水中生，坎離顛倒術，龍從火裏出。」

這種太乙含真的方法是最好的方法，不要怪我說話狂妄、淺劣，只因現在人難於鑒別好壞，只有你劉道人的內心與我相同，才敢傾盡心意向你訴說。

石橋歌

吾[1]家本住石橋北[2]，山鎮水關森古木，橋下澗水[3]徹崑崙[4]，山下有泉[5]香馥鬱。吾歸山內[6]實堪誇，遍地均栽不謝花[7]。山北穴中[8]藏猛虎[9]，出窟哮吼生風霞。山南潭底[10]隱蛟龍[11]，騰雲降雨山濛濛。二獸相逢鬥一場[12]，元珠[13]隱伏是禎祥。景堪羨，吾暗喜，自斟自酌薰薰醉[14]。醉彈一曲無弦琴，琴裏聲聲教仔細。可煞醉後沒人知[15]，昏昏默默恰如癡。

第二章　張伯端：《悟真篇》釋義

注釋

〔1〕吾：元神。

〔2〕石橋北：喻頭腦中泥丸。石橋指百會穴。

〔3〕澗水：喻督脈。

〔4〕崑崙：喻泥丸。

〔5〕泉：氣海丹田。

〔6〕歸山內：喻凝神丹田。山內，指腹中。

〔7〕不謝花：即丹書中所稱「黃芽」。一陽初生，煉丹之基質。

〔8〕山北穴中：腹內丹田。

〔9〕猛虎：即丹書中所稱白虎，白虎屬金，金生水，內煉家認為其寄居水中，故白虎作金水一家（真鉛）之代稱。

〔10〕山南潭底：頭部泥丸。

〔11〕隱蛟龍：即丹書中所稱青龍，青龍屬木，木生火，內煉家認為其寄居火中，故青龍作木火一家（真汞）之代稱。

〔12〕鬥一場：見中卷第二十首詩闡解。

〔13〕元珠：喻內藥丹頭。

〔14〕薰薰醉：喻真鉛真汞和合後恬靜愉悅陶醉之狀。

〔15〕沒人知：此及下句符合《老子‧五十六章》：「知者不言，言者不知。」

大意是指出真鉛、真汞的所在，並指出兩者相合以成丹頭時的感覺。

仰觀造化工夫妙，日還西出〔1〕月東歸〔2〕。天是地，地是天，反覆陰陽合自然。識得五行顛倒〔3〕處，指日升遐〔4〕歸洞天〔5〕。

〔1〕日還西出：日喻元陽，元陽本居於上，內煉時下凝丹田。

〔2〕月東歸：月喻元陰，元陰本居於下，內煉時上聚泥丸。

〔3〕五行顛倒：按五行之性，心火浮，肝木升，腎水沉，肺金降，內煉時木火相合而下沉，金水相合而上浮。參見中卷絕句五首之第五首解。

〔4〕升遐：上升於遠方，即成道升仙之謂。

〔5〕洞天：洞天福地，神仙居住的境界。

指出內煉過程中的關鍵是真汞下降，真鉛上升。

黃金屋，白玉椽，玉女金童日侍前。南辰北斗分明布，森羅萬象現無邊。無晝夜，要綿綿，聚散周天火候全。若問金丹端的處，尋師指破水中鉛。

前兩句為歷來煉丹家形容得丹後景象的語言。接著是談火候運行要綿綿密密，勿忘勿助。又指出煉金丹最重要的是取腎水中之真陽，如崔希範《入藥鏡》「只一味，水中鉛」。

一般人都因情慾外動，腎精外泄為精液，而內煉者應取情慾未動，陽物未舉，未化精液外泄的「活子時」，趁元陽內動，可急急採取。

木生火，金生水，水火須分前後隊〔1〕。要辨浮沉〔2〕識主賓〔3〕，鉛銀砂汞〔4〕方交會。有剛柔〔5〕，莫逸意，知足常足歸本位。萬神〔6〕齊賀太平年。恁時國〔7〕富民〔8〕歡喜。

注釋

〔1〕前後隊：精水後升，神火前降。

〔2〕浮沉：鉛重而沉，汞輕而浮。即元精易下泄，元神易

第二章　張伯端：《悟真篇》釋義

157

上亂，內煉時則使元神下沉，受元精之擒，再元精上浮，受元神之制。

〔3〕主賓：據董德寧《悟真篇正義》稱本書主賓有三種：以五行本有沉浮為主賓，如上卷第四首「誰識浮沉定主賓」，即是使木火由在外之賓沉於下，金水由在內之主浮於上。以左右升降為主賓，如中卷第二十三首「饒他為主我為賓」。即一般火候是進陽火退陰符，重在化陰為陽，而在溫養沐浴時宜「益水安金」，「行火止水，只行水候，不行火候」。以神氣親疏為主賓者，如中卷第五十首「不識陽精及主賓，知他那個是疏親」，指的行火候時元神為主，元精為賓，以修煉的階段論，則「先煉氣修命為主，而後養神修性為賓。」客，《直指》本作「賓」。

〔4〕鉛銀砂汞：見上卷第四首注〔8〕、〔10〕。

〔5〕剛柔：剛指武火，柔指文火。

〔6〕萬神：道家泛神論習慣於將人體各臟腑器官均認有相應的神靈主持。

〔7〕恁時：那時。國：喻身體。

〔8〕民：喻精神。

仍強調木火下降，金水上升，兩者方能交會，成水火既濟之狀。而火候有文火、武火之別，不可大意，待進火退符至一定程度即可停止而宜溫養於丹田。如此方能使起大的變化。

此個事，好推理，同道之人知此義。後來一輩學修真，只說存養〔1〕共行氣〔2〕。在眼前，甚容易，得服之人妙難比。先且去〔3〕病更延年，用火烹煎變陽體〔4〕。

注釋

〔1〕存養：存神養心。

〔2〕行氣：呼吸吐納。

〔3〕去：祛。

〔4〕陽體：純陽金丹。

認為內煉術說容易亦是很容易的，對後代來講，是存心養神，行氣導引，其實不是如此。

懂得其法，即在眼前，煉成金液即可吞服，能祛病延年，再九轉還丹，抽鉛填離，成乾陽金丹。

學道人，去思己，休問旁門小法制。只知目下哄得人，不覺自身暗憔悴。勸後學，須猛鷙，莫徒拋家住他地。妙道不離自家身，豈在千山並萬水。莫因循，自貪鄙，火急尋師覓元旨。在生若不學修行，未知來生甚[1]胎裏。既有心，要終始，人生大事惟生死。皇天若負道人心，令我三途[2]為下鬼。

注釋

〔1〕甚：啥。

〔2〕三途：又稱三惡道，佛教六道輪廻中餓鬼道、畜生道、地獄道之總稱。

本段詩強調煉丹所需的是精、氣、神三寶，自身皆有，不必另有他求，去學旁門小道，亦不必離家出走，躲在深僻之處。應趕快尋師學習修煉，否則光陰迅速，不學錯過機會。既學之後，則須有始有終有恒心，因為每人最重要的事是生死大事。只要認真修煉，終會得到好的結果。

後　序

竊以人之生也，皆緣忘情[1]而有其身。有其身則有患[2]；若無其身，患從何有[3]！夫欲免夫患者，莫若體夫至道[4]；欲體夫至道，莫若明夫本心。故心者道之體也，道者心之用

也。人能察心觀性，則圓明[5]之體自現，無為之用自有。不假施功，頓超彼岸[6]。此非心鏡[7]朗然，神珠廓明，則何以使諸相頓離；纖塵不染，心源自在，決定無生者哉！然其明心體道之士，身不能累[8]其性，境不能亂其真[9]，則刀兵烏能傷[10]，虎兕[11]烏能害，巨焚大浸[12]烏足為虞。達人心若明鏡，鑒[13]而不納，隨機應物，和而不唱，故能勝物而無傷也。此所謂無上至真之妙道也。

注釋

〔1〕緣忘情：緣，因由。忘情，指男女情慾。

〔2〕有其身則有患：出《老子・十三章》：「吾所以有大患者為吾身，及吾無身，吾有何患！」

〔3〕患從何有：見注〔2〕。

〔4〕體夫至道：體，體會、領會。夫語助詞。至道，最高深的道理。

〔5〕圓明：佛教中常用以稱讚心性能契合萬物為一體，圓而不偏；明達萬物為所現，明而不昧。

〔6〕頓超彼岸：頓，頓時，言時間的暫忽。彼岸，佛教指生死煩惱為苦海，超脫生死為彼岸。

〔7〕心鏡：佛教常譬喻心如明鏡。洞照一切。

〔8〕累：滯累，連累。

〔9〕真：具是真理之心性。

〔10〕刀兵烏能傷：刀、兵均為古代武器。《老子・五十章》：「蓋聞善攝生者陸行不遇虎兕，入軍不被甲兵，兕無所投其角，虎無所措其爪，兵無所容其刃。夫何故？以其無死也。」

〔11〕虎兕：兕，乃古代稱雌犀牛之名。本句見注〔10〕。

〔12〕巨焚大浸：巨火焚燒，大水浸漂。

〔13〕鑒：照鑒。

人的一切禍害都從身體習俗而起。如無身體，禍害無從而起。要想免除禍害，沒有比領會大道更重要的了。而要領會大道，沒有比明白本心更重要的了。

心是體，道是用，明白自心以後，能很快獲得很高成就。這就是所謂明察自心之道是「無上至真之妙道」。這和佛教禪宗的強調「明心見性」是一致的。

原[1]其道本無名[2]，聖人強名；道本無言，聖人強言耳。然則名言若寂，則時流[3]無以識其體而歸其真。是以聖人設教立言以顯其道，故道因言而後顯，言因道而返忘[4]。奈何其道至妙至微，世人根性迷鈍，執其有身而惡死悅生，故卒[5]難了悟。黃老[6]悲其貪著，乃其修生之術順其所致，漸次導之，以修生之要在金丹，金丹之要在乎神水[7]、華池[8]，故《道德》、《陰符》之教得以盛行於世矣，蓋人悅其生也。然其言隱而理奧，學者雖諷誦其文，皆莫曉其意，若不遇至人授之口訣，縱揣量百種，終莫能著其功而成其事。豈非學者紛如牛毛，而達者乃如麟角也。

注釋

〔1〕原：推原。

〔2〕道本無名：出《老子‧一章》：「道可道，非常道；名可名，非常名。無名天地之始，有名萬物之母。」道是先天的、客觀的規律，名是後天的，主觀的概念。

〔3〕時流：當前一輩人。

〔4〕言因道而返忘：言語是表達道而用的，既明白了道，從而可不必再拘泥於語言。

〔5〕卒：最終。

〔6〕黃老：黃帝、老子，道教推為祖師。

〔7〕神水：心中所化之液，上注於口中。

〔8〕華池：腎中所化精氣貯存於此，在丹田之下。

大道雖很重要，但他很微妙、很抽象。人們難以理解、掌握，仍執著身體為真，而貪生怕死。道家同情人們這一習俗，於是順遂這一習俗建立養生術。

能漸漸引導人們明白大道的養生術是在於煉金丹，而煉金丹的要點在於明白、掌握神水、華池，所以《道德經》、《陰符經》能盛行於世，是人們喜歡長生之故。但是，兩書言語隱晦，道理深奧，所以人們仍不易懂，成功者很少。

伯端向己酉歲〔1〕，於成都遇師傅〔2〕授丹法，自後三傳非人，三遭禍患，皆不愈兩旬，當年疽生於項背。近方追憶先師之所感云：異日有與汝解韁脫鎖者，當宜授之，餘皆不許。爾後欲解名籍〔3〕，而患此道人不之信，遂撰此《悟真篇》，敘丹藥本末。既成而求學者湊然而來，觀其意勤渠，心不忍吝，乃擇而授之。然而所授者皆非有巨勢強力能持危拯溺、慷慨特達、能仁明道之士。初再罹禍患，心猶未知，竟至於三，乃省前過〔4〕。故知大丹之法至簡至易，雖愚昧小人得而行之，則立超聖地，是以天意秘惜，不許輕傳於非其人〔5〕也。緣伯端不遵師語，屢泄天機，以其有身，故每膺譴患，此天之深戒如此之神且速，敢不恐懼克責〔6〕。自今以往，當鉗口結舌，雖鼎鑊居前，刀劍加項，亦無復敢言矣。此《悟真篇》中所歌詠大丹、藥物、火候細微之旨，無不備悉。好事者苟有仙骨，觀之則智慮自明，可以尋文解義，豈須伯端區區之口授耶。如此，乃天之所賜，非伯端之輒傳也。其如篇末歌頌，談見性之法，即上之所謂無為妙覺之道也。然無為之道，齊物〔7〕為心，雖顯秘要，終無過咎。奈何凡夫緣業〔8〕有厚薄，性根〔9〕有利鈍，縱

聞一音，紛成異見。故釋迦[10]、文殊[11]所演法寶，無非一乘，而聽學者隨量[12]會解，自然成三乘[13]之差。此後若有根性猛利之士見聞此篇，則知伯端得聞達摩[14]、六祖[15]最上一乘之妙旨，可因一言而悟萬法也；如其習氣尚餘，則歸中之見，亦非伯端咎矣。

時元豐改元戊午歲仲夏[16]戊寅日 張伯端平叔再序。

注釋

〔1〕己酉歲：宋神宗熙寧二年（西元 1069 年）。

〔2〕師傳：有說是劉海蟾，劉曾為遼國進士，呂洞賓弟子。

〔3〕欲解名籍：將從官吏名冊中解除，張氏曾為吏，後遭譴罰。

〔4〕乃省前過：省悟以前的過錯。

〔5〕非其人：沒有人品的人。

〔6〕克責：要求、責備（自己）。

〔7〕齊物：平等對待萬事萬物及自我與外物。

〔8〕緣業：因緣業報。

〔9〕性根：性，本性；根，能產生善業惡業力量的根基。

〔10〕釋迦：釋迦牟尼佛，佛教的創始人。

〔11〕文殊：文殊師利菩薩，釋迦牟尼佛的大弟子。

〔12〕量：心量。

〔13〕三乘：佛教譬喻修道的方法為車乘，根據不同程度，有三種：1. 小乘，又稱聲聞乘，修正得阿羅漢果；2. 中乘，又稱緣覺乘，修正得辟支佛果；3. 大乘，又稱菩薩乘，修正得無上菩提果。三乘在《法華經》中又譬作羊車、鹿車、牛車。

〔14〕達摩：菩提達摩，古印度南天竺某一小國的王子，在我國南北朝時泛海而來，與梁武帝談不合，北至嵩山少林寺，面壁九年，為我國禪宗初祖，後傳法予慧可。

〔15〕六祖：禪宗六祖為慧能，俗姓盧，皈依江西黃梅五祖，提倡頓悟法門。又為禪宗南宗初祖。

〔16〕元豐改元戊午歲：西元1078年。仲夏，農曆五月。

張氏自敘得名師傳授，亦想把這些煉丹方法授予眾，但由於欠慎重，再三地受到天意的懲罰。因而撰《悟真篇》時雖然將內煉方法，全部仔細地講述了，而表達形式只供有修道因緣者能自行參悟了。

❀第三章❀

張伯端：《金丹四百字》釋義

金丹四百字序

七返九還〔1〕金液大丹者〔2〕，七乃火數〔3〕，九乃金數〔4〕。以火煉金〔5〕，返本還元〔6〕，謂之金丹。

注釋

〔1〕七返九還：按《河圖》天地五行生成數，地二生火，天七成之，木火上炎，乃返於上，是為「七返」。地四生金，天九成之，金水下沉，乃還於下，是為「九還」。

〔2〕金液大丹：金液，金水合氣成真鉛，是為煉丹之藥物。或解作肝液、肺液、津液。大丹，即下文所謂「金丹」。

〔3〕七乃火數：《尚書注疏・洪範第六》：「天七成火」，故七為火之成數。

〔4〕九乃金數：《尚書注疏・洪範第六》：「天九成金」，故九為金之成數。

〔5〕以火煉金：火指元神，金指精氣。以火煉金，即以神禦氣之謂。

〔6〕返本還元：《悟真篇下卷・西江月第六》：「七返朱砂返本，九還金液還真。」本、元，皆指先天之一元真氣。木火之氣本浮，先經下沉，再運火抽鉛，使其自下而逆於上；金水之精性沉，先經上浮，再運水添汞，使其自上而還於下，故曰「返本還元」。

本節開宗明義，簡要概括了金丹的概念及修煉內丹的原理。人未成形時一元真氣，即所謂「本」、「元」，當一念生起，分為陰陽，是為元神與精氣，乃具身形，此為由先天轉為後天。而修煉內丹，則反其道而行之，使元神下降，精氣上升，水火相濟，陰陽交媾，從而使精化氣，氣化神，神還虛，返本還元，回復至先天之狀態，這就是所謂的「金丹」。

以身心分上下兩弦[1]，以神氣別冬夏二至[2]，以形神契坎離二卦[3]；以東魂之木[4]，西魄之金[5]，南神之火[6]，北精之水[7]，中意之土[8]，是為攢簇五行[9]；以含眼光、凝耳韻、調鼻息、緘舌氣，是為和合四象[10]；以眼不視而魂在肝[11]，耳不聞而精在腎[12]，舌不聲而神在心[13]，鼻不香而魄在肺[14]，四肢不動而意在脾[15]，故名曰五氣朝元[16]；以精化為氣，以氣化為神，以神化為虛，故名曰三花聚頂[17]。

注釋

〔1〕上下兩弦：上弦又稱前弦，指農曆每月初八月象，為西邊半圓；下弦又稱後弦。農曆每月廿三日月象，為東邊半圓，當上弦月與下弦月時，月的明亮與晦暗相等，陰陽兩分，金水相等。

〔2〕冬夏二至：即冬至和夏至，冬至時陰極而陽生，夏至時陽極而陰長。以神氣別之，則冬至陽神初升，夏至陰精初降。

〔3〕以形神契坎離二卦：腎精有形，內藏陽氣，如坎卦外陰而內陽；心神無形，內含陰液，如離卦外陽而內陰。契，合也。

〔4〕東魂之木：肝屬木，居左，以應東方。《靈樞・本神》：「肝藏血，血舍魂。」

〔5〕西魄之金：肺屬金。居右，應於西方。《靈樞・本

神》:「肺藏氣,氣舍魄。」

〔6〕南神之火:心屬火,居上,應於南方。《靈樞·本神》:「心藏脈,脈舍神。」

〔7〕北精之水:腎屬水,居下,應於北方。《靈樞·本神》:「腎藏精,精舍志。」

〔8〕中意之土:脾屬土,居中央。《靈樞·本神》:「脾藏榮,榮舍意。」

〔9〕攢簇五行:攢簇,攢集、簇合。指身體魂魄神精意五臟神相互聚合,調合為一。

〔10〕和合四象:四象,謂金、木、水、火。《周易大傳》疏:「四象謂金、木、水、火。」《易·繫辭上》:「太極生兩儀,兩儀生四象。」丹書中,則含眼光為青龍象,調鼻息為白虎象,緘口氣為朱雀象,凝耳韻為玄武象,四象調和,分為元神(木火)、元精(金水),最後合而為一,結成金丹。

〔11〕眼不視而魂在肝:《靈樞·脈度》:「肝氣通於目。」目不外視則魂內藏於肝。

〔12〕耳不聞而精在腎:《靈樞·脈度》:「腎氣通於耳。」耳不雜聞則精內藏於腎。

〔13〕舌不聲而神在心:《靈樞·脈度》:「心氣通於舌。」口不出聲則神內舍於心。

〔14〕鼻不香而魄在肺:《靈樞·脈度》:「肺氣通於鼻。」鼻不嗅香臭則魄內守於肺。

〔15〕四肢不動而意在脾:《靈樞·本神》:「脾氣虛則四肢不用。」《類經》卷三第九注:「四肢皆稟氣於胃而不得至經,必因於脾,乃得稟也。故脾傷則四肢不舉。」四體不用則意內藏於脾。

〔16〕五氣朝元:元,天元,指腦之泥丸宮,即上丹田是

也。五氣，五臟真氣，即肝魂、肺魄、心神、腎志（精）、脾意。五氣朝元，指五臟之真氣皆聚於頂，混融為一，結成聖胎。

〔17〕三花聚頂：精曰玉華，氣曰金華，神曰九華，名曰三華，即三花。精、氣、神合聚於上丹田（泥丸宮），如草之開花，行將結子，而精聚於頂，故稱「三花聚頂」。

本節闡述修煉內丹的許多術語。「身」、「形」都是由有形的精氣所化，為精之代詞；而「心」、「神」皆屬無形之物，故與精相對。上下兩弦之月象，是形容火候運行至精水、神火相等之時，譬如煉丹之藥為一斤，則此時精水與神火剛好各為八兩，金、水相等，是文火溫養之候。《悟真篇中卷·第三十二首》云：「前弦之後後弦前，藥味平平氣象全，採得歸來爐裏鍛，煉成溫養自烹煎。」此之謂也。

冬夏二至，乃是形容陽氣初升、陰精初降之時，即陰陽升降、消長之理。以八卦相契合，則坎卦象水，為腎精，陰中有陽；離卦象火，為心神，陽中有陰，此乃陰陽相互依存的形象比喻。煉內丹乃是「返本還元」，回復先天。所謂攢簇五行、和合四象、五氣朝元、三花聚頂，要皆指將全身精、氣、神都向內收歸，調和為一。所言則異名，所指則同歸也。

以魂在肝而不從眼漏[1]，魄在肺而不從鼻漏[2]，神在心不從口漏[3]，精在腎而不從耳漏[4]，意在脾而不從四肢、孔竅漏[5]，故曰無漏[6]。精神魂魄意相與混融，化為一氣[7]，不可見聞，亦無名狀[8]，故曰虛無[9]。煉精者煉元精，非淫佚所感之精[10]；煉氣者煉元氣，非口鼻呼吸之氣[11]；煉神者煉元神，非心意念慮之神[12]。故此神、氣、精者，與天地同其根[13]，與萬物同其體[14]，得之則生，失之則死。以陽火煉之則化成陽氣[15]，以陰符養之則化成陰精[16]。故曰：見之不可用，用

之不可見〔17〕。

注釋

〔1〕魂在肝而不從眼漏：《素問・宣明五氣篇》：「肝藏魂。」又《金匱真言論》：「肝，開竅於目。」

〔2〕魄在肺而不從鼻漏：《素問・宣明五氣篇》：「肺藏魄。」又《金匱真言論》：「肺，開竅於鼻。」

〔3〕神在心而不從口漏：《素問・宣明五氣篇》：「心藏神。」又《陰陽應象大論》：「心主舌。」舌在口中，故曰「從口漏」。

〔4〕精在腎而不從耳漏：精，志也。《靈樞・九針論》：「腎藏精志也。」又《脈度》：「腎氣通於耳。」

〔5〕意在脾而不從四肢、孔竅漏：《素問・宣明五氣篇》：「脾藏意。」又《太陰陽明論》：「四肢皆稟氣於胃而不得至經，必因於脾乃得稟也。」故脾主四肢。孔竅，指口而言。《素問・金匱真言論》：「脾，開竅於口。」

〔6〕無漏：四肢腠理及諸竅緻密無隙，則精、氣、神內收而不致外漏，故稱「無漏」。

〔7〕一氣：一元之真氣。

〔8〕名狀：名，指稱；狀，形狀。

〔9〕虛無：《管子・心術上》：「虛者萬物之始也」；「天之道，虛其無形。」一氣混沌，無形無象，身心寂靜，無思無念，故曰虛無。

〔10〕淫佚所感之精：即男女交感之精。

〔11〕口鼻呼吸之氣：即外界的空氣。

〔12〕心意念慮之神：即後天的情志活動。

〔13〕與天地同其根：元精、元神、元氣皆稟於先天混元之氣，故云與天地同其根。

169

〔14〕與萬物同其體:《老子‧四十二章》:「道生一,一生二(陰、陽),二生三(陰氣、陽氣、沖和之氣),三生萬物。」萬物與精、氣、神歸根結底皆來自「一」,故曰「同其體」。

〔15〕以陽火煉之則化成陽氣:謂進陽火。一陽動而進火,故曰煉。在身體言,為自尾閭沿督脈直至頭頂泥丸。在易卦言,一陽象復卦,陽火漸長,成二陽臨卦、三陽泰卦、四陽大壯、五陽夬卦,直至純陽乾卦之象,故曰「化成陽氣」。

〔16〕以陰符養之則化成陰精:謂退陰符。一陰靜而退火,故曰養。在身體言,為自泥丸向身前直至腹部丹田。在易卦言,一陰象姤卦,真陰漸長,成二陰遯卦、三陰否卦、四陰觀卦、五陰剝卦,直至純陰坤卦之象,故曰「化成陰精」。

〔17〕見之不可用,用之不可見:見,看見,有形則可見之。用,使用,用於煉丹,即藥物。《悟真篇下卷‧五言四韻》一首:「女子著青衣,郎君披素練。見之不可用,用之不可見。恍惚裏相逢,杳冥中有變。一霎火焰飛,真人自出現。」可參見。

本節語承上節,用意側重於闡明煉丹的原料究為何物。腎水、心火皆為後天有形之物,是不能用來煉丹的;而腎水中有真陽(坎中陽爻)、心火中有真陰(離中陰爻),為先天無形之物,才能用來煉成金丹。所以煉丹的原料的共同特徵是「不可見聞」、「亦無名狀」,與天地同其根,與萬物同其體,得此元精、元神、元氣,經過進陽火、退陰符等步驟,使陰陽交合,三物歸一,金丹乃成。

身者心之宅,心者身之主〔1〕。心之倡狂如龍〔2〕,身之獰惡如虎〔3〕。身中有一點真陽之氣,心中有一點真陰之精,故曰二物〔4〕。心屬乾〔5〕,身屬坤〔6〕,故曰乾坤鼎器〔7〕。陽氣屬離,

陰精屬坎，故曰烏兔〔8〕藥物。抱一守中〔9〕，煉元養素〔10〕，故曰採先天混元之氣〔11〕。朝屯暮蒙〔12〕，晝午夜子〔13〕，故曰行周天之火候〔14〕。木液旺在卯〔15〕，金精旺在酉〔16〕，故當沐浴〔17〕。震男飲西酒〔18〕，兌女攀北方〔19〕，巽風〔20〕吹起六陽〔21〕，坤土〔22〕藏蓄七數〔23〕，故當抽添〔24〕。

注釋

〔1〕身者心之宅，心者身之主：身，指陰精有形之體；心，指心神無形之物。兩者之間有相互依存的內在關係，即陰精是心神的寓所，心神為陰精之主宰。

〔2〕心之倡狂如龍：指心神易受外界事物誘惑而擾動。

〔3〕身之獰惡如虎：指陰精易受情慾支配而擾動。

〔4〕二物：身中有真陽，心中有真陰，是二物可以用來煉丹。

〔5〕心屬乾：心屬火，火上炎；乾為天。《周易·乾》九五爻文言：「本乎天者親上。」故以心火屬乾。

〔6〕身屬坤：腎主精（身由陰精化生而成），腎屬水，水下潤；坤為地。《周易·乾》九五爻文言：「本乎地者親下。」故以身屬坤。

〔7〕乾坤鼎器：乾鼎，指泥丸宮或心神所居之絳宮。坤器，指丹田或腎精所蓄之命門。

〔8〕烏兔：金烏、玉兔，分別為太陽、月亮之代稱。丹書則以此譬喻心火中之真鉛、腎水中之真汞，為煉丹之藥物。

〔9〕抱一守中：一，中，均指身內沖和之元氣。語出《老子·十章》：「載營魄抱一，能無離乎」；《五章》：「多言數窮，不如守中」。

〔10〕煉元養素：元、始也，皆元始之意。

〔11〕先天混元之氣：《老子·二十五章》：「有物混成，

先天地生……吾不知其名，字之曰道。」即先天一元真氣。

〔12〕朝屯暮蒙：朝、暮指早晨、黃昏、屯、蒙，均為卦名。卦有六十四，《周易參同契》在論述小周天火候時，以乾坤為鼎器，坎離為藥物，其餘六十卦為火候，以屯、蒙始，終於既濟、未濟。每日用兩卦，六十卦分佈三十日，三十日象一月。兩卦十二爻，以配每日十二時之數。故朝為屯、暮為蒙。

〔13〕晝午夜子：午、子均為時辰名，午為日中，子在夜半。子時一陽初動，開始進陽火；午時一陰初靜，開始退陰符。

〔14〕行周天之火候：周天，有大周天、小周天之別。火候，周天運行時意念與呼吸的運用。火候的掌握向為煉丹家所重，如《悟真篇中卷》第二十七：「縱識朱砂與黑鉛，不知火候亦如閒。」

〔15〕木液旺在卯：木液，心火中陰液，為生火之肝木，進陽火至卯時已旺盛，宜沐浴。

〔16〕金精旺在酉：金精，腎水中精氣，為生水之肺金，退陰符至酉時已旺盛，宜沐浴。

〔17〕沐浴：古代官員休假又稱沐日，以此譬喻以文火溫養。

〔18〕震男飲西酒：震男，即長男，《周易》震卦為長男，喻一陽初動。西酒，喻兌卦，因兌卦在後天卦位中居西方。指以鉛制汞，驅陽就陰。

〔19〕兌女攀北方：兌女，即少女，據《周易》，兌卦為少女，喻一陰初靜。北方，《悟真篇中卷》第三十三：「少女初開北地花」。喻北方陰寒之地有一陽初生。此指以汞擒龍，驅陰就陽。

〔20〕巽風：巽卦風象，轉指內煉時呼吸活動。

〔21〕六陽：腎水中之陽氣。按《河圖》：「天一生水，地

六成之。」故以六喻水數。

〔22〕坤土：坤屬地，中土也，此喻丹田。

〔23〕七數：喻心火。按《河圖》：「地二生火，天七成之。」按此二字道藏本作「之數」，非也。

〔24〕抽添：抽鉛添汞，此乃鉛汞合煉之手段。

本節闡述煉內丹的真陽之氣、真陰之精，乃寄於後天之身與心，是為煉丹之原料。次論煉丹是以乾為鼎（泥丸宮、絳宮），坤為器（丹田、命門），離（陽氣）、坎（陰精）為藥物。至於「採氣」、「火候」、「沐浴」、「抽添」等，均為煉丹的具體步驟。概括起來，就是採先天混元之真氣，由運行周天、沐浴溫養，運用真意，抽坎填離，使鉛汞合煉，結成內丹。

夫採藥[1]之初，動乾坤之橐籥[2]，取離坎之刀圭[3]；初時如雲滿千山，次則如月涵萬水；自然如龜蛇之交合[4]，馬牛之步驟[5]。龍爭魂[6]，虎爭魄[7]；烏戰精[8]，兔戰神[9]。恍惚之中見真鉛，杳冥[10]之內有真汞。以黃婆媒合[11]，守在中宮[12]。

注釋

〔1〕採藥：煉內丹的步驟之一。《脈望》：「丹法不過採藥進火二著功夫，送入鼎中，隨意而止，不復下流，謂之採藥。」《靈寶畢法》：「離卦龍虎交媾，名曰採藥。」

〔2〕乾坤之橐籥：陰陽上下之開合變化。《老子·五章》：「天地之間，其猶橐籥乎！虛而不屈，動而愈出。」橐籥，是古代冶煉用的鼓風器。外櫝名橐，即鼓風皮囊；內管名籥，原指竹管樂器，此指送風管。吳澄說：「橐象太虛，包含周遍之體；籥象元氣，絪縕流行之用。」

〔3〕離坎之刀圭：離指元神，坎指元精。刀圭原指稱藥的

量具，此轉喻為藥物。

〔4〕龜蛇之交合：龜指命，指氣；蛇指神，指性。龜蛇交合，指神氣相抱，即「元武龜蛇，蟠虯相扶」。

〔5〕馬牛之步驟：馬牛行步合調。

〔6〕龍爭魂：《道藏》本「龍」字上有「殊不知」三字。龍，青龍，指肝木魂。爭魂之「魂」疑為「魄」字之誤，意為木火合成真汞，以制金水合成之真鉛。

〔7〕虎爭魄：虎，白虎，指肺金魄。爭魄之「魄」疑為「魂」字之誤，意為金水合成真鉛，以擒木火合成之真汞。

〔8〕烏戰精：烏，金烏，日也，喻心神。烏戰精，意同「龍爭魂」，見注〔6〕。

〔9〕兔戰神：兔，玉兔，月也，喻腎精。兔戰神，意同「虎爭魄」，見注〔7〕。

〔10〕杳冥：指極遠之處。

〔11〕黃婆媒合：黃婆喻真意，黃為中土之色，亦稱「媒婆」，真鉛真汞有賴真意從中牽引媾和，故曰「媒合」。

〔12〕中宮：丹田。

本節描寫採藥的過程和感受。所謂採藥，乃是採身中之藥物，即元精、元神。「雲滿千山」是元氣絪縕之象，「月涵萬水」乃身心寂靜之象。此時身心收拾，神氣斂藏，真汞制真鉛，真鉛擒真汞，「恍惚裏相逢，杳冥中有變」，而中土真意從中撮合，藥乃歸爐，故曰「守在中宮」。

鉛見火則飛[1]，汞見火則走[2]，遂以無為油[3]和之，復為無名璞[4]鎮之。鉛歸坤宮[5]，汞歸乾位[6]，真土混合[7]，含光默默。火數盛則燥，水銖多則濫。火之燥、水之濫不可以不調勻，故有斤兩法度[8]。修煉至此，泥丸風生，絳宮[9]月

明，丹田火熾，谷海〔10〕波澄，夾脊如車輪〔11〕，四肢如山石，毛竅如浴之方起，骨脈如睡之正酣，精神如夫婦之歡合，魂魄如子母之留戀，此乃真境界也，非譬喻也。

注釋

〔1〕鉛見火則飛：鉛指真精。火指凡火、慾念。意謂真精如受凡心慾念之誘惑，則會化成精液而遺泄。

〔2〕汞見火則走：汞指元神。火亦指凡火慾念。意謂受凡心慾念之誘惑，則元神散亂。

〔3〕無為油：喻心意清淨。出於《老子‧三十七章》：「道常無為而無不為，侯王若能守之，萬物將自化，化而欲作，吾將鎮之以無名之樸，無名之樸，夫亦將不欲，不欲以靜，天下將自定。」

〔4〕無名璞：喻無可表達的寧靜、淡泊心境。出處同注〔3〕。璞，同樸，天真曰璞。

〔5〕鉛歸坤宮：金精仍安定於丹田。

〔6〕汞歸乾位：乾位，泥丸（或絳宮）在上，居乾位。本句意為木液仍安定於泥丸。

〔7〕真土混合：真土，中土之真意。鉛、汞本是一下一上，須依憑脾土真意從中調合，才能結合。譬猶夫妻，須媒聘撮合，故真土又稱「媒婆」、「黃婆」。《悟真篇下卷‧西江月》第四：「木金間隔會無因，須仗媒人勾引。」可相參見。

〔8〕斤兩法度：指掌握採藥、溫養的適宜時機，譬猶藥重一斤，陰、陽各半（八兩），木火盛則燥烈（過老），金水多則氾濫（過嫩），均為不宜。故《悟真篇上卷‧七言四韻》第七云：「鉛遇癸生須急採，金逢望後不堪嘗」；「藥重一斤須二八，調停火候托陰陽。」又中卷七言絕句第三十二：「前弦之後後弦前，藥味平平氣象全，採得歸來爐裏鍛，煉成溫養自烹

第三章

張伯端‧《金丹四百字》釋義

煎。」皆指斤兩法度而言。

〔9〕絳宮：《黃庭內景經》梁丘子注：「心為絳宮」。

〔10〕谷海：華池別稱，腎中所化精氣貯存於此，在丹田之下。《黃庭外景經》：「下有華池生腎精。」注云：「下有華池，名曰氣海，腎中之精，於此生動。」又《悟真篇中卷·七言絕句》第四十六：「華池宴罷月澄輝，跨個金龍訪紫微。從此眾仙相見後，海田陵谷任遷移。」其中「海田陵谷」，疑即「谷海」。

〔11〕夾脊如車輪：夾脊指督脈，此處當包括任脈而言。內藥運行於周天，即河車搬運，夾脊如猶車輪，運轉不息，週而復始。

本節首先闡述「無為油」和「無名樸」對於內煉的重要性。只有心意清靜，無慾無念，才能使身中真鉛、真汞安於其位而不致走散。然後由中宮真意調和金精、木液，如夫婦之有情，故曰「含光默默」。次則以水火斤兩為喻，闡述溫養沐浴要抓住適宜的時機，其要總歸陰陽均衡，金水相等，方可溫養沐浴，此即所謂「斤兩法度」。接著講了內藥生成時的感受。內藥生成之時，泥丸宮處好像和風吹拂，心中猶如月光之明潔，丹田爐火正熾，華池清波碧澄，周身毛竅猶似剛出浴時之爽透，百骸骨脈彷彿酣睡中之舒適，精神魂魄就像夫婦交合之歡愉、子母留戀之情深。這些景象都是內煉達到這一境界時的真實體驗，並非憑空美化或譬喻。

以法度煉之，則聚而不散；以斤兩煉之，則結而愈堅。魂藏魄滅[1]，精結神凝[2]，一意沖和[3]，肌膚爽透[4]。隨日隨時，漸凝漸聚，無質生質[5]，結成聖胎[6]。夫一年十有二月，一月三十日，一日百刻，一月總計三千刻，十月總計三萬刻。

行住坐臥，綿綿若存〔7〕。胎氣〔8〕既凝，嬰兒〔9〕顯相，玄珠成象〔10〕，太乙含真〔11〕。三萬刻〔12〕之中，可以奪〔13〕天上三萬年之數。何也？一刻之功夫，自有一年之節候〔14〕，所以三〔15〕萬刻可以奪三萬年之數也。故一年十二月，總有三萬六千之數〔16〕。雖愚昧小人，行之立躋聖地〔17〕。奈何百姓日用而不知〔18〕，元精喪也，元氣竭也，元神離也。是以三萬刻，刻刻要調和。如有一刻差違，則藥材消耗〔19〕，火候虧缺〔20〕，故曰：毫髮差殊不作丹〔21〕。是宜刻刻用事，用之不勞〔22〕，真氣凝結，元神廣大，內則一年煉三萬刻之丹，外則一身奪三萬年之數；大則一日結一萬三千五百息之胎〔23〕，小則十二時〔24〕行八萬四千里之氣。

注釋

〔1〕魂藏魄滅：藏、滅，均伏匿之意。肝魂斂入於元神，肺魄消溶於元精，最後元神與元精結合成丹。

〔2〕精結神凝：精指元精，即金精真鉛；神指元神，即木液真汞。

〔3〕一意沖和：一意，指中土真意。沖和，調和也。言元神、元精內斂凝結後，需依靠真意從中調和，才能結丹。《老子‧四十二章》云：「萬物負陰而抱陽，沖氣以為和。」在人體言，此沖氣即為脾意。

〔4〕肌膚透爽：內藥生成之景象，猶如浴之方出。參見上節「講解」。

〔5〕無質生質：質，本質，本體。無質生質，猶言潛移默化，從量變到質變的過程。以內煉言之，則指金丹由無而有，是元精元神相合之結果。

〔6〕聖胎：指初成之金丹，又稱丹母。以其得之不易而極易疏失，如腹中胎兒之嬌貴，故名聖胎。《金丹問答》：「聖胎

何謂也？答曰：無質生質結成聖胎，辛勤保護如幼女之初懷孕，似小龍養珠，而蓋氣始凝結，極易疏失也。」

〔7〕綿綿若存：《老子‧六章》：「谷神不死，是謂玄牝。玄牝之門，是謂天地根，綿綿若存，用之不勤。」指呼吸勻、細、深、長，綿綿不斷，若有若無，如胞中胎兒，不用口鼻，唯以臍呼吸，謂之胎息。

〔8〕胎氣：喻內藥。

〔9〕嬰兒：即聖胎。參見注〔6〕。《悟真篇上卷‧七言四韻》第十四：「三家相見結嬰兒。」劉一明注：「和合四象，攢簇五行，則精氣神凝結，曰三家相見，名曰嬰兒，又曰先天一氣，又曰聖胎，又曰金丹。」

〔10〕玄珠成象：玄珠，《莊子》：「黃帝遺其玄珠，令象罔求而得之。」此喻內丹。《玄珠心鏡注》描述其形象云：「外黃內白，懸在氣海之中，黃光燦燦如彈丸……光斗日月，此為玄珠爾。」

〔11〕太乙含真：太乙，亦稱太一，太極也，形體生成之初也。此處亦指內丹而言。《金丹問答》：「太一含真何謂也？答曰，守真一於天，氣入玄元即達本來。」《悟真篇上卷‧七言四韻第十四》：「嬰兒是一含真氣，十月胎圓入聖基。」

〔12〕三萬刻：《道藏》本作「二萬刻」。按上文「十月總計三萬刻」，則《道藏》本顯誤。

〔13〕奪：強取曰奪。

〔14〕節候：節氣時令。五日為一候，三候為一節氣，一年共二十四節氣。《素問‧六節藏象論》：「五日謂之候，三候謂之氣，六氣謂之時，四時謂之歲。」

〔15〕三：道藏本作「二」，非。

〔16〕三萬六千之數：「千」字下疑闕「年」字。

〔17〕行之立躋聖地：躋（ㄐㄧ），登，升也。《易‧震》：「躋於九陵」。聖地，猶言仙界。

〔18〕日用而不知：精氣存於自身之中，乃常人平日所用，但一般並不知道用意修煉以成丹。《悟真篇上卷‧第六》：「人人本有長生藥（精、氣、神），自是迷徒枉擺拋。」煉丹之士則不然，《太上九要心印妙經》：「長以神守於氣，氣守於神，神氣相守，裹而不散者，真日用也。」

〔19〕藥材消耗：藥材，指修煉內丹的物質基礎，即元精、元氣、元神。內煉非一日之功，須刻刻調和，漸漸聚凝，一有鬆懈，則會消耗，使藥材得而復失。

〔20〕火候虧缺：練功的意念作用是一個連續性的過程，意緊急運稱為武火，可以採藥烹煉；意緩慢行叫文火，可以沐浴溫養。運轉有時，進退有節，謂之火候。總須時時用意，直至丹成。

〔21〕毫髮差殊不作丹：語出《悟真篇中卷‧七言第二十七》：「縱識朱砂與黑鉛，不知火候亦如閑，大都全藉修持力，毫髮差殊不作丹。」

〔22〕用之不勞：過用為勞。用之不勞，即《老子》所謂「綿綿若存，用之不勤。」

〔23〕一日結一萬三千五百息之胎：《太上九要心印妙經》：「三火既定，併合丹田，聚燒金鼎，返煉五行，運於一氣，綿綿一晝一夜，一萬三千五百息。」胎，謂胎息。

〔24〕十二時：古代計時法，晝夜為十二個時辰，以應十二地支。

本節闡述內煉只要斤兩法度適宜，火候調停得當，自然鉛、汞和合，結成聖胎。要在刻刻用意，運行周天不輟。一刻的功夫，為一周天，有一年四季之節候；一年三萬六千刻的功

夫，而這樣「立躋聖地」的內煉功夫，其取材不過是自身的精、氣、神而已，可惜一般並不知道這個道理。至於文中提及的「胎氣」、「嬰兒」、「玄珠」、「太乙含真」等，均是比喻內丹初結的狀態。這種丹母極易疏失，故應時時養護，同時應注意「用之不勞」，勿忘勿助，這樣才能使之逐漸長大，直至「十月胎圓」，大功告成。

　　故曰：奪天地一點之陽[1]，采日月二輪之氣[2]，行真水於鉛爐[3]，運真火於汞鼎[4]。以鉛見汞，名曰華池[5]；以汞入鉛，名曰神水[6]。不可執於無為，不可形於有作[7]，不可泥於存想[8]，不可著於持守[9]，不可枯坐灰心[10]，不可盲修瞎煉[11]。唯恐不識藥材出處[12]，又恐不知火候法度。要須知夫身中一竅，名曰玄牝[13]。此竅者，非心、非腎、非口鼻、非脾胃、非穀道[14]、非膀胱、非丹田、非泥丸。能知此之一竅，則冬至[15]在此矣，藥物在此矣，火候亦在此矣，沐浴亦在此矣，結胎亦在此[16]矣，脫體亦在此[17]矣。夫此一竅亦無邊旁[18]，更無內外[19]，乃神氣之根，虛無之谷[20]。在身中求之，不可求於他也。此之一竅，不可以私意揣度[21]。是必心傳口授，苟或不爾，皆妄為矣。

注釋

〔1〕天地一點之陽：一為陽數，指真陽之一氣。

〔2〕日月二輪之氣：喻心火中真鉛，腎水中真汞。日、月皆圓形，像車輪，又稱日輪、月輪，是謂「二輪」。

〔3〕鉛爐：丹田。

〔4〕汞鼎：泥丸。

〔5〕華池：在丹田之下，腎中所化精氣貯存於此。《黃庭外景經》：「下有華池生腎精」。注：「下有華池，名曰氣海，

腎中之精，於此生動。」白玉蟾云：「華池正在氣海門。」此指元精攝元神處。

〔6〕神水：心中所化之液，上注於口中，稱為神水，又稱靈汞。《翠虛篇》：「神水根基與汞連。」本處指元神制元精處。

〔7〕不可執於無為，不可形於有作：《悟真篇中卷・七言第四十二》：「始於有做人難見，及至無為眾始知。但見無為為要妙，豈知有作是根基。」有作，或稱有為法，乃指煉丹初期階段的築基、採藥、封爐、周天搬運等；無為，或稱無為法，乃指丹成後，不需要具體的作法而能無所不為。因此丹家強調循序漸進，既不能急於求成而執於「無為」；也不能耽於「有作」而終難成丹。

〔8〕存想：亦名存思，指意念導引。《悟真篇上卷・七言四韻第十五》：「更饒吐納並存想，總與金丹事不同。」

〔9〕持守：持盈守中。持盈：即持滿。出《老子・九章》：「持而盈之，不如其已。」河上公注：「持滿必傾，不如止也。」守中，守神於中宮丹田。出《老子・五章》：「多言數窮，不如守中。」河上公注：「不如守德於中，育養精神，愛氣希言。」

〔10〕枯坐灰心：靜坐不動，也不用意念。

〔11〕盲修瞎煉：《悟真篇中卷・七言第五》：「咽津納氣是人行，有藥方能造化生。鼎內若無真種子，猶將水火煮空鐺。」同篇第三：「休泥丹灶費工夫，煉藥須尋偃月爐。」此句指出不知金丹真諦，沒有正確方法，一味瞎煉是難以成丹的。

〔12〕藥材出處：《悟真篇上卷・七言四韻第七》：「要知產藥川源處，只在西南是本鄉。」《中卷・七言絕句第七》：「此般至寶家家有，自是愚人識不全。」可知藥材出自自身，在於西南坤腹，即人身之丹田，此為真鉛之所出。

〔13〕玄牝：又稱玄關，有諸說：有指眉間，有指兩腎之

間，有指丹田，也有指自己的心性本體。語出《老子‧六章》：「穀神不死，是謂玄牝。玄牝之門，是謂天地根，綿綿若存，用之不勤。」河上公注：「玄，天也，於人為鼻；牝，地也，於人為口。」但《悟真篇中卷‧七言絕句》第四十雲：「元牝之門世罕知，休將口鼻妄施為。饒君吐納經千載，爭得金烏搦兔兒。」可知此玄牝一竅，乃指靈靈不昧之心性本體而言，在乎身中，又非指某一特定的部位。

〔14〕穀道：肛門。

〔15〕冬至：指活子時進陽火。一日十二時辰，子時為陽生之初，一年之中冬至為一陽初生，故冬至稱為一年之子時，因以借喻活子時。

〔16〕結胎亦在此：《道藏》本無「亦」字。結胎即結丹。《金丹正宗》：「結胎，精氣與神，混融磅礴，真火相見，片時凝結。」

〔17〕脫體亦在此：《道藏》本「亦」字誤作「不」，今改正。脫體，亦稱脫胎。丹熟之時，猶胎兒之瓜熟蒂落，自然脫離母體。《悟真篇中卷‧七言絕句》第四十七：「自然丹熟脫靈胎。」

〔18〕邊旁：《道藏》本作「傍」。傍，靠近。邊旁，指鄰近的器官組織等。

〔19〕更無內外：《道藏》本「外」作「咎」，非。

〔20〕虛無之谷：《道藏》本「虛」誤作「虎」。

〔21〕私意揣度：《道藏》本「意」誤作「急」，揣度，考慮估量的意思。

本節闡述煉丹乃是以鉛擒汞，以汞制鉛，最後達到兩者相凝，結成金丹。即始於「有作」而終於「無為」的過程，因此，不可泥執於「無為」，亦不可耽於一味的「有作」，要在循序漸

進。至於「存想」、「持守」，雖為練功一法，但與內丹煉法是不盡然相同的，而那些不得要領，枯坐或瞎煉的人，也不可能煉成金丹。要知金丹真諦，就必須明白藥材的來源和火候法度的要領，最重要的是必須領悟「玄牝」的意義。

此竅在於身中，而非某一特定部位，也無邊旁、內外可言，而煉丹的冬至、藥物生成、火候、沐浴、結胎、脫體均在於此，則可知此為靈靈不昧之心性。

今作此《金丹四百字》，包含造化之根基，貫穿陰陽之骨髓，使煉丹之士尋流而知源，捨妄以從真，不至乎忘本逐末也。夫金丹於無中生有，養就嬰兒，豈可泥象執文，而溺於旁蹊曲徑。然金丹之生於無，又不可為頑空[1]。當知此空乃是真空[2]，無中不無，乃真虛無。今因馬自然[3]去，講此數語，汝其味之。

紫陽張伯端序[4]

注釋

〔1〕頑空：表面堅固其實空虛者。《鶴林玉露·地·無思無為》：「貴真空，不貴頑空。蓋頑空則頑然無知之空，木石是也。」

〔2〕真空：無中不無，謂之真空。《元憲真人胎息訣》：「無上無下，非動非靜，寂寂寥寥，與真空同體。」

〔3〕馬自然：即馬湘，字自然，鹽官人。沈汾《續仙傳》有傳，謂隨道士天下遍遊，後白日上升雲。馬為唐人，而張生宋代，蓋作者假託之辭耳。

〔4〕紫陽張伯端序：《道藏》本無此六字。

本節闡述著作《金丹四百字》的目的，並強調煉丹應尋流知源，不可泥象執文，且應明悟「金丹無中生有」的真正含義。

金丹四百字

真土[1]擒真鉛[2]，真鉛制真汞[3]，鉛汞歸真土，身心寂
不動。

注釋

〔1〕真土：身心中的脾土真意。

〔2〕真鉛：腎水沉重象鉛，其中真一之精為真鉛。

〔3〕真汞：心火飛揚像汞，其中正陽之氣為真汞。

本詩總括金丹內煉，採藥歸爐的過程。意為運我身心中之
真意，使身中真陽之氣上升以制心中之真陰，再使鉛汞下降復
歸於中宮丹田（真土所居處），如此則鉛汞交合，心神腎氣融
合一體，就可以達到身心寂然不動的境界。所謂的「身心寂不
動」，並非指那種「頑空」，而是指「如如之中有了了，冥冥之
中有昭昭」只是排除了虛妄之心，而昭昭靈靈之性不失。正如
黃自如所說：「蓋緣身心俱合，寂然不動，而後土、水、火三
者，可以混融為一，此乃是採藥物歸爐鼎之內也。」

虛無生白雪[1]，寂靜發黃芽[2]。玉爐[3]火溫溫，鼎[4]上
飛紫霞[5]。

注釋

〔1〕白雪：喻初生的一陰。

〔2〕黃芽：喻初生的一陽。白雪、黃芽皆「吾身藥生之景
象」（彭好古語）。

〔3〕玉爐：喻丹田。

〔4〕鼎：喻泥丸。

〔5〕紫霞：紫色為紅黑二色相兼，紅、黑二色分別為汞、
鉛之色。

本詩是說內藥生成的景象。所謂「虛無」和「寂靜」，即上首詩之「心身寂不動」。彭好古注云：「虛無寂靜，下手採藥之功夫。」為採藥準備條件。正如黃自如所說：「白雪（一陰）須要虛空而生，以其無中生有；黃芽（一陽）須待火養而生，以其火能生土。」白雪黃芽既見發生，即丹田玉爐之火但要溫養，內藥即循督脈上升，到達鼎內（泥丸），自然鼎上紫霞騰空而飛。

　　華池[1]蓮花開，神水[2]金波靜，夜深月[3]正明，天地一輪鏡。

注釋

　　[1]華池：在丹田之下，腎中所化精氣貯存於此。《黃庭外景經》：「下有華池生腎精」。注：「下有華池，名曰氣海，腎中之精，於此生動。」白玉蟾云：「華池正在氣海門。」此指元精擒元神處。

　　[2]神水：心中所化之液，上注於口中，稱為神水，又稱靈汞。《翠虛篇》：「神水根基與汞連。」本處指元神制元精處。

　　[3]月：陰精之喻。

　　本詩即《金丹四百字序》中所描述的：「修煉至此，泥丸風生，絳宮月明，丹田火熾，谷海波澄。」這是形容陰精上潤心胸，陽氣下煦丹田華池，水火既濟的景象。

　　彭好古注云：「華池為命蒂，神水為性根。欲性命混融，始以汞投鉛，次以鉛制汞。坎宮真一之精載正陽之氣而上升，離宮正陽之氣隨真一之精而下降。至時之將子，水清金白，而性命神氣兩相渾合矣。故曰『天地一輪鏡』，只在以性合命，凝神入氣穴是也。昔人謂『煉丹無別法，但引神水入華池，萬事畢矣』，正言此意。」

第三章　張伯端：《金丹四百字》釋義

朱砂〔1〕煉陽氣〔2〕，水銀〔3〕烹金精〔4〕。金精與陽氣，朱砂而水銀。

注釋

〔1〕朱砂：指心火。

〔2〕陽氣；指腎水中陽氣，即坎中陽爻。

〔3〕水銀，指腎水。

〔4〕金精：指心火中陰液，即離中陰爻。

內煉的進陽火、退陰符過程，實即取坎中陽爻以填離中陰爻。「金精與陽氣，朱砂而水銀」，兩者以陽火煉之，則如朱砂；以陰符養之，則如水銀。朱砂和水銀只是兩個形象比喻而已，非實有此兩種外物。

日魂〔1〕玉兔脂〔2〕，月魄〔3〕金烏髓〔4〕。掇來歸鼎〔5〕中，化作一泓水〔6〕。

注釋

〔1〕日魂：日喻心火。日中魂，喻心火中陰液，又指生助心火之肝木。

〔2〕玉兔脂：玉兔為月之喻，月喻腎水；月中脂，喻腎水中陽氣，又指生助腎水之肺金。

〔3〕月魄；意義同「玉兔脂」。

〔4〕金烏髓：意義同「日魂」，金烏為日之喻。

〔5〕鼎：烹煉之器，此喻泥丸。

〔6〕水：喻金液，即肺液。《鍾呂傳道記‧論還丹》：「金液乃肺液也，肺液為胎胞，含龍虎。保送在黃庭之中，大藥將成，抽之肘後飛起其肺液，以上入宮（泥丸）。」

指出以心中液制腎中氣，腎中氣擒心中液（又稱「驅陽就陰，驅陰就陽」），氣液相合，運至泥丸，心神化融腎氣，則成

金液。

藥物[1]生玄竅[2]，火候[3]發陽爐[4]。龍虎[5]交會時，寶鼎[6]產玄珠[7]。

注釋

〔1〕藥物：指內藥。丹家以煉精化氣稱為外藥，化氣終結生內藥，是為煉氣化神之基質。

〔2〕玄竅：玄牝，丹書中又稱玄關。有諸說：有指眉間，有指兩腎之間，有指丹田，也有指自己的心性本體。語出《老子・六章》：「谷神不死，是謂玄牝。玄牝之門，是謂天地根，綿綿若存，用之不勤。」河上公注：「玄，天也，於人為鼻；牝，地也，於人為口。」但《悟真篇中卷・七言絕句》第四十云：「元牝之門世罕知，休將口鼻妄施為。饒君吐納經千載，爭得金烏搦兔兒。」可知此玄牝一竅，乃指靈靈不昧之心性本體而言，在乎身中，又非指某一特定的部位。

〔3〕火候：周天運行時意念與呼吸的運用。

〔4〕陽爐：指丹田。

〔5〕龍虎：龍指青龍，屬東方木，木生火，木火一家，以喻真汞。虎即白虎，屬西方金，金生水，金水一家，以喻真鉛。

〔6〕寶鼎：又稱玉鼎、金鼎，以喻泥丸。

〔7〕玄珠：喻金丹。《莊子》：「黃帝遺其玄珠，令象罔求而得之。」此喻內丹。《玄珠心鏡注》描述其形象云：「外黃內白，懸在氣海之中，黃光燦燦如彈丸……光斗日月，此為玄珠爾。」

指出內藥產生後，經過進火退符；真鉛真汞交合，運至泥丸，結為金丹的過程。所謂內煉的藥物，即烏肝、兔髓，或稱真汞、真鉛，它們都從「玄竅」而產生。玄竅即玄牝、玄關是

也。內藥產生時，就應及時採取，採得藥物，運用火候進行烹煉，使藥物不至於聚而復散，而進一步便結成玄珠。

實踐時必須特別注意把握時機，循序漸進，無論拔助或是延誤都會前功盡棄。正如彭好古注云：「必玄竅生藥，方可陽爐發火。若機未至而先助長，則外火雖行，內符不應，適以自焚其軀耳。大抵神氣和融，則玄竅自見；玄竅既見，則火候自知；火候既知，則龍虎自併；龍虎既併，則玄珠自成。其妙在動靜之間，不差毫髮可也。」

此竅[1]非凡竅[2]，乾坤[3]共合成，名為神氣穴[4]，內有坎離精[5]。

道家　南宗　丹道修真　長壽學

188

注釋

〔1〕竅：指上首詩的「玄竅」。

〔2〕凡竅：身體有形之竅，口、鼻、眼、耳、二陰合稱九竅。按《道藏》本「竅」作「物」。

〔3〕乾坤：乾，乾鼎，即泥丸。坤，坤爐，即丹田。又乾指上半身，坤指下半身。

〔4〕神氣穴：神穴，指絳宮，為心神之室舍。氣穴，指命門，為精氣之府藏。

〔5〕坎離精：坎為水卦，陽氣屬之；離為火卦。陰精屬之，共為煉丹之原質。

進一步指出玄竅的意義。因其是有是無，非有非無，不落方體，超乎心身之外，出乎恍惚之間，所以稱它「非凡竅」。人身上乾下坤，心居上而腎居下。由乾卦中爻下索於坤卦而成坎卦，寄居坤位，猶如一點真陽之氣下藏於腎水命門之中。由坤卦中爻上索於乾卦而成離爻，寄居乾位，猶如一點真陰之精上藏於心火絳宮之中，故絳宮、命門分別又稱為神穴、氣穴。

木汞〔1〕一點紅〔2〕，金鉛〔3〕四斤黑〔4〕。鉛汞結成珠，耿耿〔5〕紫金色〔6〕。

注釋

〔1〕木汞：木，肝木，木魂；汞，心火，心神。木汞，即是真汞。

〔2〕一點紅：紅為陽火之色，此木火中內涵真陽，因一為生數中奇數之首，故稱上生初陽為一點。

〔3〕金鉛：金，肺金，金魄；鉛，腎水，腎志。金鉛，是為真鉛。

〔4〕四斤黑：黑為陰水之色，此金水中內涵真陰。因四為生數中最高偶數，故稱下生真陰為四斤。按《道藏》本「四斤」作「三斤」，非。

〔5〕耿耿：光明貌。

〔6〕紫金色：紅汞黑鉛相合成金丹之色。

形容木火相合一家成真陽，金水相合一家成真陰，真陰真陽相合成金色。心中一點真陰之精，名曰木汞。腎中一點真陽之氣，名曰金鉛。以紅汞黑鉛相投於寶鼎，則結成玄珠，此即丹頭，狀如黍米。然後又加九轉火候，就煉成紫金色的金丹。

家園〔1〕景物麗〔2〕，風雨〔3〕正春深〔4〕。耕鋤〔5〕不費力〔6〕，大地〔7〕皆黃金〔8〕。

注釋

〔1〕家園：喻丹田，又指身中之真土。

〔2〕景物麗：喻活子時藥物產生的景象。

〔3〕風雨：風指呼吸，崔希範《入藥鏡》有「鼓巽風，吹坤土」之說。雨指神水津液下降，以潤華池。

〔4〕正春深：一陽來復之時，猶如春色滿園，如和風細

雨，花香鳥語。

〔5〕耕鋤：喻火候運行。按《道藏》本「耕」作「犁」，意同。

〔6〕不費力：指沐浴溫養，勿忘勿助，任其自然。

〔7〕大地：喻身體。

〔8〕黃金：由金丹所起的妙用，使全身起質的變化。

喻丹田內藥產生後，可運行火候，調和呼吸，咽下舌中津液。當金液增長到一定程度，宜沐浴溫養，則成金丹，由是全身亦起質的變化。「耕鋤不費力」指無論火候運行，還是沐浴溫養，都要注意勿忘勿助，任其自然的原則。

真鉛生於坎[1]，其用在離宮[2]。以黑[3]而變紅[4]，一鼎[5]雲氣濃[6]。

注釋

〔1〕坎：指腎或丹田。

〔2〕離宮：指心或泥丸。

〔3〕黑：鉛色，五行中為水色。

〔4〕紅：汞色，五行中為火色。

〔5〕鼎：即離宮，見注〔2〕。

〔6〕雲氣濃：喻金液產生時恍惚、杳冥的感覺。

指內丹修煉乃是取鉛填離，由精化氣，由氣化神。真鉛雖生於坎戶，還需離宮正陽之氣以擒之，方可運化無窮，故曰「其用在離宮」。彭好古曰：「以神馭氣，千古傳心之要訣也。」此之謂也。言「以黑變紅」者，乃是指腎中真鉛在上升過程中，漸與真汞相融合的過程，最後變為黑紅相間的紫色，此即所謂「鉛汞結成珠，耿耿紫金色」。鉛汞既得相合，則自三關路而直上九重天，油然而興，霏然而升，翕然而蒸，藹然而

凝，恍惚之間，真氣如雲之濃，上升鼎內（泥丸）。

真汞產生離[1]，其用卻在坎[2]。姹女[3]過南園[4]，手指
玉橄欖[5]。

注釋

〔1〕離：見上首詩注〔2〕。

〔2〕坎：見上首詩注〔1〕。

〔3〕姹女：指心中陰液。

〔4〕南園：即離宮。因後天卦位離卦居於南方。

〔5〕玉橄欖：即煉丹書中所謂「玉樹」。

指心中神水與腎中真氣相合，下還丹田的過程和景象。真
汞雖產自離宮，但沒有腎中真氣來制伏，則會離散而不凝，故
曰「其用在坎」。此句與上首詩的「真鉛生於坎，其用在離宮」
相呼應，強調了鉛汞的互存互用關係，體現了孤陰不長，孤陽
不存的道理。離中汞見坎中鉛，則鉛汞相投，同降坎位（丹
田），稱為「過南園」，此即「玉液還丹」，故「自可換血為膏，
而身為玉樹」。（《修真太極混元指玄圖·秘傳還丹訣》）

震兌[1]非東西，坎離[2]不南北。斗柄[3]運周天，要人會
攢簇[4]。

注釋

〔1〕震兌：八卦名。按後天卦位，震卦居東方；兌卦居西
方。

〔2〕坎離：按後天卦位，坎卦居北方，離卦居南方。

〔3〕斗柄：即北斗星第五至第七三星，其連線形同斗柄故
名。古人以斗柄所指的方向，分別季節。即，斗柄指東則天下
皆春，指南則天下皆夏，指西則天下皆秋，指北則天下皆冬，

一年四季更替，斗柄剛好旋轉一周。謂之「周天」。

〔4〕攢簇：此指攢年於日，簇月於時而言。

指出周天運行的含義，內丹學認為人身猶如一個小天地，故借「周天」術語來譬喻內氣運行於周身的過程。天文曆法之周天為一年，而運火候則以一月的功夫奪取一年的造化（日用兩卦，朝屯暮蒙，一月三十日，合六十卦為一周天），以一日十二時的功夫奪取一年十二月的造化（畫午夜子，子時一陽初動，至巳時而純陽，為進火；午時一陰初靜，至亥時而純陰，為退符，是為一周天），此即所謂「攢簇」。故內丹術被認為可以用較短時間的有限修煉，來達到延年益壽的目的。

火候不用時[1]，冬至[2]不在子。及其沐浴法，卯酉時[3]虛比。

注釋

〔1〕時：時辰。

〔2〕冬至：冬至一陽生，為進陽火之候。

〔3〕卯酉時：陽火進至卯時木液正旺，陰符退至酉時金精正旺，此二時陰陽二氣平衡，是沐浴之候。《金丹四百字序》：「木液旺在卯，金精旺在酉，故當沐浴。」

指出火候進退常以時辰來表示，但對具體時辰又應靈活理解。如十月冬至一陽初生，而一日之中相應的為子時一陽初生，進陽火宜乘「活子時」，即取人體中一陽初生，但未必即刻板地拘於實際中的冬至日、子時。同理，溫養沐浴也不能刻板地拘於卯酉月、卯酉時。只要進陽退陰至陰陽二氣相平，如泰否之象，即行沐浴。因而講「卯酉」只是「虛比」手法罷了。

烏肝[1]與兔髓[2]，擒來共[3]一處。一粒復一粒，從微而

至著。

注釋

〔1〕烏肝：烏，金烏，太陽也，喻心神。肝木魂寄居於心火神中，乃指真汞。

〔2〕兔髓：兔，玉兔，月亮也，喻腎精。腎水中之精髓，乃指真鉛。

〔3〕共：《道藏》本作「歸」。

指出金精、木液假戊己真意為媒娉，用火鍛鍊，兩者結合，成黍米大的一粒玄珠，重一銖八厘。這樣日復一日，積銖成兩，自微至著，至三百日左右，最終鉛汞完全結合，煉成金丹，方圓一寸，重為一斤（三百八十四銖）。金丹從黍米之大，逐漸重至一斤的過程，內丹學又形象地稱之為「十月懷胎」。

混沌[1]包虛空[2]，虛空括三界[3]。及尋其根源，一粒如黍大。

注釋

〔1〕混沌：《道藏》本「渾」作「混」。混沌，未有天地，混混沌沌之狀。

〔2〕虛空：天空也。寂寞無人之境為虛空。

〔3〕三界：佛教三千大千世界之略稱，泛指宇宙。又天、地、人為三界。

指出先天混沌之氣包含了虛空，虛空又總括宇宙的天地人三界。這混沌之狀不僅是浩然一氣，亦是無限心量，是造化萬物之根源。而人體與此相應，尋其根源，則人受氣之初乃為精氣神之結合物。今返本還源，透過修煉，將精氣神凝結成丹，起始如一粒黍米狀，久而久之，即與浩然之氣、無可限量之心性契合無間。正如彭好古所云：「有人要覓長生訣，只去搜尋

第三章　張伯端：《金丹四百字》釋義

造化根。」可知內丹的實質就是返本還原，回復先天。

天地交真液[1]，日月含真精[2]。會得坎離基[3]，三界歸一身。

注釋

〔1〕真液：心中陰液與腎中陽氣之合稱。

〔2〕真精：肝中陽魂與肺中陰魄之合稱。

〔3〕坎離基：坎外陰而內陽，此陽於五行中為戊土，是坎卦根基。離外陽而內陰，此陰於五行中為己土，是離卦根基。坎離基，即戊己真土之謂。

仍本著「天人相應」及「人身小天地」的思想，闡述煉內丹的原理。《周易‧乾文言》：「本乎天者親上，本乎地者親下。」天上地下，在人則心上腎下。心液下降，腎氣上升，從而產生內藥。陽魂與陰魄交合，要依賴於真土作用，最後使天地、日月之間的關係都反映於一身。

龍[1]從東海[2]來，虎[3]向西山[4]起。兩獸戰[5]一場，化作天地髓[6]。

注釋

〔1〕龍：指真汞，係心火中之木液。因木生火，寄居火中，八卦中震卦屬木，為青龍，故以龍喻真汞。

〔2〕東海：喻肝木，五行中屬東方。

〔3〕虎：指真鉛，係腎水中之金精。因金生水，寄居水中，八卦中兌卦屬金，為白虎，故以虎喻真鉛。

〔4〕西山：喻肺金，五行中屬西方。

〔5〕戰：喻木液與金精結合的過程。

〔6〕天地髓：指金丹，其妙用與天地造化相應。

闡明真汞（龍），真鉛（虎）實指心火中之木液、腎水中的金精而言，而成丹的過程，就是使「龍吟雲起而下降，虎嘯風生而上升，二獸相逢，戰於黃屋（丹田）之前，則風雲慶會，自混合為一塊髓矣。」（黃自元注）

金花[1]開汞葉[2]，玉蒂[3]長鉛枝[4]。坎離不曾閑，乾坤經[5]幾時。

（注釋）

〔1〕金花：喻心中陰液。

〔2〕汞葉：喻心神。

〔3〕玉蒂：喻腎中陽氣。

〔4〕鉛枝：喻腎精。

〔5〕經：《道藏》本作「今」。

腎水於恍恍惚惚中產生陽神真鉛，心火於杳杳冥冥中產生陰精真汞，兩者結合後作周天運轉，如坎月離日運行於東西方，經歷於乾天坤地之間，一往一復，一升一降，如環無端，不可中止。否則乾坤鼎器則如虛設，藥物既得而復失。

沐浴防危險，抽添自矜持。都[1]來三萬刻[2]，差具恐毫釐。

（注釋）

〔1〕都：總。

〔2〕三萬刻：古代時制是一日百刻，一年十二月計三萬六千刻。內煉時除卻卯酉兩月沐浴的六千刻，總的進火退符是三萬刻。

闡明內煉沐浴要防止火之太燥而出現危險，抽添要注意堅持不懈的道理。一年十二個月計三萬六千刻，攢簇於一日之

內。十個月行火候，即陽生而採藥於子位，使之逆升，謂之「抽鉛」；陰長則退火於午位，而使之順降，謂之「添汞」，合稱「抽添」。其餘兩月，卯月為益水安金，酉月為行火止水，只行水候而不行火候，故稱「沐浴」。一年十二月如此，一日十二時亦然，沐浴之法為的是防止火之太燥，故曰「防危險」；抽添之功在於刻刻用事用之不勞，故須「自矜持」。

三萬刻功夫，猶如十月懷胎；必須謹慎護養，差之毫釐，則難以脫胎圓滿矣。

夫婦[1]交會時，洞房雲雨[2]作。一載生個兒[3]，個個會騎鶴[4]。

注釋

〔1〕夫婦：喻真鉛真汞。鉛與汞一陰一陽，一在乾位，一在坤宮，猶如夫婦之有情，一旦交會則結胎成丹。

〔2〕洞房雲雨：洞房，指丹田，鉛汞交合之處所。雲雨，喻鉛汞在丹田交合之狀。

〔3〕兒：喻金丹。

〔4〕騎鶴：煉神還虛時可從泥丸宮出陽神，猶如騎鶴雲遊於太空。這是煉內丹的最高境界。

概括內丹生成的過程，乃是真鉛真汞在丹田交會，然後結成聖胎，復經一載（十月懷胎行火候，兩月溫養為沐浴），九轉還丹，煉精化氣，煉氣化神，最後胎氣圓滿，產下「嬰兒」，即結金丹於泥丸，由此能作飛升。

❋ 第四章 ❋

張伯端：《青華秘文》釋義

卷　上

表奏

不避雷鈇之誅[1]，輒伸卑瀆[2]。念臣處世多虞，無有所為，為必顛躓[3]。年邁三旬，獨於大道有緣焉。回思穹蒼[4]，昔日使我無成者，正佑今日之有成也。感恩至重，銘心戴德。今者切見嘉爾[5]下民，孰無道器[6]，奔勞塵境，戕伐真元[7]，愈降愈下，棄人就物[8]，就物思人，則不可得而返之矣。物不能修，終於異類，哀哉！

臣之身自弗能度，反憐及此，因無異泥中蛙而哂籬上雞也。唯某昨傳受青華真人《玉清金笥長生度世金寶內煉丹訣》，簡而易行，詳而不雜。身裏分陰陽之主，壺中立回象之樞。三中常守以為機，一定不離而作用。用中無用，靜裏長存。哲人秀士，一覽無遺，造化在掌中矣。

今欲齋沐精思，著為圖論，毫髮無隱，直泄至真之奧旨，擇其可傳者而傳之，得接續心燈，流傳萬世，顧美事也。然始傳之際，誓語至嚴，蒙師至囑，輕泄犯刑，數欲作而踟躕，勿記其幾矣。伏惟[9]太上好生，度人為重。是用俯伏塵埃，冥心[10]上界，欲望天慈[11]鑒[12]臣之意。若不允而立彰玄譴[13]；如或諒容，俾臣安靜，庶幾[14]敢踐斯[15]言，復陳[16]天陛[17]，臣無任誠惶誠恐，頓首百拜，懷恩之至。

臣邇者表奏天廷[18]，欲將青華真人《玉清金笥長生度世金寶內煉丹密旨》畫圖立論，傳諸緣士[19]，俯伏茅廬，恭伺天罰。逾三旬焉，今不至，始敢齋沐焚香，精思著述，三日而成，秘諸法笥，以待賢者。謹錄上奏，伏望天慈，俯垂赦宥。伏冀[20]人人依此煉成金寶，超出塵埃，世世相傳，無有泄慢。臣無任誠惶誠恐，頓首百拜以聞。

注釋

〔1〕雷鉞之誅：雷，天雷；鉞，斧鉞。道家認為違犯天律將遭天雷轟頂，斧鉞加身的懲罰。

〔2〕卑瀆：卑賤、褻慢。謙稱自己的意見、看法。

〔3〕顛躓：絆跤、跌倒。喻人生不順利。

〔4〕穹蒼：老天爺。穹指上天的高隆，蒼指上天的顏色。

〔5〕嘉爾：美好的。爾，語氣詞。

〔6〕道器：修道的器質。

〔7〕真元：精氣神的統稱。

〔8〕棄人就物：丟拋人（自）性，向外執著物慾。

〔9〕伏惟：思維，思考。伏，謙詞。

〔10〕冥心：內心冥然相通。

〔11〕天慈：慈悲的上天。

〔12〕鑒：鑒察。

〔13〕立彰玄譴：立刻彰明上天的懲罰。

〔14〕庶幾：幾乎，將近。

〔15〕斯：這。

〔16〕陳：陳述，上陳。

〔17〕天陛：天宮的陛階前。

〔18〕天廷：天帝的宮廷。

〔19〕緣士：有緣的人士。

〔20〕伏冀：冀，希望。伏，謙詞。

本節是全書的開頭，「表奏」即是奏文，道教認為，修道煉丹真訣為老天上帝所賜，天機不可隨便洩露。今著此書，有圖有論，「簡而易行，詳而不雜」，「毫髮無隱，直泄至真之奧旨」，將南宗內煉丹訣，傳諸緣士。故必須表奏天廷，以獲得上帝的諒解和許允。

本節除表達了作者的自謙之意，還帶有較濃的宗教色彩。

金丹圖論序

吾自識金丹秘訣之後，累獲罪於天，而不自悛〔1〕，又為《玄書》並《悟真篇》等行於世，自心為至矣。忽有客至訪，餘怪其狀貌非凡，敬肅待之。客問曰：「子于金丹之道，訓人亦至矣。但首尾未明，機關尚隱，後學何以為識？」余曰：「此亦不得已也。天機至重，玄律至嚴，子固美言，某敢不遵。」曰：「子但著為一書，盡底洩漏，苟有譴焉，某當其責。」余再拜敬服，遂失所在。余思此語，故著此書，天機泄則泄矣，傳之者，當以至寶拜受，有玄律焉（附圖1）。

泄慢墮地獄，禍及七祖翁。

注釋

〔1〕悛：悔改。

本節說明了撰寫此書的起因。作者《悟真篇》行於世後，一友人認為「首尾未明，機關尚隱」，為了使後學識得南宗金丹真諦，故又著此書。

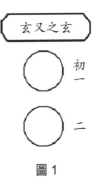

圖1

心為君論

心者，神之舍也。心者，眾妙之理而宰萬物也，性在乎

是，命在乎是。若夫學道之士，先須了得這一個字，其餘皆後段事矣。故為之傳。張子野人，身披百衲[1]，自成都歸於故山，築室於山清水綠之中，萬物馨然[2]，而怡怡若有所得。客傳於市曰：「遭貶張平叔歸於山矣。」從遊之士，叢然而至，立於庭，且泣且拜曰：「先生固無恙乎！且夫奔涉山川，逾越險阻者，於茲十年，而貌不少衰，形不少疲者，其有術乎？」

張子曰：「吁！吾與汝言，人之所有憔悴枯槁者，誰使之然？心也。百事集之，一念未已，一念續之，盡日之中，全無頃暇，宵之寐也，則亦擾吾心焉，但神不存矣。吾本無他術，為能定心故，夫鬼神之所以測度者，吾心之有念耳。心無念，則神之靈不可得而知也。豈神不知吾心，吾亦自不知其為心，乃定之根本也。」

弟子曰：「然則金丹之士，其靜心乎？勿靜心乎？」

曰：「靜之一字，能靜則金丹可坐而致也，但難耳。」

曰：「夫子之言，其誤後學多矣。」

張子戄然而請其旨，曰：「夫子與人言金丹之道，常使人心中生意，以意為造化之主，心其能靜乎？」

曰：「子見偏耳，非吾言之所誤也。君尋其平日用心，為何而動？寂然不動，感而遂通，乃吾心之用也。奔役天涯，了無居止，子用心也。夫斗極之北辰，固未始動，其所以為動者，拱辰之星耳。然拱辰之星，固不能動者，辰為之樞而運之爾。唯其不動之中，而有所謂動者，丹士[3]之用心也；唯其動之中，而存不動者，仁者[4]之用心也；於不動之中，終於不動者，土木之類也。心居於中，而兩目屬之，兩腎屬之，三竅屬之，皆未可盡其妙用。其所以為妙用者，但神服其令，氣服其竅，精從其召。神服其令者，心勿馳於外，則神反藏於內；氣服其竅者，心和則氣和，氣和則形和，形和則天地之和應矣。

故盛喜怒而氣逆者，喜怒生乎心也；精從其召者，如男女媾形而精蕩，亦心使之然。心清即念清，念清則精止。吁！心惟靜則不外馳，心惟靜則和，心惟靜則清。一言以蔽之，曰靜，精氣神始得而用矣。精氣神之所以為用者，心靜極則生動也，非平昔之所謂動也，用精氣神於內之動也。精固精，氣固氣，神亦可謂性之基也。性則性，而基言之，何也？蓋心靜則神全，神全則性現。又一言以蔽之，曰靜，其所以為靜者，蓋亦有理。順水行舟，滔滔騰拔，欲往海島，不曰勞形。一旦回家，思鄉安靜，急駕歸帆，求風逆返，還家固靜之道，但久違而始復，久失而始尋，一旦欲靜，其可得乎？當思歸靜之由，然後能靜。既悟昨非，當求今是，非固常為，是在何處。」

詩曰：自下金梯墮碧崖，回思閬苑[5]幾花開，向來大道今何在，野草不除荊棘堆。

注釋

〔1〕百衲：打上許多補丁的衣服。

〔2〕萬物罄然：一無所有。罄，盡。

〔3〕丹士：煉內丹之士。

〔4〕仁者：尊稱對方。

〔5〕閬苑：仙人的居處。

本節為金丹要旨。認為心在人身中的主導地位，「心者，神之舍也。心者，眾妙之理而宰萬物也。」指出心也對萬物起著主宰作用，而在煉丹過程中，心靜又是基礎，「心惟靜則不外馳，心惟靜則和，心惟靜則清。一言以蔽之，曰靜，精氣神始得而用矣。」

指出了入靜對修煉人體精氣神三寶的極重要作用。

口　訣

但於一念妄生之際，思平日心不得靜者，此為梗[1]耳，急舍之。久久純熟。夫妄念莫大於喜怒，怒裏回思則不怒，喜中知抑則不喜，種種皆然，久而自靜。豈獨坐時然？平日提百萬強兵，但事至則理[2]，退則休，亦可為靜之本。以此靜心，應事接物，誰云誤事，實自靈耳。故曰：以事煉心，情無他用，鏡能察形，不差毫髮，形去而鏡自鏡，事至而應之，事去而心自心也。

注釋

〔1〕梗：妨礙、梗怪之意。

〔2〕理：處理，清理。

本節主要講了入靜的口訣妙法。

主要有兩方面內容：一是練功靜坐之際要排除雜念而靜其心，二是平時接人待物，要「事至則理，退則休」，以事煉心，以達鬧中取靜。

口訣中口訣

心不留事，一靜可期，此便是覓靜底路。又詩曰：得路欲歸休問遠，看看信步莫煩心。雲收將放金烏見，一點靈光眼內明。心之所以不能靜者，不可純謂之心，蓋神亦役[1]心，心亦役神，二者交相役，而欲念生焉。心求靜，必先制眼。眼者，神遊之宅也。神遊於眼而役於心，故抑之於眼，而使之歸於心，則心靜則神亦靜矣。

目不亂視，神返於心。神返於心，乃靜之本。

注釋

〔1〕役：使喚，此處有相互影響之意。

本節更進一步點明了煉靜的真訣，即「目不亂視，神返於心。神返於心，乃靜之本。」

神為主論

心為君者，喻乎人君之在位，一人有慶，兆民賴之。秦皇漢武為之，則四海瘡痍；堯舜禹湯為之，則天下安逸，民歌太平者，何也？聖人以無為而治天下，則天地安肅；庸人以有為而治天下，則天下擾亂。

蓋心者，君之位也，以無為臨之，則其所以動者，元神之性耳；以有為臨之，則其所以動者，欲念之性耳。有為者日用之心，無為者金丹之用心也。以有為反乎無為，然後以無為而蒞正事，金丹之入門也。

夫神者，有元神焉，有欲神焉。元神者乃先天以來一點靈光也，欲神者氣質之性也，元神乃先天之性也。形而後有氣質之性。善反之，則天地之性存焉。自為氣質之性所蔽之後，如雲掩月。氣質之性雖定，先天之性則無有，然元性微而質性彰，如君臣之不明，而小人用事以蠱[1]國也。且父母媾形而氣質具於我矣，將生之際而元性始入，父母以情而育我體，故氣質之性，每寓物而生情焉。

今則徐徐剗除，主於氣質盡而本元始見，本元見而後可以用事，無他，百姓日用，乃氣質之性勝本元之性，至本元之性勝氣質之性，以氣質之性而用之，則氣亦後天之氣也，以本元性而用之，則氣乃先天之氣也。

氣質之性本微，自生以來，日長日盛，則日用常行，無非氣質，一旦反之矣。自今已往，先天之氣本微，吾勿忘勿助長，則日長日盛，至乎純熟，日用常行，無非本體矣。此得先天制後天無為之用也（余見神室圖論）。

〔1〕蠹：蛀蝕，即損壞之意。

本節指出修煉內丹當以煉神為主，自築甚至還虛，都要把神貫穿始終。認為人身之神有元神和慾神之分，而煉丹則以元神為用，並對此作了較為深入的討論。

氣為用說

先天氣，後天氣，得之者，如癡如醉，忘寢失寐。吁！元神見則元氣生，蓋自太極既分，稟得這一點靈光，乃元性也。元性是何物為之？亦氣靈凝而靈耳。故元性復而元氣生，相感之理也。元氣之生，周流乎身，而獨於腎府採而用之者，何也？

夫腎府路徑，直達氣穴黃庭者，一也；腎為精府，精至直引精華而用之，二也；周流於他處則難覓，至精府而可識，三也；心氣透腎，意下則直至，採之者易為力，四也。有此四者，故採真陽於腎府。

本節認為元神見則元氣生，元氣周流於身，但必須在腎府採而用之，並提出了「採真陽於腎府」的四點原因。

精從氣說

神有元神，氣有元氣，精得無元精乎？蓋精依氣生，精實腎宮而氣融之，故隨氣而升陽為鉛者，此也。精失而元氣不生，元陽不見，何益於我哉！元神見而元氣生，元氣生則元精產。

本節討論了精須從氣，而為煉丹之用。

意為媒說

意者，豈特為媒[1]而已。金丹之道，自始至終作用不可離也。意生於心，然心勿馳於意則可，心馳於意則末矣。

注釋

〔1〕媒：即媒介。這裏指用意念控制人體精氣神三寶的調和，起到中間媒介的作用。

本節指出了意生於心，但心勿馳於意，意即意念活動，由神發出，必須貫穿在煉丹的全過程，故曰：「金丹之道，自始至終作用不可離也。」

坎離說

坎者，腎宮也；離者，心田也。坎靜屬水乃也，動屬火乃也；離動為火乃也，靜屬水乃也。交會之際，心田靜而腎府動，得非真陽在下，而真陰在上乎！況意生乎心而直下腎府乎！陽生於腎而直升于黃庭乎！故曰坎離顛倒。若不顛倒而順行，則心火而不靜，則大地火坑之義明矣（余見交會圖）。

本節言坎離顛倒之事。坎屬腎為水，離屬心為火，煉丹交會之時，心火下降，腎水上升，水火既濟，成坎離顛倒之象。

下手工夫

持心論於前，然後參下手[1]工夫於後。蓋心始欲靜，而欲念未息。欲念者，氣質性[2]之所為也。此性役真性[3]，常切於耳，目次之。修丹之士，心既無事，則彼固無由而役之矣。其所以役神者，以外物誘之耳。靜坐之際，先行閉息之道。閉息者，夫人之息，一息未除，而一息續之。今則一息既生，而抑後息，後息受抑，故續之緩緩焉，久而息定。抑息[4]

千萬不可動心，動心則遂於息，息未止而心已動矣。言未既，有笑於傍者，曰：「迂哉！此子教人無法，抑息而又不動心。得非以千鈞[5]之物責負於人，使之不用力可乎？」

曰：「子且聽吾，雖閉息而又存心，則心不動而息亦息矣。」「又此固閉息之道，安保欲念不生乎？」

曰：「至於生則末矣，念之生也，感物而動爾。定中覺目有所睹，則神役於目矣，急收而返於內；耳有所聽，神役於耳矣，急收內聽，其他皆然。」

問者曰：「聞一知二，吾並知此理矣。吾雖收神而又存心，則神收而心本靜矣。」

曰：「存心者，養性也。養性之始，不存心則無所養，無所養則終乎不見矣。存心實自收心始，所謂收神者，蓋收心之餘用耳。行之至久，見如不見，聞如不聞，形心兩忘，合乎至道，則元性[6]彰露而元氣生矣。」

注釋

〔1〕下手：著手，指修煉內丹的入門方法。

〔2〕氣質性：是指人在後天社會環境中所形成的體質、氣質特性。

〔3〕真性：為人的先天靈質。

〔4〕抑息：抑，抑制之意，息即呼吸，此處指一次呼吸後的停閉時間。

〔5〕鈞：古代重量單位，三十斤為一鈞。

〔6〕元性：指元神。

本節講述內丹清修入靜的下手功夫。介紹了「閉息」、「內視「、「內聽」、「存心」、「收心」等方法，以達到「見如不見，聞如不聞，形心兩忘，合乎至道」的靜定之境。

凝神論

神者元性也，余前所説《神為主論》，蓋亦盡之矣。今念夫修丹者，多昧凝神之法，而凝神之法，不在乎速，故又為之論，而後畫神室並論於後。凝者以神於精氣之內，精氣本相依，而神亦戀之，今獨重於神，何也？神者，精氣之主。丹士交會採取，至於行火，無非以神而用精氣。苟先以神凝於氣之中，則氣未可安，神亦未肯戀氣，而反害藥物矣。且神元性也，性方尋見尚未定，搖搖揚揚，進退存亡，而遽使凝之，性豈能自凝？其所以凝之者，亦氣質之性而凝之也。

初云質性而尋本性，是以質性而逐本性，可乎哉？今為學者，多為凝神所誤，何耶？蓋神仙有「下手先凝神」之説，故妄引以盲眾，豈知其所謂凝神者，蓋息念而返神。於心之道，神歸於心，則性之全體見，全體見而用之，無非神用，念念不離金丹，故丹成而神自歸之，何凝之有？故曰：凝神者，神融於精氣也，精氣神合而為一，而陽神產矣。

到此際，此身乃始為無用之物也。誰曰不然。吾聞於度師，度師聞於遠師，遠師聞於天。

本節言精與神的關係及凝神之理法。神為精氣之主，所謂凝神，即息念而返神於心，神歸於心，則性之全體見；凝神時，神融於精氣，精氣神合而為一，陽神則能產，故金丹之法不可離元神之用。

幻丹説

丹有幻丹者，蓋學道之士，不知正理，而妄為採取交會，故成幻丹。幻丹者，未靜心田，遽採一陽，故斯時也，一陽實非真陽也。氣非元氣，乃呼吸之氣也；精亦非元精，乃淫逸之

精也；神亦非元神，乃情欲之念也。

夫人方學道便欲為仙，得非欲念乎！以欲念而交會陽生，此幻丹之所以有也，精在腎府而若採之，升至於臍上，又無安頓處，故逐氣而息於氣穴之右，臍通於腎之縷，與氣交結而止，即自曰丹。既自曰丹矣，而精氣神用著便是後天底物。先天之物果安在哉？謂之黃庭、內爐、外爐、泥丸等竅，皆先天立之後始見，當此時在何處？實未之有也。

傍風起影，入海尋蟾，守株待兔，緣木求魚，一旦敗露，精蕩然而去，先天又無主。嗚呼！非長生之丹，乃促命之法也。又有採氣而上遇心血，氣血凝而為物，亦曰幻丹。若此者眾，故舉以辨惑。

本節述幻丹的形成。幻丹乃後天之物，是促命之法，修丹之士，未靜心田，以欲念交會，急採一陽，即成幻丹，另將採來之氣，上遇心血，氣血凝而為物，也稱幻丹。

捉丹說

「金丹居內，亦有走失者乎？」曰：「有。」

「有可捉之道乎？」曰：「有。」

「然非丹之走失也，曰門戶不堅而被其出也。」「幻丹則有走失，金丹安有此患？」曰：「金丹之出，何以知之？」曰：「丹在鼎中，備五行之正氣，吾身五行之氣迫爐，則相感[1]而動，一旦覺氣升鼎外，而內無相感，乃丹不存也，急須放下，一場大靜[2]。並所謂爐鼎丹之在不在，俱付之無何有。或一日，或一夜，始覺其在何處；或在心，或在肝，或在脾與腎，身中百竅，皆可藏之。知其在彼處。遂綿綿若存，守之勿使之再去他處。又一日之久，始以意採取之，則直降於陽宮。又就陽宮如採取之時用意，遂從舊徑直升陽於鼎矣。造化玄微至

此，誰曰不然，苟有云云者，吾之師也。」

〔1〕相感：相互感應。

〔2〕大靜：道教謂丹士閉關修靜三百日為大靜，此指煉功靜定之際。

本節述金丹存於鼎內，因門戶不堅，亦有走失之時，當用捉丹之法，法應從大靜中求之，用意採之，使其直降於陽宮，再用意從舊徑直升陽於鼎中。

神水華池說

神水者，即木液之謂也。華池者，臍中氣穴之下、兩腎中間一竅，絕肖黃庭，穀氣就此而生精，醫家所謂精穴者是也。斯竅也，少壯之士陽盛氣融，則神水華池不過澆灌爐鼎、洗滌脾胃、周流潤澤氣穴而已，元氣衰微、精元枯竭者，皆借此以為丹本。元氣既衰，非元氣之衰也，乃氣質之氣斫喪[1]已甚，邪欲之性念念不已，先天又不得見，後天亦不足為用，羸尫[2]之根殆起於此。

華池之竅乃生精而降於外腎者也。氣壯則精多，精多則華盛，用之如有餘。氣凋之士精元槁矣，穀氣所臨，不過產一等欷欷之水，流歸腎府耳。然我既靜矣，元氣本無增減，但華池無矣。大藥三品，而欠其一，故陽生之際，未直採之時，以意斡歸尾閭，自夾脊直透至泥丸。故就精穴用精，自然隨氣而升至午宮，遇眾陽融之，則精始可用。然後降至於心，就心取汞，依然下至黃庭，即落乎其中，卻用一意封固，即綿綿若存以養之。二者就其中自相吞啖而丹始成。近有浙西一派，雖少壯之士亦用此法而結丹，但道在邇，求諸遠耳，然各執其是而已。

注釋

〔1〕斫喪：斫，砍斷；喪，喪失。

〔2〕羸尪：瘦弱。

本節言神水、華池在人體中的生理意義及對煉丹修身的積極作用。認為煉丹之法應因人制宜，少壯之士陽盛者可直接從精穴用精，自然隨氣而升至午宮；元氣衰微者則應在陽生之際，未直採之時，以意幹歸尾閭，自夾脊直透至泥丸。

百竅說

人之一身，毛竅八萬四千，氣宮三百八十四。毛竅散屬氣宮，臍中氣穴，又為三百八十四宮之主，降於陽宮皆為精。心為中田，頂為上田。舌下為玄膺，目中有銀海，額之中，眉之間，口鼻之衡，耳目之畔，咽喉之側，腰脊之中，皆竅也。余所謂丹之出者，若此竅皆可藏也，豈曰人身止有一二竅也！此一二竅者，眾之樞紐，豈曰止乎斯而已矣！此其體也，用別著說於後。

本節介紹了人體的主要竅穴，認為在金丹出現之時，百竅皆可藏丹。

卷　中

採取圖論

採者採真陽於腎府，取者取真汞於心田。可以採則採，採之必得其用，非其時而採之，則龍不降，虎不升。雖見血氣賓士，衝衝來往，迷者以為交姤矣，抑不知離坎，陰中之真陽，陽中之真陰，自兀然[1]耳。至於氣脈為一念所止，則氣疾入脈

絡之中、離坎之內，反有傷於鉛汞，雖曰養氣，要之於終，實所以喪元氣也。

夫元氣之在人，至靜始見，是先天之氣也。後天之氣，時刻循環，但人汨於欲而不知詳審耳。至於略定之際，心無他用，則方知其氣之上下，遂錯採以為先天，致返加害，所以近世之學道者常有奇疾[2]，蓋為此也。

夫人之疾病，但氣脈為梗耳。氣本自調，而若役之，使之升則傷脾、胃、肺、肝、耳、目、口、鼻，降則如決水於長堤，銳然而下趨，沛乎其不可禦也，至真之物其能存乎？余憫此等言丹之士，故畫採取圖為於第一。雖直泄天機，但人有志於金丹，而反戕其性命，余救之以正理，太上好生，必不我罪，故此篇畫以刀圭、玄黃、嬰兒、姹女諸般譬設，盡掃而退三舍，使賢者見之而參同，愚者見之泮然冰釋，分分朗朗，如寶鑒之察形，洞見毫髮矣。

金丹之士，先修陰德，以盡人事，然後持前心論，則大藥產而圖形見矣。採取之法生於心，心者萬化綱維樞紐，必須忘之而始覓之。忘者妄心也，覓者真心也；但於忘中生一覓意，即真心也。恍惚之中始見真心。真心既見，就此真心生一真意，加以返光內照，庶百竅備陳，元精吐華矣。

要在乎無中生有，有中生無，到這境界，並真心俱忘而棄之也，我以無待之，則真息綿綿，真息綿綿之時，後天之氣已定，後天隱則先天之氣見，故陽生焉。陽生者，先天之氣自氣穴流出，則至於腎中，〇如噴泡然。

蓋兩腎中間有一縷透氣穴，乃父母交媾之後始生脈絡也，故先天之氣遊之。既覺如斯，則一身百脈盡若春生，春融融而漸長，此時先天之體始立，先天立而後天愈退藏矣，然後可以微動採取之意。意者以目垂觀於心，卻以心放下，送入陽宮，

徐收而又縱，則陽起矣（余見一陽論）。〇採之意生於心，心生於目。故老子曰：「吾嘗觀心，得道亦至靈。」

夫真息既定，內光乃神光，此心乃真心，真心生意，神光燭心，故常為之說曰：目視心，心生意，意採鉛。若陽生未融盛而遽[3]採之，則一念採意既萌，後天復起，故曰：了命實關於性地，性者，「凡所有相，皆是虛妄」，既無著相，則虛妄除而真理顯矣。真理方明而一念生，豈非復其虛妄之相乎！故伺陽長而始採，則勃然而升；先天氣盛，而後無伏不暇矣。採之升也，實有異焉。薰然而上至於臍而稍上，徐止臍之上則息，方名曰鉛金也。金生水，故汞產於心，「雲從龍，風從虎」之理兆[4]矣。風平而雨降，自然鉛汞相投、相吞、相啖。金生水，水生木，木又生火，木愛金而金戀木，乃交會之道也。

夫金剋木，反有愛戀之意焉，蓋金木之本性耳。吾以本然之天，故能用五行本然之性，亦不過譬喻耳。〇乃先天也，五行在何處，但不如是，則不能達其理。採取之道既明，交會之理復露，再有叮嚀：採取不可太緩，太緩則老而不可用，而後天之氣雜矣。學人以交會圖參看，則思過半矣（採取圖見本章最後一頁）。

詩曰：薰薰和氣釀春風，一點陽生恍惚中。無自有生無勝有，色從空裏色還空。升於臍上鉛情見，產自心源汞性通。定裏見真真裏定，坎離交會雨濛濛。

詩曰：木為龍兮金為虎，坎戶生男引離女。要知造化有根源，不離真火生於子。

注釋

〔1〕兀然：茫然無知的樣子。

〔2〕奇疾：類似現在所說的練功偏差綜合症。

〔3〕遽：急，倉猝。

〔4〕兆：朕兆，有開始顯示之意。

本節首先強調學者應明自身氣脈的先天後天之別，錯採後天之氣反生奇疾。採取之法實生於心，但必須忘之而始覓之，忘即是妄心，覓就是真心，只於忘中生一覓意，即是真心。恍惚之中始見真心，真心既見就此真心生一真意，加以返光內照，又百竅備陳，則精華盡吐。要在無中生有，有中生無，真息綿綿之時，後天之氣已定已隱，則先天之氣見，故能陽生。陽生之時，先天之氣自氣穴流出，至於腎中，物如噴泡然，這時一身百脈盡若春生。

先天之氣立，後天愈退藏，然後可以微動採取之意，即以目垂觀於心，卻以心放下運入陽宮，徐收而又縱，則陽始起。陽長而始採，則勃然而升，上至於臍而稍上，停臍之上則息，這就是鉛金。金生水，故汞產於心，鉛汞相接，即是交會之道。採取之時不可太緩，太緩則藥老不可用；太早則藥嫩，亦不可用。

交會圖論

「恍兮惚兮中有象，杳兮冥兮中有物」，古先哲常持此以警[1]學者。蓋恍惚杳冥，定之象也。惟定可以煉丹，不定而陽不生，陽生之後，不定而丹不結，故才以意採鉛，而遽止其意，止有時而升有刻，蓋始生無過一氣耳。升於臍則為鉛，故止斯意而無用矣。鉛自能引汞，汞自能尋鉛，恍惚杳冥之中，交姤之理畢矣。

我得師之口訣並泄之，宜秘宜秘，默而視之，念勿出聲。若有知道之士，宿有善緣[2]，逢此玄機至寶[3]之道，凡遇口訣，記而勿書，書而勿見，則某實戴其德。余從師一十年，凡有所得盡底陳露，願與同志[4]之士共寶之，此乃玉清金笥，東

極青華長生度世上品內煉金丹寶訣（圖2）。

　　玄律至嚴，某不識避，就撰為此書，亦前三旬表奏天廷，繼得報應，始敢吐露下筆。下筆之時，心蠢蠢然[5]而汗落於紙，涕泣[6]交零，但願志士得之，幸勿相累，同成勝果[7]，共證仙階[8]。吁！知我者謂我心憂，不知我者謂我何求，幸心心相照，某不勝禱告之至，諸仙幸鑒。

圖2

注釋

〔1〕警：警示，提醒學道者注意。

〔2〕善緣：善，指善人，信奉道教修行者；緣，緣分，此指與善人有緣者。

〔3〕玄機至寶：玄機，謂道家深奧之妙諦，微妙之機要；至寶，至大至精之寶物。

〔4〕同志：謂志同道合者。

〔5〕蠢蠢然：蠢，原意是昆蟲慢慢地爬動，此指作者撰書時既欲表達真意而又小心翼翼的心態。

〔6〕涕泣：涕，指眼淚，泣，小聲哭。

〔7〕勝果：佛學禪功用語，指透過修煉後得到超凡入聖的成果。

〔8〕仙階：階，臺階，此指神仙的階層。

　　本節言煉丹交會之法。交會之法全在恍惚杳冥之中，不定則陽不生、丹不結，故才以意採鉛，而遽止其意，止有時，升有刻。然始生只不過一氣，升於臍則為鉛，鉛自能引汞，汞自能尋鉛，在恍惚靜定之中，交會之事完成。

道家

南 宗

丹道修真

長壽學

214

另外，本節中作者再次自述了在撰此書時的謹誠心態，及對後學者的期望，同時也說明了交會之法為內丹修煉的關鍵一環，不可輕視。

採取交會口訣

忘裏覓，覓裏忘，忘中見，見中忘，陽生矣。忘中採，採中忘，忘裏升，升裏見，見裏變，鉛成矣。定中起，意中升，忘中用，鉛引汞矣。鉛合汞於內，精會神於外，交會矣。鉛汞精神合而為一，卻將一念，使之落黃庭歸鼎矣。

本節介紹了煉丹採取、交會之時的煉法口訣。

口訣中口訣

打合鉛汞，須用一意，動採一陽，須用以靜而生定。

莫怪平叔多兜攬[1]，卻緣學者盡癡迷[2]。咦！說盡來。咄！滿眼天花散亂飛，門前流水浪聲微，青驄[3]載取青娥[4]去，頃刻青驄獨自歸。

注釋

〔1〕兜攬：包攬。

〔2〕癡迷：執著不悟之意。

〔3〕青驄：原指青白色的馬，此譬真氣。

〔4〕青娥：比喻真意。

本節再露採取、交會煉法真訣，即打合鉛汞，須用一意，動採一陽，須用以靜而生定。

青娥在我

巫峽雲生十二峰，故宮簫管寂寥中，星橋路隔青山外，若要相逢永不逢。是性又是命。

或問，孰為交姤？曰：《採取圖》心下一竅，乃交會之地，不可以有形求，不可以無形取。但鉛升之際陽氣上，夫自氣穴降為一陽宮，我採以意，汞降之際會氣降為。蓋汞鉛生，鉛升於臍上，為精光所燭，故曰鉛，鉛猶表也，汞猶影也，表動影隨，故汞降亦如之。

陽鉛之升不可謂之純陽，中含精光為鉛，蓋亦屬陰；陰汞之降不可謂之純陰，心生汞，心為神舍，汞遇神光而後可用，蓋亦屬陽。陽中有陰，陰中有陽，二氣交感，凝結不散，遂成玄珠[1]○，如黍米。

或問：鉛乃一陽，一陽乃先天一氣耳，汞何物為之？曰：鉛與汞，皆先天之物。鉛乃先天氣，汞乃先天靈，此氣乃命之母，此靈乃性之子，可以曰鉛汞，可以曰性命。諸得道之宗師，誰肯直泄至此！又問曰：心下一竅，何竅也？曰：混沌神房[2]者此也，乃精光目光之氣，幻而為之。精華騰為，目光垂為。精雖元精，然無日用之精，則元精不見。又如不信，譬如有水，則潮興白氣，未聞白氣興於地也，水乃精也，白氣乃華也。神雖元神，然日用之神而不役，然後元神見，譬之皓月當天，雲收而光始下燭，清淨即無雲也，垂光即照臨也。

精雖屬陰而精華屬陽，目光屬陽而照於內，則亦屬陰，光華相遇而成一竅，以氣感氣，使二物會於其中，☉物之成也，有精氣焉，在元氣焉。工夫周足[3]，遂為真人[4]，蓋生生之意寓於此矣，所以能靈而神者此也。

或曰：然則交會之後，安得此珠落入黃庭、歸於鼎內？曰：二物聚時，情性合、五行全矣，虎歸於山，龍歸於淵[5]，目光還而精氣復，此☉落於黃庭、歸於鼎內，會有關捩[6]子麼，恍恍惚惚，萬孔生春，☉秘、秘、秘，此數言非正經原有，乃學者有所得之謂也。

或問：陽生於上，遽止其意，安保不復降？曰：大哉問！黃庭之下，有一丹室之門戶也，意生則上，故陽升意止則一，故陽則不可得而降矣。爐鼎則在乎一之內，正屬土，故〇備五行之正氣，成天地之全形也。

或問爐鼎之法？曰：黃庭之在人身如此，至一陽上升如此，珠落於其中之候如此，即爐鼎也，黃庭，同屬土也，至於中之中，蓋屬土中之土也，故落於其中而成鼎器，五行各厚其基。何謂厚其基？夫母求子，子戀母，丹之法也，皆取其本然之性。既歸於鼎，而氣各趨之，如子之戀母。故靜坐之中，神光下垂，則歸於鼎，精華上升亦如之。

至於行、住、坐、臥，如龍養珠，如雞抱卵，而氣各歸之，一身之脈絡[7]皆圍之，務在乎勿忘而勿助長耳。學道之士然乎，其不然乎！在某之丹法若是而已矣。

詩曰：何勞姹女與嬰兒，透徹分明說與伊：身裏乾坤顛倒處，壺中日月運行時。要知一者為陽用，須識一中作飛機。天使紫陽來說盡，後來何必更尋師。

注釋

〔1〕玄珠：為道之真奧，指內丹，指陰精陽氣在神的作用下形成的特殊物質，循經絡流動，圓潤如珠。

〔2〕神房：指神氣所居之處。

〔3〕周足：周，完備；足，充足。

〔4〕真人：指精通道學，善於保全精氣神，通曉吐納修煉的人。

〔5〕淵：此指很深的湖。

〔6〕關捩：捩，扭轉，此有關鍵之意。

〔7〕脈絡：即經絡。

本節進一步敘述煉丹過程及身心變化。文中有些符號是作

者對元氣凝結過程的意想描繪，難用文字加以表達，煉丹者若能達到這一境界，自能體會其中的奧妙之處。

此外黃庭、爐鼎之屬也是氣聚則見，氣散則無，日常並非形跡可求，練功者要在行住坐臥，如龍養珠，如雞抱卵，而氣各歸之，一身之脈絡皆圍之，務在於勿忘也勿助長。

真泄天機圖

到這田地，知這道理，且莫歡喜。咄！未知如何想。

寶劍沉埋古獄近，虹光夜夜上沖天。虎龍戰罷三田[1]靜，何處求他汞與鉛。嘎、嘎、嘎，嘻、嘻、嘻，且休認鹿為馬，一個玄珠在泥底（圖3）。

牛女[2]橋邊路不通，河車[3]運去杳無蹤，憑誰問得真消息[4]，吹徹重關藉巽風[5]。

注釋

〔1〕三田：即上、中、下三個丹田。

〔2〕牛女：即牛郎與織女。此暗喻搭鵲橋，通任督，法用舌抵上腭。

〔3〕河車：指精氣運行沿任督循環，如車載物。

〔4〕消息：一消一長，互為更替，此指火候、升降等練功機微。

〔5〕巽風：喻修煉道功時的呼吸。本節述周天火候等練功機微。

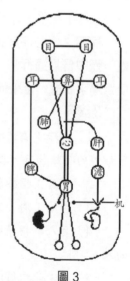

圖3

真泄天機圖論

金丹[1]之圖既成，慮天機[2]之尤秘，且論五行[3]之顛

倒，述水火之流行，明藥材^[4]之進退，體日月之循環，余前所著三篇之文盡矣。今慮夫學者未明，故為此書。此書也直泄天機，洞見毫髮^[5]，化頑石而成金，點瓦礫^[6]而成玉，不啻^[7]過也。

夫兩目為役神之舍，顧瞻視矚，神常不得離之；兩耳為送神之地，蓋百里之音聞於耳，而神隨之而又去；兩鼻為勞神之位，隨機而辨之者誰，神也。使耳目口鼻皆如眉，則神豈不安而全之；夫如是則不為後天也，亦不勞修煉也。

大抵忘於目，則神歸於鼎而視於內，蓋綿綿若存^[8]之時，目垂而下顧也；忘於耳，則神歸於鼎而聞于內，蓋綿綿若存之時，耳內聽於下也；忘於鼻，則神歸於鼎而吸於內，蓋真息^[9]既定之時，氣歸元海^[10]之理。合而言之，俱忘而俱歸於鼎，而合於內矣，還更有口訣麼！

注釋

〔1〕金丹：謂道士修煉之丹也，有內丹外丹之別，內丹乃修煉己身精氣神而成之；外丹則以金石丹砂等，燒煉成丹，服之可以成仙，有一轉至九轉之說，皆謂之金丹也。此指內丹。

〔2〕天機：原指星名，南斗六星之一，喻天然之機神，妙不可測。

〔3〕五行：即木、火、土、金、水，是古代哲學家為說明自然界事物發展、變化規律而設的五種元素。

〔4〕藥材：即煉丹藥物，喻精、氣、神。

〔5〕洞見毫髮：洞，透徹；毫髮，頭髮，指細小的東西。此指練功機微透露得非常清楚、仔細。

〔6〕瓦礫：瓦，土瓦；礫，碎石。

〔7〕啻：不只，不僅僅。

〔8〕綿綿若存：首見《老子·成象第六》：「綿綿若存，用

之不勤」，指練功時呼吸輕柔、悠細、延綿不斷，若可存，又似無有。

〔9〕真息：即真人之呼吸，是指在修煉內丹過程中自然出現的柔勻深長、極度緩慢的呼吸狀態，或無呼吸狀態，是心神寂靜時的特殊呼吸。

〔10〕元海：為氣海，即元氣彙集之處，位腹部丹田。

本節主要敘述了耳目口鼻與神的關係及其煉法。

□ 訣

雞能抱卵心常聽

或問：金丹之道，耳目口鼻固亦得聞之矣，心固不言可知也，肝、膽、脾、胃、肺，無用之物也，還亦無用之中而有功者也？余答之曰：此固已到而後知其理，但余誓以無隱，夫何隱之有？吾初從師亦叩[1]矣，師贈我以詩曰：「五湖風景闊漫漫，鷺[2]立沙灘宇宙寬。畫出柱勞君指點，異時遊到盡堪看。」余初未達此理，後到此田地，始信師言之不我欺也。

今以師不言之旨並言之，夫五行之用不可缺一，故綿綿若存之頃，脾氣與胃氣相接而歸於心縷，肝氣與膽氣相接，從大小腸接於腎縷，肺氣伏心氣而通於鼻；是氣也皆靜定之餘，元氣周流[3]，自東而西，自南而北之氣也；西南乃氣之會也，氣合而歸於此，卻自夾脊直透上、中丹田而降於腎府，兩腎中間有治命橋[4]一帶，故寒山子[5]曰：「上有棲神窟[6]，橫安治命橋」者此也，氣降至於此，陽氣與精氣盛而上沖，與此氣相接於一，則固圍於鼎器[7]之外，日用之則日增經營之力，故郫鄂[8]之成肇於此也。忽然有一物超然而出，不內不外，金丹之事，不言可知矣。

一半玄之又玄一半者，何也？曰：金丹之士，到此則一半

矣。〇超然而出者，乃玄關〔9〕一竅也，其大無外，其小無內，〇有形之中也，〇無形之中也。先就有形之中尋無形之中，乃因命而見性也；就無形之中尋有形之中，乃因性而見命也。先性固難，先命則有下手處，譬之萬里雖遠有路耳，先性則如水中捉月〔10〕，然及其成功一也，先性者或又有勝焉，彼以性制命，我以命制性故也，未容輕議，用力不得到者，知其然也，未見不必存之以有，恐至著相〔11〕。

或又曰：子〔12〕畫圖中多有竅。何也？曰：斯竅也，非採取交會圖中之竅也。蓋一陰一陽之謂道，往來不可窮，用之則充塞於一身之中，此物之作用，不用則歸藏於心田〔13〕之側，了無形像，然則何物耳。意之主耳，左屬陽，右屬陰，秘、秘、秘、秘，到這裏方是返太極〔14〕處，曰返太易者自太極，返太極者自太和〔15〕，致太和者自陰陽始，故曰：陰陽和而風雨時，嘉禾生者，譬之若此。

大衍〔16〕五十，天數一，地數二，天三地四，天五地六，天七地八，天九地十，陽奇陰偶，天數二十五，地數三十，合而為五十有五，大衍之數五十，去五以象五行者，後之鼎，內外是也，又就其中剋一，象太極之不功，其用四十有九，又就其中剋一，以為鄞鄂，其用四十有八。學人行爐鼎〔17〕用火之法，以四卦〔18〕為主，以六十卦為用，存乾坤坎離也，又以大衍圖求其象，則循環之理明矣，周天〔19〕之法泄矣。如或未明，更請看《爐鼎圖論》云。

注釋

〔1〕叩：叩問，虛心請教。

〔2〕鷺：水鳥名，翼大尾短，頸和腿很長，如白鷺、綠鷺等。

〔3〕周流：普遍流轉。

〔4〕命橋：即命門。

〔5〕寒山子：即「寒山」，或稱「貧子」。唐代僧人。據《宋高僧傳》卷十九《封乾傳》載，大約七世紀末至八世紀初，住於天臺山寒巖，與國清寺拾得交友，好吟詩唱偈，有詩題於山林間。後人集之成卷，名《寒山子詩集》，收詩三百餘首。

〔6〕神窟：為神明所居之所。

〔7〕鼎器：原為烹煉丹藥之器，此指丹田，《天仙正理》說：「丹田有鼎器之喻也，是鼎器也，古聖真本為煉精煉氣煉神所歸依本根之地而言也。」

〔8〕鄞鄂：根蒂，此借指丹胎。

〔9〕玄關：謂妙道玄旨之關門也，《無上秘要》說：「玄關大啟，正覺流通」。此指煉就內丹的關鍵竅穴，即丹田。

〔10〕水中捉月：謂「水中撈月」，比喻白費力氣，永遠不能實現。宋·黃庭堅《山谷集·沁園春》詞：「鏡裏拈花，水中捉月，覷著無由得近伊」。

〔11〕著相：通著相，一般指練功時存想掌握不當等而產生的不良反應。

〔12〕子：即您，古代對男子的尊稱。

〔13〕心田：指心地，藏心神之處。

〔14〕太極：首見於《周易大傳·繫辭》，指含有陰陽兩方面的原始混沌之氣，為天地萬物始生之本，發展之根。

〔15〕太和：《太平經》說：「三氣和並為太和也」，指太陰、太陽、中和三氣和合為一，且陰陽和平，諸氣融合。

〔16〕大衍：《周易》中說：「大衍之數五十」，意為演天地之數，所賴者五十也。

〔17〕爐鼎：外丹術中，爐為生火之器，鼎為煉藥之具；內丹術中，爐鼎多喻身體，此有修煉內丹之意。

〔18〕四卦：即乾、坤、坎、離四卦。

〔19〕周天：原指天體星宿的循環運行，一日一夜為一周天。道功學中的「周天」，是指內丹術中的一種功法，有小大之分，人體精氣的運行從任脈到督脈，而又回歸於任脈，此為一周，稱為小周天，精氣循十二經脈往復，晝夜不息，稱為大周天。

本節對「真泄天機圖」作了進一步地說明。其中有兩個重點，一是五行缺一不可，五行具備則金丹成就。人身中的五臟也分屬五行，又以心意為五行之主。元氣周流，自東而西，自南而北，即為內運八卦河圖之象。二是論先命而後性之理。先就有形之中尋無形之中，乃因命而見性；就無形之中尋有形之中，乃因性而見命。先性固唯，先命則有下手處，譬如萬里雖遠卻有路，先性則如水中撈月。此外本節還言及心田之側有兩穴，泄內丹修煉之秘，值得重視。

一點蟾光[1]照太虛[2]，金蟆[3]水裏吸還嘘。高低猶是純陰體，何事生陽用有餘（圖4）。

注釋

〔1〕蟾光：即月光，此指一陽生。

〔2〕太虛：空寂之境。

〔3〕金蟆：同玉兔、玉蟾，即月，此指真陽生發之竅穴。

蟾光圖論

太虛寥廓[1]，皓月粲然[2]，雪浪[3]翻騰，金蟆吐耀[4]，人見月之所以明而曰

蟾光圖

圖4

金精，精盛則月明焉，孰[5]知金丹之所以生者，性也；水者喻坎宮也，金蟆者喻一點真陽之竅也，元性喻月性之用也。

性之初見如星大，圓陀陀，光爍爍，未足以見性，但氣質之性稍息而元性略見，如雲開則月見，頃合則亦然耳。至於不時時存之，則可沒與見未見時無因異也。故金丹之士才見此物分明，便是元氣產矣，遂因而用之，譬之見賊便捉，毋使再逸[6]，然以之收於鼎器之中，而一點元氣之真，終乎不可得出矣。以丹田為日，以心中元性為月，日光自返照月，蓋交會之後，寶體乃生金也；月受日氣，故初三生一陽者，丹既居鼎，覺一點靈光自心常照，而無晝夜，一陽生。

於月之八日而二陽產矣；二陽者，丹之金炁[7]少旺而元性又少現。自二陽生，於月之望而三陽純矣；三陽純者，是所謂元性盡現，即前謂無形之中也。

一陽才生時，但覺吾身有一物，或明或隱，二陽生時，則遍體生明矣；三陽生者，則光不在內不在外，但覺此身如在虛空[8]、亦無身，亦無虛空，亦無日，亦無月，常能如此，則禪定[9]也。

但丹士若存於有而不能採真鉛，故以無為用也。既至於此，而金丹且半，何也？蓋元神見矣，而未歸於丹鼎，混精氣而為一，所以為半矣。更説他後一半底道理：月既望矣，十六而一陰生；一陰者，性歸於命之始也。

自一陰生，至於月之二十三；而二陰產矣；二陰者，乃性歸於命三之二也。自三陰生，於月之三十日而三陰全矣；三陰者，乃性盡歸於命也。性之全體見，綿綿若存之時，時時反乎命內矣。方其始也，以命而取性性全矣，又以性安命。此是性命[10]天機括處，雙修[11]者此之謂也。

天機至密，吾盡泄矣。到此際則金丹全也。始於火候[12]，

凡一日用度，則一日養之，百日之功，而嬰兒[13]產矣，故吾以月為之喻，取其交會相照之理也。月明實本於金，金之性實出於月，百煉愈堅，萬劫不壞，蓋金日色月性也，火日氣，金入火，而復於元性之真，可以煉成至寶，號為金液還丹[14]，故修丹者，始則取金，為金生水，交合之理顯，而藉土以成之，故城郭基址[15]，無非托真金藥物，而固濟堤防之，煉成純金，故曰金丹。

注釋

〔1〕寥廓：空寂清靜的太空。

〔2〕皓月粲然：喻潔白的月亮。

〔3〕雪浪：白浪，喻天人元氣交流、運行。

〔4〕吐耀：閃爍之光，比喻人體真陽。

〔5〕孰：誰。

〔6〕逸：飄散。

〔7〕金炁：元氣。

〔8〕虛空：練功到一定時候，自覺身如不存，與自然虛空之境融為一體。

〔9〕禪定：為佛學禪功術語。《大乘義章》中說：「禪定之心正取所緣……所言定者，當體為名，心住一緣，離於散功，故名為定」。此指練功靜坐凝神，專注一境的境地。

〔10〕性命：其義頗廣，有指性為神，即意識活動；命為氣。有指性為先天，命為後天。有指整個生命，有指性為性功，命為命功。此處之性指元神，即人的精神意識思維；命指生命、精氣。

〔11〕雙修：即修性和修命，有性命同修，先性後命，先命後性，此實指後者。

〔12〕火候：是指煉丹時所應掌握的調息和用意的法度，

它是保證煉丹修仙取得成就的關鍵，也是防危慮險的重要環節。火候所包含的內容很多，此指產藥的火候。

〔13〕嬰兒：喻真汞。

〔14〕金液還丹：其義有二，一指真鉛與真汞相交合而化生之丹，二指金液（肺液）在修煉時還入下丹田。此兼有二者之意。

〔15〕城郭基址：比喻體中丹基。

本節主要論述性命雙修，見著性光的功夫。元性喻月，丹田為日，日光返照而月明，故交會之後寶體乃生光輝。性之初見如星大，圓陀陀，光爍爍，此時為氣質之性稍息，而元性略見，修丹者宜急捉之，勿使再逸。收於鼎器之中後，要時加修煉，至一陽生，二陽生，直到三陽生，三陽生則為性之全體見。此時綿綿若存，將元性反歸命內，自一陰生，二陰生，三陰生，陰生之時即為以性安命，這就是性命的至密天機，也就雙修之謂。文中的初三、十五等數，是用月明之期喻性光，具體修煉時不必拘泥。

鼎爐形象恁分明，八卦[1]縱橫用則親。煉就五行全藉[2]土，又令真土[3]變真金（圖5）。

圖鼎爐

圖5

注釋

〔1〕八卦：即《周易》中的乾、坤、坎、離、艮、兌、震、巽八卦，此泛指煉丹的各種藥物。

〔2〕藉：借。

〔3〕真土：土為五行之一，配五臟之脾，而脾主思生意，真土即真意，古人也說：「夫意屬脾，仙家所以謂之真土。」真意就是高度集中的練功意念，心中無物，雜念不起，故《丹道九篇》中說：「真意即虛無之正覺。」

爐鼎圖論

鼎之為器，非金非鐵；爐之為具，非玉非石；黃庭為鼎，氣穴為爐，黃庭正在氣穴之上，縷絡相連，是為爐鼎；陰陽為炭以烹以煉。夫黃庭之在人身上，交會之頃，乃元氣產之際，此時正開而丹落於其中，遂封固之，所謂水銀實滿葫蘆裏，閉塞其口，置深水者也。水銀，鉛汞也；葫蘆，黃庭也；深水者，水猶氣也。閉塞黃庭，隱藏丹母，而置於氣會之地，達者審之，得其趣也。虎嘯風生，龍吟雲起，蟋蟀吟秋，蜉蝣顯陰，萬氣歸鼎，而封固愈密，烹煉愈堅，此爐鼎之所以有也。萬卷丹經要旨，畫圖立象，本使人得象妄言，後之學者，皆泥象尋文，各求詭論；豈知夫至道不繁，樞紐陰陽而已矣。

如以天一生水云云之數而言此，亦不過明水火之流行耳；如以四時八節而言者，此亦不過喻天地陰陽消長耳。秘其母而言其子，故知之者鮮矣。用成今所以著為此書者，皆棄枝葉而言本根，本根有而枝葉自芳。蓋古人不欲言而余言之。道中君子，宜體此意，毋以小道〔1〕觀焉，依此而行，神仙可立躋〔2〕也。或問爐鼎之體明矣，爐鼎之用，亦願聞焉。天地間百卉草木，萬類散殊，冬至之後，陽動於下，則枯木重榮，百草萌芽，蟄蟲奮發，萬類熙怡，造化〔3〕豈有心而生萬物，萬物亦何心而望造化，蓋一氣之動，萬類感而然耳。

天何心哉！物何心哉！至於百卉開花、結實之際，正藥物循環之時；落葉凋芳之際，正藥物歸根復命之時，可喻古人譬

藥物產降而成丹，莫有出於此者。但不可泥於無心，使其自浮自沉，亦不可泥于有心，而驅馳逐火；綿綿若存，知其無，守其有，知其黑，守其白，靜中行火候，定裏結還丹〔4〕，贈之以中。

注釋

〔1〕小道：即傍門小術，不能登大雅之堂。

〔2〕躋：登，上升。

〔3〕造化：為萬物的創造化育。

〔4〕還丹：原為外丹術語，此指內煉還丹，在內丹練功中的元神元精元氣互化，復返混元先天純陽之體。內丹家認為人的童真時代，處於神旺、氣足、精滿的生命狀態，還丹就要使人回歸此態，以成為長壽的根基。

本節對「爐鼎圖」，作了進一步的論述。氣穴為爐，黃庭為鼎，陰陽為炭以烹以煉。人體交會之頃，乃元氣產之際，此時黃庭正開，丹落於其中，遂封固之。閉塞黃庭，隱藏丹田，置於氣會之地，萬氣歸鼎，封固愈密，烹煉愈堅。此即爐鼎形成之因。

爐鼎之用，不可泥於無心，使其自浮自沉；亦不可泥於有心而驅馳逐火。而要綿綿若存，知其無守其有，知其黑守其白，靜中行火候，定裏結還丹。

神室圖論

費盡工夫結得成，返光內照景分明。主人未至誰藏得，聞道靈光駕赤誠（圖6）。神室者，元神所居之室，鄞鄂是也。

人知立鄞鄂之造化，顯然彰露矣，抑不知有室而無主人，何取其為室哉？然主人雖無，而主人之胎，亦在乎一室之中矣，如懷孕然，十月之間，母呼亦呼，母吸亦吸，但氣未足耳。

氣足而形完，一點靈光入於其中，則倏然而生啼哭，鎗[1]然純乎其人矣。此乃鄞鄂成，迸而神歸於室之時也，神歸其室，則所謂得其一，萬事畢矣。

圖6

蓋交媾之後，神光垂而燭乎玄珠矣，精華升而產於玄珠矣，真鉛則元氣矣，精氣神亦先有胚胎在其中矣。火足氣充，則元精、元氣、元神盡合而為一，故嬰兒產矣，嬰兒豈即產焉！火爍盡群陰，而胎始脫，到此方是產嬰兒。

吾嘗謂：古人畫煉丹之圖像⊙，〇固鄞鄂也，·此一點便以安乎其中矣。後之學者，皆謂鄞鄂有而一點安，遂不知安一點於中之道，暫結終散，猛火空燒，而離坎逸矣。夫此一點產於外，而順於後天者，一生二，二生三，三生萬物，皆從此，常人為之，志士反之而產於內，則長生久視之道存矣，豈非歸根復命乎，命復根歸之由，深根固蒂[2]也；深根固蒂之道，白自心遣欲；澄心之理，屏視去聽始。孔子曰：非禮勿視，非禮勿聽，非禮勿言，非禮勿動，此便是真實道理，但儒教欲行於世、用於時，故以禮為之防。

所謂妄心者，喜怒哀樂各等耳，忠、恕、慈、順、恤、恭、敬、謹，則為真心。吾修丹之士，則以真心並為妄心，混然返其初而原其始，卻就無妄心中生一真念[3]，奮天地有為，而終則至於無為也。

若釋氏之所謂真心，則又異焉，放下六情[4]，了無一念，性地廓然，真元自見，一見之頃，往來自在。

蓋靜之極，至於極之極，故見太極。則須用一言半句之間，如死一場再生相似，然後可以造化至機，而為不生不死之根本，豈易窺其門戶耶！

注釋

〔1〕鎗：鐘聲。

〔2〕深根固蒂：喻保全人體之根本。

〔3〕真念：即心神中的一點靈念。

〔4〕六情：佛經中多指六根，因根者為有情識也，六根即眼、耳、鼻、舌、軀根再加意根，根有能生之義，如眼對色境而生眼識。

本節對《神室圖》作了進一步說明。神室是大藥產後玄珠滴入之處，以達溫養脫胎之功，當溫養守胎之時，必須澄心遣欲，屏視去聽，這是深根固蒂之道，實際上守胎溫養時，必須結合高尚的道德修養。

卷 下

前弦須短後弦長，水裏藏燈焰自光。日夜巽風吹不滅，將心挑動更熒煌（圖7）。

火候圖論

易之為書，三百八十四爻；火之為數，三百八十四銖。故捨乾、坤以為鼎器，坎、離為藥物之外，初一用屯、蒙，初二用需、訟，初三用師、比，初四用小畜、

圖7

履，初五用泰、否，初六用同人、大有，初七用謙、豫，初八用隨、蠱，而金計半斤；初九用臨、觀，初十用噬嗑、賁，十一用剝、復，十二用無妄、大畜，十三用頤、大過，十四用咸、恒，十五用遯、大壯，十六用晉、明夷，十七用家人、睽，十八用蹇、解，十九用損、益，二十用夬、姤，二十一用萃、升，二十二用困、井；二十三用革、鼎，而水計半斤；二十四用震、艮，二十五用漸、歸妹，二十六用豐、旅，二十七用巽、兌，二十八用渙、節，二十九用中孚、小過，三十用既濟、未濟。頃刻而週，週而復始。

自日月運行，一寒一暑，天地氤氳，萬物化醇，倒造化，翻乾坤，竊宇宙，盜陰陽，天下之至道，始可與言此也。

或曰：「乾坤坎離之體，曰周天火候之時，坎離交矣，坎離交則乾坤會矣。夫天氣下降，地氣上升，乃乾坤之用也。坎者，乾交坤也；離者，坤交乾也，其他卦象不過設體耳，亦不可泥象尋爻，而火候之法始見。」

又曰：「似子言之，不過範圍天地，運行日月而已，而《爐鼎圖》又列八卦於鼎中，《火候圖》又升五位於泥丸，布平橋於卯酉，何也？」

曰：「天機固不容泄，言既至此，隱之何為？且河出圖，洛出書，天尚自泄，況於人乎？」

客曰：「止！余聞泄天機而殃及九祖，獨不聞度一人而福及九祖乎！」

「吾以吾之丹法，盡底無隱，而傳於有緣之士，苟有信士，一人為仙，某豈無功乎！」

客曰：「子之用心，非某能知及之。」

曰：「是爐也，是鼎也，乃進火進水之理耳。水火無過一氣耳，氣之升也，吾以心接之，即火也；氣之降也，吾以靜待

之，即水也。此綿綿若存之時，子午進用之功也。斯時也，方是偃月爐具之時。夫性見則氣生，氣生則金生，金生則氣多，氣多則金愈旺，此二者交相為用也。金旺於中，燭破浮雲，露出一鉤[1]真性，如月之明，乃偃月爐也。存養之久，則金氣盛而全盡，燭見一輪明月，乃全性也。既見全性，又返金性，則吾身皆真性，命為之主，此用火之時也。蓋二者未融為一，而用火煉之，煉作純金也。包含性命通體皆陽，浮沉自在，愛日戀月，好遊頂門，時至道成，奮厲而脫，霹靂一聲，身非我有。吁嘻！人人可以如此而成功，人而自棄之，若是可哀也哉！余見總篇，方其九轉既周，沐浴[2]已竟，火力終焉，一星不滅，故動〇，〇巽風以吹之。巽風者，鼎下之片縷耳，闔則為乾，闢則為巽，闔則為噓，闢則為吸。何以能闔闢？亦無非一意使之然。」

或曰：「巽西方之位，似子所言，巽乃中宮，毋乃反乎。」

曰：「西方者，巽之用也；中宮者，巽之體也。吾自心生一意，而降於巽位，其象始闢，則吾言實兼體用而訓也。繼之以乾，乾金而火，乃金精緻遇，而炎火張設，須坎以抑之，抑之而不能止，則有反攻於下之患，故止以艮，而又噓以巽。巽上一畫屬陽，止火非陽不行，故遇震而稍焰，遇離而復炎，又止以坤，坤水也，火從水起，如遇其兌，故不止而自止；坤非正卦，故徐歸於兌，兌又西方之卦也。故自尾閭徐徐升上，而至泥丸，頂為天門[3]，為正午之地。午屬火，火遂加煌，又接至以心。心，火也，接者，神也，乃神火也。又加煌之卯酉，若直下則刑德臨門，危其殆哉！故一立而各為二道，今日之卯酉，昔日之坤艮也。火氣也，氣降而復升之理，故歸於腎府，化為真水而用之。蓋文火性柔而難化，遇卯木，木必剋土，遂以火剋木，則土不受剋矣；武火性強而易化，降自酉，酉屬

金，金生水，遂為水歸於鼎。」

曰：「何為文？何謂武？」曰：「文火自三關[4]上至於天矣。武火是午宮與心火也。」

大凡火候，只此一場，大有危險，丹士宜一戰而勝，則天下定矣。平日周天火候，切不可以為則，然此亦不可執著，彼亦不可執著。且喜！且喜！慶雲開盡現洪濛，彷彿空中見祖宗。風定七星還在水，依稀殘韻尚飄空。

注釋

〔1〕鉤：原指二端尖、中間彎的物體，此形容真性出現時的形狀。

〔2〕沐浴：即練功中所行的火候。

〔3〕天門：百會穴處。

〔4〕三關：指尾閭、夾脊、玉枕三關。

本節主要論述煉丹時的火候運用。火候之法在內丹鍛鍊過程中意義較廣，其中重要的一條就是要遵循「天人相應」的原則，要使人身氣脈與天地日月運行相適應，故有晝屯夜濛之法。周天搬運之時，即文中所謂進火進水之理，水火無過一氣，氣之升，吾以心接之，即為火；氣之降，吾以靜待之，即為水。到了「既見全性，又返金性」，通體皆陽，浮沉自在，愛日戀月，好游頂門時，這正是陽神脫胎的時候。

文中告誡後學運用火候時，用意不可執著，要防危慮險，謹慎煉丹。

陰盡圖論

張子一日坐於幽室[1]，形忘氣化[2]（圖8）。倏然兩耳風生，始知秋蟬鳴[3]隔岸之翠柳，終焉若聞九天之簫韻[4]。恍然有一個立於旁，耳目口鼻與張無異，指張而罵曰：「吾自太

易以來，為子所役，略不瞬寧，何罪於汝？」

張子不覺失笑而無聲，默謂之曰：「來，吾與爾言，汝言固是，但爾為我苦耶？我為爾苦耶？姑坐以敘。」

曰：「我先以來本無事，與子同居之後，寤寐亦相持，移像累劫，而不自如置我沙漠風霜之地。既令我歸東，又令我歸西，種種相魔[5]，自頃以來，始蒙慧以室廬，養以調息，美則美矣，但晚也。」

圖 8

張曰：「非吾之過也，乃六欲之賊使之然也。子微而隱，彼顯而彰。吾知有彼而不知有此，譬之瞽[6]者坐舟，但知舟之日去千里，而不知撐者實勞也。使不欲舟行，則撐者暇矣。」

似張者欣然曰：「幾失君，吾有百煉之堅刀，可同剿此賊而去其根，後同入規中[7]，時然後行，獨步金闕[8]。」

張曰：「唯唯見黃光四迸，五色煥然。」

觀者聽其言，曰：「去賊之道不宜急，急則反受其敵。始然力不勝其禍，乃可必縱放任餘心，守之常將息，或作狡詐形，視之常無爾，一戰定三清[9]，萬魔俱屏跡。」

噫！當日風塵枉自橫，波平海晏兆升平。堪憐不達窮通者，猶弄干戈觀我城。

噫！無明焰子又無煙，煅出真金耀徹天。霹靂一聲圓活子，騰空三覲[10]玉皇前。

〔1〕幽室：幽靜的煉丹修功之屋。

〔2〕形忘氣化：指練功狀態。形忘即忘掉形體，似自身不復存在，氣化即煉氣化神，為體內真氣運化的狀態。

〔3〕蟬鳴：蟬，知了，此指似聽到了知了的鳴叫聲。

〔4〕簫韻：簫，古代用若干竹管編成的樂器；韻，和諧悅耳的聲音。此泛指優美的音樂。

〔5〕相魔：事物從心裏想像並表露於外的相狀叫做相，相魔即是練功過程中出現的各種幻覺魔景，類似現在所說的精神性氣功偏差。

〔6〕瞽：瞎眼。

〔7〕規中：指丹田，首見《周易參同契》「真人潛真淵，浮游守規中」。

〔8〕金闕：道教認為，上天有金闕，為天帝所居之處，如葛洪《枕中書》中說：「吾後午年間，當招子登太上金闕，朝宴玉京也。」

〔9〕三清：即元始天王所化法身，玉清元始天尊，上清靈寶天尊，太清道德天尊。世稱三清。

〔10〕覲：原指諸侯在秋季朝見天子，此指成仙升天拜見天皇。

本節言練功時的種種魔境及祛散之法。功中魔境皆為人體六慾所為，去魔之道不宜急，急則反受其害，要對一切狡詐幻景，視作平常之物，無生怪意，鎮定自如，則「一戰定三清，萬魔俱屏跡。」

陽純圖論

又無文，看甚，窈窕仙童捧詔來，妙哉（附圖9）！

總論金丹之要

圖9

夫人一身大而不可以取象，天地包容萬匯，變化莫測，靈通玄妙，百姓日用而不知，故金丹之道鮮矣。

夫金丹之道，貴乎藥物，藥物在乎精氣神。神始用神光，精始用精華，氣即用元氣。精非氣不盈，神非氣不充，精因氣融，氣憑精用，氣因神見，神憑氣用。且以吾身之天地言之，自太極既分，兩儀判矣，兩儀生四象，四象生八卦，八卦立而天地人之道備矣。天以動為體，地以靜為體，天地之氣往來不息，而日月行乎其中。

蓋父母媾形育我之後，始生脈絡也。自形完之後，始生縷絡，反若元性之虛無，穀道筋條殆似草茅之鬱茂，此乃先天之炁，為先天之道，此金寶之至言也，宜守之以中，則庶乎道路通暢。蓋人受天地之中以生，所謂命也，得天地之中氣以生，遂可為人，我以身為天地，亦宜執其中，而為造化之樞紐[1]。中者有三中，心中意，臍中鼎，腎中爐。三中之至切者心中意，臍中鼎次之，腎中爐又次之。此三者，自金丹之始至終，不可須臾[2]離也。

大凡金丹之道，學者尋五行其末矣。當知夫交會之際，恍惚杳冥，癢生毛竅，金之本情也；逸豫和暢，肢體柔順，木之本性也。鉛本火體而金情，汞本水體而木性。無他，水火者鉛

汞之體也，金木者鉛汞之用也。鉛汞凝結，光華會合者，意也。意屬土，五行既全於鼎器之中，物以類聚，五行又環列於鼎器之外，內外相感而丹始成，形狀如黍米，非青非黃，非黑非白，不可得而名狀也。到此際又綿綿若存，清靜無為，自然現出百般妙用景象。

腎水合精水，自玄膺[3]流下，謂之華池神水，虛無之中，白雪生而黃芽長，只綿綿若存之頃，亦率歸於鼎器之內。是大藥不離精氣神，要認始用藥材，又精氣神之所產也，非便用精氣神也。

今有一等旁門，自作自是，而精氣神受役之不暇，奚能產藥也！精氣神三者，孰為重？曰：神為重。金丹之道，始然以神而用精氣也，故曰神為重。神者性之別名也，至靜之餘，元氣方產之際，神亦欲出，急用定以待之，不然是散而無用之體也。苟誇出入，以為大道，則誰不可為！夫神不疾而速，不行而至。

師言曰：神之妙用，無方而有限，若得其道，可以出入，切不可縱為良深。蓋收於內則可，豈宜縱於外也。夫神出而依林木以成形，陰未盡也，將出之際多異景[4]，目光燁然，從目出也；鼻氣或吸，從鼻出也；耳聞清音，從耳出也。獨不可從口出入者，何也？

夫口五臟之氣所會也，神棄精氣而竊出，避氣盛之地也。神氣精常相戀，而神一出，二者無依焉。故神之出也，有害無益。日居月諸，照臨下士，丹士逆之為用，順而為火。夫火循環，九轉中九轉，九轉初生，旺於第一轉，伺[5]陰氣盡又繞第二轉，餘亦如之。至於九轉周足，遂迫於鼎，故用前進火工夫，謂之真陽而戰群陰[6]。

請明言之，人一身皆屬陰，唯有一點陽耳，我以一點之

陽，自遠至近，轉之又轉，戰退群陰，則陽道日長，陰道日消。故《易》曰：龍戰於野，其血玄黃。至於陰盡陽純，而丹始能升於泥丸[7]，決然奮厲，真人[8]於斯而始見矣。金丹之道，如此而已，更有言不盡底。

丹之初成也，交合之際，未免藉陰陽二炁以成之，後則漸以陽火煉成純陽之體，故自強不息，乾道也，丹成矣。故凝神以成軀而成仙。丹之初成也，藉五行以成其用，後則漸以真金養成純金之體，故通體之光乃金色也。金變日色，故光；金象日性，故剛，曰金丹，又曰金仙。

幻體雖假合之物，修丹之士須藉以養丹基[9]。譬之城池，城池固則外邪不能入，故綿綿若存之頃，脾胃合為一脈，而圍丹穴之左；肺肝合為一脈，而圍丹穴之右；真氣徹至，則環於脈絡之中，故近丹而氣可得之，以化至寶。舉其一，可知二，然亦無為自然始，舉足以明矣。

夫無為，無有為也。夫人之一氣，在身由念而動，譬之握拳，念欲開而五指伸，了無掛礙[10]，學人達此，於採先天一氣之時，行一真念，採一真氣，按圖觀象，落在黃庭，其理一也。窮冬凋剝，必得陰陽交泰之後，乃至萬象。學人達此，當知交會之後，不期藥物之產而自產矣。

金之在水，其耀奪目，金之在土，土能藏之。蓋產於幽處，而隱其明處也。丹之居鼎，猶人君之在位，百官[11]稱職，其國自安而民自安。火候藥物，各得其宜，則萬化成。何謂各得其宜，第一轉產藥於東，而降於西，以心為斗柄，斡旋其機，故行二十度而魄滿，又斡之二十度而魂滿，則火之魂而水之魄交合，而神用大矣。他轉如之，舉其要以明學者。

詩曰：斗極建四時，八節無不順，斗極實兀然，魁杓自移動。只要兩眼皎，上下交相用，須向靜中行，莫就忙裏送。要

無形圖與你看，一氣周流歸故宅，金丹何事卻成功。至道本不繁，庸人自生事，我本遇師傳，三囑令深秘。何故畫圖並立論，毫釐説盡鬼神驚，咄！地獄不因傳道者，教存經籍度三師。

注釋

〔1〕樞紐：比喻衝要的地點或事物的關鍵之處，此即關鍵之意。

〔2〕須臾：片刻。《商君書・慎法》：「不可須臾忘於法」。

〔3〕玄膺：為人身之竅也，《黃庭經》中有「舌下玄膺生死岸」、「取津玄膺入明堂」、「玄膺氣管受精府」等句，可見，此竅位於喉之中央，為咽液之關津。

〔4〕異景：奇異的景象。

〔5〕伺：等待。

〔6〕群陰：道家認為凡人「一身皆屬陰」，修煉時又會產生各種陰魔，如神意散亂、外界干擾等，群陰就是凡人在煉丹時出現的各種陰魔。

〔7〕泥丸：即上丹田之腦宮。

〔8〕真人：此指陽神。

〔9〕丹基：《頂批金丹真傳》謂：「身為丹基」，此指產丹的基本物質。

〔10〕掛礙：牽繫窒礙。《般若波羅蜜多心經》云：「心無掛礙，無掛礙故，無有恐怖，遠離顛倒夢想。」

〔11〕百官：猶言眾官，此指人體各個器官組織所發揮的功能作用。

本節的重點有：

①金丹之道貴乎藥物，藥物即指精氣神而言；

②先天之氣是先天之道，修煉先天宜守之以中，心中之真意，在煉丹自始至終須臾也不可放棄；

③煉丹時需符合五行之理，土為五行之中央，而意屬土，鉛汞凝結、光華會合全在於意，五行既全於鼎器之中，又環列於鼎器之外，內外相感則丹始成；

④因藥物為精氣神所產，大藥自然不能離開精氣神的作用，產藥時神宜收於內，不可縱於外；

⑤九轉還丹，煉盡群陰，全身純陽，丹始能升於泥丸，真人至此而始可現；

⑥金丹之道全憑真意的用法，煉丹時要記住：「須向靜中行，莫就忙裏送。」

次第秘訣

坐靜打頑空　　　仰息　　癸　　✳　　待
　　　　　　　　　　守巳　　　　生時

聞命炁沖和，待氣動，方可如下行。

存歸。。，然後就上二竅，直沖五星，候見明放靜。又觀心放下了一段，候再見明，一陽真炁產矣。

綿綿若存　　　只八分

小光透用機，出入◎，開道一回，然後方行子午。

大光透用機，出入◎，破頂一回。

此是後上前下，此後並繫尾閭，五星於三十日見，用機出入上弦五十日，足見機，大凡三遭，望左右見機，下弦日數足下，明鼎內晦，用機再朝天逕。

乙太和返太極㊀☷　以太和返無極㊂☰

動靜之機，氣盛則抑之以靜，氣弱則助之以意。

本節介紹煉丹時進度次序。

火候秘訣

丹居鼎內，上水下火，心動屬火，靜屬水，乃水鼎也，○底靜屬水，動屬火，乃火鼎也。

陽在鼎下曰水鼎，升於鼎上則火鼎也。陽火是外爐，外爐起火，存於氣穴，黃庭正在氣穴之上，氣穴乃內爐也，內爐存火近鼎常烹，此綿綿若存也。火長進於下，則不可坐至於子午二時，午進火，子進水，陽生不從心擾，接之以意斡歸於右，轉降于左，存入○○○，反是則進火。或曰：敢問九轉之功，曰：三月火候乃九轉。

第一轉

初自脅邊左右，存為火道。自陽宮起自右邊，到肩橫過正中凝，自左邊送下，遂綿綿若在，宜靜不宜動，宜徐不宜急，動曰扇火，急曰傷丹，此每日子時之功也。

第二轉

自脅邊進一寸二分，用如前法，此丑時之用功也。

第三轉

自脅邊進五分，用法如前，此寅時之用功也。

沐 浴

卯時火起，取丹計四寸，有縷二條，正為火道，脈透鼎中，故火起不用目，不用心，以意斡之右轉，取橫與鼎齊，正縷地也，遂大靜，火，遂為水而歸於鼎，丹遂沐浴，綿綿若存。天機、天機，宜秘！宜秘！

第四轉

進一寸，用法如前，此辰時之用功也。

第五轉

進五分，用法如前，此巳時之用功也。

第六轉　抽添

進五分，火自下與午時心火頂火俱旺，故陽生，小抑之，抽也；再生則火微矣。直上於左而橫過，恰值心，遂逢心火，火其炎矣，此抽添也。

第七轉

進五分，用如前法，此未時之用功也。

第八轉　沐浴

行左降右，取丹方一寸，未時之火道，皆至陰之道也。火力過而衰，值申道亦陰道。無他，心上道陽道也，心下道陰道也，二時火皆從陰道過，至酉而始金旺，故靜以待之，火如金液，而歸於鼎，丹遂沐浴。卯沐浴乃益汞，酉沐浴是益鉛。

第九轉

取丹五分而已，頃刻而周，即定以待鼎之。

第十轉　亥

用巽風起火，行運火之法，見火候之圖。

火氣　　認著

本節言九轉還丹的火候用法。

採取圖

<pre>
　　　　左午右
　　　　　○
　　人　　　　天
　從意○意向
　心意○意一
　上意○意中
　起　子　分
　經　陽　造
　繪　生　化
</pre>

※第五章※
石泰：《還源篇》釋義

石杏林仙師略傳

陳攖寧

    師姓石，名泰，字得之，常州人。性仁慈，喜以醫藥濟人，不受酬報。唯願植一杏樹，歲久，樹竟成林，人因號之曰石杏林。

    後遇紫陽張師，得傳金丹之道。初紫陽得受口訣於劉仙師海蟾，海蟾誠之曰：「異日有為汝脫韁解鎖者，當以此道授之，餘皆不許」。其後紫陽三傳非人，三遭禍患，乃自誓不敢妄傳，遂以隱語作《悟真篇》，並自序曰：「使宿有仙骨者，讀之自悟，則是天之所賜，非餘之輒傳也」。中罹鳳州太守怒，按以事坐黥竄。路過邠州，會天大雪，紫陽與護送者，俱飲酒肆。遇杏林，邀與同席，訊知其屈。杏林曰：「邠守吾故人也」。紫陽因懇石為先容，並謂護送者曰：「能遷玉趾，有因緣可免此行。」乃同之邠，見太守，陳訴衷曲，竟獲免。紫陽德之，遂傳其道。

    考吾國醫學，上承岐黃，與仙道本同出一源。杏林師既精於醫，復得受「金液還丹」口訣，於是潛修密煉，較之他人，

自然事半而功倍。後當宋高宗紹興二十八年秋，道成屍解。壽一百三十七歲。越二年，有人復見師於羅浮山。曾作《還源篇》，行於世。是為南宗第二祖。

圓頓（即陳攖寧）按：自古授道有三等：一曰神授：如魏夫人之感降真靈，傳《黃庭經》是也。一曰仙授：如諶姆之傳許旌陽，鍾離之試呂純陽是也。一曰師授：如王重陽之傳七真，張紫陽之傳杏林是也。

考當日紫陽雖得傳海蟾之道，只以功修尚淺，未能具足神通。以其有身，故每膺災難，邠州之役，真類囚徒。若非杏林師，夙植慧根，別具隻眼，孰能識明師於韁鎖之下哉？尋師求師，談何容易！

還源篇序

泰[1]素慕真宗[2]，遍遊勝鏡，參悟正法[3]，願以濟世為心，專一存三[4]，尤以養生為重。蓋謂學仙甚易，而人自難；脫塵不難，而人未易，深可哀哉。古云：迷雲[5]鎖慧月[6]，業風[7]吹定海[8]。昔日在驛中[9]，遇先師紫陽真人[10]，以簡易之語，不過半句，其證驗之效，只在片時。知仙之可學，私自生喜。及其金液交結[11]，聖胎圓成[12]，泰故作還源篇[13]八十一章五言絕句，以授晚學，早悟真詮。莫待老來鉛虛汞少[14]，急須猛省，尋師訪道，修煉金丹，同證仙階，變化飛升[15]，實所願望焉。杏林石泰得之序。

注釋

〔1〕泰：石泰，字得之，號杏林，又號翠玄子，今江蘇常州人。出張紫陽門下，為南宗第二祖師。

〔2〕真宗：指黃老家修煉養生之道。《悟真篇·自序》：

「老氏以煉養為真」。《黃庭經·仙人章第二十八》：「仙人道士非有神，積精累氣以成真」。故道家歷來以修煉養生為悟真、修真之舉，得道成仙之人則謂之為「真人」。

〔3〕正法：道家煉養之術有真宗正法和旁門小法之別，內丹家認為「金丹大道」乃為正法，而房中、閉息、念經、持咒等則為旁門。《悟真篇·七言四韻第三》：「學仙須是學天仙，唯有金丹最的端」。《悟真篇·自序》：「如煉五芽之氣、服七曜之光、注想按摩、納清吐濁、念經持咒、噀水叱符、叩齒集神、休妻絕粒、存神閉息、運眉間之恩、補腦還精習房中之術，以至服煉金石草木之類，皆易遇而難成，於修身之道率多滅裂，故施力雖多而求效莫驗。」

〔4〕專一存三：專一即專一於金丹煉養之道。道家認為「一」為萬物之根本，專一、守一、抱一皆是古代道家養生學說的重要理論之一。《老子·法本第三十九》：「昔之得一者，天得一以清，地得一以寧，神得一以靈，以盈一以盈，萬物得一以生」。存三即存念於丹道之三性，木液、金精及意土。《悟真篇·西江月第五》：「自稱木液與金精，遇土卻成三性」。

〔5〕迷雲：泛指迷戀塵間俗事。《論語·述而第七》：「不義而富且貴，於我如浮雲」。鄭注曰：「富貴而不義者，於我如浮雲，非己之有」。《禪宗歌頌·禪定指迷歌》：「翻念凡夫迷執，盡被情愛染習」。

〔6〕慧月：意為聰慧有如明月。《禪宗歌頌·戒定慧解》：「隨緣應物，妙用無窮曰慧。」

〔7〕業風：佛家有因果緣業之說，業有善業、惡業、無間業之謂。

〔8〕定海：意謂性定如靜海。《禪宗歌頌·戒定慧解》：「覺性圓明，內外瑩徹曰定」。

〔9〕驛中：古時官員往來暫住、換馬之住所。

〔10〕紫陽真人：即張伯端，又名用成，字平叔，號紫陽，浙江天臺人。宋神宗熙寧己酉歲（西元 1069 年）於成都遇異人（一般皆認為劉海蟾）得傳丹訣，創道家內丹性命雙修之始，為內丹派南宗之師祖，後世尊為紫陽真人。

〔11〕金液交結：指金精、木液在意土的勾引下交結成丹。《悟真篇・西江月第四》：「木金間隔會無因，須仗媒人勾引。」

〔12〕聖胎圓成：丹道中有「十月胎圓」之說，意為修煉功夫純熟，精化氣，氣化神，「自然丹熟脫靈胎」。《翠虛吟》：「一年周天除卯酉，九轉功夫日用九，至於十月玉霜飛，聖胎圓就風雷吼。」

〔13〕還源篇：南宗二祖石泰為闡述內丹修煉之道，強調「還源返本，與道合真，是為全真金丹之要」（《還源篇闡微》），故以之為其篇名。

〔14〕鉛虛汞少：鉛比喻身（腎）中元陽、元氣，汞比喻心中元精、元神，此泛指人生三寶精氣神。鉛虛汞少意指人老體衰，人身精氣神三品俱形不足之謂。

〔15〕變化飛升：道家認為「丹成脫化，與道合真」，則能羽化登仙，飛升舉沖而變化無窮。

《還源篇》是南宗二祖杏林真人石泰為發揚道家修真奧秘、闡發金丹內煉要旨而作的一部重要丹經口訣。該序以其現身說法，申明「真宗」、「正法」，至簡至易，毫無煩難，只要世人不被凡塵迷戀，不為世俗纏繞，依訣精修，躬身實踐，金丹之道，必有所成。於己既可養生，於彼又可濟人，萬全美事，何樂而不為哉！

勸勉學仙之人莫待鉛虛汞少，人老神衰，而宜速發願心，求師訪道，早悟真詮，以冀金丹成就，同登仙階。其度人濟世

之心亦殷切之至。

五言絕句

（八十一章）

第一章

鉛汞[1]成真體[2]，陰陽[3]結太元[4]，但知行二八[5]，便可煉金丹[6]。

注釋

〔1〕鉛汞：鉛指身（腎）中真陽之氣，也即元氣；汞指心中真陰之精所化之元神。《還源篇闡微》：「身中騰起一點真陽之氣，上朝元神，丹道名之為真鉛」；「心中瀉出一點真陰之精，來會陽氣，丹道名之為真汞。」

〔2〕真體：指元真未漏之體。《還源篇闡微》：「體尚未漏，猶是真一之體也。」鉛氣得汞精以周流，則長成形體，故曰：「鉛汞成真體」。

〔3〕陰陽：即陰精、陽氣之謂。

〔4〕太元：真元陰精、陽氣未漓，則秉太極之元，蓋先天陰精陽神落於後天，象為坎離；若後天之精氣還於先天，則坎離複歸於乾坤。顛倒坎離，後天返先天，則神藏於心而象乾，氣依於身而象坤。坤資生體而乾資始元，故有真體、太元之喻。

〔5〕行二八：丹道中以神禦氣、以火煉藥之喻。《河圖》：「天一生水，地六成之；地二生火，天七成之。」坎水為已成之水，數居地六；水中之火為初生之火，數居地二。六與二均屬地，為在地之一八，即指腎中之元氣，是為鉛為藥。離火為已成之火，數居天七；火中之水為初生之水，數居天一。七與一皆屬天，為在天之一八，即指心中之元神，為汞為火。丹道言

藥言火，可以「二八」謂之。又《悟真篇·七言四韻第七》：「藥重一斤須二八，調停火候托陰陽」，謂陰精陽氣半斤對八兩，運火進行烹煉，則合成藥物一斤，意同。

〔6〕煉金丹：後天精氣在元神意土的撮合下進行烹煉，促其坎離顛倒，由後天返先天，還源返本，與道合真之謂。《金丹四百字序》：「以火煉金，返本還源，謂之金丹」。

首章開宗明義，指明本源，提示人以精氣凝成之身為元氣之所憑，神氣凝結之心為元性之所托。身心既得，則性命完全。精氣日滋，藥火具備，只需謹行「二八」之令，則人身先天之精氣即可合二而一，結成聖胎，而金丹可成。此為通篇之綱領，意將人生本源明白闡述，以便學人自悟。

第二章

汞是青龍髓[1]，鉛是[2]白虎脂[3]，掇來歸鼎內[4]，採取[5]要知時[6]。

注釋

〔1〕青龍髓：內丹家以青龍喻魂，魂藏於肝而位居於東，其卦象為震（☳）。其用憑藉於心而為神。心中陰精秉先天木氣而為汞，火中之水也即木液。所謂髓者，比喻須經烹調而得。

〔2〕鉛是：《道藏精華錄》本作「鉛為」。

〔3〕白虎脂：白虎比喻魄。魄藏於肺而位居於西，其卦象為兌☱；其用依據於身而為精。身中陽氣秉先天金氣而為鉛，水中之火也即金精。所謂脂者，比喻須經冶煉而得。

〔4〕鼎：即爐鼎，為煉丹之所，一般指為丹田，在人身之正中。昔人謂「中間有個真金鼎」是也，並無形象可睹。

〔5〕採取：丹經所謂「採小藥」，「採藥歸爐」之意。《規中指南》：「採藥者，採身中之藥也；身中之藥，精氣神也。」

內丹之藥又有外藥、內藥之別。《性命圭旨》：「以外藥而言，交感之精先要不瀉。以內藥言，煉精者煉元精，抽坎中之元陽也，元精固則交感之精自不洩漏；煉氣者煉元氣，補離中之元陰，元氣住則呼吸之氣自不出入；煉神者煉元神，坎離合而復乾元，元神澂則思慮之神自然泰定。」

〔6〕知時：指掌握精氣發生之時機，即丹經所謂「癸生」之時，也即「活子時」。其景象為端坐習定之中，靜極生動，外陽舉時便是癸生之時。《性命圭旨》：「心覺恍惚而陽物勃舉。」《瑣言集》：「繼覺勃然機現，乃是活子正象。」

此章闡述鉛汞兩物由凝神積精而得。修丹的第一步是練己築基：端坐凝神，積精累氣，靜極生動，外陽必舉。待活子時至，方可以有為有作之法採藥歸爐，以進一步煉精化氣。

第三章

姹女[1]騎鉛虎，金翁[2]跨[3]汞龍，甲庚[4]明正令[5]，煉取一爐紅[6]。

注釋

〔1〕姹女：女本指離 ☲ 中之陰精，為中女。修煉中要使坎離交媾，則離中之陰入於坎 ☵ 而成坤 ☷，因其能自離返坎而為氣，有女歸宅之意，故謂之姹女。

〔2〕金翁：金本指坎中之陽氣，為中男，修煉中抽坎填離，坎陽入於離中而成乾 ☰，自坎返乾而化為神，有少年老成之象，故謂之金翁。

〔3〕騎、跨：即降、伏之意。《金丹四百字序》：「心之倡狂如龍，身之猙獰如虎。」降龍伏虎，兩相駕馭，則陰精、陽氣既採入鼎內，自然陰陽相合，成一混沌無分之象。

〔4〕甲庚：甲屬木喻性，庚屬金喻情，甲庚意指性情。

第五章 石泰：《還源篇》釋義

249

〔5〕正令：無偏無依之令，也即正念之謂。心自寧靜退藏，而無妄念，則能使情歸於性。精凝於氣，而結為丹藥。明正令要求心念清寧於平素，修煉中一旦申明，則身心全體自然從命。

〔6〕一爐紅：指專心烹煉之意。丹家所謂「一爐火焰煅虛空」就是這個意思。

此章闡述得藥交結，關鍵在於性情得正，妄念退藏，如此則陰精駕馭陽氣，陽氣駕馭陰精，而神不外弛，氣自流行，陰陽相得，混沌無分，丹頭可結。

第四章

蛇魄〔1〕擒龍髓，龜魂〔2〕制〔3〕虎精，華池〔4〕神水〔5〕內，一朵玉脂〔6〕生。

注釋

〔1〕蛇魄：蛇喻情，易感於善柔而生喜，為肺魄所為。

〔2〕龜魂：龜喻性，易觸於震動而生怒，為肝魂所作。

〔3〕擒、制：與上章騎、跨之意同。正令既明，則情忘而歸於先天之性，倡狂之心龍就擒而精神不搖；性定而剪滅俗情之根，猙惡之身虎受制而真氣不泄。

〔4〕華池：以鉛喻身，譬之為池，得元精真汞入於氣而有華色，故謂華池。

〔5〕神水：以汞喻心精，謂之如水，得陽氣真鉛入於心而更見精神，故曰神水。《金丹四百字序》：「以鉛見汞名曰華池，以汞入鉛名曰神水」。

〔6〕玉脂：指人體神氣旺盛，有欣欣向榮之象。《還源篇闡微》謂之「如花已苞漿成朵，欣欣向榮；又如玉已凝液成脂，密密結實」之象。《道藏》、《道藏精華錄》本作「玉芝。」

此章發明精氣兩物既得交結之景象。蓋鉛汞既經凝結,自然情忘性定,神之入氣,如水歸池,故人體常惺惺然而有欣欣向榮之象。

第五章

白雪[1]飛瓊苑[2],黃芽[3]發[4]玉園[5],但能如偃月[6],何處煉紅鉛[7]。

注釋

〔1〕白雪:喻真鉛。坎中之陽屬乾金、色白;身中之鉛由於金氣洋溢,與汞交會,則化為神水,明淨清澈,有雪之象。

〔2〕瓊苑:喻身舍。

〔3〕黃芽:喻真汞。離中之陰為坤土,色黃;心中之汞由於木液盈潤,遇鉛而凝,即入於華池,融和滋長,有如芽生。

〔4〕飛、發:鉛得汞交而上達,有飛布漫天之勢,故曰飛;汞得鉛凝而下行,勢將發榮滿地,故曰發。

〔5〕玉園:亦比喻此身。

〔6〕偃月:即煉丹之爐鼎,指丹田、泥丸處。《參同契》:「偃月法爐鼎。」《悟真篇》:「休泥丹灶費工夫,煉藥須尋偃月爐。」

〔7〕煉紅鉛:真鉛生於坎,其用在離宮。先天一氣產於身,只賴心中真精遇合而凝,則化為神。精屬水色黑,神屬火色赤,精氣凝結而成神,則黑變為紅。於此只可意會而並非確有色相可求。

此章講精氣凝合,丹頭既顯,藥物即時而發生,就可採藥入爐。但又不可稍假作為,以為助長,只宜循其自然,從微至著,日積月累而待其盛大。

第五章 石泰:《還源篇》釋義

第六章

藥材[1]開混沌[2]，火候[3]煉鴻蒙[4]，十月[5]胎仙化[6]，方知九轉功[7]。

注釋

〔1〕藥材：精氣凝合，於採取之時則稱之為藥材。《性命圭旨》：「採藥者，採身中之藥也。身中之藥，精氣神也。」

〔2〕開混沌：言精氣只是在清靜無念、七竅歸一，如混沌無形之中，自然凝遇而為藥物。《金丹四百字序》：「恍惚之中見真鉛，杳冥之內有真汞」，此之謂也。

〔3〕火候：烹煉之中，調息和用意的法度謂之為火候。《天仙正理直論》：「金丹是真陽元氣，不得火候，不能烹煉而為丹。」

〔4〕煉鴻蒙：言丹胎結於清虛無為、無分內外，如鴻蒙無象之際，自然混煉而成。開混沌、煉鴻濛均是教人於烹煉中，只可以無心會，而不可以勞心為而已。

〔5〕十月：丹經有「十月胎圓」之說，三百日聖胎圓成，僅約數，並非限定十月、三百日之期。

〔6〕胎仙化：即脫胎神化，結成嬰兒之意。

〔7〕九轉功：九轉即九還，也即金液還丹。九為金之成數，身中陽氣來復，飛起肺液，以入上宮，而下還中宮，復自中宮而還下田，而成還丹。

此章言得丹烹煉只宜在清靜無念，清虛無為之中，而不可拘求形跡。及至胎圓神化，方知築基採取時採掇身中先天真陽正氣之功效。

第七章

龍正藏珠處，雞方抱卵時[1]，誰[2]知鉛汞合，正可飲刀

圭〔3〕。

注釋

〔1〕藏珠、抱卵：比喻清靜守一，神注不移。言人於修煉之際，只宜官七竅歸集於一，清靜處密，猶如龍之養珠、雞之抱卵，神注一處而不移。

〔2〕誰：非我非他，無可稱謂，強謂之誰，正如老子《清靜經》所謂「無形無情無名，強名之曰道」同意。藏神於密，守其清靜，不辨何者為我為主，何者為他為賓，不管精氣二物之合與否，則是真妙合無間。

〔3〕飲刀圭：刀圭原為稱藥的量具，後轉喻藥物。丹道中刀圭指戊己二土，數皆屬五，後天寄於坎離，也即坎離二五之精。坎戊離己，一見相得，若用初意為正令，遂交合於中央，所謂「無極之真，二五之精，妙合而凝」者是也。正可飲者，是謂鉛汞初生之際，即是靜中初動，只用正念，二物已凝，正是烹煉之時。

此章發明烹煉之道，只要綿綿若存。未交結前，端坐習定，只在無功，功裏施功，以為採取；及至藥生，即於有用，發為正令，無思無為，便是烹煉。

強調烹煉中正令、正覺之妙用。

第八章

沐浴〔1〕資坤水〔2〕，吹噓〔3〕賴巽風〔4〕，嬰兒〔5〕無一事，獨處太微宮〔6〕。

注釋

〔1〕沐浴：指修煉中有「真氣薰蒸」、「神水灌溉」之美好感受和效應。烹煉中神藏於密，正令自明，則神返氣回，遍體自有真氣薰蒸。《鎖言續》：「覺遍體氤氳，下極火熱，身前身

253

後，微微汗透，得有如沐如浴」。

〔2〕資坤水：精氣凝合、坎離交媾，我體已化為先天北方坤質，天然沐浴之氣為坤水所致。

〔3〕吹噓：沐浴中，體內自有真息悠然，使遍體清涼，如飲甘露。

〔4〕賴巽風：我體既復為先天坤質，則西南之鄉原本巽宮鼻象。自然吹噓之息為巽風，此為調勻身體冷暖之妙劑。

〔5〕嬰兒：指陰精兼陽氣凝成之神，還居於天谷泥丸本宮，名曰谷神。又喻之為嬰兒者，言其神力尚微也。

〔6〕太微宮：天上有太微垣，有帝座居中；以喻人頭上九宮之中宮，即泥丸宮，為谷神處以養真之所。指嬰兒，即谷神真人宜在虛閑無用之處，獨自靜養。

此章接上章，闡述烹煉之後即須沐浴溫養。屆時如遇神馳火散，體覺冷落；或念起紛擾，體內煩熱，皆當回顧正念，自治其咎，以正覺操持照顧，使谷神嬰兒獨處上谷泥丸，清靜無為，任氣自然周流，是為正道。

以上諸章發明內丹術之丹基、採取、交結、烹煉、沐浴之旨，其要為「持念為採，念藏為取，神靜為變，妄滅而結，專氣為烹，無妄為煉」（《還源篇闡微》），總在邪妄滅而正念長存，正念藏則妄自不起，法正詞簡而不煩。修煉之道在於心領神會，身體力行而已。

第九章

紫府[1]尋離女[2]，朱陵[3]配坎男[4]，黃婆[5]媒合處，太極自涵三[6]。

注釋

〔1〕紫府：喻先天坤身。後天坎卦屬水色黑，欲返先天坤

位，須得坎離交媾，尋離中之陰以納之。離屬火色赤，赤黑相兼則為紫。

〔2〕離女：即心中之陰精，也即姹女。

〔3〕朱陵：喻後天心宅。後天離卦欲返先天乾位，須求北方坎中之陽以配之。

〔4〕坎男：即身中之陽氣，也即金翁。

〔5〕黃婆：黃為土之色，婆為姥之謂，喻義土、正念。修煉中欲使心中陰精以配身中陽氣，陽氣得陰精兼行，凝合成神，全賴真意退藏於密，正念媒合於間。《悟真篇・七言絕句第十九》：「黃婆自解相媒合，遣做夫妻共一心。」

〔6〕太極自涵三：坎離交媾，由後天返先天，則身心意三者渾合於一太極之中，成其谷神。

此章闡明谷神之生，為身之陽氣和心之陰精凝合而成。精氣之凝，唯一正念。我之誠念密合，身心得以返還。

第十章

乾馬[1]馭[2]金戶[3]，坤牛[4]入木宮[5]，阿誰[6]將姹女，嫁去與金翁[7]。

注釋

〔1〕乾馬：離女得配坎男而成乾，則具乾健之道，故喻之為乾馬。

〔2〕馭：駕馭之意。《道藏精華錄》本作「馳。」

〔3〕金戶：喻情。以乾健之道駕馭情金，則神自藏於密，常棲於天谷以養性。

〔4〕坤牛：坎男既得離女以成坤，則具柔順之德，故譬之為坤牛。

〔5〕木宮：喻性。以柔順之德率性，則氣自充於體而養命。

〔6〕阿誰：指真意、正令。言陰精之出離適坎，陽氣之出坎入離，若非吾之正令，申明其德，知來藏往，則氣何能養形而致之柔順，精何以成神而致剛健？

〔7〕主翁：《道藏精華錄》本作「金公」。

此章承上章發明抽坎填離、坎離交媾，由後天返先天，皆賴平時密藏正念之功。

因人當陰陽並壯之時，若非平素「主敬存誠」，煉就「篤信謹守」之正念，誰能收心捲藏，使陰陽既濟，而體返全坤之柔順以養氣，神還純乾之剛健以馭形，從此資始資生，重行媾復，而神氣日壯，運化無疆！

第十一章

姹女方二八[1]，金翁正九三[2]，洞房[3]生瑞氣[4]，歡合產初男[5]。

注釋

〔1〕二八：八為陰數，喻陰精所化之氣已為成斤之數，分量已足之謂。

〔2〕九三：九為陽數，九三喻陽氣所凝之神，如乾之內卦已居三爻之象，內陽已足。方二八、正九三，意在教人點清火候，隨時警惕而不致滿而損益，有損聖胎。

〔3〕洞房：喻身中藏密之一竅，也即下田之謂。

〔4〕生瑞氣：喻身中陽氣勃興之景象，正是元命來復之憑證，陽神初具之徵兆。

〔5〕初男：陽氣勃興，與神交合，則穀神遂化為陽神，如男嬰之初產，即是元命來復之謂。

此章描述修煉到神氣並壯之時，則神氣歡合，自然分胎，陽神從此而生之景象。

第十二章

昨夜[1]西川[2]岸，蟾光[3]照碧海[4]，採來[5]歸玉室[6]，鼎內[7]自煎熬[8]。

〔1〕昨夜：喻元命來復、陽氣復生之時。

〔2〕西川：西屬先天坎位，川喻水。西川喻坎水。

〔3〕蟾光：蟾為月之光彩。喻身中陽氣生發上透，虛室生白，似有月光普照，是為精氣神之品皆足之景象。

〔4〕碧海：後天坎水色本黑，得蟾光照透，則水見碧色。

〔5〕採來：採掇照水之蟾光，即來復之陽氣。

〔6〕玉室：喻吾體。元命既復，神氣縝密，形體緻密如玉。

〔7〕鼎內：此處指神室中田。

〔8〕煎熬：形容念正意真，無邪無妄的專氣烹煉，而致遍體溫溫之象，並無煎熬之形跡可求。

此章闡述元命來復之際，則身中神氣充足，人體即返還於先天坤象，北方坎卦退位於西方。若將此普照於西川坎水的蟾光陽氣掇來歸於神室鼎內，進行專意烹煉，則全體即有溫溫之景象。

第十三章

離坎非交媾[1]，乾坤自化生[2]，人能明此理，一點落黃庭[3]。

〔1〕非交媾：丹書所謂坎離交媾，實即後天心身相合，如日月合璧之意。

〔2〕自化生：所謂乾坤交媾，也即先天神氣凝聚，而自然化生一乾坤太極之意。

〔3〕落黃庭：指身中一點陽氣、心中一點陰精交結，凝成一個正念，歸藏密處。黃庭也身中一竅密處之謂，也稱玄牝。

此章闡述丹術中無論坎離交媾、精氣交合或乾坤交媾、神氣凝聚，均宜自始至終意念歸藏，悉本自然，促其合二而一而已。

第十四章

丹谷〔1〕生神水〔2〕，黃庭有太倉〔3〕，更無饑渴想〔4〕，一直〔5〕抵仙鄉。

〔1〕丹谷：人身絳宮之別名，也即中谷。

〔2〕神水：指心中陰精得身中陽氣交結，更俱神用，而成為灌溉周身的上品之寶。

〔3〕太倉：人身後天倉廩之本，也即脾胃，為水穀氣血之源。意為正念歸藏，精氣交結，黃庭自具有脾胃太倉之神用。

〔4〕無饑渴：神水充滿周身，如身中自有取之不竭之瓊漿玉露，而使太倉源源不斷，自無饑渴之念。所謂「氣足不思食」是也。

〔5〕一直：人既無饑渴之欲，則無別念，提示修道總宜一念不起，萬幻俱寂，方可直抵道鄉仙境。

此章描述修煉中神氣充足，自無饑渴之苦，故宜專持正念，退藏密處，萬不可分心他慮，耽誤功夫深入。

第十五章

意馬〔1〕歸神室，心猿〔2〕守洞房，精神魂魄意〔3〕，化作紫金霜〔4〕。

〔1〕意馬：喻意念如千里之馬，善馳。修煉中當一意歸

藏，則神自不散。故曰意馬歸神室。

〔2〕心猿：喻心如猿猴，喜動。修煉時當「鎖心猿，栓意馬」，則萬緣放下，心在身中，《青華秘文》「意生於心，然心勿馳於意則可，心馳於意未矣」。故曰心猿守洞房。洞房也即心意退藏之密處。

〔3〕精神魂魄意：腎藏精、心藏神、肝藏魂、肺藏魄、脾藏意，五臟各秉一氣，各具一德。意誠心正則五氣皆全，五德皆備。《金丹四百字序》：「以含眼光、凝耳韻、調鼻息、緘舌氣、是為和合四象；眼不視而魂在肝，耳不聞而精在腎，舌不聲而神在心，鼻不香而魄在肺，四肢不動而意在脾，故名曰五氣朝元。」攢簇五行、而歸藏一竅，則五氣合一而凝結成丹。

〔4〕紫金霜：即紫金丹之謂。金丹由水火凝結而成，水黑火赤，相間成紫。言霜者，恐人泥丹作顆粒之見而成幻，身中成痞結之症，以虛空粉碎之霜象，形容金丹於無相中生實相之妙。

此章闡明金丹無形無質。修道只宜誠一不二，和合四象，攢簇五行，養其無形，則五氣朝元，正氣流行，元神自集而金丹可結。

第十六章

一孔〔1〕三關〔2〕竅，三關要路頭〔3〕，忽然輕運動〔4〕，神水自周流〔5〕。

注釋

〔1〕一孔：指七竅歸根之一竅，也即玄牝。《金丹四百字序》：「身中一竅，名曰玄牝。此竅非心、非腎、非口鼻、非脾胃、非穀道、非膀胱、非丹田、非泥丸。能知此之一竅，則冬至在此矣，藥物在此矣，火候在此矣，沐浴亦在此矣，結胎亦

在此矣，脫體亦在此矣。夫此一竅亦無邊旁，更無內外，乃神氣之根，虛無之穀。在身中求之，不可求於他也。」丹經所稱「玄關一竅」也即此意。《悟真直指》：「玄關一竅，無方無所，無形無象」；「玄關一竅，重在一字，守中抱一，即守一竅也。丹書萬卷，不如守一。能守一，萬事畢。所以此一字即注意靜守之處。」

〔2〕三關：有三說。一為煉精化氣為下關，煉氣化神為中關，煉神還虛為上關，此為烹煉之道。二以身後尾閭、夾脊、玉枕為下中上三關；三為身前鵲橋（舌抵上腭）、絳宮（膻中）、關元（臍下三寸）為上中下三關。此處取後二說，即丹家築基時疏通任督、銷其疾病，以便真氣得以暢行無滯的功用。

〔3〕要路頭：指人身前後三關為積精累氣凝神、真氣暢行無滯的關節要絡。

〔4〕輕運動：烹煉時七竅歸一，致虛守靜，一陽來復，則精可化氣，真氣自然運動上朝。

〔5〕自周流：真氣上朝，則神感氣交，氣即化神，神凝氣聚，遂化為神水充遍周身。神水入華池，任其周流運動，則一息無停，自然而然。《道藏精華錄》本作「自然流」。

此章指明一孔、三關之妙用。闡述精氣混煉成神，全在於清靜守一，養其無形。如此則神全氣充，故其立丹基於頃刻，運造化於一身之功效立顯。

第十七章

制魄〔1〕非心制〔2〕，拘魂〔3〕豈意拘〔4〕，惟留神與氣，片響結玄珠〔5〕。

注釋

〔1〕制魄：魄喻情。致虛靜篤，養其無形，則識神不用而

谷神（元神）用事，谷神活則情忘而魄滅。

〔2〕非心制：谷神活而情忘魄滅，固先乎心而制之，非心能制魄也。

〔3〕拘魂：魂喻性。心定而形忘，則七竅並而一竅明，一竅明則性現，性現則魂藏。

〔4〕豈意拘：心定性現而魂藏，唯有持先天真意、正念者能拘之，非後天之情意所能拘之也。

〔5〕玄珠：喻金丹。神氣交結，凝而成丹。玄者喻其幽淵莫測，珠者喻其圓滑光潔也。

此章申明七竅歸根，致虛靜篤，養其無形，則魂藏魄滅，神全氣充，丹成自然。

第十八章

口訣〔1〕無多子〔2〕，修丹在片時〔3〕，溫溫行火候〔4〕，十月產嬰兒〔5〕。

注釋

〔1〕口訣：摘要編成便於記誦的詞句，此指丹道要訣。《悟真篇自序》：「授金丹藥物火候之訣」。《還源篇序》：「以簡易之語，不過半句。」

〔2〕無多子：《雲笈七籤》本作「無多字」。喻修丹口訣至簡至易，指流知源，語一悟百。《悟真篇·七言絕句第十一》：「真人授我指玄篇，其中簡易無多語，只是教人煉汞鉛。」

〔3〕在片時：指丹訣至簡至易，修丹易行易成。《悟真篇自序》：「夫煉金液還丹者，則難遇而易成……玄珠有象，太乙歸真，都來片晌工夫，永保無窮逸樂。」《還源篇序》：「其證驗之效，只在片時。」

〔4〕行火候：烹煉之道，心靜念寂氣專，則精氣會合，神

氣交感，真氣周流，遍體溫溫。正如《悟真篇・七言四韻第十三》說的「謾守藥爐看火候，但要神氣任天然」。

〔5〕十月產嬰兒：氣專念寂，自無差失，溫養三百日，自然陽神靈動，如嬰兒之脫胎而產。

此章闡明修丹口訣至簡至明，不過半句，要在「惟留神與氣」二字；金丹成就，也可片時而得。而用訣之際在於神安息靜，氣專念寂，火候務要溫溫有度，則陽神顯動便如十月之嬰兒，自然脫胎而產。

第十九章

夫婦[1]初歡合[2]，年深意轉濃[3]，洞房生瑞氣[4]，無日不春風[5]。

注釋

〔1〕夫婦：喻心身（腎）陰精陽氣。

〔2〕歡合：指精氣凝結成神，坎離交媾之際身體自有快美之感。《丹髓歌》：「夫真夫，婦真婦，坎男離女交感時，虛空無塵天地露。」

〔3〕意轉濃：及經烹煉沐浴，日積月累，精氣和合之意較初時更為濃烈。

〔4〕生瑞氣：《道藏精華錄》本作「交會處」。

〔5〕不春風：精氣時時交會於中，自有真氣薰蒸而為沐浴，其體溫和，如坐春風之中。《張紫陽八脈經》：「天門常開，地戶永閉，尻脈周流於一身，貫通上下，和氣自然上朝。陽長陰清，水中火發，雪裏花開，所謂天根月窟閑來往，三十六宮都是春」。

此章承上章，言烹煉自久，自有天然真氣為之沐浴，仍當以溫溫舒適為準。蓋得藥交結於中初時，行火縝密，是謂烹

煉；後來真氣上朝，充於遍體，溫潤其身，是謂沐浴。烹煉是
火候所致，沐浴乃藥力自然所為。故烹煉是有作（有為），是
進火，沐浴是止作（無為），是退符，此中妙用也不可不知。

第二十章

驟雨紙蝴蝶[1]，金爐玉牡丹[2]，三更[3]紅日赫[4]，六
月[5]素霜寒[6]。

〔1〕驟雨紙蝴蝶：沐浴之際，丹頭初結，真氣未壯，如平
素煉己未純，勢必念動而神馳，氣散，身中冷落，有如紙製之
蝴蝶，乍遇驟雨沖刷而破碎。

〔2〕金爐玉牡丹：若念頭躁動則神遂躁烈，心中煩熱，有
如玉樣之牡丹投入火爐之中，招致焚燒。

〔3〕三更：喻神馳氣散而身寒。

〔4〕紅日赫：制心止念，神歸氣穴，則陽復氣聚，如紅日
高懸，而使冷退返溫。

〔5〕六月：喻念動神躁而身熱。

〔6〕素霜寒：神定氣行，氣返絳宮，熱止身冷，如得素霜
之寒，而自然氣行滋潤。

此章闡述止火沐浴之時，全憑念寂神定，氣自周行，丹頭
方能壯大。若念動氣散，則臨危歷險，有如玉牡丹入於火爐、
紙蝴蝶乍遇驟雨，毀於頃刻而前功盡棄。

第二十一章

海底[1]飛金火[2]，山巔[3]運土泉[4]，片時交媾就[5]，
玉鼎起青煙[6]。

〔1〕海底：喻尾閭、會陰部位。

〔2〕飛金火：金火指命火、真陽，也即坎中純陽、乾金之火。飛指自下而上運轉。《入藥鏡》：「歸根竅，復命關，貫尾閭，通泥丸。」也及周天運行之意。

〔3〕山巔：喻頭頂，百會之處。

〔4〕運土泉：土泉指性水、木液，也即離中純陰、坤土之泉。運指真氣由上而下，從頭頂泥丸返歸氣海丹田。

〔5〕交媾就：指坎中之陽與離中之陰在正念、真意的勾引調攝下上下斡施、陰陽交結。

〔6〕起青煙：真氣運行，遍體溫溫之喻。

此章演敘丹書所謂進陽火、退陰符之說，即真氣自尾閭、過夾脊、玉枕，上泥丸為進陽火；自泥丸、下印堂、絳宮，歸氣海丹田為退陰符。此也即白玉蟾所謂的「抽添運用」之意。

第二十二章

鑿破〔1〕玄元竅〔2〕，衝開混沌關〔3〕，但知烹水火〔4〕，一任龍虎蟠〔5〕。

注釋

〔1〕鑿破：鑿為挖槽、穿孔的工具。這裏指真氣穿關透竅的作用。

〔2〕玄元竅：即玄關竅，指尾閭、會陰之竅。

〔3〕混沌關：元氣旺盛，谷神獨處天谷泥丸，得氣來朝，則人體渾渾噩噩，如處混沌關頭。

〔4〕烹水火：指水火即濟，聖胎得以溫養。

〔5〕龍虎蟠：虎以喻身喻氣，龍以喻心喻神，神氣混凝，誠一不二，則性命包藏，虛無自然，任其龍虎蟠飛，風雲際會，以冀丹成。

此章闡述沐浴既足，溫養純熟，則真氣沖關透竅，猶如龍

虎蟠飛。如此則水火互濟，神氣合一，自然冀其丹成。

第二十三章

娑碣水中[1]火，崑崙山上[2]波，誰能知運用[3]，大意要黃婆[4]。

注釋

〔1〕娑碣水中：指海底會陰之處。

〔2〕崑崙山上：指山巔泥丸之所。前兩句意在水火升降、浩然正氣自為流行。

〔3〕知運用：指沐浴、溫養之用。

〔4〕要黃婆：言只要一個真意篤信謹守，勿使浮躁飛揚，則百體舒泰，和光同塵，可望元性來復。紫賢所謂「水真水，火真火，依前應候運周天，調和煉盡長生實」，則是知運用也。

此章承上章進一步闡發沐浴溫養之道，運行周天，關鍵在於堅持正念，而循乎自然。

第二十四章

藥取先天炁[1]，火尋太乙精[2]，能知藥取火[3]，定裏[4]見丹成。

注釋

〔1〕先天炁：指心、肝、脾、肺、腎五臟之純陽之氣。五氣一貫而朝元，則結成太素氤氳之元神，體內自有純陽之氣。

〔2〕太乙精：《道藏精華錄》本作：「太易精」。指心中純陰之精。精氣神三華齊氾而聚頂，內凝太乙含真之氣，則心中乃得純陰之精。

〔3〕藥取火：《道藏精華錄》本作「藥與火」。指乙太乙之精為神為火，採取先天之氣為藥，以火煉藥之意。

〔4〕定裏：於清靜無象之中，密以守之，自然有火煉藥，

合而為神。即白玉蟾所謂「可以無心會，不可以有心求」是也。

此章總結發明自採取至丹成的易簡之道。總以得其正念，清靜自然，純一不二，常以五臟朝元之真氣，凝合三華聚頂之元神，綿綿若存，灰心冥冥，自然得元性來複。尋取太乙之精為火，採取先天之氣為藥，以火煉藥，則寂定見丹成。

第二十五章

元氣如何服[1]，真精不用移[2]，真精與元氣，此是大丹基[3]。

注釋

〔1〕如何服：指身中元氣無形，不比有形之食物，可言如何服法。

〔2〕不用移：指心中之精為無形之真精，不比外物堅重有形，故不須用力動移。

〔3〕大丹基：能知藥取火，火煉藥，則真精與元氣一而二，二而一，足以為金丹之根基。

此章揭示金丹之基，只此精氣二物，凝精合氣，即可成其大丹，並不更需外索他求。

第二十六章

儒家明性理[1]，釋家打頑空[2]，不識神仙術[3]，金丹頃刻功[4]。

注釋

〔1〕明性理：性指人性，理指倫理。儒家重視人性倫理，修身強調存心養性，但少究元命為元性之根本。

〔2〕打頑空：《性命圭旨》：「釋之空中者，本體之中，本洞然而空也。」故釋氏之徒禪修、打坐、空中，強調明心見性，但不探元性以元命為本源。

〔3〕不識神仙術：指不識性命一貫之道。

〔4〕頃刻功：言以火煉藥而成丹只是以神馭氣而成道，即是窮理盡性以致命之聖功，可以功成頃刻，造化一身，真乃仁術也。

此章感歎世人不知合精氣以為丹，勸勉三教門徒，既要探究三聖心傳，又宜行道同術，以普度天下眾生。

第二十七章

偃月爐[1]中汞，朱砂鼎[2]內鉛，龜蛇[3]真一氣[4]，所產在先天[5]。

注釋

〔1〕偃月爐：喻丹田、泥丸，人身安爐烹煉之所。

〔2〕朱砂鼎：喻心、絳宮。心藏神，具烹調之用。爐中汞、鼎內鉛意指鉛汞兩物本原於自身之內。

〔3〕龜蛇：龜喻性、蛇喻情，也喻鉛汞。注見第四章〔1、2〕。

〔4〕真一氣：指身心、鉛汞、性情均本於陰陽真一之氣。

〔5〕在先天：人身陰陽真一之氣均來源於先天，修丹不須外索他求，只需致虛守靜，以俟其來復。《丹髓歌》：「偃月爐、朱砂鼎，須知抱一守沖和，不管透關投玉井」也即此意。

此章提示內煉丹術之爐鼎、藥火皆備於人體有生之初，修煉金丹只在致虛守靜，凝神氣穴，不須外索他求。若世人不明此理，則難行此術。

第二十八章

朔望[1]尋[2]弦晦，抽添[3]象[4]缺圓[5]，不知真造化[6]，何物是真鉛[7]。

注釋

〔1〕朔望弦晦：均喻月之盈虛消息之象。朔是農曆每月之初，月亮與太陽同起同落，故看不到月光的月相；望是農曆每月十五，可看到圓形滿月的月相；弦是農曆每月初八、二十三，看到半月或月牙形月的月相；晦是農曆每月月底，月亮從月牙形逐漸到看不到時的月相。

〔2〕尋：指月相隨時日的轉換的意思。

〔3〕抽添：內丹術語。指烹煉時進火退符。

〔4〕象：比喻、好像之意。

〔5〕缺圓：比喻根據月象的圓缺進行抽添運用，月盈（圓）時損（抽）之、月虛（缺）時益（添）之，意為自然而為之。

〔6〕真造化：自無生有謂之造，從有還無謂之化。真造化者，法乎自然之生生化化也。

〔7〕何物是真鉛：意指煉丹者在未得藥時，當抱持正念，清靜自然，以觀其復，不得向身中搜遍，何物是鉛是汞。此也發明第二章「採取要知時」之義。

此章指明藥物「真鉛」產生於清虛無為之時，告誡烹煉中只宜順乎自然，採取知時，不可著意搜尋，以冀學人能知能行。

第二十九章

氣是形中命〔1〕，心為性內神〔2〕，能知神氣穴〔3〕，即是得仙人〔4〕。

注釋

〔1〕形中命：形即為身，形之有生命，賴氣以生。

〔2〕性內神：心為天性元神之舍。所謂「氣為命分神為性」是也。

〔3〕神氣穴：性命為身心之根，神氣為身心所發，故心身

即是神氣之穴。

〔4〕得仙人：修煉之士，識得此真穴，密而守之，則可得以下手，了道成仙。

此章闡明身心性命之功，憑藉神氣為用，使人漸悟歸復之法，還丹之源，而能了道成真。

第三十章

木髓〔1〕烹金鼎〔2〕，泉流〔3〕注玉爐〔4〕，誰將三百日〔5〕，慢慢著功夫〔6〕。

注釋

〔1〕木髓：喻元精。木喻性，憑於心中一點真精，自性根生出即是元精，譬如木之有髓也。

〔2〕烹金鼎：金為先天乾德，先天心本屬乾，喻心曰金，冶金成鼎，烹調水火，則其精髓可煉成神。後天之心常感物慾而外馳，反為形役，故必先明正令，以清靜心，烹煉明淨，元神一遇鉛生則產真汞，凝練成神。

〔3〕泉流：喻元氣。身中一點真氣從命蒂生來，比喻元氣流之有源。

〔4〕注玉爐：喻先天坤體。身為命所憑，吾身至靜，元氣旺盛，每於子半一陽初動之時，坤體氣暖，有如火爐之謂。後天之身，只緣接物，精氣滲漏，煉丹尚嫌其濁，必先堅持正念，帥氣歸集於身，方得先天一氣自然發動，煉汞成神。

〔5〕誰將三百日：指烹煉之道，正本清源，和合精氣，不是一蹴可幾之事，暗示修煉金丹應下苦功夫。誰將指哪一個肯如此之意。

〔6〕慢慢：指烹煉之事應當勿忘勿助，循序漸進，慢慢行持，以冀功成。

此章教人煉丹，宜澄清習染，振刷精神，待時下手，且要勿急勿躁，持之以恆，慢慢進火用功。

第三十一章

玉鼎[1]烹鉛液[2]，金爐[3]養汞精[4]，九還為九轉[5]，溫養象周星[6]。

注釋

〔1〕玉鼎：喻神室絳宮。烹煉中堅持正念，修煉清明，則神自縝密如玉。

〔2〕烹鉛液：一陽來復，鉛氣發動，即發汞火烹調，則成神水。

〔3〕金爐：喻氣海丹田。身中陽氣因念正身靜，則澄注清潔，氣自堅凝如金。

〔4〕養汞精：真陽之氣既產，一遇汞精，自然互為長養，而入華池。

〔5〕九轉：即九還，也即金液還丹。見前面第六章注〔7〕。

〔6〕象周星：根據周天星斗方位變化以定四時晨昏時節則有准，本天行自然之道也。此指沐浴溫養也當與法乎自然之意。

此章明示神是火，氣是藥，火見藥則可烹調，藥得火則長養而堅凝。烹煉沐浴皆本乎天行自然之法，則九轉九還是為金液還丹之道。

第三十二章

玉液[1]滋神室，金胎[2]結氣樞[3]，只尋身內藥[4]，不用檢丹書[5]。

注釋

〔1〕玉液：指心汞。心氣足而為神，方能烹煉作丹，養我心氣，也即滋其神室。

〔2〕金胎：喻真鉛。鉛汞合則渾一而成胎。

〔3〕結氣樞：胎氣結則遍體氣機如周天運度，隨順天樞，暢行無滯。

〔4〕身內藥：金丹之基，精氣神者皆身內之物，只可向身中求之。

〔5〕丹書：指歷代道門丹經典籍。其中烹煉之學不過明其大旨，至簡至明。烹煉之道在於內省自修，故丹書無須多加檢閱。

此章闡明金丹大藥備於人自身內，其烹煉之法在於自修內省，丹經古籍也不過明其大旨而已。

第三十三章

火棗[1]原無核，交梨[2]豈有渣，終朝行火候[3]，神水灌金花[4]。

注釋

〔1〕火棗：喻烹鉛成丹之真汞，即元神，並非有核仁之紅棗。

〔2〕交梨：喻鉛汞合一而成之丹頭，即精氣交結之一團真氣，僅似梨狀，而非真有渣質之梨果。

〔3〕行火候：指致虛靜篤，凝神氣穴，以靜養其無形之氣之謂。

〔4〕神水灌金花：意為真鉛真汞結合而成丹，則神形更具精神，更有華色。《丹髓歌》有云「真交梨，真火棗，交梨吃後四肢雅，火棗吞時萬劫飽」即此意也。

此章闡述烹煉之正法，言神氣無形無質，只在矜持正念，養其無形，自然神凝氣穴，鉛汞交結，成其「真體」，更具精神。

第三十四章

煉氣徒施力[1]，存神枉用功[2]，豈知丹訣妙，鎮日[3]翫真空[4]。

注釋

〔1〕徒施力：指內丹之修煉，氣只宜直養而無所謂煉，若有如閉息、搬運家者，則反錮其氣機，使其滯而難通，故是徒然施力，勞而無功。

〔2〕枉用功：指神只宜安其位而無所謂存，若有意注想或默朝，寂定之元神反受其擾而不安，甚至外遊思妄，茫然馳去，故是枉用功夫，反不得力。

〔3〕鎮日：即整日之意。

〔4〕翫真空：翫音玩，習於其事，而不復加注意也；真空指神實氣虛，以神入氣穴，則「觀空之見與所空之境一併空卻，而全體內外通透，苑如一真空」之謂。劉海蟾比喻是「照體長生空不空，靈鑒涵天容萬物」。修煉者「凝靜以行止，坐臥為火候」，日出而作，日晦而息，饑來吃飯，倦來便眠，事至順應之，客去靜虛止，習以為常，則萬物不能擾我之識，天地不能役我之形，而一任六氣周流。此正是丹訣之妙，何須煉氣存神，徒勞枉作。

此章明示丹訣之妙，在於自然無為，沐浴之正法，也復如是。修煉者能知能行，而無徒勞枉作，則無危險可慮。

第三十五章

欲煉先天氣[1]，先乾活水銀[2]，聖胎如結就，破頂[3]見雷鳴[4]。

注釋

〔1〕煉先天氣：指平素就宜慎戒恐懼，堅持正念，退藏於

密，本清靜以為體，守鉛汞以為用，待侯癸生，一陽來復。

〔2〕活水銀：喻心中一點陰精，於未煉之前尚如水銀之活而難制。精氣交結，歡合無間，則水銀之水被陽氣吸乾，凝而成神。

〔3〕破頂：指破開巔頂關竅。

〔4〕見雷鳴：神氣妙合而凝，聖胎自然結就，則頂竅洞開，百脈俱停，三關爽透，身如火熱，遍體純陽，宿疾全消，只覺此身已坐天空，但見空中雷鳴電掣，震地驚天。此丹家所謂先天元命來復之景象。

此章承上章發明丹胎經沐浴溫養後，自然分胎，則出現真氣沖關透竅之景象。

第三十六章

氣產非關腎[1]，神居不在心[2]，氣神難捉摸[3]，化作一團金[4]。

注釋

〔1〕非關腎：《道藏精華錄》本作「非干腎」，意指藥產之初，身中之氣（元氣）原由下田虛穀氣穴而還於中田應穀絳宮，不干預腎。

〔2〕不在心：陰精所化之神（元神）由應谷中田順氣周旋而返於上田天谷泥丸，也不在於心。

〔3〕難捉摸：意指神本無方，氣本無體，神氣交感，只在空洞無跡、恍惚杳冥之中，斷難捉摸。

〔4〕化作一團金光：只有在虛靜之際，神氣相逢，火焰一閃，飛播虛空，如同一團金光，遍體透徹。

此章發明吾身元神元氣之由來，不在有形之心腎，而在身中無形之田谷。烹煉中神氣交感於虛靜之際，在恍惚裏相逢，

第五章 石泰：《還源篇》釋義

273

於杳冥中有變，有如一團金光，飛播虛空，而使遍體溫溫透徹、舒適無比。

第三十七章

一竅名玄牝[1]，中藏氣與神[2]，有誰知此竅，更莫外尋真[3]。

注釋

〔1〕玄牝：指生身受氣之初所成的一孔之竅，是人一身天地之正中，藏元始祖氣之竅，故又謂之祖氣穴，但無形相可求。葉文叔曰：「玄牝之宮，即中宮也，中藏真一之氣，生金精也。」

〔2〕中藏氣與神：《金丹四百字》：「此竅非凡竅，乾坤共合成，名為神氣穴，內有坎離精。」人於清靜、七竅歸根之際，此竅中即有精氣返還，凝練成神而藏之。此時只需一個正念，便可使精氣得以凝結，所以白玉蟾有「念頭動處為玄牝」之謂。

〔3〕有誰知此竅，更莫外尋真：意為人能識知此竅之所以名為玄牝者，則「只此一念實，此外即非真」，無須更向外而求索，故純陽子有曰：「窮取生身受氣初，莫怪天書都泄盡。」語更明顯。

此章闡明一竅之所以名玄牝者，以其為丹道至要。張伯端所謂「要得谷神長不死，須憑立牝玄根基」，故修真者不可不知也。

第三十八章

脾胃非神室[1]，膀胱乃腎餘[2]，勸君休執泥，此不是丹梯[3]。

〔注釋〕

〔1〕脾胃非神室：脾胃為貯運後天水穀之所，並非藏神之舍。

〔2〕膀胱乃腎餘：膀胱僅秉承腎氣貯泄水濁之處，與人身藏精無涉。

〔3〕此不是丹梯：丹梯，《道藏精華錄》本作「丹樞」，指丹道之樞機。言脾胃、膀胱皆與烹煉結丹無關，教人不可於此執泥。

此章承上章反覆誡人外尋，又恐誤以內覓，意在教人既戒外求、又避內執，只管養其無形，才是修丹真正階梯。

第三十九章

內景〔1〕詩千首〔2〕，中黃〔3〕酒一尊〔4〕，逍遙無物累〔5〕，身外有乾坤〔6〕。

〔注釋〕

〔1〕內景：指烹煉中身內呈現的景象，如前章所述「聖胎如結就，破頂見雷鳴」。

〔2〕詩千首：指內景豐富多彩，用千言萬語描繪不盡，也言其不可捉摸，如前述的「神氣難捉摸，化作一團金」。

〔3〕中黃：指身中黃庭，也即玄牝一竅。

〔4〕酒一尊：《道藏精華錄》本作「酒一樽」，意為烹煉溫養之際，身內之景不可捉摸，正好即景吟詠，以陶冶性情；借酒和中，以調暢神氣。但養氣不可過縱，故借喻用酒一樽而毋多。

〔5〕逍遙無物累：逍遙喻神氣翱翔，逍遙自在；無物累：指七竅歸根，矜持正念，養其無形，則內外交養，更無物慾可累其身心。

〔6〕身外有乾坤：至胎結就，破頂出竅，吾身內外，透出一個金光之體，即是先天乾坤浩氣所凝成。此乾坤合成之體，即為身外之身。

此章承上兩章，既將內外屏絕掃除，則無物慾受累，此時正須內外交養，陶情淑性，一任涵養吾之浩然正氣。

第四十章

烏兔[1]相煎煮[2]，龜蛇[3]自纏繞[4]，化成丹一粒[5]，溫養作胎仙[6]。

注釋

〔1〕烏兔：烏為日魂以喻性，兔為月魄以喻情之謂。

〔2〕相煎煮：意為以性攝情，以情率性，比喻水火既濟之謂。

〔3〕龜蛇：龜善伏藏，故以喻神；蛇善遊動，故以喻氣。

〔4〕自纏繞：也指神以馭氣、氣以養神，陰陽神氣相抱互濟之意。

〔5〕化成丹一粒：靜心忘形，專一不二，自然性情陶鑄，神氣交結而成丹。薛紫賢《丹髓歌》曰：「烏無形，兔無影，烏兔只是日月精，烏兔交時天地永」；「龜無象，蛇無跡，龜蛇只是陰陽形，二氣交合混為一」。

〔6〕溫養作胎仙：神氣交合成丹，經三百日溫養，則聖胎圓成，脫胎成仙。

此章承接上章，發明丹道中之陰陽神氣雖常變動不居，但總是處於相抱互濟之中。人能陶情淑性，則能溫養其化機，於無音無形之中，以冀其交結成丹，脫胎成仙。

第四十一章

萬物生皆死[1]，元神死復生[2]，以神歸氣穴[3]，丹道自

然成。

注釋

〔1〕萬物生皆死：意為天地自然界的一切有生命之物體，有生必然有死，這是客觀規律。《道藏精華錄》作「萬物皆生死」。

〔2〕元神死復生：道家神仙之術以為萬物有生皆有死，人之元神元命也會衰亡死去，但得訣之人，依訣修煉，可使元神元命來復，於虛無自然之中再發起一點先天無極元陽真氣，凝定如初。陽神已得，元氣貫注，遂能現形，且可以飛升變化，可以寂定安居。意在強調溫養神氣之用，有奪天地造化之功。

〔3〕以神歸氣穴：此點明金丹歸復之真訣。薛紫賢有云：「昔日從師親口訣，只叫凝神入氣穴。」其法至簡至易，不外七竅歸根，養其無形，則自然神歸氣穴。歸氣穴，《道藏精華錄》本作「歸氣內」。

此章以及上述五章均為發明丹術溫養功夫，總宜無作無為，靜候元神真性的來復，以期聖胎圓成，陽神現形。

第四十二章

神氣歸根處〔1〕，身心復命時〔2〕，這般真孔竅〔3〕，料得少人知〔4〕。

注釋

〔1〕歸根處：即七竅歸於一竅，也即上章所謂的「以神歸氣穴。」

〔2〕復命時：指七竅歸根，致虛靜篤，則元命來復，一陽再生，即所謂「歸根復命」。

〔3〕真孔竅：指七竅歸根之一竅，而一竅復返其真空之謂。白玉蟾曰：「返本還源為真空」。其實只要虛心觀空，便得

「真孔竅」，而不是要另尋什麼孔竅。

〔４〕少人知：意為不得真訣之人，則不知此即為「真孔竅」
也。

此章進一步闡述修煉中只有七竅歸根，且一竅返空，才能
得見「真孔竅」，便可歸根復命，以為成丹之根本。

第四十三章

身裏有玄牝[1]，心中無垢塵[2]，不知誰解識[3]，一竅內
涵真[4]。

注釋

〔１〕有玄牝：玄牝為精氣返還、烹煉成神而藏之之所。得
訣之人，但只正令一至，心思計慮即自退藏於密，則神居天
谷，氣返絳宮，便是身裏有了玄牝。

〔２〕無垢塵：正念歸藏，則心中垢塵自然洗滌無餘。

〔３〕誰解識：指吾之神氣並成一個正念，混藏於一竅玄牝
之中，則心中垢塵無從著跡，也就無須洗滌，更無外擾可慮。
此中奧秘，不得真訣，自然不能解識。

〔４〕內涵真：七竅歸根、正念內藏，自然能涵養人身天真
之氣。

此章闡發正念歸藏是為丹訣之要，依訣修煉，自然妄念剪
滅。教人不必畏難，且不必逃世避俗，而居塵自有出塵之法。

第四十四章

離坎真龍虎[1]，乾坤正馬牛[2]，人人皆具足[3]，因甚不
知修[4]。

注釋

〔１〕真龍虎：離指後天之心，坎指後天之身，後天之心無
制，則有如龍之倡狂；後天之身中陽氣無所歸，則有如虎之猙

惡。

〔2〕正馬牛：乾喻先天之心，《說卦》謂「象之為良馬」；坤喻先天之身，《說卦》喻「象之為子母牛」，言其先天之身心訓良之意。道家修丹，無非煉去後天身心頑劣之性，而化成先天馴良之性命。

〔3〕皆具足：指人人皆具有身心，人人都秉有先天馴良之性。

〔4〕因甚不知修：言之所以不知修煉，是因為不得真訣，不知藏神於一竅之中。

此章明示人人皆具仙材天性，勉勵人們尋師求訣，好生進修，皆有得道成功之望。

第四十五章

魂魄為心主[1]，精神以意包[2]，如如行火候[3]，默默運初爻[4]。

注釋

〔1〕為心主：丹道以精神魂魄意為藥材。魂魄本藏於肝肺，而神藏於心，正神泰然安居，靜鎮百骸，則時發為意，即是正念；篤信謹守，則團聚精氣，魂魄亦伏藏於正位，受心神所主。

〔2〕以意包：正念凝而心腎交，精神即包藏於意中而不散。

〔3〕如如行火候：指正念為心所主，正念歸藏於密，則身心如如不動，而火候自然。

〔4〕運初爻：指正念初動之際。烹煉中矜持正念，魂魄自不能妄參；身心不動，清靜自然之火候自行。一俟一陽來復，則運起周天，陽氣逕自上達，與神交會，合而成神。

此章闡述陶魂鑄魄、滌情淑性在於一個正念，聚精凝神、

採取交結也在於一個正念，反覆強調修煉中正念不可不先立。

第四十六章

心下腎上處，肝西肺左中[1]，非腸非胃腑[2]，一氣自流通[3]。

注釋

〔1〕心下腎上、肝西肺左：指虛無密處、玄牝一竅之所在。《黃庭經》：「上有魂靈下關元，左為少陽右太陰，後有密戶前生門。」即黃庭玄牝一竅之所。

〔2〕非腸非胃腑：指黃庭、玄牝為虛無密處，身中胃腸實處皆非真氣歸復之處。

〔3〕一氣自流通：身中黃庭虛無密處猶如太極虛無之空中，真氣流通，決無阻滯。

此章發明玄牝黃庭為虛無密處，人能虛心守密，真氣自會流行於玄牝黃庭，頻來頻復，積久而自然成神。

第四十七章

妙用非關意[1]，真機不用時[2]，誰能知此竅[3]，且莫任無為[4]。

注釋

〔1〕非關意：此意非指真意、正念，而是指心意、物慾之謂。言丹胎只由精氣二物妙合而凝，決非矜心作意之可成。

〔2〕不用時：指精氣妙合之真機，只是藏神於密，正念妙覺之時機，並不能用鐘鳴漏滴之時可計。此真機也即第二章「採取要知時」之時機。

〔3〕此竅：指金丹訣竅。

〔4〕任無為：指烹煉於精氣未合之前，只當藏神於密，無為無用；當精氣交結之際，則宜有為有用，及時採取，且莫自

失機宜。

此章闡述採取、交結的時機。發明真機之至，則不可任其無為而失機宜。教人刻刻操持正念，靜存養正之功，庶無失誤。

第四十八章

有物[1]非無物，無為合有為[2]，化權[3]歸手內[4]，烏兔結金脂[5]。

注釋

〔1〕有物：言丹術中精氣鉛汞二物為藥物，皆有其實而並非虛無者，如第二章有云：「真精與元氣，此是大丹基。」

〔2〕無為合有為：指於精氣未合之先，當謹守正念，無為而治；烹煉中鉛汞生而相凝，鉛得汞並而直透後前三關，皆當以有為之法，採而取之，否則任其留連轉顧，將下流而未肯上達。

〔3〕化權：烹煉造化之權機。

〔4〕歸手內：喻自身作主。

〔5〕結金脂：喻烹煉中專氣致柔，其身有如金熔於爐，變得柔潤如脂。白玉蟾有「天地日月軟如綿」、陳泥丸謂「軟如綿團硬如鐵」皆是此意。

此章發明正念常存，則烹煉造化之權自為我之所主，並以無為，有為之法，適時而治，則採取交結，專氣致柔，人身自會出現神奇的變化。

第四十九章

虎嘯[1]西山上[2]，龍吟[3]北海東[4]，捉來[5]須野戰[6]，寄在艮坤宮[7]。

注釋

〔1〕虎嘯：虎喻身，先天為坤，後天為坎；虎嘯借喻烹煉

中心中陰精將足，身中真陽之氣欲之上達而交，也即陽氣初動之意。

〔2〕西山上：喻先天艮位，身中陽氣上達，抽坎填離，則坎身有漸返純陰坤身之象。

〔3〕龍吟：龍喻心，先天屬乾，後天為離；龍吟借喻身中陽氣方生，則心中陰精自然下達而與之會，也寓心中陰精將足之意。

〔4〕北海東：喻先天震位，陰足陽動，有一陽初生之象。上二句意與《悟真篇》「震龍汞出是離鄉，兌虎鉛生在坎方」及「華嶽山頭雄虎嘯，扶桑海底牝龍吟」頗合。

〔5〕捉來：追想精氣二物交合之景象，也即需有正念、真意從中勾引攝合之意。

〔6〕野戰：《易經・坤卦》曰：「陰凝於陽必戰」。此也精氣交合，龍虎交媾之意。《金丹四百字》：「龍從東海來，虎向西山起，兩獸戰一場，化作天地髓。」

〔7〕艮坤宮：指兩儀四象之中，艮為宮闕，坤為闔戶，故有閉戶深藏之象。教人於烹煉中當閉塞耳、目、口，勿使外通，如是則能揣摩體悟一念歸藏之奧妙。

此章發明烹煉中及時持念歸藏，以制伏身心，則陰極陽生，身中一點陽氣發動，陰精便自凝陽而交戰，呈現龍虎交媾之景象。

第五十章

復姤[1]司明晦[2]，屯蒙[3]直曉昏[4]，丹爐凝白雪[5]，無處覓猿心[6]。

注釋

〔1〕復姤：復（☷☳）為陰極陽生之卦，以喻人身靜極生動，

陽氣初生之象；姤（☰）為陽盛陰生之卦，以喻人心動極而靜，陰精自生之象。

〔2〕明晦：指白晝、黑夜。

〔3〕屯蒙：屯（☳）卦為震下坎上，震動則坎險，比喻一陽來復，坎身即有滲漏之險；蒙（☶）卦為坎下艮上，坎險而艮止，取象人見陽氣方生，急冥其心，先自退藏，則陰精自與陽氣兼併而凝合，方能破險而直上，通透三關而周行。

〔4〕曉昏：意為靜而復動，如天時由黑夜轉明是為曉；動而復靜，如天時由白晝轉晦是為昏。比喻體內真氣自然而然地流行，猶如白晝黑夜自然變更而有規律。

〔5〕白雪：比喻陰精得陽氣交合，流布上達，則神水入華池，全體頓覺明淨清澈，有雪白之景象。

〔6〕猿心：指一切穿鑿之見、妄想之心。意為丹田白雪凝成，漫布周身，正是正念歸藏之效用，自然是無妄念相乘了。

此章申明於陰極陽動之際，行採取交結之法，更當冥心退藏，正念歸一，方能防危杜險，行自然養正之丹道。

第五十一章

黑汞[1]生黃葉[2]，紅鉛[3]綻紫花[4]，更須行火候[5]，鼎裏[6]結丹砂[7]。

注釋

〔1〕黑汞：汞為心中陰精，陽精已與身中之陽氣結合而化為純陰，則喻為黑汞。

〔2〕生黃葉：得陽氣結合之陰精歸於純陰之坤土，「真種子」得土氣滋培，則生出黃芽。黃葉即黃芽初開放之嫩葉，比喻陰凝於陽而成結丹之兆。

〔3〕紅鉛：喻身中陽氣汲取心內陰精，精氣交結而成之神。

〔4〕綻紫花：陰精與陽氣交結，陽氣汲取陰精，又得火氣薰蒸，則綻出水火黑赤相兼之紫色之花。紫花象徵果實苞蕾，比喻水得火濟而有結丹之基。

〔5〕更須行火候，言精氣交結之際，急需放下身心，堅藏正念，默運烹煉之火，有如嬰兒之專氣致柔、勿忘勿助。若肆意外馳，則神氣失散，無以靜定而成其谷神。

〔6〕鼎裏：指心下黃庭。《青華秘文》：「黃庭為鼎。」

〔7〕結丹砂：喻谷神成就，而玄珠產。心念堅藏，專氣致柔，則心氣充足，元氣乃立，德性堅韌而氣質之性亦定，黃庭正開，故玄珠落於黃庭之中。

此章承接上章進一步申明精氣交結，其烹煉之法仍在正念堅藏，專氣致柔，永定谷神而靜待玄珠顯像。

第五十二章

木液[1]須防兔[2]，金精[3]更忌雞[4]，抽添當沐浴[5]，正是月圓時[6]。

注釋

〔1〕木液：喻心。木本喻性。心由性生，木生火也。

〔2〕防兔：兔於地支屬卯，其卦氣得雷天大壯（䷡），陽旺過中。比喻修煉到此，心氣旺盛，疾惡如仇，易隨性生火而發於木，必反剋性，亂其谷神，故須防之。

〔3〕金精：喻身，金以喻情，身因情生，故曰金精。

〔4〕忌雞：雞於地支屬酉，其卦氣得風地觀（䷓），陰長過中，比喻修煉到此，身已強壯，一遇色慾，易情動水泄而致金枯，反難制情，亦危及谷神，故宜預為忌之。

〔5〕抽添當沐浴：以抽添比喻防兔忌雞，仍當正念密藏，任憑身中真氣自然周流，薰蒸溫煦以為沐浴溫養，冀其氣旺，

進而如澤天夬卦（☱）之象。當沐浴《道藏精華錄》作「須沐浴」。

〔6〕月圓時：如此沐浴溫養，則性情和悅，神氣充暢，有如月之將圓。

此章教人修煉神旺氣壯，更當去理障而絕情魔，以防生火動情，並行自然沐浴之法，以使神氣更為充暢。

第五十三章

萬籟[1]風初起[2]，千山[3]月正圓[4]，急需行正令[5]，便可運周天[6]。

注釋

〔1〕萬籟：比喻周身之孔竅。

〔2〕風初起：指人修煉到身靜心定、情陶性淑、神完氣充之際，則周身關竅爽透，有如春風吹拂。

〔3〕千山：比喻遍體之經脈。

〔4〕月正圓：指滿圓之月普照千山，則已交澤天夬卦（☱）氣候，比喻人身將變為純陽乾卦（☰）地位，也正是元命將複之時，識神將化之際。

〔5〕急須行正令：言此時此際更當正念謹藏，嚴密內守，切戒雜念侵擾。否則，會乘隙挾奪谷神，透身出奔，或飛或潛，為胎為卵，隨其生平嗜好所近而附之，人之正神迷散，則人即不死亦呆，危險至極。

〔6〕運周天：若此際正念矜持，防忌加嚴，密密綿綿，致虛守靜，則元命來復，識神得以自化，真氣便可廣運周天。

此章教人在修煉有得，元命將復，識神將化之際，更當持密內守，防忌嚴森，以免走火入魔，前功盡棄，

第五十四章

藥材[1]分老嫩[2]，火候用抽添[3]，一粒丹光[4]起，寒

蟾^{〔5〕}照玉簷^{〔6〕}。

注釋

〔1〕藥材：指來復之命氣，也即元氣、真氣。

〔2〕分老嫩：過之為老，氣易生火而傷丹；不及為嫩，嫩稚無用而不能成丹。

〔3〕火候用抽添：指火候抽添之法必須得宜適中，持念密守規中，待時而動。

〔4〕一粒丹光起：戒嚴處密，抽添得宜，火候適中，時而陽光再現，丹光透出，自覺體內如雷鳴電閃，真氣一直上沖巔際，谷神遂棲於天谷泥丸。此正元命來復，識神盡化之憑據。

〔5〕寒蟾：蟾為月之光彩，寒蟾喻冬至一陽來復的一點蟾光，喻陽神初結，尚未旺盛。

〔6〕射玉簷：玉簷指玉體，射玉簷指冬至後的一點蟾光僅照耀體內，尚須進一步溫養，方可射出體外之意。

此章發明命氣來復，谷神成功之際，仍須正念密守，謹運火候，以冀谷神與來復之命氣混化而為陽神之初基。

第五十五章

蚌腹珠曾剖，雞窠卵易尋^{〔1〕}，無中生有物^{〔2〕}，神氣自相侵^{〔3〕}。

注釋

〔1〕蚌腹珠、雞窠卵：即蚌含珠、雞哺卵，意為生物由靜守專注而有所成就。

〔2〕無中生有物：以蚌含珠，雞哺卵有所成，提示「無中生有」為自然造化之機。

〔3〕神氣自相侵：言修丹須要持之以恆，神注不移，專氣至柔，則密密綿綿，自相侵射而金丹自結。

此章意在以物譬人，提示造化之機為自然之道，精誠不二，生物亦可有所成就。教人於烹煉結胎之際，更當神注氣專，行自然溫養之道，以冀胎圓。

第五十六章

神氣非子母，身心豈夫婦[1]，但要合天機[2]，誰識結丹處[3]。

注釋

〔1〕子母、夫婦：丹書每有子母，夫婦以喻神氣、身心者，此僅比喻而已，並非真正子母、夫婦，教人勿泥其文，勿陷於妄作。

〔2〕合天機：即修煉中當知時明令，契合天機，始於有為，終於無為，凝練陰精，化作陽神。神凝氣聚，自然丹成。

〔3〕結丹處：金丹之道，無中生有，於無相之中生成實相，只是養氣為實，而以靜虛致之，凝神為虛，篤信謹守而已，所謂結丹之處，實在無相幽獨之中，此中奧秘，又有誰能識之。

此章意在避除俗妄之見，進一步闡明無中生有，妙合天機，方為丹道真機。

第五十七章

丹頭初結[1]處，藥物已凝時，龍虎交相戰[2]，東君總不知[3]。

注釋

〔1〕丹頭初結：即氣得精兼而上透，凝氣以成神之際，亦即《第四十二章》所謂「神氣歸根處，身心復命時」。此丹頭初結之際也正是大藥生成之時。

〔2〕龍虎交相戰：比喻精凝於氣，神氣交會。

〔3〕東君總不知：東君指修煉之人。精氣交凝，神氣交會，大藥生成於正令退藏於密，識神不用之中，《第六章》所謂「藥材開混沌」，故修煉者自是不識不知的。

此章點明精氣交結、龍虎交媾只在正念密藏之中，所謂杳冥中有變，恍惚裏相逢。故人當勿忘勿助，而不可心會意求。

第五十八章

旁門並小法，異術及閑言〔1〕，金液還丹訣，渾無第二門〔2〕。

注釋

〔1〕旁門並小法、異術及閑言：陳泥丸《翠虛吟》列舉服氣、守頂、運氣、咽液、胎息等等「其他有若諸旁門」，皆非金丹之真傳。各種小法閑言，也只是「各自妄誕自相當，不務真實為真詮」，不足信受，斷不可聽。

〔2〕渾無第二門：意指道家金液還丹之訣與佛祖大乘正宗，孔儒中庸至道同觀，為同一不二之法門，不比旁門異術，令人惹禍招殃；小法閑言，令人徒費工夫。

此章意在教人學道修煉，擇訣須明。只有正邪兩辨，參悟正法，方不致誤入旁門。

第五十九章

貴賤並高下，夫妻與兄弟〔1〕，修仙如有分〔2〕，皆可看丹經〔3〕。

注釋

〔1〕貴賤並高下、夫妻與兄弟：指修煉之道，不論貴賤男女，人人可學。

〔2〕有分：本作緣分，這裏指只要安分勤業，發個願心，皆是有緣分之人，皆為仙家眷屬。

〔3〕看丹經：意為遵循丹經真訣，精誠修習，即可得道有

成。

　　此章是為起信之辭，意在勸勉大眾只要發有願心、精誠修煉，丹道人人可習。

第六十章

　　屋破[1]修容易，藥枯[2]生不難，但知歸復法[3]，金寶積如山[4]。

注釋

　　〔1〕屋破：屋以喻身，屋破喻身體衰老。言人身如房屋，雖有破漏，但肯修築，便易完好。

　　〔2〕藥枯：藥以喻人之精氣神，藥枯即指《還源篇序》中所謂「鉛虛汞少」。南宗上品丹道認為，煉丹取材神氣，而先天神氣通貫天地，並無老少之分。有一刻之神思凝靜，便有一刻之谷神。有一刻之志氣清和，即是一刻之元氣，神以自守，氣以周流，密密綿綿，久而不懈，則氣自養神，神凝氣聚而精生，氣精日滋而神自旺。故曰藥枯生不難，意指人雖體衰藥枯、鉛虛汞少，但修丹仍是可能的。

　　〔3〕歸復法：即凝神聚氣、歸根復命之術。

　　〔4〕金寶積如山：金寶喻身中神氣。正念退藏，身心靜專，神歸氣復；日積月累，神完氣足，猶如屋中金寶堆積如山。《悟真篇・絕句第二》「真金起屋幾時枯」也即此意。

　　此章承上章，申明修仙不分老少，勸勉老年人亦可學道修煉，以冀返老還童。南宗丹術性命雙修之法便是無分男女老幼，得訣即能成功。

第六十一章

　　魂魄成三性[1]，精神會五行[2]，就中分四象[3]，攢簇結胎精[4]。

注釋

〔1〕魂魄成三性：魂魄為肝木肺金所藏，木生火，金生水，魂魄又為精神之母。木火、金水也即木液、金精及意土三者，為內丹之要，故《悟真篇·西江月第五》有「自稱木液與金精，遇土卻成三性」之說。

〔2〕精神會五行：丹道取材於精神，而精神實資生於魂魄，只有精神魂魄意五行會簇而一，方能成全丹道，故曰精神會五行。

〔3〕就中分四象：精神魂魄意五者中，意土主中，則魂魄精神便分列於東西北南之四方，修煉時身靜心定，意正念藏，而含眼光、凝耳靜、調鼻息、緘舌氣，和合四象，則四象遂攢簇於中。

〔4〕攢簇結胎精：《金丹四百字序》：「以東魂之木，西魄之金，南神之火，北精之水，中意之土，是為攢簇五行。」也即眼不視物，耳不聞聲，鼻不嗅香，舌不出聲，四肢不動，會聚五行之氣為一氣。如此聚精斂魄，安神藏魂，凝然而定，則能精化為氣，氣化為神，而成聖胎陽神。

此章發明丹道之性，以及和合四象，攢簇五行在結丹成胎烹煉中之意義作用。

第六十二章

定志〔1〕求鉛汞，灰心〔2〕覓土金〔3〕，方知真一竅〔4〕，誰識此幽深〔5〕。

注釋

〔1〕定志：志者專意而不移也，《靈樞》：「意之所存謂之志。」定志即專志存意，七竅歸集於一竅，意念密藏之謂，身靜意專，真鉛真汞方得而生。

〔2〕灰心：冥心如灰之謂，也即身心如如不動之意。

〔3〕覓土金：土金指真意包藏精神之謂。冥心靜守，形如純陰，則坤（☷）土中藏有一點乾（☰）金，即戊寄於坤而成坎（☵）身。比喻烹煉中神凝氣寂，正念初動，即能以真意包藏精神。《第四十五章》所謂「精神以意包」是也。

〔4〕真一竅：烹煉中神凝氣聚之處，是為真實無妄之一竅，也即玄牝一竅。

〔5〕誰識此幽深：意為丹道幽淵深沉，非得之真傳，自體自悟，不能識之。

此章發明既易又玄的金丹歸復之訣，只在用志不紛，灰心冥冥，神凝氣寂，歸於真一，自然金丹內成，元命立復。

第六十三章

造化無根蒂〔1〕，陰陽有本源〔2〕，這些真妙處，父子不相傳〔3〕。

注釋

〔1〕造化無根蒂：造化者天地自然無為之道，所謂無中生有謂之造，即有還無謂之化是也。天地之始，造化為之根蒂；人之有生，得父母精氣而成。金丹歸復之法，強調自然無為，無中生有，即有還無，與人之根蒂父母精氣無涉。

〔2〕陰陽有本源：指天地萬物以陰陽之氣為本源，人之有生，秉天地父母陰陽精氣而生。學道修丹，積精累氣以成神，凝虛養浩以為道，仍屬陰陽本源之運用。

〔3〕不相傳：指此中真實奧妙之處，非得明師真訣，自體自悟，豈能窮理而盡性。雖有父子之恩情，也是傳授不了的。

此章以天地造化之說闡述金丹歸復之道，教人自我體認，了悟生死，以臻返本還源之境。

第五章 石泰：《還源篇》釋義

291

第六十四章

留汞[1]居金鼎[2]，將鉛[3]入玉池[4]，主賓無左右[5]，只要識嬰兒[6]。

注釋

〔1〕留汞：汞喻元神，即《悟真篇・七言四韻第四》「金鼎欲留朱裏汞」之汞。

〔2〕居金鼎：金鼎指人身上田泥丸、天谷。意為元神由應谷絳宮溫養到充足旺盛，則乘氣騰轉周天，移歸本位泥丸宮中，留居於天谷，是為谷神，此即分胎，也即白玉蟾所謂的「移神換鼎」。

〔3〕鉛：喻元氣，張紫陽所謂「玉池先下水中銀」之水中銀也即指此元氣。

〔4〕入玉池：玉池指人身中田應谷絳宮。言元神既移歸本位天谷泥丸，元氣亦自復其本位，入於應谷絳宮。

〔5〕主賓無左右：《悟真篇・七言四韻第二十三》有云：「用將須分左右軍，饒他為主我為賓」，賓主係指烹煉之時當以氣為主，以神為賓；左右係指火候運用也有文武之分，而此為溫養分胎之際，只要神安藏於密，不於分外造作，則氣亦浩然壯大，神氣合一，谷神不死，故無須分文武火候之運用，《第六十七章》「不須行火候，又恐損嬰兒」是其意也。

〔6〕識嬰兒：嬰兒指元命來復之時，元神初化之陽神。意為只要識得初化之陽神如嬰兒之初產，其質稚陽，但以純氣養其純陽之體，則陽神自壯。

此章發明元命來復之際，谷神所化之陽神尚如嬰兒之初產，只需行自然溫養之功，純氣以守，則能助其茁壯成長。

第六十五章

黃婆雙乳美〔1〕，丁老片心慈〔2〕，溫養無他術，無中養就兒〔3〕。

注釋

〔1〕黃婆雙乳美：黃婆喻意土。意謂人不執著，仍以無為養其無相之神，則氣自流行，滋養神室，如姆哺兒，任其吮飲。

〔2〕丁老片心慈：丁老指心。神主清靜，心亦慈祥，順氣顧扶，則得遍體溫潤。

〔3〕無中養就兒：養育嬰兒，自然長大，無他法術，只在不自執有為，而心慈意真，忘形忘氣，以養其谷神。

此章承上章，發明溫養時之火候，只是心慈意真，忘形無為，順其自然，此也長養谷神之正道。

第六十六章

絳闕翔青鳳〔1〕，丹田養玉蟾〔2〕，壺中天不夜〔3〕，白雪落纖纖〔4〕。

注釋

〔1〕絳闕翔青鳳：絳闕即絳宮，身中應谷心田；青鳳喻初生之氣，《陰符經》云：「禽之制在氣」。意為初生之氣從應谷絳宮新出，有如青鳳之翔翔。

〔2〕丹田養玉蟾：丹田指上丹田天谷泥丸宮；玉蟾指天谷中之陽神，此時已經溫養，不似初陽之寒，而是溫潤如玉也。

〔3〕壺中天不夜：壺中喻人身；天不夜以喻周身清和明淨，渾如不夜之天。

〔4〕白雪落纖纖：指氣自絳宮周流至天谷，與神一交，遂化為神水，便如白雪纖纖落下，充滿周身，故覺遍體清和明淨。

此章再度發明溫養之法，只在自然無為，任氣自行周流，

養其谷神，如此方是真正養命方法。

第六十七章

琴瑟[1]和諧後，箕裘了當時[2]，不須行火候，又恐損嬰兒[3]。

注釋

〔1〕琴瑟：古代琴絃樂器的統稱。和諧後：指溫養元神不比烹煉谷神，因此時谷神已與命氣配合，正如琴瑟已和諧之後。

〔2〕箕裘了當時：箕為勞動工具，裘為衣著用品。比喻溫養時任氣周流，陽神已壯，則無情識好惡之牽纏。

〔3〕損嬰兒：指此時再枉運火候，勞神暴氣，則氣不能充而虛，神亦難完實，陽神自難成就，故曰損嬰兒。

此章申明溫養之神不可助長，但只放下身心，安神靜謐，任氣周流，則自然氣充神完，陽神壯大。

第六十八章

長男[1]才入兌[2]，少女便歸乾[3]，巽宮[4]並土位[5]，關鎖[6]自周天[7]。

注釋

〔1〕長男：喻震（☳）象，一陽初生之謂。

〔2〕入兌：兌（☱）象為二陽一陰，比喻少女。

〔3〕歸乾：乾（☰）卦三陽俱足之象。依先天八卦，一陽震，二陽兌，長至三爻純陽，比喻陽神成長充滿，便為乾陽統居於體。

〔4〕巽宮：喻人身鼻竅，也指氣息。

〔5〕土位：喻吾身坤（☷）象。蓋一陰為巽（☴），二陰為艮（☶），三陰則並為坤。意為陽神初化，氣亦如巽宮一陰初息，旋即寂如艮止，身靜如坤藏。故神能凝而愈壯，氣亦能

寂而愈充。

〔6〕關鎖：指斂鎖神氣之意。人性好動，不能安於靜，若不戒密深藏，於行止坐臥之間，鼻息有聲，形體勞頓，則氣散神馳，便有「透關漏氣」之弊，則胎圓難成。

〔7〕自周天：意謂關鎖神氣，則神凝氣寂，真息悠悠，形色從容，順氣以周流，隨周天運度，方能養其浩然，壯其陽神。

此章發明溫養之際，宜不假作為，節度有序，神凝氣寂，神氣充滿而不外溢，方保陽神茁壯，聖胎圓成。

第六十九章

弦後弦前處〔1〕，月圓月缺時〔2〕，抽添象刑德〔3〕，沐浴按盈虧〔4〕。

注釋

〔1〕弦後弦前：弦為半月之象，古代天文學以望、朔、弦、晦表示月象之圓缺始末。弦後後弦前處指月象圓滿之時，比喻修煉已至神旺氣充之時。《參同契》所謂「兩弦合其精，乾坤體乃成」。

〔2〕月圓月缺：丹道以月象的圓缺比喻人體氣質的盈虧，以此作為抽添進退之憑據。

〔3〕刑德：刑謂剛治，德謂柔服。《周易參同契》：「剛施而退，柔化以滋。」意謂溫養至神旺氣充之時，氣之周流不可任其動盪，也不可稍有抑制，抽添火候當任其自然。

〔4〕按盈虧：意謂沐浴也當因盈而抽，剛施而退；因虧而添，柔化以滋，使神氣常自沖和。

此章闡述溫養聖胎至神氣持盈之際，務使神清氣靜，勿使有太過或不及之弊。

第七十章

老汞[1]三斤白[2]，真鉛一點紅[3]，奪他天地髓[4]，交遘[5]片時中。

(注釋)

〔1〕老汞：指人身全體之精氣神會合而成之陽神。

〔2〕三斤白：精氣神三品大藥，各得一斤，三斤則三者分量皆足；白為純正本色，一塵不染之者。比喻三品已完太素貞白，則陽神已成。

〔3〕真鉛一點紅：真鉛係指身內一點先天元陽真氣，也即元性。元性賦自於天而降歸於心，心於五色為赤，故曰一點紅。

〔4〕天地髓：指天地自然之本性，也即身中先天元陽之氣，真鉛之謂。奪者與《陰符經》所云之「盜機」同。意為煉到神與精氣皆已充足，已成老汞陽神，只須溫養功足，待得真鉛元陽真氣元性歸復，即為金液還丹。

〔5〕交遘：《道藏精華錄》本作「交媾」。交媾片時中，意為金液還丹、元性來復，則我神混沌，不識不知，猶如睡之方酣，片時之後頓覺神清氣爽，身如火熱，心如冰釋，進而性光普照，耳聞九天，目視萬里，陽神現形，可以出入自然矣。

此章發明陽神成正，成於不識不知之中，成於精氣神三品俱足，交結會元之時。

第七十一章

火候通玄處[1]，古今誰肯傳，未曾知採取，且莫問周天[2]。

(注釋)

〔1〕通玄處：意為抽添火候運用是丹道中之最玄奧者，古來素有「傳訣不傳火」之謂。丹道至元性已復，陽神成正，則已無火候可言。

〔2〕問周天：即指周天火候。丹道中採藥、封爐當在行火運周天之前，採取之法尚未知曉，周天火候可莫問及，故曰「未曾知採取，且莫問周天」。

此章闡述烹煉中之程式次第，教人學道修丹當循序漸進，不可貪功求速，莽撞造次。

第七十二章

雲散海棠月[1]，春深楊柳風[2]，阿誰知此意[3]，舉目問虛空。

注釋

〔1〕雲散海棠月：雲散而月到海棠，喻神已大淨大明，而無聲無臭。

〔2〕春深楊柳風：春深而風吹楊柳，喻氣已至和至暢，而無影無跡。

〔3〕知此意：此時之火候，只是忘虛合道，使神氣皆付於無形無相之中。而此中火候之竅妙，只能自體自識，所謂「道一即可畢萬」。故曰「舉目望虛空」。

此章進一步申明通玄之火候，即是合道之樞機，其妙體妙用，更是廣大精微，妙不可言。

第七十三章

人間無物累[1]，天上有仙階[2]，已解乘雲了[3]，相將白鶴來[4]。

注釋

〔1〕無物累：意為學道之人，當在塵出塵，不掛一絲人間物累。

〔2〕有仙階：指得道成仙有進取之階梯。

〔3〕乘雲了：陽神現形，具有乘雲駕霧之能。

第五章 石泰：《還源篇》釋義

〔4〕白鶴來：意為騎鶴飛升。《金丹四百字》：「一載生個兒，個個會騎鶴。」

此章闡明真訣已得，火候已明，人人都有成丹之望。

第七十四章

心田無草穢，性地絕塵飛〔1〕，夜靜月明處〔2〕，一聲春鳥啼〔3〕。

(注釋)

〔1〕無草穢、絕塵飛：意為人既處密，定慧等觀，心性自然明淨，自能和光同塵，有如世間愚夫愚婦一般，入淨出垢，無所不可。

〔2〕夜靜月明處：以夜靜喻無極，以明月喻太極。此以無極太極互相隱現之象，比喻靜極初動，正是陽神合元之時。

〔3〕一聲春鳥啼：指靜極之中有一點真機發動，即得吾先天二五之精、先天元陽真氣之意，《第七十章》所謂的「真鉛一點紅」是也。

此章發明溫養元神之道，心自清靜，性必明淨，元性來復，則陽神合元而成正。

第七十五章

白金〔1〕烹六卦〔2〕，黑錫〔3〕過三關〔4〕，半夜三更裏〔5〕，金烏〔6〕入廣寒〔7〕。

(注釋)

〔1〕白金：喻元神已至純一不二，返其純正本色，亦《七十章》「老汞三斤白」之意。

〔2〕烹六卦：六卦即八卦中震、兌、乾、巽、艮、坤六者循環，周行不息，為一太極之象。烹者指神氣至虛無為，順其周流。

〔3〕黑錫：即鉛而軟者。比喻煉至陽神已得，元神內守，元氣充足之時，吾體則至柔至順。

〔4〕過三關：三關指丹道煉精化氣、練氣化神、煉神還虛三個階段層次。意為混煉元精、元氣、元神三品遞化、還虛合道。

〔5〕半夜三更裏：指元始真機將動之時，也上章所謂的「夜靜月明處」之意。

〔6〕金烏：烏喻日魂、喻神；金烏取精、氣、神三品皆足，借喻元始真機、我之元性復動。

〔7〕入廣寒：廣寒圓月以象太極。意謂溫養時足，吾之元命因元性復動而與之合，如日月合璧，性命合一，也即聖胎圓成，還虛合道。

此章發明烹煉元神，已臻與道合真之境，則性命會元，渾如太極而常存，永無墮落之後患。

第七十六章

丹熟〔1〕無龍虎〔2〕，火終〔3〕休汞鉛〔4〕，脫胎已神化〔5〕，更作玉清仙〔6〕。

注釋

〔1〕丹熟：指已成真人之體。

〔2〕無龍虎：指真人之體即無所謂心身之別。

〔3〕火終：指無須烹煉火候之運用。

〔4〕休汞鉛：指真人之體亦無陰陽神氣之分。

〔5〕脫胎神化：修至與道合真，則可脫胎現形，陽神潛現飛躍，運用隨機。

〔6〕玉清仙：玉清聖境之仙子。

此章闡述丹熟成真，與道合真，即可脫胎神化，平升三清

聖境，永為玉清仙子。

第七十七章

塞斷黃泉路〔1〕，衝開紫府東〔2〕，如何海蟾子〔3〕，化鶴〔4〕
出泥丸。

注釋

〔1〕黃泉路：即生死關。意謂修煉成真，則永脫生死輪
廻，斷絕入黃泉之路。

〔2〕紫府東：為東華少陽帝君選仙之所。意謂既成真人，
即可登道祖之門而聽候派遣。

〔3〕海蟾子：此篇見有寒蟾、玉蟾、海蟾之名。寒蟾喻一
陽初動，如冬至之寒；玉蟾喻陽神已壯，溫潤如玉；海蟾非指
南宗啟教之祖劉公海蟾，喻元神得元始真機之點撥，即可透出
泥丸，脫胎現形之謂。

〔4〕化鶴：陽神出竅，如蟾化鶴，而有飛升沖舉之能。

此章闡明修煉之士，只有修至脫胎神化，方可上朝道祖，
得證仙真，變化無窮。

第七十八章

江海歸何處，山岩屬甚人〔1〕，金丹成熟後，總是屋中珍〔2〕。

注釋

〔1〕江海、山岩：比喻世間一切塵情物慾。意為丹道雖
好，丹訣雖明，但世人好而不行，總在眷戀塵情，發不出一個
正念，不肯苦心煉己築基。

〔2〕屋中珍：言金丹煉成後，則其人與太虛同體，家珍滿
屋，可濟人度世，功德無量，故何樂而不為焉！

此章旨在激發人之願心，教人放下萬緣，堅持一念，自然
修真有路，入道無魔，必可成功。

第七十九章

呂承鍾^[1]口訣，葛授鄭^[2]心傳，總沒閑言語，都來只汞鉛^[3]。

注釋

〔1〕鍾、呂：鍾指正陽子鍾離權，字雲房，唐及五代時人，遇東華王玄甫，得長生之道。呂指純陽子呂岩，字洞賓，五代間從鍾離權得道。

〔2〕葛、鄭：葛指葛玄，字孝先，三國時吳丹陽人，東晉抱朴子葛洪之叔祖。學煉氣保形之道，後白日飛升，位登太極左宮，人稱葛仙翁。鄭指鄭隱，字思遠，師葛孝先仙翁，受正一法，傳道於葛洪，後隱於括蒼山仙去。

〔3〕都來只汞鉛：指所傳口訣，別無他說，只在強調汞鉛而已。《悟真篇》：「真人授我指玄篇，其中簡易無多語，只是教人煉汞鉛」。《紫庭經》：「宮中萬卷指玄篇，篇中皆露金丹旨，千句萬句曾一言，教人只在尋汞鉛。」

此章指示金丹正法為古聖道祖相傳，易簡之至，方便易成，不比別品異術，法煩難成。只在真一其念，求鉛尋汞，以冀歸根復命而已矣。

第八十章

汞鉛歸一鼎^[1]，日月要同爐^[2]，進火須防忌^[3]，教君結玉酥^[4]。

注釋

〔1〕歸一鼎：言丹道總訣總在於使水火交濟、龍虎交媾、神氣交合，歸於一性，和同其間。

〔2〕日月同爐：也即陰陽和合之意。

〔3〕防忌：指烹煉、沐浴、進火、退符之際皆要正念歸

藏，防恣忌欲，與前《五十二章》所謂「木液須防兔，金精更忌雞」同意。

〔4〕結玉酥：修煉之士如能藏神養氣，自然於溫潤縝密之中，兼有細膩融和之妙。

此章概示丹道之總訣，在於和合陰陽、藏神養氣而已。

第八十一章

採取並交結，進火與沐浴，及至脫胎時，九九陽數足 [1]。

注釋

〔1〕九九：九為老陽之數，九九還丹，則數足純陽，自然能脫胎神化，得道成真。

此章總括全篇，明示煉丹功夫次第井然，教人循序進修，以冀數足純陽，適道成真。

還源篇後序

夫煉金丹之士，須知冬至不在子時 [1]，沐浴亦非卯酉 [2]，汞鉛二物，皆非涕唾精津氣血液 [3] 也。七返 [4] 者返本，九還 [5] 者還源。金精木液，遇土則交；龍虎馬牛 [6]，總皆無相。

先師《悟真篇》所謂「金丹之要，在乎神水華池」者，即鉛汞也。人能知鉛之出處，則知汞之所產；既知鉛與汞，則知神水華池；既知神水華池，則可以煉金丹。金丹之功，成於片時 [7]，不可執九載三年 [8] 之日程，不可泥年月日時而運用。鍾離所謂「四大 [9] 一身，皆屬陰也」。如是，則不可就身中而求，特可尋身中一點陽精可也。

然此陽精，在乎一竅 [10]，常人不可得而測度。只此一竅，則是玄牝之門，正所謂神水華池也。知此，則可以採取，然後交結，其次烹煉，至於沐浴，以及分胎，更須溫養丹成。可不

辨川源〔11〕、知斤兩〔12〕、識時日〔13〕者耶！泰自得師以來〔14〕，知此身不可死，知此丹必可成。今既大事入手，以此詔諸未來學仙者云。杏林石泰得之又序。

注釋

〔1〕冬至不在子時：冬至為二十四節氣之一，時在十一月中，陰極陽始。《通緯・孝經授神契》：「大雪後十五日，斗指子，為冬至，十一月中，陰極陽始至。」冬至一陽至，正是內丹術中開始進陽火的時機，故又稱子時。《類經圖翼》：「子者陽生之初。」冬至不在子時，係指烹煉起火的時機，可按照練功景象感受靈活掌握，不一定呆板規定於子時，即掌握「活子時」可也。如《還丹復命篇》曰：「煉丹不要尋冬至，身中自有一陽生」；《金丹四百字》曰：「火候不用時，冬至不在子。」

〔2〕沐浴亦非卯酉：沐浴係指火候運用中有一個洗心滌慮、不進不退、休止存養的過程，六陽時進火，卯時沐浴；六陰時退符，酉時沐浴，以防陽火太過、陰寒太盛，故丹經有「卯酉沐浴」之說。沐浴非卯酉，指練功中沐浴存養不一定拘於時刻，總以清心寡慾、勿忘勿助貫穿於練功始終為要。故《金丹四百字》曰：「及其沐浴法，卯酉亦虛比」。

〔3〕涕唾津精氣血液：鉛汞是成丹的基礎，指人身先天元精、元氣和元神。而涕唾津精氣血液皆為人身後天有形有質之陰物，不能成為丹基的鉛汞。鍾離權云：「七種靈物盡為陰，若將此物為丹種，怎得飛升貫玉京。」

〔4〕七返：七為火之成數，木生火，木性憑於心，心中真精自性根生出，心本至清，外物不累，木火上炎，則返歸自然本性，故曰返本。

〔5〕九還：九乃金之成數，金生水，金水下沉，仍還於下，則身中陽氣自然來復，此由後天還歸先天者，故曰還源。

〔6〕龍虎馬牛：丹道以龍虎喻後天心中陰精、身中陽氣，而以馬牛喻先天身心之元氣、元神，皆取喻而已，故曰「總皆無相」。

〔7〕成於片時：修煉得訣，火候適度，金丹便易成就。《悟真篇》：「一時辰內管丹成」，丹經所謂「行一刻之功夫，奪一年之造化」，皆是形容丹成迅速之意。

〔8〕九載三年：指丹書「百日築基」「十月胎圓」「三年乳哺」「九年面壁還虛」之說，意謂道在恒久而不已，大可不必拘泥三九之數。

〔9〕四大：佛教認為人之一身由地、水、火、風四大元素而成，身為有形有質之體，故曰屬陰。

〔10〕一竅：即玄牝一竅，此竅在身無邊無傍，無內無外，更無形體色相之可求，只有在真氣發動之際，方得見之。《性命圭旨》：「百日立基，養成炁母，虛室生白，自然見之」；《脈望》所謂「玄牝以靜極而見也」。而玄牝一竅的出現，又是修煉取得成效的關鍵，故《老子》曰：「谷神不死，是謂玄牝。玄牝之門，是謂天地根。」

〔11〕辨川源：川源指內丹烹煉藥產之處。《悟真篇》：「要知藥產川源處，只在西南是本鄉」。但藥產之際，有先後清濁之不同，凡有念慮存想，知見睹聞，皆屬後天濁源，不可採用；只有是正念深藏，虛極靜篤，方屬先天清源，真氣從此清源中生，採而煉之，遂成真丹。故《悟真篇》有云：「時人要識真鉛汞，不是凡砂與水銀。」

〔12〕知斤兩：指陰精真汞、陽精真鉛須各得半斤八兩，合成藥物一斤，分量則足，否則尚不能成丹。《悟真篇》謂「藥重一斤須二八，調停火候托陰陽」。

〔13〕識時日：指掌握修煉各個階段的時機、規律。 如本

篇有「採取要知時」，《伍柳仙宗》曰「辨時採取周天之候」，《悟真篇》更有「天地盈虛自有時，審能消息始知機」；「三才相盜食其時，此是神仙道德機」等論述，皆屬識時日之意。

〔14〕泰自得師以來：《道藏精華錄》本作「泰自從得師訣以來」。

杏林真人在完成論述返還歸復之《還源篇》口訣之後，仍覺餘意未盡，言之未了，復作此《還源篇後序》，告誡後人修仙學道，既要尋師得訣，領悟丹道之真諦，又不可拘於丹經子午卯酉、年月日時之字眼；既要知返還顛倒、坎離交媾之神用，又不可執著龍虎馬牛、夫婦陰陽之實相，但宜凝神聚氣，養其無形，於自身中求鉛尋汞。

一俟藥產，先辨藥源之清濁而採取，次量藥材斤兩而交結，始終以正念長存、調適火候以為烹煉沐浴，在虛靜自然、無形無相之中，領略「玄牝一竅」之景象，體悟「神水、華池」之妙用。如是則修煉之士「此身可不死，此丹必可成」之希求，「長生久視」之期望得以如願矣！

❋第六章❋
薛道光：《復命篇》釋義

薛道光仙師略傳

陳攖寧

師姓薛，名式，字道光，又號道源。陝府雞足山人，嘗為僧，法名紫賢，人稱之為毗陵禪師。曾雲遊長安，留開福寺，參長老修巖，又參高僧如環。因觀枯槕有省，呈頌曰：「軋軋相從響發時，不從他得豁然知；枯槕說盡無生曲，井裏泥蛇舞拓枝。」二老然之。自爾頓悟無上圓明真實法要，機鋒迅捷，宗說兼通。鑒於六祖既已悟性，猶必求黃梅傳法，意金丹修命之術必有秘妙，斷非一己之智慧所能測度，遂盡力尋訪。

時當宋徽宗崇寧五年丙戌冬，寓眉縣青鎮（即今陝西省之眉縣），聽講佛寺。遇一道者，年八十有五，黑髮朱顏，夜事縫紉。師異之，審知為石杏林。試詢玄門中有張平叔其人乎？石曰：「張紫陽即吾師也。」薛疑不能決，遂舉《悟真篇》詩句請益。石察其誠，略為之宣解大要。

薛昔日所蘊滿腹疑團，已如桶之脫底。於是始信石為真得紫陽之傳者，進而稽首執弟子禮。石笑曰：「君不懼有叛教之嫌耶？」薛曰：「生死大事，若拘守門庭，寧非自誤？」石首

肯者再。並概謂自紫陽先師授道以來，垂三十載，今方遇繼承之人，因悉以金丹口訣相授。臨別，誡之曰：此事非有巨室外護，則易生謗毀，可疾往通都大邑，依有力者圖之，吾從茲隱矣！

薛遂棄僧伽黎，幅巾縫掖，混俗和光，以了大事。道成，壽一百十四歲。有《悟真篇注》、《還丹復命篇》、《丹髓歌》等，行於世。是為南宗第三祖。

圓頓（即陳攖寧）按：道釋之爭久矣！佛教徒每譏修仙者，曰「外道」、曰「守屍鬼」、曰「未出欲界」、曰「饒經八萬劫，終是落空亡」等語，雅不欲置辯。但試問今世佛教徒，除念阿彌陀求生西方而外，尚有第二條路乎？較昔日科舉時代，胥天下英才盡束縛於八股圈套之中者，又何異耶？嗚呼！道光師非凡品矣。

又按：薛石遇合，在宋徽宗崇寧五年，即西元一一○六午，民國紀元前八百零六年。考張紫陽傳道於石杏林，乃宋神宗時代，距徽宗時代，將近三十年。杏林未值道光，終日混跡市廛，既幸授受得人，遂急脫身歸隱。方知前此所以不即入山者，正欲求一可傳大道之人耳。近三十年中，竟無遇合，最後始得毗陵禪師，以佛教之信徒，繼玄門之道脈，可見師尋弟子，亦非易事。今之傳道者，動輒曰：「普度眾生！」若非滑稽，即妄語耳。

復命篇序

嗟[1]夫人之有身，其昧[2]也久矣，以名利盜[3]其心，以是非賊[4]其志，日漸一日，浸[5]成鄙吝，不知好道[6]，而自與遠。然至道不遠，常在目前，故仙經云：「大道泛兮[7]，其

可左右，雖有道者，欲與之開發，孰為之信。」僕陋[8]以狂言，不足取信於人，以金鼎還丹[9]之道陳[10]於世者，尤非所宜。在有道者[11]，當自知之。初年學道所親，無非理性[12]之士。如其習漏[13]無盡，則循於生死。至於坐脫立亡[14]，投胎奪舍[15]，未見一朝而長往。常思孔子，窮理盡性以至於命；老氏之升騰飛舉[16]。由是知聖人之意，不可一途而取之。宣和庚子歲（西元1120年），得至人[17]口訣曰：「大道之祖[18]，不出一氣而變化，喻之為日月，名之為龍虎[19]，因之為陰陽，托之為天地[20]；一清一濁，金木間隔[21]於戊己[22]之門[23]；一性一情[24]，陰陽會聚於生殺之戶[25]；採二儀未判之氣[26]，奪龍虎始媾之精，入於黃房，產成至寶[27]，別有法象樞機；還返[28]妙用，長生秘訣，畢於此矣」。由是方知大道不繁，須逢至人，授之口訣，始能造於真際[29]耳。數十年來所窮者，皆聖人之緒餘也，始明物有不遷[30]之理。一陰一陽之謂道，偏陰偏陽之謂疾。龍虎之機，金木之理，此之真訣，僕聞不疑，依法行之，果躋聖域。嘗聞奧旨，混於六經書史[31]之間。故易曰，男女媾精，萬物化生，豈不顯其道機。詳其書史，以仁義禮樂有為而推之，故與無為之道若相反也。昔鄒魯之士[32]，縉紳先生[33]，多能明之，近世不復有矣。依師口訣，輒[34]成五言一十六首，以表一斤二八[35]之數；七言絕句三十首，以應三十[36]日之大功；續添西江月[37]九首，以應九轉[38]之法。明辨藥物採取[39]，五行生殺[40]，主客[41]先後，刑德[42]圓缺，抽添[43]運用，火候[44]斤兩，無不備悉。好道之士熟究斯文，或以宿緣契合，自然遭遇，文雖鄙陋，一一皆言其實矣。靖康丙午秋，薛氏道光序。

注釋

〔1〕嗟：歎也。惜人生難得，不應虛度，而應好道。

〔2〕昧：愚昧也。接上句乃指一般的人，愚昧度生，時已久矣。

〔3〕盜：是取得的意思。在丹法上，順行稱取，逆行稱盜，天地盜取是順行，人盜取是逆行。

〔4〕賊：同盜也。在此為奪也。

〔5〕浸：漸也。意因人愚昧已久，圖以名利，是非之間，長久下去，漸漸地成為鄙陋之人。

〔6〕道：朱子曰：「道猶路也，人人所共由也。其實為生天生地人生物之共理，故謂之道。」繫辭曰：「一陰一陽謂之道。」

〔7〕大道泛兮：指道廣大悉備，無所不包的意思，道有天道人道地道。《繫辭》：「一陰一陽之謂道，繼之者善也，成之者性也，仁者見之謂之人，知者見之謂之知，百姓日用而不知，故君子之道鮮矣。」這裏明確指出，一陰一陽就是道，一陰一陽是事物由自身的對立面鬥爭而引起的發展變化。清人戴震說：「道猶行也，氣化流行，生生不已也。」

〔8〕僕陋：僕者僕役，陋者鄙陋。乃作者自謙之意也。

〔9〕還丹：《參同契》：「陰陽相飲食，交感道自然，名者以定情，字者緣性言，金來歸性初，乃得稱還丹。」《抱朴子・金丹篇》：「丹砂燒之成水銀，積變又還成丹砂。」總之還有反歸之意，是金丹的別稱，屬九丹之一。另有「小還丹」、「大還丹」、「金液還丹」、「玉液還丹」等等名稱。

〔10〕陳：排列也。在此指陳現之義。

〔11〕有道者：指經過長期修煉，自身有體驗者，自會明之。

〔12〕理性：儒家修身之道，俗稱窮理盡性以至於命。

〔13〕習漏：佛教認為由眼耳鼻舌身意六根不斷流出煩惱

習氣，謂之習漏。

〔14〕坐脫立亡：指坐化屍解者是也。

〔15〕投胎奪舍：佛教用詞。指死後又投胎轉生。

〔16〕升騰飛舉：《性命圭旨‧飛升說》：「仙有五等，佛有三乘，功行不齊，所以超脫稍異，飛升騰舉者上也；坐化屍解者次也；投胎奪舍者又其次也。飛升的種類也有所不同，如黃帝乘龍；楊義等駕雲；子英琴高控鯉上升；子晉鄧郁驂鸞上升；屈處靜跨鶴上升；葛由武夷君御風上升。」尹喜者拔宅飛昇。

〔17〕至人：《內經》：「中古之時，有至人者，淳德全道，和於陰陽，調於四射，去世離俗，積精全神，遊行天地之間，視聽八達之外，此蓋益其壽命而強者也，亦歸於真人」。

〔18〕大道之祖：祖指本源，此指太極也。由太極而兩儀，兩儀生四象，四象生八卦，八八六十四卦，總由陰陽二氣之變化也。

〔19〕龍虎：內丹家以龍比喻元神，元神生於心液之中，心屬離卦，屬火，故云「龍從火裏出」。以虎比喻元精，元精生於腎氣之中，腎屬坎卦，屬水，故云「虎向水中出」。又謂性（人的本性）屬木，木位東方，卦為震，於人體屬肝，故喻為青龍；情（人的情慾）屬金，金位西方，於卦為兌，人體屬肺，故喻為白虎。金能克木，故情欲往往損傷本性。蕭廷其《金丹大成集》「西山白虎放顛狂東海青龍不可當，坤母若來相制伏，一齊捉入洞中藏」。此就是以脾土之真意降龍伏虎，使之交合而一，則金木無間，性情自伏而成丹。

〔20〕天地：天開地闢，乾坤定矣。太極混元之氣，清輕者上浮而為天，重濁者下凝而為地。

〔21〕金木間隔：即東方青龍木（肝），西方白虎金（肺），

間隔者東西相分也。

〔22〕戊己：十天干配五行來說，東方甲乙木，南方丙丁火，西方庚辛金，北方壬癸水，中央戊己土。在人身來說戊己土為脾，土有陽土即戊土，陰土即己土，故戊己是指脾的陰陽兩個方面。

〔23〕戊己門：為祖竅之異名，祖竅即玄關。老子云：「谷神不死，是謂玄牝，玄牝之門，是為天地根，綿綿若存，用之不勤。」《金丹四百字序》：「玄牝一竅，採取在此，交媾在此，烹煉在此，沐浴在此，溫養在此，結胎在此，脫胎神化無不在此，修煉之士能如此一竅，則金丹之道盡矣。」

〔24〕性情：金為情感，木為本性。《悟真篇》：「學仙須是學天仙，唯有金丹最的端，二物合時性情合，五行全處龍虎蟠。」《參同契》：「名者以定性，字者緣性言，金來歸性初，乃得稱還丹。」是說金丹一物乃有鉛汞兩者之名，鉛者同類有情之物，故鉛為情，汞者所稟以生之靈光也，故汞為性。情之與性，正如名之如字，雖則號稱各別，其實一人也。吾將己情是為名，以性定為字，而作丹之際，推情合性，轉而相與，則金來歸性矣，歸情則丹道乃成。（見陸西星《參同契測疏》）

〔25〕生殺之戶：此指戊己門，也即玄牝。鍾離權云：「生我之戶，死我之門。」《馮氏錦囊》：「身中一竅，名曰玄牝，受氣以生，實為府神，三元所聚，精神魂魄會於此穴，乃金丹還返之根，神仙凝結聖胎之地也。」「其位置正在乾之下，坤之上，震之西，兌之東，坎離交媾之鄉，一身之正中，不依形而立，推體道而生，似有似無，若存若亡，在允執厥中矣。」

〔26〕採二儀未判之氣：二儀者陰陽也，未判之前乃太極也。《易緯・乾鑿度》：「易有太易，有太初，有太始，有太素。太易者未見氣也，太初者氣之始，太始者形之始，太素者

質之始。此後三者氣形質具而未相離，故曰渾淪，言萬物相渾淪而未相離。」此指採人之先天元氣和後天修持時龍虎交媾之精。

〔27〕入於黃房，產成至寶：出唐末五代崔希範所作《入藥鏡》。黃房指真土，因五行中土為黃色，故謂黃房，也名黃華。至寶者，所結金丹是也。丹頭的產生是在下丹田，交合鍛鍊是在上丹田，下田為坤，上田為乾。凡作丹採藥之時，必須在坤位發端，沉潛尾穴溫養，見龍當加武火，追逐真陽之氣，逆上乾宮交媾，復還坤位而止，猛烹極鍛，結成至寶之丹。

〔28〕還返：《參同契》：「剛施而退，柔化以滋，九還七返，八歸六居。」此乃引自外丹之語，外丹的九轉、九還，實際是指鉛汞化合過程，以表示成丹不易。內丹所稱的九還七返者，則是用《河圖》的數字，以九表示金精，以七表示火神，金火同宮，水火既濟，在內丹過程中即是元神、元精、元氣互化，復還混元為先天之體，即稱還丹。呂祖《沁園春》：「七返還丹在人。」意即「去而復來，迴旋不斷曰返；先天失落，今又自外返內曰還。」即今將消失之童真時之機能，用丹法補足，失而又得，去而復來，即為長壽的根基，從而進入一個新的生命元素新陳代謝的更高的境界。

〔29〕真際：真者真實之意。真際者乃指修者必遇良師，口授心傳，加以苦練，才能達到修道的真正境界。

〔30〕不遷：出佛教僧肇的《物不遷論》：「……果不俱因，因因而果。因因而果，因不惜滅，果不俱因，因不來今，不滅不來，則不遷之致明矣。」意思是說，萬物每刻都在變化，在任何特定的時刻存在的任何事物，實際上是這個時刻的新事物，與過去存在的這個事物，不是同一個事物。

〔31〕六經書史：六經指《易》、《詩》、《書》、《禮》、《樂》

和《春秋》；書史指《四書》、《史記》等。

〔32〕鄒魯之士：孔子生於魯國，孟子生於鄒國，合稱鄒魯，士者乃泛指儒家名流。

〔33〕縉紳先生：縉指赤色的帛。縉紳指御去官職的紳士，先生也是泛指。

〔34〕輒：字音哲，即就之意。

〔35〕二八：《參同契》：「上弦兌數八，下弦艮亦八，兩弦合其精，二八應一斤。」《悟真篇》：「二八相當是合親」，即一斤須二八，用功修二八皆本於此。

〔36〕三十：乃曆法之數，一月三十日也。丹家借用日月之象，表示大周天火候，六十卦正分值一月三十日的早晚火候。《參同契》：「日含五行精，月受六律紀，五六三十度，度盡複更始。」又云：「七八數十五，九六也相當，四者合三十，易象索滅藏。」

〔37〕西江月：詞牌名。

〔38〕九轉：是道教煉丹名詞，是金丹反覆燒煉之意。認為燒的時間越久，反覆次數越多藥力愈足，服後成仙愈速，且以九轉為貴。

〔39〕採取：指採取藥物。在行功中身心不動為採藥。人身之氣，隨意而動，意行即行，意止即止，故送入鼎中謂之採藥。

〔40〕五行生殺：指五行間的相生相剋的關係。參見注〔25〕生殺之戶。

〔41〕主客：《參同契》：「子當右轉，午乃東旋，卯酉間隔，主客二名。」意說龍東虎西，界隔卯酉分為主客，則西者為主，東者為客。蓋主客二名，丹家所宜辨者也。《老子》：「我不敢為主而為客。」

〔42〕刑德：刑德之用，始於易經。《參同契》：「龍西虎東，建緯卯酉，刑德並會，相見歡喜，刑主殺伐，德立生起。」陸西星曰：「天地南北曰經，東西曰緯，卯建於東而立德，酉建於西而立刑，乃陰陽分佈之常，丹法更而歷之，則德中有刑，刑中有德，刑德並會，而相見歡喜矣。」

〔43〕抽添：指火候的運用。「身不動氣足，謂之抽，心不動神定，謂之添。」「取坎中之陽，補離中之陰，是謂抽鉛添汞。」《傳道集》：「可抽之時不可添也。」

〔44〕火候：丹道有三秘，玄關、藥物與火候。「聖人傳藥不傳火，從來火候少人知」。火者喻為元神，候是階段、節度的意思。《金仙正論》：「火是神也，曰汞，曰日，曰烏，曰龍，皆我之真意。」因此火就是練功中的意念作用，用神意來掌握呼吸，運煉精氣，就是火候。火候之妙是在人為，用意緊則火燥，用意緩則火寒。意緊急用叫武火，意緩慢行叫溫火；采藥烹練時常用武火，俗稱吸、舐、撮、閉；沐浴溫養時常用溫火，俗稱隨氣轉微觀照。詩曰：「藥物陽內陰，火候陰內陽，會得陰陽旨，火候一處詳。」上節說到抽添，抽添就是火候的應用，當抽則抽，當添則添，全在神意用功也。

五言律（十六首）

其一

有物〔1〕含靈體〔2〕，無名本自然。赤龍〔3〕藏宇宙，白虎〔4〕隱丹田。北斗〔5〕南辰〔6〕下，眉毛眼睫邊。灰心〔7〕行水火〔8〕，定息〔9〕覓真鉛〔10〕。

注釋

〔1〕有物：喻指氣，也指精氣神。

〔2〕靈體：指人體，「神通萬變謂之靈」，故稱靈體。

〔3〕赤龍：喻指人舌，又喻指婦女月經；此處喻指神氣，元神。

〔4〕白虎：喻元精；喻肺。「歷代聖師以降龍為練己，以伏虎為持心」。「謂人心念念不停，如龍虎之倡狂」。

〔5〕北斗：指天體北極有北斗七星。喻指人之下丹田。趙州禪語曰：「問佛西來意，北斗裏藏身。」《道鄉集》：「北斗裏藏身。」指凝神於氣穴，或凝神於丹田。

〔6〕南辰：指天體之南極，喻人之頭部。

〔7〕灰心：要求把心情安定，後才可行水火。

〔8〕水火：水為陰，火為陽，丹家常以水火的變化來喻陰陽協調的變化。天以日月為水火；《易》以坎離為水火；禪以定慧喻水火；聖人以明潤喻水火；匡以心腎為水火。種種異稱，不外一陰一陽也。

〔9〕定息：是穩定呼吸之意，是使意識穩定，任氣綿綿，出入無間，「聖人留教，教人定息」。

〔10〕真鉛：指真陰，也指元精。「鉛非常物，是玄天神水，生於天地之先，作眾物之母」。朱元育曰：「真鉛乃先天一氣，從虛無中來，即金丹大藥也。」

本首大意是，大道就在人身，內有元精、元氣與元神，只要安下心來，穩定好呼吸，調節好陰陽變化，就可覓到金丹大藥。

其二

精氣元為體，神〔1〕靈共一家。但能擒五賊〔2〕，自可結三花〔3〕。甲乙〔4〕無令失，庚辛〔5〕要不差。一陽〔6〕歸正令，七返〔7〕轉河車〔8〕。

注釋

〔1〕精氣神：人之三寶精氣神也。神者受之於天，精者受之於地，氣者受之於中和，相與共為一。三者只是虛無先天真一之氣，一體三用，不可分離。《金丹大要》：「三物相感，順則成人，逆則生丹。」這說明精氣神三者，互相依存，缺一不可，共同承擔維護生命的活動。故謂一家。

〔2〕五賊：《陰符經》：「天有五賊，見之者。」指木火土金水之五行。「天乃太虛之象，太極無名，因有五行而泄天之機。」《黃老君胎息訣》：「每動作處，經行處，眼見耳聞，五賊送了真元，眼送於心，心動神疲。」泛指損傷情志的思維活動。

〔3〕三花：指腎氣、真氣、心液合而為一，上聚於腦。《西山群仙會真記》：「三花者，三陽也，腎氣乃陰中之陽，真氣乃真陽中之陽，心液乃陽中之陰。」實指神氣精混合為一，上聚於腦。《金丹問答》：「三花聚，神氣精混而為一也。」

〔4〕甲乙：在十天干中，甲乙指東方，喻青龍，喻木也，木者性也。在人喻肝。

〔5〕庚辛：指西方金，金者情也。在人喻肺，又喻白虎也。

〔6〕一陽：指腎水，在卦為坎（☵），坎中一陽也。

〔7〕七返：「七乃火之成數，返者返本之意，則是煉神還虛而矣，因神屬火，練神還虛，故曰七返。」（見中和集）

〔8〕河車：內丹術語。指北方正氣，具有「元陽」、「真氣」之用。《鍾呂傳道集》：「河車者，起於北方正水中之腎真氣，真氣所生之正氣，乃曰河車。」元氣由尾向上升，經夾脊、玉枕至泥丸宮，然後經鵲橋、重樓、黃庭下降，納入丹田，此一循環，丹家稱作河車路。修煉此法，即可養陽練陰，通氣血，接引元陽，練補元神。

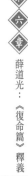

本首大意主要強調精氣神的重要。運轉河車就是要使精氣神合一，三花聚，但其前提是清除雜念，使眼、耳、鼻、舌、身、意不向外逸，使性情相合，坎中一陽自會按令行河車之法。

其三

此事誠難測，賢愚總不分。雀應非鳳類，馬不入羊群。牸[1]產都三百，乾坤[2]共一斤。巡行十二路[3]，赤腳猛將軍[4]。

注釋

〔1〕牸：指雌牛。古有：「子欲當富，畜牸五頭。」

〔2〕乾坤：指天地，在此主要指陰陽，以應二八一斤之數。

〔3〕巡行十二路：乃指大周天運行，真氣通過十二條正經，往還運行，故巡行。

〔4〕赤腳猛將軍：指神氣。

本首大意是，欲成大道，要像養雌牛致富一樣，協調陰陽，以達其數，而後才能在神氣指導下，運行大周天之功。

其四

一二三四五[1]，南辰對北辰[2]。龍虎合碧玉[3]，金木孕珠珍[4]。雲散家之月，花開處處春。幾多雲外客，盡是世間人。

注釋

〔1〕一二三四五：《河圖》：「天一生水，地二生火，天三生木，地四生金，天五生土。」故一二三四五，為天地之生數，也即水火木金土五行也。

〔2〕南辰對北辰：喻人身之南北也。在人頭屬南，腹屬北，背屬東，胸屬西，中央為上腹部。

〔3〕碧玉：金丹之異名也。說明此金丹之來是在脾意撮合下，降龍伏虎，性情相合，而結成碧玉之丹。

〔4〕珠珍：金丹之異名。此丹孕育在木金之中，也即真鉛

真汞也。

本首大意是天有五行，人有五臟，天地有東南西北中，人也如此。貴在丹家以真意降龍伏虎，使木金不再間隔，使孕育之珠，結成碧玉之丹。達此境者，猶如雲散家家月，花開處處春也。

其五

受得真仙訣，陰中煉至陽。地雷〔1〕潛動處，星斗〔2〕共商量。八卦〔3〕看成母，三才〔4〕始見昌。不愁生死繫，但覺地天長。

注釋

〔1〕地雷：地雷者復（☷☳）卦也。乃冬至（11月）或子時（23〜1）一陽生之時，喻人在練功時丹田之氣在啟動之時，正象乾卦之初九，稱為潛龍而勿用也。

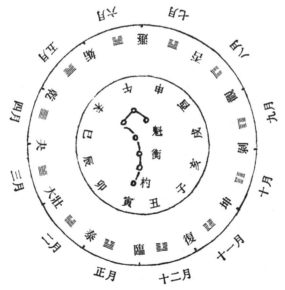

圖10　斗柄指向與四季關係示意圖

〔2〕星斗共商量：星斗指北斗七星，其斗柄指向正符合春夏秋冬，十二月變化之序，即十一月子；十二月丑；正月寅；二月卯；三月辰；四月巳；五月午；六月未；七月申；八月酉；九月戌；十月亥。諺云：「斗丙指東，天下皆春。」這與地雷復卦一陽生一樣，故稱共商量（圖10）。

〔3〕八卦：指乾、坎、艮、震、巽、離、坤、兌八個經卦。乾為天，坤為地，離為火，坎為水，震為雷，巽為風，艮為山，兌為澤。此八卦乃是高度抽象概念化了的八種物態，究其實質，除了天地之外，不外乎木、火、土、金、水之五行也。由此而演變成萬物，故謂看成母也。

〔4〕三才：指天地人三才。從宇宙生成觀說，因為有了八卦之母基，天地人三才，才能昌盛。

本章大意是指練功的過程，是與宇宙陰陽變化的規律是一樣的。特別強調了八卦為母基的作用。

其六

陰陽同一術，妙絕大幽深。用意尋庚甲[1]，專心事丙壬[2]。擒歸烏與兔[3]，捉取水火金[4]。辨得東西物[5]，修成不二心。

注釋

〔1〕庚甲：庚是西方之陽金，甲是東方之陽木，陽金為肺，陽木為肝。用意尋者，實有降伏之意，即降龍伏虎也。

〔2〕丙壬：丙是南方之陽火，壬為北方之陽水，在丹喻為坎離，在人喻為心腎，專事者，即用意使坎離顛倒，心腎相交，抽坎而補離也。

〔3〕烏兔：烏喻太陽，兔喻月亮，即丹道之陰陽也。

〔4〕火水金：火為心火，水為腎水，金為肺金，所謂捉取和擒歸一樣，乃用真意即三家相見，歸於脾土。

〔5〕東西物：即肝木、肺金也。

本首大意強調了練功時的意念思維活動，目的是把北方之水，南方之火，東方之木，西方之金，捉歸脾土，烹之、煉之、養之也。費次許多功夫無不外乎陰陽妙用也。至此自無不二之心也。

其七

窈窕〔1〕並姿態，嬌羞〔2〕弄軟柔。無情弦〔3〕裏取，魂魄〔4〕土中收。冠笄〔5〕聯鉛汞〔6〕，靈光射斗牛〔7〕。少陽陰〔8〕與類，無使老春秋。

注釋

〔1〕窈窕：指美麗的狀態。

〔2〕嬌羞：指嫵媚之態。窈窕與嬌羞均喻氣機發動之妙態。

〔3〕無情弦：情之一字，恐是琴字之誤。呂祖《百字碑》：「坐聽無弦曲，明通造化機」。說明道功到高級層次，可無琴也可無弦，均可聽到美妙的音樂。

〔4〕魂魄：「魂者氣之神，有清有濁；魄者精之神，有虛有實。」常謂肝主魂，魂為肝之神；肺藏魄，魄為肺之神。魂魄還指精神活動。

〔5〕冠笄：冠者高出眾人之謂，古時男子20歲時要行加冠之禮。笄者指古時女子綰髮的簪子，及笄指女子到十五歲稱及笄之年。說明男子到了20歲，女子到了15歲，正是腎氣盛實，天癸來之後，正是修功之好時機。

〔6〕聯鉛汞：鉛、汞是兩種化學元素。古代方士，丹家燒煉丹藥的材料。後來被內丹家借用，以鉛表示元精、元氣，以汞表示元神。《悟真篇》：「時人要識真鉛汞，不是凡砂及水銀。」認為鉛因太陰月華而生，汞因太陽日精而生，都是日月

的靈氣，天地之至寶。心屬火，中藏正陽之精，先天元神，即為真汞；腎屬水，中藏元陽真氣，先天之精，即為真鉛。鉛汞合煉即成大丹。此題謂冠笄聯鉛汞，可能指陰陽雙修，或男女雙修。

〔7〕靈光射斗牛：靈光指神氣相合透出泥丸而升上天空，直射至斗牛二宿。斗牛者二十八宿之北方二宿。說明修煉已達比較高的層次。

〔8〕少陰少陽：太極初判，分陰分陽，再分別為太陰太陽，少陰少陽，少陰數八，少陽數七。在此喻少男少女。意即修煉要從少壯時開始，元精元神未損，正是修煉的大好時機，也正是作者的希望，無使老春秋是也。

本首大意，一是指修煉已達較高的層次，如坐聽無弦曲，靈光射斗牛。二是希望修煉要從少壯時開始，勿使老春秋，否則人衰枯竭知悔晚矣。

其八

散誕[1]無拘繫，修然[2]道轉高。妙中藏黑白[3]，間裏惡[4]主勞。坐臥三峰[5]穩，丹田二氣[6]牢。定知逃世綱[7]，名字列仙曹[8]。

注釋

〔1〕散誕：散指消散，誕指荒唐。意說要消除各種雜念，才能無拘繫的去修煉。

〔2〕修然：修指修煉，然指截然。意說要堅持不懈的修煉，當然會體會到修持的層次的提高，或可說頓然明白已修到一定的高的境界。

〔3〕黑白：《老子》：「知其白，守其黑。知白守黑，神明自來。」「白者金精，黑者水基，水者道樞，其數合一。」陸西

星曰:「所謂神明,即神德也,白者金精,金精者,即金氣也。五行之氣,金能生水,而還丹造化,先天白精,卻生於坎水之中。故作丹者,唯虛心恭己,奉坎以求鉛,迨夫時之機動,神明自來,則忽然夜半一聲雷,萬戶千門次第開,而相隨之妙用見矣。」故稱妙中藏黑白。

〔4〕惡:指厭惡也。

〔5〕三峰:雖言三峰,實乃泛指。意說只要誠心修煉,不論在任何地方,行住坐臥皆可。

〔6〕二氣:指陰陽二氣。

〔7〕世網:世是塵世,網是羅網。意說一般凡人,處世度生,猶如魚鳥一樣被網羅,甚不自由。

〔8〕仙曹:曹乃群意。意說逃脫世網,列入仙群。

本首大意是說要消除荒誕之念,堅持修煉,日久,道之奧妙自會明白,藉時定避去塵世束縛,名列仙群矣。

其九

採取〔1〕須教密,誠心辨醜妍。事難尋意脈〔2〕,容易失寒泉〔3〕。師指青龍汞,配歸白虎鉛。兩般俱會合,水火煉經年。

注釋

〔1〕採取:見序注 39 條。

〔2〕意脈:思路也。做任何事情,均須有正確的認識和方法,否則難以成功。

〔3〕寒泉:喻指坎水,即腎水。說明思路不對,寒泉易失也。

本首大意是說修煉要有正確的認識和方法,不讓意脈難尋,寒泉易失。但先師已指出這個正確的思路,那就是龍虎鉛汞的配合,實則就是水火,就是陰陽。依師所指,長期修煉,

故謂水火煉經年。

其十

守一[1]膣中[2]要，機[3]藏十二時。數[4]中無走失，火候[5]莫教遲。達士[6]方為侶[7]，真仙[8]正合宜。幾年雲水[9]上，懷抱[10]有誰知。

注釋

〔1〕守一：意同抱一。《老子》：「聖人抱一為天下。」「昔之得一者，天得一以清，地得一以寧，人得一以靈，以盈一以盈，萬物得一以生。」陸西星曰：「讀了《丹經》千卷，不如《在宥》一章」（《莊子·外篇》），經云：「我守其一，而處其和。」他進一步說：「守得其一，萬法歸一，得其一則後天而死，失其一與物俱腐，築之一以為基，採之一以為榮，煉之一以為火，結之一以為丹，養之一以為聖胎，運之一以為抽添，持之一以為固濟，澄之一以為沐浴。」玄靜居士曰：「一者即妙有元氣，稱為先天祖氣，又稱真一之氣。言氣者，以流行言；言神者，以靈妙言；言精者，以凝聚言，實為一物也。」

〔2〕膣中：規中之別名。

〔3〕機：樞機也。

〔4〕數：指在練功中之數也。

〔5〕火候：見序注〔44〕。

〔6〕達士：賢達之人。

〔7〕侶：伴侶也。古代丹家練功，強調法、財、侶、地。法者功法也；財者資金也；侶者道伴也；地者適宜練功的地址。最好的侶伴就是真仙了。

〔8〕真仙：指修道成仙之人。

〔9〕雲水：雲指黃庭之外象，水指坎水。（見《黃庭內景

經》）

〔10〕懷抱：乃指經過長期修煉，體得之妙境，外人是不知道的，只有自己心中明白，故稱懷抱。

本首大意，一是強調守一的重要性，二是要好的道伴，再經長期修煉，所達妙境，外人是不知的。

其十一

人有最靈物〔1〕，依稀在北辰〔2〕。不知將謂氣，識後自然真。心靜〔3〕如冰雪〔4〕，身輕似碧雲〔5〕。若無千萬歲〔6〕，作甚世間人。

注釋

〔1〕靈物：指精氣神。

〔2〕北辰：喻人下丹田也。

〔3〕心靜：《道藏》本作「心淨」。

〔4〕冰雪：指修煉入靜，對外界無所反映。故有「心似寒冰」之說。

〔5〕碧雲：碧指青綠色的顏色。碧雲則是天空雲，色如碧綠，在天空自由自在的飄搖運動。喻指人修煉到一定層次，也會有身輕如碧雲之意。

〔6〕千萬歲：《道藏》本作「十萬歲」。

修煉到一定層次，自有心靜如寒雪，身輕如碧雲之態。這就是修煉精氣神出現的一種現象。

其十二

塵世通人處，明之與往還。悟〔1〕來唯一物〔2〕，昧〔3〕處隔千山。神水〔4〕丹田下，華池〔5〕水火間。一元〔6〕能造化，返老做童顏。

注釋

〔1〕悟：醒悟也。悟有漸悟、頓悟之分。

〔2〕一物：指陰陽之氣，或指精氣神，實則為一物也。

〔3〕昧：愚昧也。

〔4〕神水：指唾液，或心之血氣流入上腭從右邊流者，稱謂神水。

〔5〕華池：一指口中，一指下腹部丹田處。

〔6〕一元：與一物一相同也。

本首大意是悟得大道之道，就像道路可以往還，反之如隔千山，這個道就是精氣神一物，修煉得道能夠返老還童，這就是一元之道的造化也。

其十三

巧拙仍藏伏〔1〕，精神用意包。坎離〔2〕咸互用，金木〔3〕喜相交。白雪〔4〕能同鼎，黃芽〔5〕共一苞。乾坤推九六〔6〕，復姤運初爻〔7〕。

注釋

〔1〕藏伏：《陰符經》：「性有巧拙，可以伏藏。」「伏者伏於腦，藏者藏於神也。」意即指人雖有巧拙之分，但均可藏神明於腦。

〔2〕坎離：指坎卦和離卦。此二卦一水一火，即一陰一陽也。作者謂此二卦可互相運用。

〔3〕金木：見序注〔19〕條。

〔4〕白雪：修煉之一種效驗。常云：「虛無生白雪。」《悟真篇》：「黃芽白雪不難尋，達者須憑德行深。」白玉蟾解曰：「虛室生白，謂之白雪。」說明在修煉時，眼前出現一片光明，甚似月光，故稱白雪。

〔5〕黃芽：《參同契》：「黃芽為根。」黃芽者，真鉛之別名。「黃者中黃之炁，芽者炁動之盟，為根者即丹基也。」

〔6〕九六：九六者為乾坤之數，乾為老陽，其數為九；坤為老陰，其數為六。

〔7〕運初爻：指復姤二卦，乃為陰陽變化之初，復卦為一陽息陰，表示子時或冬至一陽生之時；姤（☴）卦指一陰消陽之初，表示午時或夏至一陰生之時。這種變化因均在初爻，故稱運初爻也。

本首大意，一是說神意藏於腦中，能使坎離之水火，木金間隔之性情，相互交合；二是指出在修煉中出現的白雪、黃芽那只是開始就如復姤二卦之初爻一樣的初始變化，並以此為根基也。

其十四

一物分為二[1]，能知二者名。鼎爐藏日月，漏滴[2]已三更。夫婦同交媾，嬰兒[3]始結成。脫胎[4]並洗澤，攜養鎮長生。

注釋

〔1〕一物分為二：一物為氣，分為二者即陰陽也。

〔2〕漏滴：古代無鐘錶，用銅壺貯水，壺上穿一小孔，使水自然從小孔滴漏，以為計時之器，名叫漏滴。

〔3〕嬰兒：《悟真篇》：「三家相見結嬰兒，嬰兒是一含真氣，十月胎圓入聖基。」內丹家以母體結胎比喻精氣神三家凝聚而成的內丹。又名嬰兒，又曰金丹。

〔4〕脫胎：指嬰兒十月圓滿，脫出其胞而生，是為脫胎。喻金丹成之意。

以夫婦交媾，結成嬰兒，經過十月胎圓到出生來喻內丹的

修煉過程。至此已為幽聖仙之群,打下了基礎。

其十五

飲了靈丹藥,純陽自在人。洞明常寂照,蓬島鎮長春。去就渾無繫,縱橫已絕塵。但知周甲子[1],不在守庚辛[2]。

注釋

〔1〕甲子:古代曆法,根據陰陽變化,以及觀察天象,特別是七星北斗所指的方向,提出了以天干紀日,十二地支紀月,天干地支相配為甲子。每甲子輪轉一周為六十年。甲子又分上元、中元和下元。

〔2〕守庚辛:庚辛代表西方。丹家過去認為西方是修道歸宿之鄉,故有守庚辛之說。

喻人修道已達聖仙之境,長生不老,自由自在,縱橫往來於宇宙之間,來去均無繫慮,只知日月在不斷的輪轉,亦無所謂再追求西方之境了。正如作者在屍解時說:「蓬萊三島路,原不在西跡。」

其十六

訪道復尋真,優游四海濱。外多含忍辱,內省任邅迍[1]。為厭人間事,忻逢紫府[2]賓,一言親點化,玉洞碧桃春。

注釋

〔1〕邅迍:指困難之境遇。

〔2〕紫府:古人想像的神仙洞境,因為以紫氣為高,故稱紫府。

人欲修道成仙,必須四處外訪,並要克服種種困難,一旦成了紫府之客,受真人的點化,即可得到美滿的結果。

七言絕（三十首）

其一

萬物皆從一氣[1]生，天清地濁[2]稟生成，真龍真虎才交媾，一鼎紅鉛煉甲庚[3]。

注釋

〔1〕一氣：《莊子》云：「人之生，氣之聚，聚則為生，散則為死，故曰通天下一氣耳。」漢代產生的元氣學說，把老子的「道」看做是一氣，或元氣，提出了以元氣為基礎的生成論。

〔2〕天清地濁：太極未判，是謂混沌。「混沌初開，乾坤是殿。」乾坤者一陰一陽也。「氣之輕清上浮者為之天，氣之重濁而下凝者為地。」《內經》：「清陽為天，濁陰為地。」「天有精，地有形，天有八紀，地有五里，故能為萬物之父母。」這就說明氣是世界的本源，是構成事物的元素，而且認為氣不是僵死不動，而是在活潑流動，充滿生機，氣之升降，天地之更用也。這正說明新生的不斷的長出來，由小到大，由少到壯，乃至凋謝。

〔3〕甲庚：甲是陽木，喻肝；庚是陽金，喻肺。

本首大意主要說明氣是萬物之根基，不論天地生成是稟陰陽之氣，就是內丹的龍虎鉛汞，也不外是陰陽一氣之理也。

其二

陰陽配合法君臣，動靜相兼氣血精，壬癸[1]位中男擊浪，丙丁[2]岩畔女嚬呻。

注釋

〔1〕壬癸：天干中之壬癸，屬北，屬水，喻腎，在卦為坎，坎中一陽為中男，故謂男擊浪也。

〔2〕丙丁：天干中之丙丁，屬南，屬火，喻心，在卦為

離，離中一陰為中女，故謂女嚬呻也。

是說陰陽變化的規律，一動一靜與君臣治國這道理是一樣的。

其三

龍虎一交相眷戀，坎離才媾^[1]便成胎，溶溶^[2]一掬^[3]乾坤髓，著意求他啜取來。

注釋

〔1〕坎離才媾：指抽坎填離成為乾陽所言。

〔2〕溶溶：指物質在水中分化。

〔3〕一掬：兩手承取之意。

本首大意主要是透過意念，使龍虎相戀，坎離相媾，就似用手承水一樣啜來，但究其實質仍是陰陽之髓也。內丹強調純陽才能命固，純陽者乾卦也。

其四

方以類聚物群分^[1]，兩畔同秤共一斤，戊己宮^[2]中藏水火^[3]，小心調理武和文^[4]。

注釋

〔1〕方以類聚物群分：方與物是指天地間萬事萬物，聚與分是互文。意說：「方有類，物有群，則有同有異，有聚有分也。順其所同則吉，乖其所趣則凶。」

〔2〕戊己宮：指黃庭。

〔3〕藏水火：指將坎離二卦藏於黃庭。

〔4〕武和文：指火候，火有文火、武火之分。

用方以類聚物，以群分的道理，說明水火藏於黃庭的道理，並希調理好火候，便可結丹。

其五

離中有象藏真水[1]，坎戶無形隱赤龍[2]，時節正時須急採[3]，莫教芽蘖[4]隑黃宮。

〔1〕真水：真水指離中之陰，即心液也。

〔2〕赤龍：赤龍指坎中一陽，即腎中之正陽之氣也。

〔3〕急採：指丹已成熟，要不失時節的去採取，故稱急採。

〔4〕芽蘖：指穀物果類成熟後落地，又發出新芽。喻指金丹成熟若不及時採取也會如果穀一樣，落地成芽。說明急採的道理。

金丹成熟後要及時採取，反之會像果穀成熟落地又生出新芽，這樣會影響黃道的通暢，故稱隑黃宮。

其六

三十輻兮同一轂[1]，金木才逢二氣交[2]，六十卦分朝與暮[3]，一陽萌動發初爻[4]。

〔1〕輻與轂：輻指車輪上一條一條的直木；轂指車輪中心的圓木，所以貫軸。意說一月三十日，猶如車輪之轉轂，在不停地運轉。

〔2〕二氣交：指木龍、金虎二氣，經真意降伏後而相交。

〔3〕六十卦分朝與暮：易有六十四卦，除乾坤喻鼎器，坎離喻藥物外，所餘六十卦均喻火候。《參同契》：「晝夜各一卦，用之依次序，既未至晦爽，終則復更始。」此說明一日用二卦，六時進火，六時退符，六十卦正指一月之火候，故謂六十卦分朝與暮也。

〔4〕一陽萌動運初爻：指在修煉時丹田之氣開始萌動，也

第六章 薛道光：《復命篇》釋義

即一陽生之時，丹家常用複卦之初爻來喻此一陽萌動。一陽萌動：《道藏》本作「一陽萌處」。

用轂輻運轉之理，及六十卦陰陽變化之道來說明一月大周天火候進退。

其七

陰裏十三[1]言有象，陽中六七[2]覓無蹤，抽添運用須防謹，認取根源祖與宗[3]。

注釋

〔1〕十三：指老陰少陽之數之合，老陰數六，少陽數七，合之為十三，因為陰中有陽，故言有象。

〔2〕六七：指老陰少陽之分數，因少陽本來是陽，而又在陽中，故稱覓無蹤。

〔3〕祖與宗：祖宗者，無為也。呂祖《百字碑》：「動靜知宗祖，無為更尋誰。」

雖言老少陰陽之象數，和抽添之防謹，但道的根本是無為，俗云：「大道無為勿參二，便是佛門上上禪。」

其八

恍惚之中尋有象[1]，杳冥之內覓真精[2]，真精便是長生藥，須假黃婆[3]養育成。

注釋

〔1〕恍惚之中尋有象：《老子》：「惚兮恍兮，其中有象，恍兮惚兮，其中有物；杳兮冥兮，其中有精，其精甚真，其中有信。」這就是我們現代說的物質、能量和資訊。也就是我們看不見，摸不著的真氣，但卻能在恍惚杳冥中體現出來。《道藏》本作「尋有物」。

〔2〕真精：即指元精。

〔3〕黃婆：即指黃庭中脾之真意。

修煉到恍惚杳冥之境，會體察到物質、能量、資訊的存在，這些都是黃婆養育而成的結果。

其九

六百篇〔1〕中仔細推，潛藏飛躍〔2〕探幽微，親疏回互相諳悉〔3〕，盜取七星南斗機〔4〕。

注釋

〔1〕六百篇：指丹經典籍。

〔2〕潛藏飛躍：指在典借中潛藏著奧秘，這種奧秘在人身中也能體現出來，只要修煉者認真的尋幽覓微，是一定會得到的。

〔3〕相諳悉：諳者通曉也。相諳悉者融會通達也。如此親疏也就不分了，而能互相會通。

〔4〕機：樞機也。表示盜取要掌握好時機，這個機就在人之泥丸宮和丹田之中（南辰指泥丸，北星指丹田）。

作者深研過六百篇丹經典藉，其中隱藏閃爍著許多玄奧微妙，只要懂得其中道理，在人身修持中就會抓住子時一陽生、午時一陰生這個重要的樞機。

其十

陰鼎陽爐至道根，五行和合土為尊〔1〕，時人若要長生藥，只向華池〔2〕覓魄魂。

注釋

〔1〕土為尊：木火土金水之五行，以土為尊，說明土的重要，常云：「土旺四季。」在此喻土之真意，它能起媒婆作用，能使水火木金四合為一，才能結成金丹。

〔2〕華池：此處華池不指口腔。而多指丹田氣穴地。所謂

覓魂魄者，表示精神魂魄意均凝聚在此。

本首強調土為五行之尊，思維活動均凝聚於此，方能結成不老之丹。

其十一

聖人傳藥不傳火，從來火候少人知，莫將大道為兒戲，須共神仙仔細推。

說明火候為丹家三秘之一，為人少知，但不能忽略，要請教神仙。《規中指南》：「聖人傳藥不傳火，從來火候少人知，夫何謂不傳，非秘不傳也，蓋採時謂之藥，藥之中有火，煉時謂之火，火之中有藥，焉能知藥而取火，則在定裏見丹成，自有不待傳」。

其十二

火候抽添思絕塵，一爻看過一爻生[1]，陰文陽武[2]依加減，一顆還丹火裏成。

注釋

〔1〕一爻看過一爻生：用卦的變化來喻火候。

〔2〕陰文陽武：陰指退符稱為文火，武指進火稱為武火。

用卦爻的變化，來說火候的抽添加減。陽爻進為武火，陰符退為文火，如此絕塵之思還返之丹才能結成。《規中指南》：「真火本無候，藥物不計斤。」白玉蟾曰：「火本南方離卦，屬心，心者神也，神即是火，氣者藥也，以火煉藥，而成丹者，即是以神馭氣而成道也。」

其十三

咽津納氣因形全，須藉乾坤真汞鉛，至道不繁人自昧，五金[1]八石[2]是虛傳。

〔1〕五金:《參同契》:「五金之主,北方河車。」陸西星曰:「天地既判,陰陽始交,一變生水,居於北方,其數一,其色黃,於卦為坎,中間一陽乃乾金也,故玄含黃芽,為五金之主,然此金必得此水,然後能載而上行,故為北方河池。」

〔2〕八石:《參同契》:「三五既和諧,八石正綱紀。」三為子午之數,五為戊己之數。陸西星曰:「金火雖相含受,必得真土調和,乃克有濟。故此歸功戊己。夫金丹有五金八石之類,皆非綱紀之正,唯此水火土三者和合乃為正道。」俞琰曰:「八石正綱紀,水火土三者合而為一,則綱紀正,萬目張矣。」朱熹云:「三五合而為八,八者,象也。」

雖說憑藉水火土之功,行吐納咽津之法,作者認為可以全形。但對五金八石之說,則取否定態度。從歷史上看對這一問題之看法也不一致,有待研究。

其十四

二氣[1]本因兒產母[2],奪來鼎[3]內及其時,夫歡婦合黃金室,一載胎生一個兒[4]。

〔1〕二氣:指水火,也即坎離二氣。

〔2〕兒產母:修道還丹乃逆行之道,抽坎填離使成乾坤二卦,故為兒產母也。

〔3〕鼎:《性命圭旨》:「凡修金液大丹,必先安爐立鼎,鼎之為器,非金非鐵,爐之為具,非玉非石。黃庭為鼎,氣穴為爐,黃庭正在氣穴之上,縷絡相連,乃人身百脈交會之處。」

〔4〕胎兒:《悟真篇》:「三家相會結嬰兒,嬰兒是一含真氣,十月胎圓入聖基。」三家為元精、元氣、元神,嬰兒即是

第六章　薛道光:《復命篇》釋義

丹母。一載一個兒，同十月胎元，喻練氣化神的過程。

主要是說練氣化神的過程，因為丹道乃逆行之法，故有兒產母之說。

其十五

識得陰陽要妙因，煉成金液[1]離凡塵，淘澄[2]不是尋常事，姹女嬰兒兩要真。

注釋

〔1〕金液：指金液大丹。

〔2〕淘澄：淘汰澄清，去偽存真也。

在修煉金液大丹中，要識得陰陽之要妙，抓住姹女與嬰兒兩個真要，也就是淘澄的關鍵所在。

其十六

驅[1]回北斗轉天罡[2]，手握南辰入洞房，否泰爻中天地合[3]，兔雞[4]沐浴[5]要潛藏。

注釋

〔1〕驅：驅使也。

〔2〕天罡：星名，道家稱北斗星。

〔3〕天地合：泰否二卦在丹道中來於坎離相交成為否泰二卦，因此二卦是乾坤所組成，故稱天地合。

〔4〕兔雞：喻卯酉二時之沐浴之火，

〔5〕沐浴：火之一種。

一是用北斗星運轉之機，說明要抓住修持過程中各種時機。二是以坎離相交使成天地合，來喻已結聖胎。

其十七

水晶宮[1]裏翠娥[2]嬌，一段風光破寂寥，奪得兔烏[3]精

與髓，急需收入鼎中燒〔4〕。

注釋

〔1〕水晶宮：喻指下丹田。

〔2〕翠娥：喻指姹女。姹女者離中之陰，即心液也。

〔3〕烏兔：烏指太陽，兔指月亮。實喻陰陽也。

〔4〕燒：指烹煉。

指在練功過程中要抓住陰陽之實質，來烹煉之。

其十八

屏除人我守丹房，轉覺光陰氣味長，榮辱不隨塵外客，但於金鼎煉鉛霜。

強調在修持中的意念思維活動，丹家以忘為最，要達人我兩忘之境。譚子化書曰：「忘形以養氣，忘氣以養神，忘神以養虛，虛實相通是謂大同。」白玉蟾曰：「忘形養氣乃精液，對境無心是大還，忘形化氣氣化神，斯乃大道透三關。」「修道不難，難於渾忘。」《莊子》曰：「養志者忘形，養形者忘利，致道者忘心。」

其十九

虎髓龍精氣象全，依法修來火候煎，直待陰陽成至寶，便知平地隱神仙。

主要講煉好功的條件、功序、注意事項和功成後的感受。條件者氣象全也；功序者依法也；注意者調好火候也，勿使太過，也防不及；功成者陰氣全息成純陽至寶，此時此境便會體會到平地隱神仙了。

其二十

些小天機〔1〕論氣精，呂公〔2〕曾道別無真，神仙不肯分明

説，説與分明笑殺人。

（注釋）

〔1〕天機：神化之意。實指修煉精氣神的重要。

〔2〕呂公：指呂純陽。

主要說修煉的中心機要，就是修精氣神，這一點呂祖早已
肯定了。

其二十一

九還七返定三才〔1〕，闔闢〔2〕抽添盡藉媒，四象包含戊己
土〔3〕，精勤〔4〕十月產嬰兒。

（注釋）

〔1〕三才：指天地人。

〔2〕闔闢：《道藏》本作「開闢」，猶如門戶，一開一合，
實指進陽火退陰符是也。也可說就是指的呼吸。

〔3〕四象：指青龍（木）、白虎（金）、朱雀（火）、玄武（水）
是也。《性命圭旨》：「金水合處，木火為侶，四老混沌，列為
龍虎。」戊己土：《道藏》本作「歸戊己」。

〔4〕精勤：指修持之人用功要精進勤切，方可結丹。

九七之數已定，真意已把四家攝於黃道，只要掌握好火候
的抽添，精勤努力，定會產出嬰兒。

其二十二

邇來活計不勝清，一畝沙田手自耕，晴雨共資春氣力，不
愁苗稼不滋生。

用農民種田之理，勸人修道，只要有決心，功到自然成。

其二十三

歸根復命復元氣〔1〕，氣入四肢精養神，神氣〔2〕若還俱不

散，混同塵世一閒人。

（注釋）

〔1〕歸根復命復元氣：根命即指性命。《中和集》：「性者先天至神一靈之謂；命者先天至精一氣之謂；精神性之根也。」所謂「歸根者即歸先天至神之靈；復命者復其元氣也。」又云：「性命兼達，先持戒定慧。而虛其心，後煉精氣神而保其體，身安泰而命基永固，心虛澄則性本圓明，性圓明則無來無去，命永固則無死無生，至於混成圓頓，直入無為，性命雙全，形神俱妙也。」復元氣：《道藏》本作「復元真」。

〔2〕神氣：即指神靈。

練功的目的就是歸根復命，其基本條件是性命雙全。即神氣相聚，否則是達不到健康長壽的。

其二十四

一物〔1〕浮沉渾有無，堪迎秋露滴珍珠〔2〕，煙花折陌〔3〕頭頭是，污濁馨香任所需。

（注釋）

〔1〕一物：指陰陽之氣，沉浮於宇宙之間，在此喻指真氣。

〔2〕珍珠：藥物之異名也。

〔3〕折陌：指曲折的東西向道路。折陌：《道藏》本作「柳陌」。

喻修持之人，真氣發動。升降往來於九曲之陌路，正似農民一樣，春天耕種，到了秋天則穀物成熟，得到了豐收一樣，修得了珍珠樣之金丹。

其二十五

我今收得長生法〔1〕，年年海上〔2〕覓知音〔3〕，不知誰是知音者，試把狂言著意尋。

〔1〕長生法：指健康長壽的一種功法。

〔2〕海上：古時許多賢達智者，隱居於海島之上。

〔3〕覓知音：覓者尋覓也；知音者與自己志同道合也。

人得到求長壽的功法，但必須有知音道伴，但是要找到一位知音是不容易的，故須著意尋。

其二十六

幾年辛苦覓仙儔[1]，不做神仙不肯休，緣合[2]自然成大道。豈教凡輩[3]覓蹤由。

〔1〕幾年辛苦覓仙儔：辛苦，《道藏》本作「勤苦」。儔，侍奉之意。

〔2〕緣：緣由，表示一種機會，即機緣也。

〔3〕凡輩：指平凡之人。

說明修道者之決心，要達到修道成仙的目的，侍奉在神仙的左右，勤進恭學。但是能否成功乃在修者和教者是否緣合，若緣合自然可成。

其二十七

父母生來真一氣，無形無影卒難尋，要知黑白通去妙，魂魄相投產紫金。

說明人稟父母之精血而成，俗稱真一之氣，或者稱元氣，此氣無形無影至死也難尋到。但是修道者知道了黑白的玄奧，攝優了魂魄，自會結成紫色的金丹。

其二十八

上善[1]之基妙最深，華池神水定浮沉，神功用火[2]抽添

處，煉己〔3〕持心莫放心。

〔1〕上善：指人的稟賦素質。這種人一點就明，一學就會。故華池神水就能決定成功與失敗。

〔2〕神功用火：《道藏》本作「神功運火」。

〔3〕練己：己者性也，練己即修身養性。練己如火煆金，愈煉愈淨。

強調修持之人之稟賦素質，說明這種人容易學會或修成。只要用意於火候的抽添再加持心練己，就一定會成功。

其二十九

東西南北〔1〕要精通，交感陰陽雌與雄，火候直須牢穩審〔2〕，吹噓〔3〕全藉巽宮風〔4〕。

〔1〕東西南北：為宇宙空間之四方，在此喻指人之四方。即東方之肝木；西方之肺金；南方之心火；北方之腎水。還有中央脾土。

〔2〕牢穩審：指對火候的運用，要審慎牢穩，勿使太過與不及，太過則傷丹，不及丹不成。

〔3〕吹噓：指呼吸。

〔4〕巽宮風：巽為八卦之一，其義代表風。巽宮風者，即指腹式呼吸。

說明練功至簡至易，全靠的是腹式呼吸，但不能使太過或不及。這樣陰陽二氣自會在四方之中交感變化，結成金丹。

其三十

天地相交由否泰〔1〕，屯蒙〔2〕氣候互相通，一夫一婦〔3〕資天地〔4〕，三女三男〔5〕合始終〔6〕。

注釋

〔1〕否泰：否泰兩卦，均由乾坤二卦組成，但因其所處位置不同，所起的作用亦就不同了。泰卦是陽在下陰在上（䷊），表示有對立轉化的概念。否卦則是陰在下陽在上（䷋），陰陽雖然當位，但是失去了變化，意為堵塞，僵死。

〔2〕屯蒙：屯者震下坎上（䷂），有雨有雷之象，在此種條件下，做什麼都是困難的。但屯又表示盈，故屯者物之始也。蒙者坎下艮上（䷃），山水之象，有養育教育之義。故物生必蒙，蒙者蒙也，物之穉也。說明屯與蒙的關係：「屯者物之始生，物始生稚小，蒙昧未發，蒙所以決屯也。」在此喻人修持，氣之始屯之象也，此氣尚微，故要加以扶養也。

〔3〕一夫一婦：即指陰陽，就是說的乾坤二卦。乾為天，坤為地，乾為父，坤為母，故乾坤者父母也。父母者，一夫一婦也。

〔4〕資天地：天地者，乾坤也。乾坤者，易之門也。是說乾坤二卦在六十四卦當中，似一對門戶，「闔戶謂之坤，闢戶謂之乾，一闔一闢謂之變，往來不窮謂之通。故稱資天地也。

〔5〕三女三男：三女即巽（☴）、離（☲）、兌（☱）三卦，即長女、中女、少女也；三男即震（☳）、坎（☵）、艮（☶）三卦，即長男、中男、少男也。意即由乾坤父母二卦，產出三女三男之巽、離、兌、震、坎、艮六個子卦。

〔6〕合始終：即指乾坤陰陽二卦變化之結果。

主要用八卦陰陽交感變化滋生萬物之理，來說明丹道之始終。

又七言絕（二首）

其一

拂掠塵中礙眼明[1]，休將大道付人情[2]，堪憐[3]自古神仙輩，特故如愚[4]不作聲。

注釋

〔1〕塵中：即市塵。礙眼明：《道藏》本作「礙眼塵」。

〔2〕付人情：指對大道之至寶，不當回事，象付人情一樣，隨隨便便地就放棄了。

〔3〕堪憐：《道藏》本作「堪矜」。

〔4〕愚：在此之愚，不是真愚，乃是裝出來的。古代神仙之輩，大智之士，雖了知一切，但卻含而不露，故作愚態。正是「真人不露相，露相非真人也」。

主在提醒人們要拂去灰塵之礙，使眼界放大，透明度增高。這樣就會使人認識到大道的重要性，不要像水流一樣天天流去。但在古代神仙之輩，雖乃大知，但含而不露，特裝如愚，達到了老子所說的「挫其銳，解其紛，和其光，同其塵，是謂玄同。」這裏啟迪人們，不要遇見真人還不知道，而失去了機緣。

其二

一月一還為一轉，一年九轉九還同，唯憑二卦[1]推刑德[2]，五六[3]回歸戊己中。

注釋

〔1〕二卦：即十二消息卦中之大壯（䷡）、觀（䷓）二卦。彭曉曰：「大壯卦二陰四陽，謂仲春陽氣雖盛，陽中猶含陰氣，陰氣將離，故榆莢隨陰而落地。」觀卦四陰二陽，謂仲秋陰氣盛，但陰中有陽，陽氣發生，乃於仲秋蕎麥復生。

第六章 薛道光：《復命篇》釋義

343

〔2〕刑德：刑主殺伐，德主生起」，大壯與觀卦，正是卯酉建緯之時，即在二、八之月。陽中含陰，陰中含陽，意即「德中有刑，刑中有德，刑德並會，相見歡喜矣」。

〔3〕五六：五六即戊己。戊己在十天干中之數為五六。

以一年九轉說明整個練功的過程。特別強調在卯酉二時沐浴的作用，也即刑德的關係。最後回歸戊己之中，結成金丹。

西江月（九首）

其一

一〔1〕是金丹總數〔2〕，河圖〔3〕象出真機〔4〕，誰知罔象盡玄微〔5〕，大道〔6〕從茲孕起。斗柄璇璣正位〔7〕，陰中卻抱陽〔8〕輝，崑崙〔9〕子母〔10〕著緋衣〔11〕，是此乾坤真理〔12〕。

注釋

〔1〕一：一者道也。一乃道之根也，氣之始也，命之所繫屬，眾心之立也。《道樞・真一篇》：「芸芸萬物，其變化之源，始生於一，終復於一，所以歷萬變而不窮。」《老子》：「天得一以清，地得一以寧，神得一以靈，以盈一以盈，萬物得一以生，侯王得一以為先天下真。」

〔2〕總數：數始於一，雖萬變不窮，但終復歸一。故一就是總數。

〔3〕河圖：是我國先民在生產實踐和社會實踐中，探索宇宙間一切事物及其關係之實質，以解釋宇宙各種現象，對宇宙間繁多的內容高度集中，概括的一個宇宙模式圖（圖11）。它是在結繩記事之時，文字未發明之前，而用各式各樣的圖畫，來探索並逐漸篩選出的一種至簡至易的模式。包括了陰陽、奇偶、日月、上下、大小、始終、一二等等的交錯相配，分合進

退，縱橫順逆，都配合得圓滿無缺。顯示了我國古代高度文明，是我國先民高度智慧的象徵。

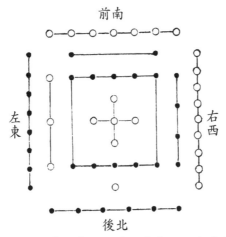

前南

左東

右西

後北

天一生水，地六成之。地二生火，天七成之。

天三生木，地八成之。地四生金，天九成之。

天五生王，地十成之。

圖 11　河圖

〔4〕真機：機為機遇。在此指先天後天二合一的瞬間。朔本探源，這種真機已在河圖網象中顯示出來了。

〔5〕玄微：玄者，自然之始祖，而萬殊之大宗也。微者，微妙也。所謂盡玄微者，表示已在河圖網象中已完全表達出來了（參看《抱朴子・內篇・暢言》）。

〔6〕大道：道者，氣也，一也。在此指大道就在河圖網象中孕育而起的。

〔7〕正位：乃指北斗七星之斗柄之指向。若斗柄指子，時在十一月，正是冬至一陽生之時，故稱正位。

〔8〕陰中抱陽：喻指北方坎水，坎水雖為陰，但其中含有一陽，故謂陽輝。老子說：「萬物負陰而抱陽」，就是這個道理。

〔9〕崑崙：喻指人頭之巔，即泥丸也。

〔10〕子母：喻指丹田氣機發動，其關係是子產母也。

〔11〕著緋衣：緋是淺紅色。喻指內視中所看到的氣是淺紅色的，故稱著緋衣。

〔12〕乾坤真理：承上所說，歸結一起，不外乾坤，即陰陽所起。

主要借用河圖網象之道機，說明內修中陰陽交感變化的道理。

其二

偃月爐〔1〕中金鼎〔2〕，三台〔3〕兩曜〔4〕形神〔5〕，尊卑〔6〕簡易汞中真〔7〕，握固〔8〕休推心腎。白虎長存坎戶〔9〕，青龍卻與南鄰，陰魂陽魄〔10〕似窗塵，大意不離玄牝〔11〕。

注釋

〔1〕偃月爐：《參同契》：「偃月作鼎爐，白虎為熬樞。」陸西星曰：「偃月爐，陰爐也。中有玉蕊之陽氣，虎之弦氣是也。丹法以偃月為爐，而其中虎之弦氣，實為熬樞。熬樞者陽火也。」《性命圭旨》：「爐鼎有大小之分，小鼎爐者，黃庭為鼎，氣穴為爐，黃庭正在氣穴上縷絡相連，乃人身百脈相交會之處。鼎卦曰：正位凝命是也。大鼎爐者，乾位為鼎，坤位為爐，鼎中有水銀之陰，即火龍性根也，爐內有玉蕊之陽，即水火命蒂也。」

〔2〕金鼎：指泥丸宮（乾位）。青霞子曰：「鼎非金鼎，爐非玉爐，火從臍下發，水向鼎中符，三姓既會合，二物自相拘，因臍胎不息，變化在須臾。」

〔3〕三台：《道樞・太白還丹篇》：「五臟五嶽也；三焦三台也；四水四瀆也。」

〔4〕兩曜：太陽月亮也，喻人雙目。

〔5〕形神：形乃身形，神乃神靈。上面說的三台兩曜，均是形神的表現。「凡人所生者，神也；所托者，形也。神大用則竭，形大勞則散，形神離則死，死者不復生也。」（見史記·太史公自序）

〔6〕尊卑：尊者高貴，卑者低下也。俗云：「天尊地卑，乾尊坤卑，父尊子卑。」即此義也。

〔7〕汞中真：汞表示元神，汞因太陽日精而生，在人身喻為心，屬火，中藏正陽之精，先天元神，即為真汞。上指尊卑就在汞神之中，故謂汞中真。

〔8〕握固：源出《老子》「骨弱筋柔而握固」。抱朴子把握固與練功結合起來，宣導「握固守一」的功法。《雲笈七籤》：「握固與魂魄安門戶也。此乃固精明目，留年還魄之法，若能終日握之，邪氣百毒不得入。」一般認為，練功時握固有助思想安寧，動功中更可避免握拳而使勁用力。

〔9〕坎戶：坎戶為腎，因坎為水，而腎屬水，故腎為坎戶。

〔10〕魂魄：《性命圭旨》：「魂者氣之神，有清有濁；魄者精之神，有虛有實。」肝主魂，魂為肝之神，肺藏魄，魄為肺之神。又指精神活動。道教有制御三魂七魄之說，謂「神氣常堅，精華不散，則人不衰不老」。這種攝魂制魄之法，實是修煉身心的道功法。

〔11〕玄牝：「谷神不死，是謂玄牝，玄牝之門，是為天地根，綿綿若存，用之不勤。」玄靜居士：「玄牝者，心息之門戶也。異名甚多，皆指虛空一著，與吾人生命接觸之處，即呼吸出入起動之處是也。」鍾離權云：「生我之門，死我之戶也。」

本首大意雖講爐鼎龍虎之說，但主要強調了真意與呼吸的關係，特別強調了玄牝的奧妙。

其三

天上三清[1]真境，三皇[2]五帝[3]規模，瞿曇[4]老氏仲尼徒，經史[5]深藏妙素[6]。問有真人[7]出世，來明赤子[8]玄珠[9]，蟾光[10]終日耀昏衢[11]，滿目黃芽顯露。

注釋

[1] 天上三清：《道藏》本作「太上三清」。指玉清、上清、太清。也即玉清元始天尊、上清靈寶天尊、太清道德天尊之居處。

[2] 三皇：伏羲氏、神農氏、黃帝。

[3] 五帝：黃帝，顓帝、帝嚳、堯、舜。

[4] 瞿曇：即釋迦牟尼。新譯「喬答摩」。

[5] 經史：經指道經佛經；史指儒家著作。

[6] 妙素：妙者奧妙，素者物質元素也。

[7] 真人：《莊子·天下篇》：「關尹、老聃乎，古之博大真人哉。」其意是說「夫先生者，道士也，於此學仙，道成曰真人」。《內經·上古天真論》：「上古有真人者，提挈天地，把握陰陽，呼吸精氣，獨立守神，肌肉若一，故能壽敝天地，無有終時，此其道生。」其意說真人能掌握天地陰陽變化的規律，善於保全精氣神，精通呼吸吐納之養生人。

[8] 赤子：喻指嬰兒。

[9] 玄珠：藥物之別名。《玄珠心鏡注》：「白氣入裏，黃氣為表，團圓為珠爾，外黃內白，懸在氣海之中，黃光燦燦如彈丸。」此玄珠在嬰兒時已俱，修道之人所追求的也是此也。故老氏云：「專氣致柔，能嬰兒乎。」

[10] 蟾光：指月亮之光。月喻元性，也喻坎宮，坎水中一點元陽真氣也。

[11] 昏衢：昏為昏暗，日落黃昏也；衢乃通衢，四通八

達也。在此喻元性之光，終日普照，昏暗自去，所照遍及人身內外也。

常人昏昏，不識大道。但道這個奧秘，就藏在三清、三皇五帝以及道儒釋的經史之中。若得真人指點，就自然會蟾光普照，破去昏暗，黃芽滿目是也。

其四

內有五行相制[1]，包含一粒紅鉛[2]，相生相殺自天然，此藥殊無貴賤。會向我家園裏[3]，栽培一畝天田[4]，中男小女[5]共相連，種得黃芽滿院。

注釋

〔1〕五行相制：指五行之相生相剋，相乘相侮之制約關係。

〔2〕紅鉛：喻指先天元精。

〔3〕園裏：喻指丹田。或整個腹腔。

〔4〕天田：指下丹田。

〔5〕中男小女：喻指坎（☵）離（☲）二卦。

主要強調五行間的制約關係，會得此自然之理，即會水火既濟，結成丹母。

其　五

鑿破玄元三五[1]，拔開造化圭璋[2]，希夷[3]妙指在中央，咫尺無名罔象[4]。片響功夫便得，數君地久天長[5]，蓬萊仙島[6]是吾鄉，怎不留心信問[7]。

注釋

〔1〕三五：《悟真篇》：「三五一都三個字，古今明者實然稀，東三南二同成五，北一西方四共之，戊己自居生數五，三家三相見結嬰兒。」此三五為河圖之生數。喻人之五臟也。

〔2〕圭璋：指古代最貴重的玉製禮器。喻指精氣神也。

第六章　薛道光：《復命篇》釋義

〔3〕希夷:「視之不見名曰夷,聽之不聞名曰希。」意說真氣聽不到看不見,但其奧妙旨趣乃在中央黃途之中。

〔4〕罔象:指練功中出現的內景,猶如網路之象也。

〔5〕地久天長:喻指長壽。

〔6〕蓬萊仙島:古人想像中的神仙之地。

〔7〕信問:指勸人修道,留心訪賢,前有美好的蓬萊仙境,怎能隨便放棄呢?

大意是勸人修道時要懂得三五之玄理,認識精氣神的重要。其中道理定會在練功中出現的罔象中表現出來,豈不是蓬萊仙境嗎?

其六

竹破還須竹補[1],人衰須假鉛全[2],思量只是眼睛前,自是時人不見。日月相交離坎[3],龜蛇[4]產生先天,長生妙藥在家園,一晌功夫便現。

注釋

〔1〕竹破竹補:乃張紫陽之語「竹破須將竹補宜」。

〔2〕鉛全:鉛指元精。所謂鉛全者,乃是練精氣神的全過程。

〔3〕離坎:離為心火,喻日,坎為腎水,喻月。

〔4〕龜蛇:喻指元精元氣。

形象地用竹破竹補、人老鉛全的道理,說明修道的重要性,並指出道就在眼前,就在自身之中,只要認真修煉,片晌即可體驗道的玄妙。

其七

此道至靈至聖,無令漏泄[1]輕為,全憑德行[2]兩相宜,言語須防辨智[3]。要藉五行生旺[4],須明陽盛陰衰[5],三人

同志〔6〕謹防危〔7〕，進火功夫仔細〔8〕。

注釋

〔1〕漏泄：指對精氣不要外漏之意。

〔2〕德行：指人之道德行為。古時強調修功先修德，德成功即自然可行也。

〔3〕須防辨智：《道藏》本作「須防避忌」。此四字用得很好，甚合辨證法，要人不要投機取巧，因為功夫出自笨拙，大愚才能大智。意說不論什麼功法，只要持久恒行，就會結出智慧之果。

〔4〕五行生旺：生旺乃指五臟的生理功能要旺盛。強調了五行的相生的作用。

〔5〕陽盛陰衰：一指進陽火、退陰符而言。二乃要陰陽平衡，「陰平陽秘，精神乃至，陰陽離決，精氣乃絕」。

〔6〕三人同志：修丹之道，古人強調法、財、侶、地。法者功法；財者資金；侶者道伴；地者擇地而修。在此強調知音道伴，且須三人，各有職責。

〔7〕防危：《天樂集》：「丹家防危慮險，亦因學人不能不忘形，時時執著，留戀不捨，致生種種危險耳。若在練精化氣之時，學者於陽生之傾，稍一著身，即動欲念，致使有泄精之患。當煉氣化神之時，若稍一著身，能使既定之氣轉為不定，有走丹之危。當煉神還虛之時，若稍有執情，即不能還於太無，而入圓通之門。」汪師云「外不著色身，內不起一念」，「實為忘形捨身之要旨，防危慮險之指南也」。

〔8〕進火功夫仔細：張紫陽說：「依時採取定浮沉，進火須防危甚」「若到一陽來起復，便宜進火莫遲延」。

主要強調在練功過程中，要注意的一些重要事項。

其八

煉就光明瑩玉[1]，回來卻入黃泉[2]，升騰[3]須假至三年[4]，攜養殷勤眷戀。九九才終變化[5]，神功豈假言宣，分明頃刻做神仙，永駕鸞車[6]鳳輦[7]。

注釋

〔1〕瑩玉：瑩指光明潔白，玉指玉液，即唾液。

〔2〕黃泉：《黃庭中景經》：「扶持黃泉五味長。」實指生唾液之唾液腺。

〔3〕升騰：仙有五等，佛有三乘，修持功行不齊，所以超脫稍異。飛升騰舉者上也，坐化屍解者次也，投胎奪舍者又其次也。

〔4〕至三年：修道之人，欲超凡入聖，成仙成佛，經緯天地，輔助造化，須行三年乳哺之功，也即達練神還虛，能出有入無，返到性體堅剛，神化無方之位。

〔5〕九九才終變化：此指練虛合道之功，時須九年，又經九轉，故稱九九才終變化。表示已返到無餘涅槃大覺神仙之位，其趣可謂度盡群仙矣。

〔6〕鸞車：古時帝王的車賀，俗稱儀仗。

〔7〕鳳輦：帝王所乘的車。

指修功已成，三年已能升騰飛舉，又經九九變化，到達金仙之位，出入如帝王一樣的風采。

其九

一氣[1]初回遇朔[2]，鼎中神水溫溫，剛柔[3]相會氣均勻，妙在無過混沌[4]。八卦[5]巡迴旋繞，推排九竅[6]追奔，東西動靜合朝昏[7]，莫與常人議論。

〔1〕一氣：陰陽變化交感之氣。也即真氣。

〔2〕遇朔：朔乃月象盈虧的一種現象。意晦月亮經過上弦、望、下弦，到三十日變晦，下月初一為朔，一氣從朔起，轉了一圈，又回到朔位。俗稱晦朔弦望。《參同契》：「三日出為爽，震受艮西方，八日兌受丁，上弦平如繩，十五乾體就，盛滿甲東方。蟾蜍與兔魄，日月氣雙明，蟾蜍視卦節，兔者吐生光，七八道已訖，曲折低下降，十六轉受統，巽辛見平明，艮值與丙南，下弦二十三，坤乙三十日，東北喪其明，節盡相禪與，繼體復生龍，壬癸配甲乙，乾坤括始終。」此段話說的是八卦月體納甲之法，借此來喻丹道之陰陽變化（圖12）。

〔3〕剛柔：指陰陽二氣，陰柔陽剛也。

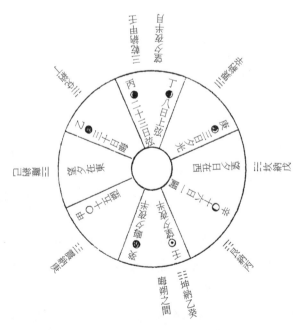

圖12 八卦月體納甲示意圖

〔4〕混沌：太極未判之際謂之混沌。在此指修持之人，修到一定時，神氣融合，達物我兩忘之境，稱之混沌。丹家強調，不論什麼玄奧，皆超不過混沌之境。

〔5〕八卦：以八卦之陰陽變化，說明真氣在體內運轉。

〔6〕九竅：指眼、耳、鼻、口及前後陰。

〔7〕東西動靜合朝昏：喻指練功到一定時，上自腦，下至腳，五臟六腑乃至九竅均感到真氣不斷的運轉，在此時已分不清東西動靜與朝暮之分，處在混沌沖和妙境之界也。

指練功到一定之時，周天已通，真氣在體內不斷運轉，神氣混合，一片混沌，處在沖和妙境之內也。

丹髓歌（三十四首）

其一

煉丹不用尋冬至，身中自有一陽生〔1〕，龍飛〔2〕赤水〔3〕波濤湧，虎嘯〔4〕丹山風露清。

注釋

〔1〕一陽生：俗稱冬至一陽生，或指子時一陽生，均指自然之氣機。丹家常用一陽生之語來喻修煉者丹田真氣發動時之氣。因為人是活的，因練功時間長短，功夫之深淺不同，真氣發動則有所不同，故貴在一個活字，不是死搬硬套，皆隨氣之發動而言也。

〔2〕龍飛：喻人之真氣運行，似飛龍騰躍樣運行。

〔3〕赤水：喻人唾液。指在練功入靜時，唾液分泌增加，猶如波濤一樣湧現出來。

〔4〕虎嘯：也喻精氣發動，升降往來，致使腸蠕動增強，腸鳴音亢進，聲似虎嘯。因其威力之大致使風露也變清，不外

形容而已。

　　一是強調了人身自有一陽生，不必強調冬至與子時。二是形容真氣的運行，猶如飛龍騰躍，又似虎嘯丹山。

其二

　　初時有如雲出洞[1]，次則有如月在潭[2]，又以金蠶如玉筍[3]，好將火候煉三三[4]。

　　〔1〕雲出洞：在修煉入靜之時，眼前會出現如雲一樣的罔象。《百字碑》：「白雲朝上闕」，正是此意。

　　〔2〕月在潭：指在入靜時出現的罔象。有所謂「虛室生白」，或「虛無生白雪」，都是罔象的一種，眼前一片皎潔之光，如月之映潭，如白雪鋪滿大地。

　　〔3〕金蠶玉筍：也是入靜時出現的色如金蠶玉筍一樣的金黃色光彩。

　　〔4〕三三：喻指火候三三九轉之功。

　　在練功入靜時出現的種種罔象之光，如雲出洞，如月在潭，金色彩光等。出現了這種現象正好是運用火候煉三三九轉之功的大好時機。

其三

　　嬌如西子[1]離金閣，美以楊妃[2]下玉樓，日日與君花下醉，更嫌何處不風流。

　　〔1〕西子：即西施。

　　〔2〕楊妃：即楊貴妃。

　　練功已達到一個高的層次，正是舌湧甘津、眼有光明，氣流百脈、沖和融之，周身酥軟，深於月下風流，強於夫婦交

會，一片沖和妙境美不勝言也。

其四

井底[1]泥蛇[2]舞柘[3]枝，窗間[4]明月照梅梨[5]，夜來混沌攝[6]落地，萬象森羅總不知。

注釋

〔1〕井底：喻指下丹田。

〔2〕泥蛇：喻氣之發動。

〔3〕柘：落葉之灌木，木裏有紋，葉厚而堅，其實如桑葚而圓。

〔4〕窗間：喻指印堂穴，即祖竅。

〔5〕照梅梨：表示天目初開，眼前光明如月，能看到梅梨。

〔6〕攝：果實上的尖毛。又指筆鋒、錐尖。

大意是練功又到了一個層次，真氣在丹田內作舞，同時天目已開能看到窗前明月和梅梨等。但到入了混沌之境，種種網象就不知道了。

其五

昔日遇師親口訣，只要凝神[1]入氣穴[2]，以精化氣氣化神，煉作黃芽並白雪。

注釋

〔1〕凝神：陸西星曰：「蓋凝神者，入玄之要旨，丹家之第一義也。所謂凝者，非決然不動之謂也，乃以神入於氣穴之中，與之相守而不離也。」

〔2〕氣穴：一指氣海，一指陰蹻庫。三豐翁曰：「調息不難，神光下照陰蹻庫是也。」

紫賢真人拜師之時，接受了練功口訣，主要是凝神調息，練精化氣氣化神的功夫，以達黃芽白雪之境。

其六

一年沐浴[1]更防危[2]，十月調和須謹節，服了丹砂[3]朝玉京[4]，乘雲跨鶴[5]登天闕[6]。

注釋

[1]沐浴：沐浴乃清靜之義，指在練功過程中一段思維活動要不過不及，維持平衡穩定的狀態。也可說「真氣薰蒸，神水灌溉為沐浴」。若問時間，卯酉之時；若問月曆，二八之月，若問人身部位，就在夾脊關和劍突下也。夾脊之處正是脊椎之中，真氣上升時不宜太快，而應關閉玉枕，薰蒸內臟與肌膚。在氣下行之時要納咽神水，且要緩慢，以起灌溉作用。

[2]防危：見西江七首注[7]條。

[3]丹砂：外丹之名。在此喻為丹藥。

[4]玉京：指玉皇大帝之京都。

[5]乘雲跨鶴：升騰之不同形式。

[6]天闕：帝王居處，如宮闕。

一是指在沐浴中要防危慮險。二是指練功已到練神還虛之境，可以升騰朝拜玉帝。

其七

烏無形，兔無影，烏兔只是日月精，烏兔交是[1]天地永。

注釋

[1]烏兔交是：《道藏》本作「烏兔交時」。

日月的不間斷的運動，形成晝夜四時的陰陽變化，來養育萬物。丹家以烏喻日，以兔喻月，來象徵人身中陰陽的交感變化，特別經過長期練功，使精氣神凝聚相交，就能長生。

其八

牛[1]無角，馬[2]無蹄，馬牛只是乾坤髓，乾坤運用坎和

第六章　薛道光：《復命篇》釋義

357

離。

注釋

〔1〕牛：坤卦的性質是柔順，象徵從服的牛。

〔2〕馬：乾卦的性質是剛健，象徵健行的馬。

以乾坤坎離四卦來說明丹道。丹家以乾坤喻鼎器，坎離喻藥物，實質就是陰陽的變化交感而矣。用牛用馬乃是在一種特定情況下的比擬。

本首重要的是「運用」，即用坎離二卦陰陽變化，抽坎補離，復歸乾坤二卦。從變化中說明了陰陽的性質。

其九

龜無象，蛇無跡，龜蛇只是陰陽形，二氣交會混為一。

用龜蛇比擬陰陽，因此當然就無象無跡了。貴在二氣相交混合為一，這是內丹的根本。

其十

龍無翼，虎無牙，龍虎本來同一體，東鄰即便是西家。

指精既化氣，神氣混合，故為一體。是故也分不出東與西了。

其十一

鉛非鉛，汞非汞，鉛汞本在[1]身中求，要使身心寂不動。

注釋

〔1〕鉛汞本在：《道藏》本作「鉛汞原在」。

元精、元神都是日月的靈氣，心藏神，腎藏精，故要在本身求之。元精與元神相合，即神氣相凝，結成金丹。欲得此丹必要身不動心不思，處在寂然之際耳。

其十二

無白雪，無黃芽，白雪乃是神室[1]水，黃芽便是氣樞花。

〔1〕神室：神室即元神所居之室，就是泥丸宮。神室是丹之樞紐也。朗然子曰：「未明神室千般撓，達了心田萬事閑。」

白雪源出神室，黃芽氣初生之時，故無白雪與黃芽，只是內景網象之比擬也。

其十三

夫真夫，婦真婦，坎男離女交感時，虛空無塵天地露。

夫婦即陰陽也。坎離交乃陰陽交感，交感之果又現乾坤二卦，故稱天地露也。《性命圭旨》：「坎象來填離卦成乾，天地定位，還本返原。」

其十四

真交梨，真火棗，交梨吃後四肢雅，火棗吞時萬劫飽。

交梨火棗者，均喻結成之丹藥。修到此際，四肢柔軟，舉動之雅，不食也不覺餓，說明已達「專氣致柔」、「辟穀」之境了。

其十五

夏至〔1〕後，冬至〔2〕前，陰陽不在此中取，自有神氣分兩弦〔3〕。

〔1〕夏至：夏至之節，時在五月；夏至到，陰氣現。所謂夏至一陰生也。其卦為姤也。

〔2〕冬至：冬至之節，時在十一月，冬至到，陽氣生。所謂冬至一陽生也。其卦為復也。

〔3〕兩弦：月亮盈虧之象也。上弦初八，下弦二十三日也。

一年有春夏秋冬四季，有立春、春分、立夏、夏至、立

秋、秋分、立冬、冬至等八節。反映了陰陽消長的交替變化。所謂「冬至一陽生」，乃從十一月的冬至到五月的夏至之間，是陽氣逐漸增長的過程。而到夏至則有所謂「夏至一陰生」，即表示陰氣從夏至到冬至之間，陰氣逐漸增長。到了冬至週而復始也。這個自然變化規律，影響著萬物的變化生存。故人要效法自然之理，使健康地生活。

丹家更強調，採取陰陽要在冬至到夏至之間，而從夏至到冬至之間則不採取。月象也是如此，要取朔→上弦→望之間之氣，而不取望→下弦→晦之間之氣，常云：「月圓不瀉，月缺不補」，就是要人們遵循自然規律，若違背這個道理，就會產生疾病。丹道更不例外也（圖13）。

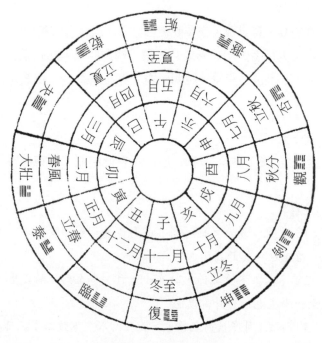

圖13　十二消息卦圖

其十六

水真水[1]，火真火[2]，依前應候運周天[3]，調和煉就[4]
長生寶。

注釋

〔1〕真水：心生液，以液生於心而不耗散，名曰真水。

〔2〕真火：指精神意識，調節思維活動，使不緊不緩，適
中平和。「真火之妙，在人也。」

〔3〕周天：周天之詞始於曆法。周天功法出於宋後，尤在
元明，肯定此功。周天之功，分為小大，小者督任相運，大者
十二經脈全通。細而分之，氣與神行。氣行為小，神行則大，
小大不同，效驗殊異也。

〔4〕調和煉就：《道藏》本作「調和煉盡」。

本首主指周天運行，可以長生。其前提是水火相交，氣化
流行，故有依前應候之說。

其十七

日之魂，月之魄[1]，身中自有真乾坤，鍛鍊丹田通透赤[2]。

注釋

〔1〕日魂月魄：《性命圭旨》：「陽神曰魂，陰神曰魄，魂
之與魄，互為宅室。」「蓋因魄有精，因精有魂，因魂有神，因
神有意，因意有魄，五者運行不已。」皆指身內陰陽兩方面來
說。

〔2〕透赤：赤乃赤子嬰兒。實指神氣相凝而言，非有嬰兒
赤子也。

本首以日魂月魄之言，來喻人身之陰陽，陰陽交感變化，
結成金丹。要在用意於丹田也。

其十八

天之尊，地之卑，便把天魂〔1〕擒六賊〔2〕，又將地魄〔3〕制三屍〔4〕。

注釋

〔1〕天魂：指人之精神思維。

〔2〕六賊：指眼、耳、鼻、舌、身、心。認為此六種感官，接受外界刺激，會引起情志損傷，影響練功入靜。故要擒之。

〔3〕地魄：地魄為鉛之異名。《悟真篇》：「但將地魄擒朱汞，自有天魂制水金。」

〔4〕三屍：即三彭，道教認為人身中有三屍神，上屍名彭倨，好寶物；中屍名彭質，好五味；下屍名彭矯，好色欲，均有害於人體，故要服藥或辟穀，以殺三屍。

本首強調要清除影響練功的六賊和三屍，使修者一意不念，一物不想，身心兩忘，方可修煉成丹。

其十九

藥非物，火非候，分明只是一點陽，煉作萬劫無窮壽。

本首強調萬物、火候之說非真也。實指神氣起效應，陰陽交感來變化，煉成純陽壽無窮。

其二十

金非兌〔1〕，木非震〔2〕，從來真土應五行〔3〕，金木自然解交併〔4〕。

注釋

〔1〕兌：喻五行之金。俗稱兌金。

〔2〕震：喻五行之木。俗謂震木也。

〔3〕應五行：強調土的作用。俗云「土旺四季」。

〔4〕交併：木金本分東西，稱為龍虎二物，經脾土之真戀，自會交併，融為一體也。

本首主要強調在修持中脾土即真意的作用。

其二十一

黑中白，白中黑[1]，但能守黑白自現，黑白本來無二色。

注釋

〔1〕黑中白，白中黑：《道藏》本作「黑中黑，白中白」。

黑白雖為二色，但「知白守黑」蘊藏著辯證法之理。「知白必先守黑者，陽往陰中也，守黑才能知白，陰中陽產也，知白還要守黑，神還氣伏也」。

其二十二

金真金[1]，銀真銀[2]，金銀煉作紫金丹，自然無一斧鑿痕。

注釋

〔1〕真金：即金液也。金液即肺液也。

〔2〕真銀：即玉液也。玉液即腎液也。

本首說明金銀乃金液玉液之喻，金液玉液煉作金丹，故斧鑿無痕也。

其二十三

偃月爐[1]，朱砂鼎[2]，須知抱一守中和，不必透關[3]投玉井[4]。

注釋

〔1〕偃月爐：「氣穴為爐」。指丹田氣海。因是陰爐故稱偃月。

〔2〕朱砂鼎：「黃庭為鼎」。黃庭在氣穴之上。

〔3〕透關：指小周天搬運，要通過轆轤、夾脊、玉枕三

關，故稱透關。

〔4〕投玉井：指男女生殖器。

本首大意主要強調修丹要抱一守中和，透關投井是次要的，或者說根本就不須要。《老子》：「聖人抱一為天下式」。「守得其一，萬法歸一」。

其二十四

中央釜[1]，守一壇[2]，金鼎常令湯用暖，玉爐不要火教寒。

注釋

〔1〕釜：一般指鍋。內丹稱為土釜。釜有上下之分，上釜在泥丸宮，下釜在丹田。

〔2〕壇：築土而高的叫壇。古時祭神朝會之所，喻為練功場地。

本首強調在練功時要掌握好火候，要使鼎爐常暖，玉爐之火不寒。《性命圭旨》：「真橐籥，真鼎爐，火候足，莫傷丹，天地靈，造化慳。」

其二十五

玄真玄，牝真牝，玄牝都來共一竅，不在口鼻並心腎。

本首主要說玄關一竅，此竅實為丹家難尋之秘。雖知重要，但在何處，說法不一。但已肯定與呼吸生命有關。

其二十六

真神水，真華池，元氣虛無難捉摸，元氣恢漠本無為。

本首主要說明對元氣的認識，認為元氣無為故難捉摸也。

其二十七

煉朱砂[1]，煉水銀[2]，真使朱砂匱[3]水銀，水銀煉作明窗塵。

注釋

〔1〕朱砂：即丹砂，因色赤而名朱砂。

〔2〕水銀：出於丹砂中。《悟真篇》：「金鼎欲留朱裏汞，玉池先下水中銀。」「離之匡廓，屬乾，是名金鼎。」其中浮而易走者為朱裏汞，賓之位，心之象也；坎之匡廓，屬坤，是名玉池，其中沉而遲者為水中銀，主之位，身之象也。

〔3〕匱：《道藏》本作「遺」。

本首以坎離之匡廓，說明乾坤之賓主關係。朱砂、水銀均來於此。正如《參同契》開首曰：「乾坤者，易之門戶，眾卦之父母。坎離匡廓，運轂正軸，牝牡四卦，以為橐籥。覆冒陰陽之道……數在律曆紀。」

其二十八

真黃轝[1]，真紫粉[2]，分明內鼎內爐中，變化瓦石[3]成九轉。

注釋

〔1〕黃轝：喻內鼎。《道藏》本作「華」。

〔2〕紫粉：喻內爐中之火也。

〔3〕瓦石：喻金丹之原料。

本首大意是說鼎器、爐火、原料皆以具備，故要依時擇候行九轉變化之功。

其二十九

真關鎖[1]，真河車[2]，鐵鎖金關牢固守，河車運動結丹砂。

注釋

〔1〕關鎖：關指三關，鎖指關閉。乃指三關有開有閉也。

〔2〕河車：小周天搬運之別名。

行河車之法，有開有閉，要節段運行。意即下關開放，上

關緊關，使開放之段真氣充滿，然後依次遞進，漸次開關入頂，以補泥丸髓海。

其三十

真金精[1]，真玉液[2]，滿鼎氣歸根玉液，玉液盈壺神入室[3]。

注釋

〔1〕金精：即金液也。也即肺液也。

〔2〕玉液：即腎液也。腎液上升到心，二氣相合而過重樓，則津滿玉池，謂之玉液。即唾液。

〔3〕神入室：指到神凝氣因之境。

金液和玉液還丹，表示已達二乘之境。

其三十一

真金翁[1]，真姹女[2]，金翁姹女結姻緣，洞房深處真雲雨。

注釋

〔1〕金翁：喻元精，在腎，在卦為坎也。

〔2〕姹女：喻元氣，在心，在卦為離也。

練功已到較深的層次，其全身酥快，猶如夫婦之雲雨也。

其三十二

真丁公[1]，真黃婆[2]，丁公運火煉金花，黃婆瓶裏養金鵝[3]。

注釋

〔1〕丁公：十天干中，丙丁屬火，丙為陽火，丁為陰火。故丁公指陰火，喻溫養沐浴之火。

〔2〕黃婆：喻真意，因為黃色，故稱黃婆。

〔3〕金鵝：喻金丹也。

本首大意主指練功已到階段，正在溫養沐浴之際，而後結成金丹。

其三十三

真嬰兒，真赤子，九轉煉成十月胎，純陽無陰命不死。

本首大意主指經過九轉變化之功，十月胎圓，產下赤子純陽不死之命。

其三十四

真陰陽，真陰陽，陰陽都只兩個字，比喻丹書幾萬章。

本首可說是對全文的總結，也是說了丹道的根本實質。這個實質就是陰陽，就是道。作為丹道來說，陰陽就是作丹的根基。朱熹說：「神運精氣之謂丹。」神為陽，精氣為陰，體內之陽神、陰精相互作用而成丹。陰陽的作用，就是氣化的作用。由於相互作用，對立的陰陽雙方的作用變化，陰極陽生，陽極陰生，生生化化，其變無窮。

道功的氣化作用是在體內進行的，體內可以感受，體內眼不可見，手不觸，正是「其小無內，其大無垠」，「可以口訣，難以書傳」也。

我們所說的火候，就是氣化的表現。由於氣化學說的發展，揭示了道功的各個基本問題，便容易說明。如藥物、坎離、鉛汞、水火、烏兔、龍虎、日月等等，正是以自然界可見的物質為喻，表明人體內具有的陰陽兩方面，一分為二的自然法象。

「水火既濟」的交媾，指的是體內陰陽兩方面相互制約，陰平陽秘而導致的協調與穩定，「真氣往來，不使其間斷」的火候，則是表明陰陽兩方面的動態平衡。

「抽則瀉之，添則補之」的抽添，就是氣化過程中「虛則

補之，實則瀉之」的中和作用。「洗心滌慮」的沐浴，使人入靜，補腦安神，以維持身體的穩定狀態。祛病健身，健康長壽，大概就是氣化作用使身體運動有序化的結果吧。

陳楠：《翠虛篇》釋義

陳泥丸仙師略傳

陳攖寧

師姓陳，名楠，字南木，號翠虛。惠州博羅縣白水岩人。以盤櫳箍桶為業，俗無知者。（櫳字亦可寫作礱，以堅木作齒，實土於其中，有上下二層。下層或用後作底，取其重而不搖。此物專作磨穀去殼之用，內地農家所必需者。）師嘗坐盤櫳之偈曰：「終日盤櫳圓又圓，中間一位土為尊。磨來磨去知多少，個裏全無斧鑿痕。」又箍桶偈曰：「有漏教無漏，如何水泄通；既能圓密了，內外一真空。」其造詣如此。然當時師雖已悟性，仍復訪求金丹立命之術，誓以一身攬性命之全功。有志者事竟成，遂獲親受「太乙刀圭火符秘訣」於毗陵禪師。又得「景霄大雷琅書」於黎姆山異人。遇疾苦者，撮土與之，隨手而愈，故人皆呼之為泥丸先生。

政和中（按政和乃宋徽宗年號，在民國紀元前八百年），任道院錄事。後歸羅浮，潛修密煉，道成法備，驅狐治病，鞭龍救旱，浮笠濟流，含汞成金，顯諸靈異，不可殫述。嘉定四年四月（虞陽按：年份問題，詳見某之《白真人年譜》，此乃

陳與行之言），赴鶴會於朝陽，執事者惡其垢穢，坐之戶外。師起至危橋，溺水而逝。時葛尉往湖南省親，又遇師於寧鄉，乃四月十四日也。說者謂是仙家之水解云。

今考嘉定乃宋寧宗年號，在民國紀元前約七百年，距政和時約百年，因知師壽當有一百數十歲。又考《翠虛吟》云：「嘉定壬申八月秋，翠虛道人在羅浮；眼前萬事去如水，天地何異一浮漚。吾將脫形歸玉闕，遂以金丹火候訣，說與瓊山白玉蟾，使知深識造化骨。道光禪師薛紫賢，付我歸根復命篇；辛苦都來只十月，漸漸採取漸凝結，而今通身是白血，已覺四季無寒熱。」等語，此時分明尚有肉體存在。

所謂壬申者，即嘉定五年也。可知嘉定四年，相傳在朝陽墮橋溺水而死者，蓋遊戲神通耳。屍解之說，殆不足信也。有《翠虛吟》《紫庭經》《丹基歸一淪》並《金丹歌訣》行世，是為南宗第四祖。

圓頓（即陳攖寧）按：盤櫳箍桶，賤業也。「金丹雷訣」，奇術也。秦皇漢武，扶天子之尊，畢世求神仙，尚不可得，而盤櫳箍桶之匠，反優為之。始信超凡入聖之事功，非富貴中人祈能勝此大任，必也物色於風塵之外乎！

紫庭經 [1]

絳宮 [2] 天子統乾乾 [3]，乾龍 [4] 飛上九華天 [5]。天中妙有無極宮 [6]，宮中萬卷指玄篇 [7]，篇中皆露金丹旨，千句萬句曾一言，教人只在求汞鉛 [8]，二物採入鼎中煎 [9]。夜來火發崑崙山 [10]，山頭火冷月光寒 [11]。曲江之上金烏飛 [12]，嫦娥已與斗牛歡 [13]，採之煉之未片餉，一氣渺渺通三關 [14]。三關來往氣無窮，一道白脈朝泥丸 [15]。泥丸之上紫金鼎 [16]，鼎中一塊

紫金團〔17〕，化為玉漿流入口，香甜清爽遍舌端，吞之服之〔18〕入五內，臟腑暢甚身康安。赤蛇蒼龍〔19〕交合時，風恬浪靜虎龍蟠〔20〕。神水〔21〕湛湛華池〔22〕淨，白雪〔23〕紛紛飛四山〔24〕。七寶樓臺〔25〕十二時〔26〕，樓前黃花〔27〕深可觀。即此可謂鉛汞精〔28〕，化作精髓盈關源。

注釋

〔1〕紫庭經：闡述煉丹求仙的丹經。「紫庭」原指帝王宮廷或仙人的居所。

〔2〕絳宮：原指朱漆宮殿，此處喻心，見《黃庭內景經注》：「心為絳宮」。

〔3〕乾乾：自強不息貌。

〔4〕乾龍：指上句中的「絳宮天子」，喻心神或真意。

〔5〕九華天：喻煉丹達到的高級境界。

〔6〕無極宮：指煉靜功達到虛極靜篤，恍恍惚惚、陰陽未分的無極狀態。

〔7〕指玄篇：指煉丹口訣。相傳唐鍾離權、呂洞賓等都有《指玄篇》傳世。

〔8〕汞鉛：喻神與氣。《道鄉集》：「以汞投鉛，以龍就虎，以陰配陽，以木並金，名雖眾多，其實只神與氣而已。」

〔9〕二物採入鼎中煎：指將汞鉛即神氣採入丹田煉養。

〔10〕崑崙山：喻頭部。《黃庭外景經》：「子欲不死修崑崙。」

〔11〕山頭火冷月光寒：指心（火）如寒灰，雜念不生，進入道功態中元陽真氣發出。月光指元陽真氣，《悟真篇》：「山頭月白藥苗新。」

〔12〕曲江之上金烏飛：曲江指腎，或喻下丹田；金烏喻元神或意念。指意守下丹田或元神守於腎上。

〔13〕嫦娥已與斗牛歡：神屬陰，喻為嫦娥；斗牛二宿在北方，腹部腎或下丹田方位也屬北方，故斗牛喻元精元氣。義為元精元神會合一起，如夫妻歡聚。

〔14〕三關：指尾閭、夾脊、玉枕後三關。尾閭位於脊椎骨最下端，上連骶骨，下端游離。夾脊在背部，俯臥時正當兩肘尖連線點正中處。玉枕在後頭部，仰臥時腦著枕處（見《中國醫學百科全書·氣功學》）。

〔15〕一道白脈朝泥丸：指真陽之氣從下丹田過尾閭，沿背部督脈直上頭部泥丸，其色白，故稱白脈。其中泥丸指腦。《黃庭內景經》務成子注：「泥丸，腦之象也。」

〔16〕紫金鼎：喻上丹田。《攝生纂錄》：「金鼎，近泥丸。」

〔17〕紫金團：即紫金霜或紫金丹。指神氣結合所形成的金丹大藥。《悟真篇》：「兩手捉來令死斗，化成一塊紫金霜。」

〔18〕吞之服之：《道藏》作「吞吞服服」，今依《道藏精華錄》本（以下簡稱《精華》）。

〔19〕赤蛇蒼龍：赤蛇指南方蛇，喻識神（或稱欲神）；蒼龍即青龍，指東方龍，喻先天之神。此處指識神寂滅，元神活躍，後天返歸先天，元神起主導作用。

〔20〕虎龍蟠：指元精與元神蟠結一起，煉成金丹。

〔21〕神水：指唾液。《內功圖說》：「以候神水至，再嗽再吞津，如此三度畢，神水九次通，咽下汨汨響，百脈自調勻。」

〔22〕華池：此處指口腔或舌下口腔。

〔23〕白雪：指煉丹時的一種景象，即眼前閃現白光。《悟真篇》白玉蟾注：「虛室生白，謂之白雪。」又《脈望》：「微閉雙目時，雙眼出現一片光明，稱白雪。」

〔24〕飛四山：指練功入靜時所產生的一種景象，即上文

注釋所提的虛室生白，如白雪向四山紛飛。

〔25〕七寶樓臺：原指用七種寶物裝飾成的樓臺，形容十分珍貴之物，此處喻自身經過煉丹，引起質變。

〔26〕十二時：指練功的整個時間。

〔27〕樓前黃花：指自身的精氣。此處「黃花」指「鉛花」。鉛即元精元氣。

〔28〕鉛汞精：見注〔8〕。

作者首先指出，心神為一身之主，要兢兢業業，自強不息。當煉丹達到高級境界時，整個身心就會進入虛極靜篤的無極狀態，而煉丹的關鍵所在，就是要在這種狀態中修煉神與氣精。當上丹田靜極而動，如火發崑崙時，元神與元氣化生之元精在下丹田結合，形成一股能量流，從尾閭直上督脈，進入腦部泥丸，成為金丹藥物，化為香甜清爽的口液，吞入五臟，感覺非常舒服。

文章接著敘述練功中出現的異常景象，即一時神氣相交，風恬浪靜，口中神水湛湛；一時身前閃現白光，如白雪紛飛，象徵丹氣充足。此時練功者身如七寶樓臺，元精充盈，如鉛花怒放。鉛汞元精，是神氣相交產物，熔化於精髓四肢百骸之中，改變身體素質。

但去身中尋周天〔1〕，前弦之後〔2〕，後弦前〔3〕。藥味平平氣象足〔4〕，天地日月交會間〔5〕。虛空自然百雜碎〔6〕，嚼破混沌〔7〕軟如綿〔8〕。翻來復去成一錢〔9〕，遍體玉潤而金堅〔10〕。赤血換兮白血流〔11〕，金光〔12〕滿室森森然〔13〕。一池秋水浸明月〔14〕，一朵金花如紅蓮〔15〕。此時身中神氣全，不須求道復參禪〔16〕。我今知君如此賢，知君有分為神仙。分明指示無多語，默默運用而抽添〔17〕。年中取月不用年〔18〕，月中取日月徒然〔19〕，日

中取時時易日〔20〕，時中有刻而玄玄〔21〕。玄之又玄不可言〔22〕，元來朔望明晦弦〔23〕。金翁姹女〔24〕奪造化〔25〕，神鬼哭泣驚相喧〔26〕。雲收雨散萬籟靜〔27〕，一粒玄珠〔28〕種玉田〔29〕。

注釋

〔1〕尋周天：原指太陽每天自轉一周為周天。此處比喻人體處於陰陽消長、動靜交替的狀態時如太陽的日夜循環，陰陽交替，形成周天。尋周天即指尋找靜極而動、元氣發生的時刻。

〔2〕前弦之後：「之」《道藏》本作「以」，今依《精華》本。

〔3〕前弦之後後弦前：指農曆每月十五日，象徵人體元陽真氣最為旺盛之際。句中「前弦」，指上半個月，「後弦」，指下半月。兩者的中間，即為十五日。此時月亮最圓，月光充盈，故以喻人體元陽之氣旺盛之時。

〔4〕藥味平平氣象足：指藥物神氣相等，陰陽平衡，神怡氣足，法象充盈。此處「平平」意指均等。

〔5〕天地日月交會間：指神氣相交，陰陽會合，如天地、日月之交會。

〔6〕虛空自然百雜碎：即虛空粉碎。指任其自然，水到渠成，心靈清靜空虛，無雜念、妄念，並非有意強制地排除雜念、妄念。《性命圭旨全書‧本體虛空超出三界》：「乃至於粉碎，方為了當，以何故哉？蓋本體本虛空也，若著虛空相，便非本體本粉碎也，若有粉碎心，便不虛空，故不知有虛空，然後方可以言太虛。」

〔7〕嚼破混沌：與上句「粉碎虛空」含義相近，即不假勉強，順其自然地進入虛靜的陰陽未分的混沌狀態。

〔8〕軟如綿：指處於混沌狀態的景象或感受。

〔9〕翻來復去成一錢：指經過反覆鍛鍊，人體變成陽剛，如錢幣堅硬。

〔10〕遍體玉潤而金堅：與上句含義相近。指全身變得如玉之潤，如金之堅。

〔11〕赤血換兮白血流：指經過煉氣化神，「十月懷胎」工夫以後，全身的血液化成白色。

〔12〕金光：指煉成金丹大藥所發出的光輝。

〔13〕森森然：意為寒涼陰暗。

〔14〕一池秋水浸明月：指元陽真氣在下丹田發生時景象。此處一池秋水喻腎或下丹田，明月喻元精元氣。

〔15〕一朵金花如紅蓮：指元陽真氣發生，煉成金丹如紅蓮。此處金花指鉛花，喻元陽真氣結成之金丹。

〔16〕參禪：佛教語。指玄思冥想，探究真理。

〔17〕抽添：指抽鉛添汞，即下丹田真氣上升（抽鉛），入於頭頂，化為金精，補於腦海（添汞）。

〔18〕年中取月不用年：指不需一年的漫長時間，花一個月的工夫就夠了。

〔19〕月中取日月徒然：不需一個月的時間，用一天的時間就夠了。

〔20〕日中取時時易日：不需用一天的時間，十二時中用一時就夠了。

〔21〕時中有刻而玄玄：不需用一個時辰，其實只用一刻工夫即可成功，這是非常玄妙的。

〔22〕玄之又玄不可言：這種功夫非常玄妙，無法用言語表達。

〔23〕元來朔望明晦弦：「朔」，原指農曆每月初一日，「望」指十五日，「晦」，指農曆月底，「弦」，指上半個月及下半個月。此處借用月之虧盈，表示煉丹過程陰陽消長現象。參閱注〔3〕。

第七章 陳楠：《翠虛篇》釋義

〔24〕金翁姹女：指元精與元神。《悟真篇‧七絕六十四首》第二十五：「金公本是東家子」，「配將姹女結親情」。金翁即金公。

〔25〕奪造化：指掌握自然界創造化育萬事萬物的神秘之機。

〔26〕神鬼哭泣驚相喧：詩詞中慣用的誇張語言。認為煉丹將成功，使鬼神驚恐哭泣和喧鬧不安。其實是由於潛意識作用所出現的幻覺。

〔27〕雲收雨散萬籟靜：指金丹煉成時的道功景象。

〔28〕一粒玄珠：指金丹。

〔29〕種玉田：指丹田。

作者首先談到，要及時注意發覺身中元陽真氣發生的時刻，即所謂「身中尋周天」，「前弦之後後弦前」，「天地日月交會間」等。接著，強調練功時要「虛空自然百雜碎」，「嚼破混沌軟如綿」，意思是要心靈清靜空虛，順乎自然，則水到渠成，不假人為的強制力量。結合談到練功的效應，例如「遍體玉潤而金堅」，全身如玉之潤，如金之堅；「赤血換兮白血流」全身的血液由紅色變成了白色。也談到練功時出現一些幻景或感受，例如用「金光滿室森森然」，形容元陽真氣發生時景象，用「一池秋水浸明月，一朵金花如紅蓮」，形容神氣相結煉成金丹藥物時景象。

後面用對其弟子白玉蟾傳授功法的口氣，指出在進行抽鉛添汞、周天運轉時，傳說中的煉丹火候時間長達一年、一月或一日、一時等，都是一種比喻，並非真實，其實內丹的煉成，只在某一頃刻之間。成功的關鍵，在於掌握元陽真氣發生的時刻，「元來朔望明晦弦」。只有當「金翁姹女奪造化」，神氣相結合，創造奇蹟，才能煉成金丹藥物，即「一粒玄珠種玉田」。

十月火候〔1〕聖胎圓〔2〕，九還七返〔3〕相迴旋。初時夾脊〔4〕關脈開，其次膀胱〔5〕如火燃〔6〕。內中兩腎如湯煎，時乎跳動沖心源。心腎水火自交感〔7〕，金木間隔〔8〕誰〔9〕使然。黃庭〔10〕一氣居中宮〔11〕，宰〔12〕制萬象心掌權。水源〔13〕清清如玉鏡，熟使河車〔14〕如行船。一霎火焰飛燒天〔15〕，烏魂兔魄成微塵〔16〕。如斯默默覓真詮〔17〕，一路徑直入靈真。分明精裏〔18〕以氣存，漸漸氣積以生神。此神乃是天地精，純陽〔19〕不死為真人。若知如此宜修仙，修仙唯有金丹門〔20〕。金丹亦無第二訣，身中一畝為家園〔21〕。

注釋

〔1〕十月火候：指大周天煉氣化神，即「十月懷胎」煉取金丹大藥功夫。

〔2〕圓：《道藏》本作「仙」，今依《精華》本。

〔3〕九還七返：指將後天的精氣神，經過練功，返還為先天的精氣神。「九」為金的成數，喻後天精氣；「七」為火的成數，喻後天欲神（或名識神）。

〔4〕夾脊：見本文第一段注〔14〕。

〔5〕膀胱：為人體中貯尿器官。

〔6〕燃：《道藏》本作「然」，今依《精華》本。

〔7〕心腎水火自交感：指心腎相依，即意念經常想著腎部。煉內丹術者認為，腎屬水，心屬火，心腎相依，可使水火既濟，神氣相交，煉成丹藥。

〔8〕金木間隔：金喻情，喻元精；木喻性，喻元神。情好動，牽於外物，則性難安，功難成，故名金木間隔。

〔9〕誰：《道藏》本作「隨」，今依《精華》本。

〔10〕黃庭：指臍後一空竅。《黃庭外景經》：「上有黃庭下關元，後有幽闕前命門。」說明黃庭（下黃庭）在人體兩腎

之前，臍之後。

〔11〕中宮：原指北極星所處之天域。《史記‧天宮書》：「中宮，天極星」。此處喻人體腹部，即黃庭一空竅。

〔12〕宰：《道藏》本作「宮」，今依《精華》本。

〔13〕水源：指靜功活子時到來，陽氣發生，有水源清濁之分。如透過虛極靜篤，靜極而動，所發生之陽氣，則為水源清；如由於淫心動而促使陽氣發生，則為水源濁；如因夢寐中醒來，忽然陽氣發生，則水源半清半濁（見《大成捷要‧清濁用火口訣》）。

〔14〕河車：指精氣運行，沿任督循環，如車載物，故曰河車。

〔15〕一霎火焰飛燒天：指煉功中出現的景象。即頃刻之間真陽之氣發動，有如火焰燒天。

〔16〕烏魂兔魄成微塵：指神氣結合，引起質變，化成金丹。《參同契》：「形體為灰土，狀若明窗塵。」

〔17〕詮：《道藏》本作「荃」，今依《精華》本。真詮即指真理。

〔18〕裏：《道藏》本作「氣」，今依《精華》本。

〔19〕純陽：指煉丹已實現取坎填離，成為乾健之體。乾卦純陽，象徵體內金丹已成，身心發生質的飛躍。《悟真篇‧七絕六十四首》第十六：「取將坎位中心實，點化離宮腹內陰。從此變成乾健體，潛藏飛躍總由心。」

〔20〕修仙唯有金丹門：出《悟真篇‧七律十六首》第三：「學仙須是學天仙，唯有金丹最的端。」「金丹」指用人體內精氣神煉成之大藥，其高層次又名仙胎，或胎仙或嬰兒等。《丹訣要旨》：「藥因火生，火因藥有，采時謂之藥，煉時謂之火，結時謂之丹。」

〔21〕身中一畝為家園：指煉金丹的訣竅，在於懂得利用丹田（身中一畝）作為煉取內丹的園地（家園）。

道家煉氣化神，十月懷胎，煉成金丹大藥的功夫。所謂「九還七返」，自古有多種具體解釋，其主要精義指將有形有質或有識的後天精氣神，透過練功，轉化為無形無質或無識的先天精氣神。

這種轉化的過程，即大周天運轉，其景象和感受比小周天運轉更加反乎常態和艱難，例如自覺膀胱如火燃，兩腎如湯煎，而且內氣「跳動沖心源」，等等。可以想見，感覺是不好受的。但是，人體只有處於這種狀態，才能夠進一步促使心腎水火交感，解決金木間隔、神氣相離的問題。

大周天階段，水源自然清清，元陽真氣自然十分充足，所以能在頃刻之間結成金丹大藥。「烏魂兔魄成微塵」，說明煉丹從量變到質變的過程。

後面談到精在人身中的重要性，認為積精生氣，積氣生神，強調精氣的第一性，也即物質的第一性。最後指出丹田對煉丹的重要作用。

唾涕精津氣血液，七件陰物何取〔1〕焉。坎中非腎乃靈根〔2〕，潭底日紅北馬奔〔3〕。七返九還〔4〕在片餉〔5〕，一切萬物皆生成。唯此乾坤真運用〔6〕，不必兀兀徒無言〔7〕。無心無念神已昏，安得凝聚成胎仙〔8〕。胎仙只是交結成，交結唯在頃刻間。君還知有太陽回〔9〕，正在冬至幾日前〔10〕。又言金精既降時〔11〕，復以何物復金精〔12〕。金精只在坤宮藥〔13〕，坤在西南為川源〔14〕。蟾光終日照西川〔15〕，只此便是藥之根。以時易日刻易時〔16〕，一滴甘露名靈泉〔17〕。吞入心中沖肺腧〔18〕，落在膀胱而成丹〔19〕。丹頭不在膀胱結，元在膀胱卻在肝〔20〕。肝為木液遇金精〔21〕，

逢土交結成大還〔22〕。莫言此時有為功,又恐斯為著相〔23〕言。始於著相至〔24〕無相〔25〕,煉精化氣氣歸根〔26〕。氣之根本凝成神,方曰無為而通靈。譬如夫婦交媾〔27〕時,一點精血結成嬰。彼之以情而感情,尚且嬰兒十月成。何況宇宙在乎手〔28〕,身中虎嘯龍吟聲〔29〕。雖然不見龍之吟,波浪高湧千萬尋〔30〕。雖然不見虎之嘯,夜深風聲吼萬林〔31〕。

注釋

〔1〕取:《道藏》本作「正」,今依《精華》本。

〔2〕靈根:指腎中元陽真氣或名先天祖氣。

〔3〕潭底日紅北馬奔:出《悟真篇》:「潭底日紅陰怪滅」。北馬指陰怪,即後天陰精(或名腎精)此處指腎中陽氣發動(潭底日紅),陰精消逝。

〔4〕七返九還:即九還七返,見本文第三段注〔3〕。

〔5〕餉:《道藏》本作「時」,今依《精華》本,

〔6〕唯此乾坤真運用:乾坤指陰陽,說明這種神氣相結的功夫,實為運用陰陽,以成造化。

〔7〕不必兀兀徒無言:指練功者不必徒然混沌無知的靜坐。兀兀,渾沌無知貌。

〔8〕胎仙:指煉成高層次的金丹大藥。

〔9〕太陽回:喻身中元陽真氣發生。

〔10〕正在冬至幾日前:冬至一陽生。按《周易》十二消息卦,冬至正當復卦(䷗),一陽來復。此處指身中陽氣即將發動時刻。

〔11〕又言金精既降時:金精指鉛之精,即元精。此處指元精在自身發生。

〔12〕復以何物復金精:意謂金精元精由何物化生?

〔13〕金精只在坤宮藥:指元精是腹部腎中坤宮所產之藥。

〔14〕坤在西南為川源：出《悟真篇・七絕十六首》第七：「要知產藥川源處，只在西南是本鄉。」此處西南指人體小腹部腎臟生殖系統。

〔15〕蟾光終日照西川：出《悟真篇・七絕六十四》第六：「若問真鉛何處是，蟾光終日照西川。」此處指人體處於虛靜的道功態，如月照西川，清靜光明，元陽真氣就會從腹部下丹田附近發生。

〔16〕以時易日刻易時：見本文第二段注〔18〕、〔19〕、〔20〕、〔21〕。意謂煉丹雖經過長時間日積月累的功夫，但丹成隻在頃刻而已。

〔17〕靈泉：指周天運轉時，口中忽湧唾液，美如甘露，又名靈泉。

〔18〕肺腧：指肺部穴位。古人認為肺屬金，腎屬水，金、水代表元精、腎精。

〔19〕落在膀胱而成丹：膀胱位於小腹部。此處應指腎或下丹田。

〔20〕元在膀胱卻在肝：肝屬木，原指元神。

〔21〕肝為木液遇金精：指元神遇元精。

〔22〕逢土交結成大還：土喻真意，即合乎煉丹要求的正覺意識與潛意識。此句指神氣相遇，在正確的意念指導下，可以煉成大藥（即大還丹）。

〔23〕著相：指拘泥於形象或意念執著，未能順乎自然之道。

〔24〕至：《道藏》本作「始」，今依《精華》本。

〔25〕始於著相至無相：指開始有意使用意念和調節呼吸（在小周天階段），到以後強調無為，不用意念（大周天以後功夫）。

〔26〕煉精化氣氣歸根：指小周天煉精化氣，氣歸丹田。

〔27〕夫婦交媾：指夫妻性生活。

〔28〕何況宇宙在乎手：出《陰符經》：「宇宙在乎手，萬化生乎身。」指掌握了宇宙自然界創造化育的秘機。

〔29〕身中虎嘯龍吟聲：指煉功達到一定階段，身中精氣充盈，千變萬化，如虎嘯龍吟景象。

〔30〕波浪高湧千萬尋：尋，古代長度單位，八尺為尋。此處指練功中景象如波浪滔天，動人心弦，如不警覺，可能出偏。

〔31〕夜深風聲吼萬林：與〔30〕同義。此處所形容的景象，屬於大周天產藥時所起的幻覺。提醒練功者要有思想準備，不致驚慌失措。

作者首先指出唾、涕、精、津、氣、血、液七種有形有質的陰物，不能作為煉丹的原料。接著提到「靈根」、「潭底日紅」，實質是指元精或元陽真氣，認為只有這種先天無形無質的陽物才能作丹。

其次，講丹法，認為主要靠用後天返歸先天和乾坤陰陽運用等法，如煉之得竅，頃刻即成。

作者反對光靠「兀兀」混沌無知、「無心無念」的枯寂靜坐的功法，指出：當人體進入虛靜的道功態，如月照西川、清靜光明時，元陽真氣即會從腎臟生殖系統中發生，「只此便是藥之根」。在時間上，不需要一天或一個時辰，只需頃刻即成。此時會覺得如一滴甘露滲入心肺，進入下丹田，與木液元神，在真意的指引下，結成金丹大藥。

這是從有為到無為的功法，開始要著些色相，到後來才不著色相，純任自然。煉精化氣的結果，氣與神完全結合，神變得自然，無為而靈通。對這種功夫不要感到驚奇和不可想像，

譬如夫妻結合，一點男精女血即可十月懷胎，出生嬰兒，何況
練功者懂得宇宙造化的秘密，這種大周天練氣化神的功夫難道
不能出現種種不尋常的道功景象嗎？

　　自乎丹道凝結後，以致火候烹煉深[1]。及於十月霜飛[2]時，
神魂奔走安敢爭[3]。一年都計十二月[4]，卯酉沐浴誰敢行[5]。
所以十月入神室[6]，金鼎滿滿龍精盈[7]。縛雲捉月之機關[8]，
得訣修煉夫何難？果然縛得雲在山[9]，又解捉住月之魂[10]。
點頭此語知古人，何慮不把身飛升。身之殼兮心中肉[11]，心
中自有無價珍[12]。可以生我復死我[13]，既能饑人亦飽人[14]。
尋其毳路[15]取其原[16]，逍遙快樂無饑寒。似此景象與證驗，
總在一日工夫間。工夫如到[17]譬似閒[18]，藥不遠兮採不難。
誰知火焰萬丈紅[19]。燒殺三屍[20]玉爐寒[21]。丹田亦能生紫
芝[22]，黃庭又以生紅[23]。紅一湌[24]永不饑，紫芝一服常童
顏。滿身渾似白乳花[25]，金筋玉骨[26]老不昏。功成行滿鶴來
至[27]，一舉便要登雲端。

注釋

〔1〕火候烹煉深：泛指煉丹使用意念和呼吸，如火烹煉藥
物，日深月久，功到渠成。

〔2〕十月霜飛：指大周天「十月懷胎」功夫。霜飛指身前
閃現白光，虛室生白如霜雪紛飛，象徵丹氣充盈。

〔3〕神魂奔走安敢爭：指識神寂滅，元神活躍，元神在體
內用事，沒有東西可和它抗衡。

〔4〕一年都計十二月：以一年十二月喻煉丹運轉週期。

〔5〕卯酉沐浴誰敢行：指大周天運轉時必須經常進行虛靜
安神，沐浴溫養，停止行氣，名為卯酉沐浴。認為這個規律誰
都必須遵守。

〔6〕十月入神室：指大周天功夫完成，內丹入於下丹田進行文火溫養，處於無為狀態。《抱一函三秘訣・明神室》：「神室者，丹之樞紐。」「其神室在天地中，上有黃庭，下有關元。」

〔7〕金鼎滿滿龍精盈：指頭頂泥宮中元神旺盛。《悟真篇・七律十六》第四：「金鼎欲留朱裏汞。」此處龍指汞，喻元神。

〔8〕縛雲捉月之機關：指在小周天基礎上如何繼續控制調節好神氣結合之秘法。

〔9〕縛得雲在山：使元神內守，不外出飛馳。

〔10〕捉住月之魂：使元氣穩固，不走漏外泄。

〔11〕身之殼兮心中肉：有一物是身的骨梁和心的內核，對人體十分重要。蓋暗指神氣相結合所成之物。

〔12〕無價珍：接上句，指出這一物是無價之寶。

〔13〕可以生我復死我：指上述之物可以生我，也可以滅我。

〔14〕既能饑人亦飽人：指上述之物可使我饑，也可使我飽。

〔15〕毫路：指精微不易察覺的途徑。毫，原指鳥獸的細毛，此處借用作精微或纖細解。

〔16〕取其原：指找到和認識上述之物的本來面目。

〔17〕到：《道藏》本作「此」，今依《精華》本。

〔18〕工夫如到譬似閑：指練功達到一定水準，就會感到輕鬆閑適。

〔19〕誰知火焰萬丈紅：指煉成之氣旺盛，如火焰萬丈。此處誇張寫法以啟下文「燒殺三屍」。

〔20〕燒殺三屍：三屍，又名三屍神或三屍蟲。見《中黃經》、《雲笈七籤》等書，指人體中存在三種害蟲：一是上屍居腦中，好寶物，令人陷於昏危；二是中屍居腹中，好五味，增

人喜怒，使人輕視善良，迷惑人之意識；三是下屍居足中，好色欲而迷人。故此處指必須燒殺三屍。

〔21〕玉爐寒：指燒殺三屍以後丹田不再火紅，恢復正常。

〔22〕紫芝：即靈芝，喻煉成的內丹。

〔23〕紅：原指紅色米飯。此處喻結成之內丹。

〔24〕飡：即餐。

〔25〕白乳花：指身中金丹火藥煉丹以後，全身血液如白乳，皮膚如白乳色嫩花。

〔26〕金筋玉骨：形容身體變強，如金筋玉骨。

〔27〕鶴來至：古人迷信金丹煉成，可以成仙，將有仙鶴飛來，乘鶴直登天國。

作者繼續敘述大周天煉氣化神、「十月懷胎」的功夫。內丹結成以後，經過反覆陰靜而養、陽動而煉的過程，丹的品質和能量逐步提高，元神十分活躍。此時，練功者由小周天的有為轉入無為。

卯酉沐浴，即靜養之功十分重要，要堅持在神室中溫養，金鼎中煉化，要繼續控制調節好神氣結合的秘機。如果真的能掌握這點，就不怕不能煉成「仙道」。

作者認為，這種神氣結合煉成的金丹大藥和仙胎，是身中無價之寶，它可以使我生，也可以使我死；既可以使我饑，又可使我飽。要細心地尋找它，掌握它，就可達到「逍遙快樂無饑寒」的境地，本段後文仍繼續敘述大藥煉成時的景象和效驗，如「火焰萬丈紅」，「燒殺三屍玉爐寒」，「紅一飡永不饑」及「紫芝一服常童顏」，等等。

第七章 陳楠：《翠虛篇》釋義

羅浮翠虛吟

　　嘉定壬申[1]八月秋，翠虛道人[2]在羅浮[3]。眼前萬事去如水，天地何異一浮漚[4]。吾將脫形歸玉闕[5]，遂以金丹火候訣，說與瓊山白玉蟾[6]，使伊深識造化骨[7]。

　　作者首先說明寫作本文的動機，是向他的弟子、功法傳人白玉蟾傳授丹功口訣，希望白玉蟾懂得自覺培養求真修道者應有的氣質和品格。

道光禪師薛紫賢[1]，付我歸根復命篇[2]，指示鉛汞[3]兩個字，所謂真的[4]玄中玄[5]。辛苦都來只十月[6]，漸漸採取漸凝結[7]。而今通身是白血[8]，已覺四肢無寒熱[9]。

注釋

〔1〕道光禪師薛紫賢：禪，《精華》本作「真人」，今依《道藏》、《古隱樓》本。薛紫賢，宋代道功家。初為僧，後為道士。28 歲遇石杏林，授以張紫陽金丹之秘，遂修煉成道，被尊為南宗第三祖。著有《還丹復命篇》、《丹髓歌》等書傳世。

〔2〕歸根復命篇：指薛道光所著《復命篇》。

〔3〕鉛汞：指神、氣。《道鄉集》：「即是以汞投鉛，以龍就虎，以陰配陽，以木並金，名雖眾多，其實只神與氣而已。」

〔4〕真的：意為要領。

〔5〕玄中玄：意為極其玄妙。

〔6〕辛苦都來只十月：道家內丹功法，認為大周天煉氣化神，需時約十月可以成功。《天仙正理》：「大周天者，以周十月之天也，懷胎煉氣化神。」又俞琰《周易參同契發揮》：「十月而胎圓。」

〔7〕漸漸採取漸凝結：指不斷地採取自身藥物，神氣精慢慢凝成內丹。

〔8〕而今通身是白血：通身，《道藏》本作「通神」，今依《精華》、《古隱樓》本。白血，傳說完成煉氣化神功夫，全身血液會變成白色。

〔9〕已覺四肢無寒熱：指不管炎暑或寒冬，都覺得感覺一樣，不畏寒暑。

作者自稱他的老師薛紫賢授給他《歸根復命篇》丹訣，其中最重要的是「神氣」兩個字。如經過十個月煉氣化神的功夫，全身血液由紅變白，且不怕冷，也不怕熱。

後來依舊去參人〔1〕，勘破〔2〕多少野狐精〔3〕。個個不知真一處〔4〕，都是旁門不是真。恐君虛度此青春，從頭一一為君陳。若非金液還丹〔5〕訣，不必空自勞精神。

注釋

〔1〕參人：指參拜師友。

〔2〕勘破：指識破。

〔3〕野狐精：喻邪門歪道。

〔4〕個個不知真一處：知，《道藏》本作「是」，今依《精華》、《古隱樓》本。真一處，指靜功所引起的虛靜無為、陰陽未分的道功態或指神氣相交之處，如氣海、下丹田等。

〔5〕金液還丹：《性命圭旨·火龍水虎》解為真鉛（元精）與真汞（元神）相交合而化生之丹；《鍾呂傳道記·論還丹》解為以肺液運入下丹田。此處接近前者的解釋。

作者自述雖已練成大道，仍然虛心參訪師友，也識破不少邪門歪道。他們主要是不懂怎樣尋求真一無極的虛靜狀態。作者認為，練功必須練金液還丹，也就是從陰陽未分的虛靜中使神氣交合而成內丹。

有如迷者學採戰〔1〕，心心只向房中戀〔2〕，謂之陰丹〔3〕御女方，手按尾閭吸氣咽〔4〕。奪人精氣〔5〕補吾身，執著三峰〔6〕信邪見。產門〔7〕喚作生身處，九淺一深〔8〕行幾遍。軒後〔9〕彭祖〔10〕老容成〔11〕，黃谷〔12〕壽光〔13〕趙飛燕〔14〕。他家別有通霄路〔15〕，酒肆〔16〕淫房〔17〕獻歷練〔18〕。莫言花裏遇神仙〔19〕，卻把金篦〔20〕換瓦片。樹根已朽葉徒青〔21〕，氣海〔22〕波翻死如箭〔23〕。

注釋

〔1〕採戰：指男女性交時，採取對方精津氣液的一種邪

術。古稱採陰補陽或採陽補陰。

〔2〕房中戀：即房中術，此處指留戀和縱慾於性生活。

〔3〕陰丹：指婦人乳汁，《神仙服食經》：「仙藥有陰丹，乃婦人乳汁也。」又指口中唾液，《抱朴子內篇‧極言》：「服陰丹以補腦。」此處指錯誤地把採陰補陽說成是陰丹和御女（即侍女）的法術。

〔4〕手按尾閭吸氣咽：尾閭，《道藏》本作「眉間」，今依《精華》、《古隱樓》本。尾閭在人體中俗稱穀道穴，位於肛門後方的尾骨下。此處手按尾閭，可能指手按會陰穴，同時吸氣，認為可以防止腎精走泄。

〔5〕奪人精氣：精氣，《精華》本作「精血」，《古隱樓》本作「真氣」，今依《道藏》本。

〔6〕執著三峰：指固執習練三峰邪術，包括上吞婦女舌下之津液，中吮健壯婦女之乳汁，下採少女陰道之暖氣。

〔7〕產門：指婦女陰門。

〔8〕九淺一深：指一種誘使異性對方發生性衝動，洩漏精氣，而自己乘機盜取的邪術。

〔9〕軒後：指古代軒轅黃帝。

〔10〕彭祖：古傳說中的長壽老人。

〔11〕容成：相傳為黃帝時大臣，善男女房中之術。著有《容成陰道》二十六卷，已失傳。

〔12〕黃谷：傳說中研究房中術的古人。

〔13〕壽光：同樣為傳說中善於房中術的古人。

〔14〕趙飛燕：為漢武帝宮妃。身輕善舞。相傳她受異人傳授，有採陽補陰的《青娥經》術。

〔15〕通宵路：意指成仙上天堂的途徑。

〔16〕酒肆：指酒店。

〔17〕淫房：指妓院。

〔18〕歷練：指經歷和鍛鍊。

〔19〕花裏遇神仙：指依靠房中術也可成仙得道。

〔20〕卻把金篦：卻，《道藏》作「即」，今依《精華》、《古隱樓》本。金篦：指用貴重金屬製成的梳子。

〔21〕樹根已朽葉徒青：指熱衷於房中術者，雖然外似健壯，其實已喪失元陽真氣，如樹葉雖青，根部已經朽爛。

〔22〕氣海：古人有以腎為氣海。《鍾呂傳道記・論水火》：「元陽之腎，腎為氣之海。」亦曰，氣海在臍下一寸五分處；亦曰，膻中為上氣海，丹田為下氣海。此處指濫行房事，必然導致元陽之氣喪失，招致速死。

〔23〕死如箭：指死得很快，如飛箭一樣消逝。

本段著重批判搞男女採補之術的邪門歪道。傳說中的軒轅黃帝、彭祖、容成、黃谷等等，都是偽託信奉房中術的名人，有人信以為真，以為由此可以成仙，因而經常在酒樓妓院中廝混。作者認為，這是不可能得道成仙的。

其他有若諸旁門，尚自可結安樂緣[1]。有如服氣為中黃[2]；有如守頂為混元[3]；有如運氣為先天[4]；有如咽液為靈泉[5]；或者脾邊認一穴，執定謂之呼吸根[6]；或者口鼻為玄牝[7]，納清吐濁為返還[8]；或者默朝高上帝[9]，心目上視守泥丸[10]；與彼存思氣升降[11]，以此謂之夾脊關[12]；與彼閉息吞精唾，謂之玉液金液丹[13]；與彼存神守臍下；與彼作念想眉間。又如運心思脊骨[14]；又如合口拄舌端[15]；竦肩縮頸傴脊背[16]；喚作直入玉京山[17]；口為華池舌為龍[18]，喚作神水流潺潺。此皆[19]旁門安樂法，擬作天仙豈不難[20]。

注釋

〔1〕安樂緣：指獲得平安快樂的機會。

〔2〕中黃：原指天神。《太清中黃真經》：「中黃音，中天之君也。」此處指一種以服氣為主的功法，自稱為中黃。

〔3〕混元：原指宇宙形成以前的原始狀態。此處指有人用意念存想頭頂的功法，自稱為混元功。

〔4〕先天：指有人自稱為運先天之氣。

〔5〕咽液為靈泉：指有人用吞咽自身唾液以求強身，稱唾液為靈泉。

〔6〕執定謂之呼吸根：謂，《道藏》本作「為」，今依《精華》、《古隱樓》本。此處指有人認定脾邊一穴位，硬說它就是呼吸之根。

〔7〕玄牝：《道德經》云：「谷神不死，是謂玄牝。玄牝之門，是謂天地根。」此處指有人誤以為口鼻即玄牝。

〔8〕返還：原指以返本還原為目的的功法。此處指有人以呼吸為主，吐濁納清，自吹是返還功。

〔9〕高上帝：指天神。

〔10〕泥丸：指腦部或腦正中一竅。

〔11〕與彼存思氣升降：思，《精華》本作「想」，今依《道藏》、《古隱樓》本。指練功時用意念想著自身內氣沿著某一條線路升降運轉。

〔12〕夾脊關：當人體俯臥時，兩肘尖連線之正中處，即夾脊。古內丹術認為，內氣在督脈運行時，至此處不易通過，稱為夾脊關。

〔13〕玉液金液丹：即神氣藥物所煉成之內丹。此處指有人閉息吞津，即自吹是玉液、金液丹。

〔14〕運心思脊骨：指意守夾脊關。

〔15〕合口拄舌端：拄，《道藏》本作「柱」，今依《精華》、《古隱樓》本。指合口舌舐上腭。

〔16〕傴脊背：指仰臥。

〔17〕玉京山：原指天國。《魏書‧釋老志》：「上處玉京，為神王之宗。」此處指有人誑言，練此功法，可直登天國。

〔18〕口為華池舌為龍：指民間流傳的扣齒、攪玉龍（攪舌頭）、吞津液的功法。

〔19〕皆：《道藏》本作「箇」，今依《精華》、《古隱樓》本。

〔20〕擬作天仙豈不難：指上列種種功法，雖有一定的保健作用，但想得道成仙是很難的。

有許多功法，雖屬旁門，尚可保健求得安樂，例如服氣、意守頭頂、運氣、吞口水或意守臍邊一穴，或練呼吸，或默想上帝，或心視泥丸，或用意引氣升降，或短時間停息吞口水，或意守臍下、意守眉間、意守脊骨、舌舐上腭，或聳肩縮頸仰臥，或扣齒攪舌頭，等等。這類功法，都是旁門安樂法，可以保健，但要想成道是不可能的。

八十放九咽其一[1]，聚氣歸臍謂胎息[2]。手持念珠數呼吸，水壺土圭測時刻[3]。或依靈寶畢法[4]行，直勒尾閭咽精液[5]。或參西山會真記[6]，終日無言面對壁。時人雖是學坐禪[7]，何曾月照寒潭碧[8]。時人雖是學抱元[9]，何曾如玉之在石[10]。或言大道本無為，枯木灰心孤默默[11]。或言已自顯現成[12]，試問幻身何處得[13]。更有勞形採日月[14]，謂之天魂與地魄[15]。更有終宵服七曜[16]，謂之造化真血脈[17]。更有肘後飛金精[18]，氣自騰騰水滴滴[19]。更有太乙[20]含真氣，心自冥冥腎寂寂[21]。有般循環運流珠[22]，有般靜定[23]想朱橘[24]。如斯皆是養命方，即非無質生靈質[25]。道要無中養就

兒〔26〕，個中別有真端的〔27〕。都緣簡易妙天機〔28〕，散在丹書不肯泄。

（注釋）

〔1〕八十放九咽其一：指一種呼吸法。

〔2〕胎息：原為仿效嬰兒在母胎之呼吸，即不用肺和口鼻呼吸。內氣在任督脈周流運轉，此處所指非真正胎息。

〔3〕水壺土圭測時刻：水，《古隱樓》本作「冰」，今依《道藏》、《精華》本；測，《道藏》、《精華》本作「則」，今依《古隱樓》本。古代用銅壺盛水滴漏或用土圭測日影以計時。此處指有人在練功中也用這類儀器計時。筆者認為，練功貴在自然無為，不必刻板地計時。

〔4〕靈寶畢法：畢，《道藏》本作「秘」，今依《精華》、《古隱樓》本。此為古丹書，相傳為唐鍾離權所著，言神仙煉丹之事。此處對該書取批判態度。

〔5〕直勒尾閭咽精液：見本文第四段注〔4〕。

〔6〕西山會真記：是一部宗教色彩較濃的道功專著，共五卷，又名《西山群仙會真記》，相傳為施肩吾傳，李竦編。此處對該書取批判態度。

〔7〕坐禪：指靜坐功夫，是佛教習用語。

〔8〕月照寒潭碧：指陰中有陽，靜中寓動。寒潭喻坎府，屬陰；月光喻真鉛，屬陽。與《悟真篇・七律十六首》第八首：「山頭月白藥苗新」同義。

〔9〕抱元：指抱元守一，即神氣相抱，合而為一。

〔10〕玉之在石：指神氣相抱，神在氣中，如玉之在石。

〔11〕枯木灰心孤默默：指枯寂靜坐，練不成金丹。

〔12〕或言已自顯現成：《精華》本「自」作「是」，今依《道藏》、《古隱樓》本。此指有人揚言自身已經成道，法身顯現。

〔13〕試問幻身何處得：指上面所顯現的只是幻身，說是法身缺乏根基。

〔14〕勞形採日月：指朝著日、月練功，以為可以採取日精月華，其實勞損身體。

〔15〕天魂與地魄：原指元神與元精，如《悟真篇·七律十六首》第十首：「但將地魄擒朱汞，自有天魂制水金。」此處指把採取日精月華，說成是採天魂與地魄。

〔16〕服七曜：指夜晚對著金、木、水、火、土及日、月七大星體練功，希望能取其精華，以求健康長壽。

〔17〕謂之造化真血脈：指練上述服七曜功法的人，自以為真能採到七曜之氣，能化成自身血脈。

〔18〕肘後飛金精：丹家術語。為《靈寶畢法》中的一種周天搬運的方法。飛金精，原書為「飛金晶」。

〔19〕氣自騰騰水滴滴：誇張精氣運行時景象。

〔20〕太乙：又稱太一，原指北極星。此處喻腎或下丹田。

〔21〕心自冥冥腎寂寂：指道功的虛靜狀態。

〔22〕流珠：原指心意或識神（欲神）。《參同契》：「太陽流珠，常欲去人。」義為心如流動之圓珠，不易靜定。此處指有人用心意在自身內沿一條路線循環運行，作為一種功法。

〔23〕靜定：原指練靜功達到高層次入靜的一種境界。此處指一般的入靜。

〔24〕想朱橘：指有的功法是靜想一枚朱橘。

〔25〕無質生靈質：指先天無形無質之元神元氣，結成內丹，才是有靈驗的金丹大藥。

〔26〕道要無中養就兒：《道德經》：「天下萬物生於有，有生於無」；「無，名天地之始」；「有物混成，先天地生」。此處指練靜功達到混沌渺冥的無極狀態時，神氣相結，可成金

丹，進而可成仙胎。

〔27〕真端的：指真實可靠。

〔28〕妙天機：指可以引起創造化育的自然力量的奧秘。

本段繼續談論當時流行的一些非正宗功法，如「放九咽一」的呼吸法，氣聚腹臍法，數息法，手按尾閭閉精法，面壁靜坐法等。又如有人雖學坐禪，卻不懂陰陽吻合；有人雖知陰陽，卻不懂神氣相抱，神入氣中等等。

作者認為，「道」就是要無中生有，「無」中確有真實可靠的東西。這種功夫簡單易行，但自古以來卻不能公開傳授，僅在養生書籍中可窺見一些蛛絲馬跡。

可憐愚夫自執迷，迷迷相指盡胡為〔1〕。個般詭怪癲狂輩〔2〕，坐中搖動顫多時〔3〕，屈伸偃仰千萬狀，啼哭叫喚如兒嬉，蓋緣方寸失主人〔4〕，精虛氣散神狂飛〔5〕。一隊妄人〔6〕相唱哄，以此誑俗誘愚癡〔7〕。不知與道合其真，與鬼合邪徒妄為。一才心動氣〔8〕隨動，跳躍顛掉運神機〔9〕。或曰此是陽氣來〔10〕，或曰龍虎爭戰〔11〕時，或曰河車千萬匝〔12〕，或曰水火相奔馳〔13〕。看看搖擺五臟氣，一旦腦瀉精神羸。當初聖祖留丹訣〔14〕，無中生有作丹基〔15〕。何曾有此鬼怪狀，盡是下士徒闡提〔16〕。我聞前代諸聖師，無為之中無不為。盡於無相生實相〔17〕，不假作想並行持〔18〕。

注釋

〔1〕盡胡為：胡，《精華》本作「無」，《道藏》本作「書無無」，今依《古隱樓》本。

〔2〕個般詭怪癲狂輩：指那些（個般）心懷詭詐、怪僻和癲狂的人。

〔3〕坐中搖動顫多時：指有意追求自發的肢體活動所產生

的不能自控的搖動顫抖。

〔4〕蓋緣方寸失主人：《道藏》、《精華》本「失」作「無」，今依《古隱樓》本。此句指那種不能自控的「自發動功」，是因為心中失掉了主宰。

〔5〕精虛氣散神狂飛：《道藏》本「精」作「氣」，今依《精華》、《古隱樓》本。此句指上述功法，近乎精神失常，造成精虛氣散，心神顛狂。

〔6〕一隊妄人：《道藏》本「人」作「想」；「相」作「爭」。今依《精華》、《古隱樓》本。

〔7〕以此誑俗誘愚癡：指推廣這種功法的人，欺騙群眾，引誘一些頭腦簡單的人上當。

〔8〕氣：《古隱樓》本「氣」作「意」，今依《道藏》、《精華》本。

〔9〕跳躍顛掉運神機：指「自發動功」因氣隨心動，而心神變化不定，形體受氣的影響，發生跳躍、顫抖和搖擺等現象。

〔10〕陽氣來：《古隱樓》本「陽」作「神」，今依《道藏》、《精華》本。道家內丹術認為，只有在虛極靜篤，靜極而動，活子時到來時，才有陽氣發生。筆者認為這種「自發動功」不可能有陽氣發生。

〔11〕龍虎爭戰：原指元神元氣相交，相互制約。

〔12〕河車千萬匝：《道藏》本「匝」作「迎」，今依《精華》、《古隱樓》本。此句指真氣運轉周天時，在任督脈道內，如河車行駛，循環千萬次。

〔13〕水火相奔馳：指神氣相結，形成新的能量流，在人體經絡上流動。

〔14〕當初聖祖留丹訣：《古隱樓》本「初」作「年」。《道藏》本，「聖」作「神」。今依《精華》本。聖祖，指道教推尊

為祖師的老聃。

〔15〕無中生有作丹基：見本文第六段注〔26〕。「丹基」指煉丹的基礎。

〔16〕下士徒闡提：闡提，佛家語，意為永無成佛之機的人。此指氣質下等，不堪造就的人。

〔17〕無相生實相：佛家語。相，指實質。無相意即沒有實質。實相為「諸法實相」的省稱；指宇宙間萬事萬物的真相。此指練功達到虛無寂滅的道功態時，元陽真氣自然發生。元代著名道功家俞琰說：「虛極靜篤，則元陽真炁自復也。」

〔18〕不假作想並行持：作想，《道藏》本作「想化」，今依《精華》、《古隱樓》本。此句指不必憑藉意念和行持來練好功。

本段批判社會上流行的一種亂動亂叫、精神失常的「自發動功」。指出這種功法「詭怪癲狂」，「屈伸偃仰千萬狀」「啼哭叫喚如兒嬉」等。

作者認為，這種「自發動功」是由於心失主宰，精虛氣散神狂飛所造成，這種功夫只能欺騙愚昧無知者。後段重複提出真正的功夫是：「無中生有作丹基」，強調練功貴在無為、無相、不假作想等。

別有些兒奇又奇，心腎原來非坎離[1]。肝心脾肺腎腸膽，只是空屋歸藩籬[2]。涕唾精津氣血液，只可接助為階梯[3]。精神魂魄心意氣，觀之似是而實非。何須內觀[4]及鑒形[5]，或聽靈響[6]視泓池[7]。吞霞飲露服元氣，功效不驗心神疲[8]。

注釋

〔1〕坎離：《周易》八卦中的坎離兩卦，坎（☵）外陰而內陽，離（☲）外陽而內陰。故有人認為腎屬陰，腎中藏有先

天陽氣，比之為坎；心和腦屬陽，心中之神屬陰，比之為離。此處表示不同意上述見解。

〔2〕藩籬：即籬笆。此指五臟六腑，如保護房屋的籬笆，只能起到一定的作用，不能賴以煉成金丹。

〔3〕接助為階梯：指涕唾精氣血液不能作為煉丹之藥物，只能在煉丹中起階梯作用。

〔4〕內觀：指心中設想用眼內視自身內部各器官或某一部位。

〔5〕鑒形：指靜功時注視身外某一有形之物。

〔6〕靈響：指某種有利於誘導入靜的聲音，如鐘聲、音樂、咒語、經文等。

〔7〕泓池：指清澈的池水。

〔8〕心神疲：《古隱樓》本「心」作「精」，今依《精華》、《道藏》本。

不能依靠人身中器官如心、腎、肝、脾、肺等，或體液如涕、唾、精、津、氣、血，作為主要練功對象，也不必透過內視、鑒形、聽音響、視泓池等方法，導引入靜。作者還提醒大家，吞霞、飲露、服元氣等功法也是徒勞無功效的。

演說清虛弄爐火〔1〕，索人投狀〔2〕齎金寶〔3〕。敢將蛙井〔4〕蔑滄溟〔5〕，元始天尊即是我〔6〕。虛收銜號偽神通〔7〕，指劃鬼神說因果。今朝明朝又奏名〔8〕，內丹外丹無不可〔9〕。欺賢罔聖昧三光〔10〕，自視福德〔11〕皆憶懍〔12〕。招搖徒弟步市廛〔13〕，醉酒飽肉〔14〕成群夥。大道原來絕名相〔15〕，真仙本是〔16〕無花草〔17〕。教他戒誓立辛勤，爭如汝自辛勤好。一人迷昧猶自可，迷以傳迷迷至老。此輩一盲引眾盲〔18〕，共入迷途受〔19〕憂惱。忽朝〔20〕福盡業報〔21〕來，獲罪於天無所禱。三元九府〔22〕錄其

愆，追魂繫魄受冥拷〔23〕。舉世人人喜學仙，幾人日日去參玄〔24〕。各自荒誕自相尚〔25〕，不務真實為真詮〔26〕。古人好語切須記〔27〕，功夫純熟語通仙。言語不通非眷屬〔28〕，功夫不到不方圓〔29〕。

注釋

〔1〕弄爐火：原指道家燒煉外丹之術。此指有人借此名欺騙群眾。

〔2〕投狀：投送書面請求。

〔3〕齎金寶：饋送金寶。

〔4〕蛙井：《道藏》本「井」作「草」，今依《精華》、《古隱樓》本。

〔5〕蛙井藐滄溟：指小小的水井，卻藐視汪洋大海。意為不知天高地厚，狂妄自大。

〔6〕元始天尊即是我：元始天尊是道教崇拜的最高之偶像。此指有人狂妄地把自己比作最高之神，自以為天下第一。

〔7〕虛收銜號偽神通：指有人自封某某頭銜，假裝神通。

〔8〕今朝明朝又奏名：指經常出名，嘩眾取寵。

〔9〕內丹外丹無不可：指有人自我吹噓既懂內丹，又懂外丹。

〔10〕欺賢罔聖昧三光：指欺騙、誣衊聖賢，蒙昧了日、月、星的光輝。

〔11〕自視福德：《道藏》、《精華》本，「福德」作「禍福」，今依《古隱樓》本。

〔12〕懷懼：羞愧。

〔13〕步市廛：步，《道藏》、《精華》本作「走」，今依《古隱樓》本。市廛指城市、鬧市。

〔14〕醉酒飽肉：肉，《道藏》本作「德」，今依《精華》、

第七章 陳楠：《翠虛篇》釋義

399

《古隱樓》本。

〔15〕絕名相：超脫一切有形物質。

〔16〕是：是，《古隱樓》、《道藏》本作「自」，今依《精華》本。

〔17〕無花草：指樸實無華。

〔18〕一盲引眾盲：一個瞎子為眾多瞎子帶路。

〔19〕受：《道藏》本作「真」，今依《精華》、《古隱樓》本。

〔20〕忽朝：忽然有一天。

〔21〕業報：業，《道藏》本作「罪」，今依《精華》、《古隱樓》本。業報為佛家語。指由於過去的善惡業因，招來現今的果報。

〔22〕三元九府：原指大臣的官府。此處比喻專管人間善惡報應的天神。

〔23〕受冥拷：指傳說中惡人死後，將在陰曹地府受到神鬼的拷問和懲罰。

〔24〕參玄：指靜坐冥想，領悟仙道。

〔25〕各自荒誕自相尚：尚，《道藏》本作「高」，今依《精華》、《古隱樓》本。此處意指有些人互相吹捧，助長狂妄荒誕之風。

〔26〕真詮：真實的事理。

〔27〕切須記：《道藏》本作「須切記」，今依《精華》、《古隱樓》本。

〔28〕言語不通非眷屬：指無共同語言，不能如親眷一樣地友好交往。

〔29〕功夫不到不方圓：見《孟子》：「不以規矩，不能成方圓。」方圓喻一定規格和水準。此處指不經過修煉的功夫，不可能達到一定水準。

本段繼續批判練功者一些不良現象。如有人自吹工夫深，引誘別人寫書面請求並饋送錢財，甚至自吹自擂，自封天下第一；裝神弄鬼，抬高自己。這類人有時很快出名。他們招搖過市，收徒聚眾，醉酒飽肉，無所不為。

作者認為，真正的大道，應當是杜絕一切聲色物慾，仙人應是樸實無華的。這類人壞事做盡，必招惡報。世人雖想學仙，但往往追求新奇怪異的東西，懶於參禪修道，真正的功夫都有一定的規矩，要遵照古人教導，認真參悟。

我昔功夫行一年，六脈已息氣歸根〔1〕。有一嬰兒在丹田〔2〕，與我形貌亦如然。翻思塵世〔3〕學道者，三年九載空遷延。依前雲水游四海，冷眼看有誰堪傳。炷香問道仍下風〔4〕，勘辨邪正如愚賢。歸來作此翠虛吟，猶如杲日〔5〕麗青天。

注釋

〔1〕六脈已息氣歸根：六脈指浮、沉、長、短、滑、澀等六種脈象。此處指功夫練到一定層次，氣歸丹田，六種脈象消失。相當於佛家「四禪」中第三禪「脈止」。

〔2〕有一嬰兒在丹田：指神氣凝成的聖胎。見《金丹問答》：「聖胎何謂也？答曰：無質生質，結成聖胎，辛勤保護，如幼女之初懷孕。」

〔3〕翻思塵世：塵世，《道藏》本作「塵塵」，今依《精華》、《古隱樓》本。

〔4〕炷香問道仍下風：指焚香禮拜，以卑下謙虛為懷。

〔5〕杲日：光輝的太陽。

作者談自己練功體會。

說自己只練功1年，脈搏即已停止活動，練成仙胎，形象和自己一樣，而世人學道往往三年九載還練不成，因此，我有

第七章　陳楠：《翠虛篇》釋義

意雲遊四海，想把功夫傳授給適合的人。

掃除末學小伎術〔1〕，分別火候〔2〕採藥物〔3〕。只取一味水中金〔4〕，收拾虛無造化窟〔5〕。促將百脈盡歸源〔6〕，脈住氣停丹始結〔7〕。初時枯木倚寒岩〔8〕，二獸相逢如電掣〔9〕。中央正位產玄珠〔10〕，浪靜風平雷雨歇〔11〕。片時之間見丹頭〔12〕，軟似綿團硬如鐵。此是南方赤鳳血〔13〕，採之需要知時節。一般才得萬般全〔14〕，復命歸根真孔穴〔15〕。內中自有真壺天〔16〕。風物光明月皎潔。龍吟虎嘯鉛汞交〔17〕，灼見黃芽並白雪〔18〕。每當〔19〕天地交合時，奪取陰陽造化機〔20〕。卯酉甲庚須沐浴〔21〕，弦望晦朔要防危〔22〕。隨日隨時則斤兩〔23〕，抽添運用在怡怡〔24〕。十二時中只一時〔25〕，九還七返〔26〕這些兒。溫養切須當固濟〔27〕，巽風常向坎中吹〔28〕。行坐寢食總如如〔29〕，唯恐火冷丹力遲〔30〕。一年周天除卯酉〔31〕，九轉功夫月用九〔32〕。至於十月玉霜飛〔33〕，聖胎圓就風雷吼〔34〕。一載胎生一個兒，子生孫兮孫又枝〔35〕。千百億化最妙處，豈可容易教人知。忘形死心絕爾汝〔36〕，存亡動靜分賓主〔37〕。朝昏藥物有浮沉〔38〕，水火爻符宜檢舉〔39〕。真氣薰蒸無寒暑〔40〕，純陽流溢無生死〔41〕。有一子母分胎處，妙在尾箕斗牛女〔42〕。

注釋

〔1〕末學小伎術：指旁門小術。

〔2〕火候：指練功過程中如何適時用意念和調節呼吸。《性命圭旨全書・靈丹入鼎長養聖胎》：「夫真火者，我之神也。真候者，我之息也」。又《規中指南》：「火候口訣之要，尤當於真息中求之」；《真詮》：「全在念頭上著力。」

〔3〕採藥物：採，《道藏》本作「煉」，今依《精華》、《古隱樓》本。此處「採藥物」指採身中之神氣精。《玉皇心印經》：

「上藥三品，神與氣精。」

〔4〕水中金：指腎中先天之元精。《悟真篇・七律十六首》第十首：「自有天魂制水金。」

〔5〕虛無造化窟：指玄關一竅或指虛極靜篤的道功態。李涵虛《道竅談》：「玄關一竅，自虛無中生，不居於五臟、肢體間。」

〔6〕百脈盡歸源：百脈指全身血脈；歸源指返本還源。

〔7〕脈住氣停丹始結：住，《道藏》本作「任」，今依《精華》、《古隱樓》本。此句義為完成煉氣化神功夫，百脈停止，氣結成丹。

〔8〕枯木倚寒岩：倚，《道藏》、《古隱樓》本作「依」，今依《精華》本。此句意指身如槁木，心似寒灰，達到虛極靜篤的道功態。

〔9〕二獸相逢如電掣：指在道功態中龍虎（即神氣）相逢，迅速發生變化，有如電掣。

〔10〕玄珠：指煉成的內丹。引自《悟真篇・七律十六首》第五首：「中央正位產玄珠。」

〔11〕浪靜風平雷雨歇：雷，《道藏》、《精華》本作「雲」，今依《古隱樓》本。此句意指結丹以後，身心明靜和諧，如風平浪靜，雷雨初止，空氣清新。

〔12〕片時之間見丹頭：片，《道藏》本作「半」，今依《古隱樓》，《精華》本。

〔13〕此是南方赤鳳血：是，《道藏》本作「時」，今依《古隱樓》、《精華》本。赤鳳為南方朱雀之象，血屬陰物，而南方屬陽，故為陽中之陰，指離中陰精。

〔14〕一般才得萬般全：指「一法通，萬法通」；或「知其一，萬事畢」。此處泛指練功者要懂得掌握煉丹的關鍵。

〔15〕真孔穴：指上文提到的虛無造化窟。

〔16〕壺天：指仙境。

〔17〕龍吟虎嘯鉛汞交：龍虎即汞鉛，喻神氣。神氣相結，兩者俱動，如龍吟虎嘯。

〔18〕黃芽並白雪：並，《道藏》本作「芽」，今依《精華》、《古隱樓》本。引自《悟真篇・七律十六首》第十一首：「黃芽白雪不難尋。」此處黃芽白雪指鉛汞，即元精元神。陸西星《方壺外史》：「黃芽、白雪，鉛汞之異名。」

〔19〕當：《道藏》、《精華》本作「常」，今依《古隱樓》本。

〔20〕奪取陰陽造化機：道家內丹術認為，宇宙萬物的發生和發展，都無不來自陰陽二氣的相互作用創造化育而成，故練功者須探索這種造化的機密。

〔21〕卯酉甲庚須沐浴：當神氣結合，形成足夠的能量時，開始從下丹田經尾閭沿督脈直上頭頂泥丸，古人將這段歷程所需時間，劃分為子丑寅卯辰巳六個相等時間單位，稱為六陽時。當氣行至中途，至夾脊處，從方位上說，屬東方（甲）；從時間上說，在卯時。認為此時需要沐浴，即身心進入休息、無為、入靜的狀態。同樣，當氣行至自泥丸至腹部丹田一段時，其所需時間劃分為午未申酉戌亥六個相等時間單位，稱為六陰時。氣行至任脈膻中處時，從方位看，屬西方（庚），時刻在酉。此時又需進行沐浴。《脈望》：「卯酉二時，乃為心腎二氣交分之際，應春秋二分之候，亦須澄心靜坐，聽其自然，綿綿若存，此為沐浴之功也。」

〔22〕弦望晦朔要防危：望，指農曆每月十五日，晦指每月最後一天，朔指初一日。弦分上弦、下弦。上弦指農曆上半月，下弦指下半月。此處弦望晦朔被借喻為煉內丹過程的計時標誌。蓋借用月亮的盈虧，以標誌身中陰陽消長的循環過程。

晦朔喻身中靜極而動，陰極陽生。上弦象徵陽氣逐步增長，直
至十五日（望），月亮圓滿，象徵陽氣已旺盛到極點。表明練
功者須趁此時採取陽氣歸入丹田，進行煉養。如望日已過，身
中陽氣開始衰退，陰氣逐步旺盛，就須靜以等待，不可採取。
故《悟真篇‧七律十六首》第七首：「金逢望後不堪嘗」即此
意。另外，在晦朔弦望、陰陽盛衰的過程中，必然引起身心一
系列變化，故提出必須注意防危的問題，即注意及時掌握時間
和呼吸，調節控制好真氣運行時心理和生理變化，防止出偏和
走火入魔，招致疾病等危險。

〔23〕隨日隨時則斤兩：指要時刻注意火候的適當、藥物
的老嫩，以及煉養程度等，要恰到好處，既不過分，也不能不
及，正如量物時計較斤兩一樣，並非真用斤兩。

〔24〕抽添運用在怡怡：抽，指下丹田之真氣上升；添，
指真氣升至頭頂泥丸，化為金精，入於腦海。此處指真氣運轉
時，身心自然處於和悅、愉快狀態。

〔25〕十二時中只一時：指一天之內，只有半夜子時（夜
11 點至凌晨 1 時），自然界正當陰極陽生，趁於此時練功最有
實效。或指人體中的活子時，即陽氣發動的時刻。

〔26〕九還七返：按陰陽五行生成學說，生數為先天，成
數為後天。神屬火，火的成數為七，故以七喻識神；火的生數
為二，故以二喻元神。收斂識神，即能強化元神，使七返為
二，故名七返。精氣屬金，金的成數為九，生數為四，故以九
喻腎精，四喻元精，使元精不順行化為腎精，還為元氣，即九
還為四，名為九還。練內丹的要領，古人認為主要是促使後天
返還為先天，即使有形有質的陰物轉化為無形無質的陽物，元
神元氣凝結成丹，煉就仙胎。

〔27〕溫養切須當固濟：溫養，指內丹初步練成時，須溫

第七章 陳楠：《翠虛篇》釋義

溫調養，即透過靜功進入安靜虛無，以利於養氣。《性命圭旨全書·火候》：「真息往來而未嘗少有間斷者，溫養之火候也。」又《金丹真傳張崇烈注》：「溫養者，火候不寒不熱，而調養之謂也。」固濟，指心腎相交，水火既濟，並溫養閉固，使不致洩漏。《金丹問答》：「問曰：固濟何也？答曰：太真云：『固濟胎不泄，變化在須臾。』言其水火既濟，閉固神室，而不可使之洩漏。」

〔28〕巽風常向坎中吹：巽風，指後天呼吸之氣；坎中，指腹部丹田。此句意為用呼吸之氣，「直吹」丹田，以助長真氣。《性命圭旨全書？火候》：「審其火之未燃也，須籍巽風以吹之。」

〔29〕行坐寢食總如如：如如，佛家語，指圓融而不凝滯的境界。《金剛經》：「不取於相，如如不動。」此處指無論行坐寢食，保持清靜無為，不受外界色相的干擾。

〔30〕惟恐火冷丹力遲：指恐因思想分散，造成內丹的力量不足。《性命圭旨全書·火候》：「意不可散，意散則火冷。」

〔31〕一年周天除卯酉：指在周天運轉中卯酉須靜養沐浴，參閱本段注〔21〕。

〔32〕九轉功夫月用九：九轉功夫，指九轉金丹，或名大還丹，或名大周天，即煉氣化神功夫。月用九者，指金之成數為九，金指真鉛，用九即返本還元以成丹也。

〔33〕十月玉霜飛：指大周天，十月煉成金丹，出現虛室生白景象，如玉霜紛飛。

〔34〕聖胎圓就風雷吼：指大周天功成，全身眼、耳、鼻、舌、身、意六根震動，如風雷之吼。

〔35〕一載胎生一個兒，子生孫兮孫又枝：子生孫兮孫又枝，《道藏》本作「子生孫了又孫枝」，今依《精華》、《古隱樓》

本。指出陽神功夫。《性命圭旨全書？移神內院端拱冥心》：「自然變化生神，生之再生，則生生而無盡；化之又化，則化化而無窮，子又生孫，百千萬億。張紫陽曰：「一載生個兒，個個會騎鶴。仙家謂之分身，佛氏謂之化身。」

〔36〕忘形死心絕爾汝：指靜功達到深度入靜，忘記自己外形，心如死滅，似乎脫開了自身肉體。

〔37〕存亡動靜分賓主：指練功中進入虛極靜篤狀態，神與氣若存若亡，在動靜變化之中，須分清兩者的主從關係。

〔38〕朝昏藥物有浮沉：指練功中應注意煉丹藥物神氣的早晚浮沉變化。浮，指心神易浮易升，飛揚外散；沉，指精液易沉易降，下流外泄。

〔39〕水火爻符宜檢舉：指煉內丹時以精與神為藥物，應檢查和控制好火候。水火，指精與神。《金丹大要》：「天一生水，在人曰精；地二生火，在人曰神。」又《中和集》：「丹道以精神為水火。」

〔40〕真氣薰蒸無寒暑：指全身真氣充盈，不畏寒暑。

〔41〕純陽流溢無生死：指練成純陽之體，能了脫生死。

〔42〕有一子母分胎處，妙在尾箕斗牛女：指人體上有一穴位，是子母分胎之處，它在人體的「東北」位置上。尾、箕、斗、牛、女是二十八宿中五宿，其中尾箕列於東方，斗牛女位於北方，故此處以五宿比喻東北方位。在人體上指會陰穴，又名虛危穴或生死窟。即子母分胎處。

本段開始論述金丹大道，強調煉丹的原料只取水中金，即元陽真氣；煉丹方法，主要是收拾虛無造化窟，即虛極靜篤的道功態或自然出現的玄關一竅。

接著，談煉丹的程式和層次。例如，初時要做到身心如「枯木倚寒巖」，其次才會出現神氣相交（二獸相逢）景象，形

成內丹（玄珠）。

提到採藥要掌握適當的時間；周天運行時，應注意掌握好動靜、行住；要配合呼吸；須順其自然，圓融不滯，不受外界干擾；等等。後面還談到「十月懷胎」、出陽神以及煉丹要領和效驗等。

若欲延年救老殘，斷除淫欲行旁門[1]。果欲留[2]形永住世，除非運火[3]煉神丹。神丹之功三百日[4]，七解七蛻成大還[5]。聚則成形散則氣，天上人間總一般。寧可求師安樂法，不可邪淫採精血[6]。古雲天地悉皆歸[7]，須學無為清靜訣。縛住青山萬頃雲，撈取碧潭一輪月[8]。玄關一竅少人知[9]，此是刀圭甚奇絕[10]。

（注釋）

〔1〕斷除淫欲行旁門：指杜絕男女房事，不近旁門邪術。此處「行」疑誤，應改為「遠」。

〔2〕留：《道藏》本作「流」，今依《古隱樓》、《精華》本。

〔3〕運火：指用意念。

〔4〕神丹之功三百日：指大周天煉氣化神功夫，約需十月，相當於三百日。

〔5〕七解七蛻成大還：指七返還丹，即大還丹。七為火之成數，煉氣化神功夫，關鍵在於煉神，使後天識神返歸先天元神。

〔6〕不可邪淫採精血：指男女採補邪術。

〔7〕古雲天地悉皆歸：《清靜經》：「人能常清靜，天地悉皆歸。」此句指天人相應，宇宙萬物皆備於我，達到通神知化境界。

〔8〕縛住青山萬頃雲，撈取碧潭一輪月：指鎖住心猿意

馬，如縛住千變萬化之雲；制伏坎府中元精，如撈取碧潭之月，使神氣精互相制約，煉成金丹。

〔9〕玄關一竅少人知：少，《道藏》、《精華》本作「無」，今依《古隱樓》本。

〔10〕此是刀圭甚奇絕：指神氣合一，形成內丹，甚為奇特。刀圭，指神氣合一。《天仙正理・火候》：「以喻神氣合一者，亦稱刀圭。」

如想要防衰、延壽，就不要相信旁門外道，要杜絕男女房事，學會運火煉丹。煉丹需三百天，即大周天功夫。

作者還指出，如不能煉金丹大道，練點保健功（安樂法）也好，但決不可練男女採補邪術。真正的功夫，應是無為清靜，只有這樣，玄關才會顯露，神氣才能在玄關一竅中會合成丹。

夜來撞見呂秀才[1]，有一丹訣尤奇哉。卻把太虛為爐鼎[2]，活捉烏兔為藥材[3]。山河大地發猛火，於中萬象生雲雷[4]。昔時混沌今品物[5]，一時交結成聖胎。也無金木相間隔[6]，也無龍虎分南北[7]。不問子母及雌雄[8]，不問夫妻並黑白[9]，何人名曰大還丹[10]，太上老君吞不得。老君留與清閒客，服了飛升登太極[11]。更將[12]一盞鴻蒙酒，餌此刀圭壯顏色[13]。

任從滄海變桑田，我道壺中未一年[14]。懸知汝心如鐵堅，所以口口密相傳。妙處都無半句子[15]，神仙法度真自然。速須下手結胎仙，朗吟歸去蓬萊天。

注釋

〔1〕呂秀才：指呂洞賓，名岩，號純陽子，世稱純陽真人或呂祖。呂氏原業儒，故稱「秀才」。傳說晚年始得神仙家鍾離權金丹秘旨。著有《敲爻歌》、《直指大丹歌》、《了三得一

經》、《谷神歌》、《贈劉方處士》、《漁父詞》等傳世。其人其事其書是否真實和偽託，傳說不一，尚無考證。

〔2〕卻把太虛為爐鼎：指把靜功中達到的虛極（太虛）靜篤狀態看成為煉丹的時間和空間。上述觀點符合古代煉丹家一貫之主張，如元代俞琰《周易參同契發揮》：「心安而虛，道自來居。虛極靜篤，元陽真氣自復也。」又明代伍沖虛《天仙正理》：「太上曰：恍恍惚惚，其中有物。即吾身中一點真陽精氣，號曰先天祖氣者是也。」

〔3〕活捉烏兔為藥材：烏原指金烏，喻太陽；兔指月兔，喻月亮。此處日月喻神氣，此句意為制伏神氣，作為煉丹之原料。

〔4〕山河大地發猛火，於中萬象生雲雷：指大還丹功夫引起六根震動，身心異常現象。《仙佛合宗》：「須知大藥生時，六根先自震動，丹田火熾，兩腎湯煎，眼吐金光，耳後風生，腦後鷲鳴，身湧鼻搐之類，皆得藥之景也。」此處作者描述得大藥時個人的類似感受。

〔5〕昔時混沌今品物：指從虛無混沌的道功狀態中獲得練成的內丹。

〔6〕也無金木相間隔：金，指真鉛，即元精；木，指真汞，即元神。此句意為元精元神已在丹田凝成一體，不再互相隔離。

〔7〕也無龍虎分南北：龍喻神，虎喻精。與上注同義，神與精氣已凝成一體，不再像往常一樣一南（頭部）一北（腹部）。

〔8〕不問子母及雌雄：指已分不清先後與陰陽的差別。子拇指金生水，故水為金子，金為水母。喻元精（金）化生腎精（水），如母子關係。經過煉丹，腎精與元精化為一體，故分不清先後母子關係，而元精與元神結合，又不存在陰陽雌雄的關

係。

〔9〕不問夫妻並黑白：指已分不清陰陽和鉛黑汞白。含義同上注。

〔10〕大還丹：即指大周天十月懷胎功夫。

〔11〕服了飛升登太極：升，《道藏》本作「仙」、《精華》本作「神」，今依《古隱樓》本。太極，指道的最高境界。

〔12〕將：《精華》本作「有」，今依《道藏》、《古隱樓》本。

〔13〕餌此刀圭壯顏色：刀圭指丹藥。此句意為服食丹藥可使容顏少壯。

〔14〕我道壺中未一年：指進入「仙境」只一年。

〔15〕妙處都無半句子：指真正的煉丹訣竅很簡要，沒有半句話即可表達。

本段最後重複強調，必須練到虛極（太極）狀態，神氣（烏兔）才能相交而發生創造化育之機。並指出結成聖胎以後，許多問題即可迎刃而解，如金本間隔、龍虎南北及子母、雌雄、夫妻等差異，都會自然消失。

啟示學人，真正的金丹大道，口訣十分簡要，一言半句就可說清楚，但必須師徒授受，口口密傳。

丹基歸一論

古人有言：得其一[1]，萬事畢。噫！誠哉是言也。此吾所以刻[2]丹經之繁蕪，標紫書之樞要[3]，蓋為是也。一也者，金丹之基也[4]。實千經萬論之原，千變萬化之祖[5]也。以要言之，天魂地魄，即日精月華也；紅鉛黑汞，即金精木液[6]也；烏兔，即龜蛇[7]也；馬牛，即龍虎[8]也。朱砂水銀，乃黃芽白雪之骨[9]也；丹砂秋石，乃白金黑錫之苗[10]也，別之

為男女夫婦，體之為金木水火〔11〕，類之為青幽徐揚〔12〕，象之為乾坤坎離〔13〕。或曰河車者；或曰黃輿〔14〕者，或有言交梨火棗〔15〕者，或有言金砂玉汞〔16〕者。又如丁翁黃婆〔17〕之名，嬰兒姹女〔18〕之號。析為黑白〔19〕，分為青黃〔20〕。有如許之紛紛，其實陰陽二字，是皆一物也。

注釋

〔1〕得其一：一，指宇宙萬物生命的根本。在人體，指神氣合一，天人合一，復歸於無的「道」。故道家守中抱一，儒家執中貫一，佛家萬法歸一。可說是真理不二，殊途同歸。道家內丹術認為守中抱一，可使元氣發生。《太平經》：「以思守一，何也？」「一者，元氣所起也。」

〔2〕刻：據上下文含義，疑為「劾」之誤寫。劾與核通用，指考核。意為考核丹經之繁蕪。

〔3〕標紫書之樞要：紫書，指道經。《漢武帝內傳》：「地真素訣，長生紫書。」此句義為：標明道經中的精華部分。

〔4〕一也者，金丹之基也：抱元守一，進入虛極靜篤狀態，元氣自然發生，成為金丹的基礎。

〔5〕千變萬化之祖：《道德經》云：「道生一，一生二，二生三，三生萬物。」萬物豐富多彩，千變萬化，生生不息，故一（也即道）是千變萬化之祖。

〔6〕金精木液：即元精元神。

〔7〕龜蛇：龜指精，蛇指神。

〔8〕龍虎：指先天的元神元精。

〔9〕黃芽白雪之骨：指先天的精氣神。陸西星《方壺外史》：「黃芽、白雪，鉛，汞之異名。」此處鉛汞指先天的精氣與神。

〔10〕白金黑錫之苗：指鉛汞。

〔11〕別之為男女夫婦，體之為金木水火：指神氣二者，一陰一陽，故以男女或夫婦相區別。又以其有先後天之分，故分為金、木、水、火四者。

〔12〕類之為青幽徐揚：先後天神與氣四者的相互轉化，是有方向性的，故以青、幽、徐、揚四州比喻它們之間相對位置和方向。從地理位置看，青州在東，徐州偏西，幽州在北，揚州在南。又按五行學說，西方屬金，北方屬水，東方屬木，南方屬火。此四個方向，正好代表先天之精（元精）和後天之精（腎精）以及先天之神（元神）與後天之神（識神）。

〔13〕象之為乾坤坎離：指從法象上看，乾坤代表人體中的頭與腹部，喻為爐鼎；坎離代表人體中的精氣與神，喻為藥物。此借用古時習慣用的煉外丹的名詞，以說明煉內丹的理和法。

〔14〕黃輿：原指黃色的車輿，為帝王的坐車。此處喻真氣在任督脈運行時的法象。

〔15〕交梨火棗：原指兩種仙藥，見《真誥·運象》：「玉醴金漿，交梨火棗，此則飛騰之藥，不比於金丹也。」此處喻元神元氣。

〔16〕金砂玉汞：即朱砂水銀，喻元精元神。

〔17〕丁翁黃婆：此處指元精元神。元神又名真意，在煉丹中強調元神在神氣結合時要發揮主導作用，故稱為真意或媒婆、黃婆等。

〔18〕嬰兒姹女：指氣與神。

〔19〕析為黑白：指精可細分為腎精和元精。黑，指北方水之色，喻腎精；白，指西方金之色，喻元精。

〔20〕分為青黃：指神可細分為元神與識神。青，指東方木之色，喻元神；黃，指中央土之色，喻心，即識神。

本文開頭指明煉丹的要領，可用一個「一」字加以概括。一就是道，就是元氣。它是煉丹的基礎。其次，也談到煉丹的三個要素，即藥物是煉丹的原材料，爐鼎是煉丹的部位，火候是煉丹操作程式。

本段接著列舉了不少平時在各種丹經中見到的專門術語，如天魂地魄，日精月華，紅鉛黑汞，朱砂水銀，黃芽白雪，交梨火棗，嬰兒姹女等等，說明這些術語所表示的，無非是人體中的一物具有陰陽兩方面屬性。這一物究竟是什麼，本文未明白指出，但可以猜想指的是神氣相合而成的內丹。

謂如守一壇、戊己爐、玄關一竅、玄牝之門、神水華池、鉛爐土釜、朱砂鼎、偃月爐、中黃宮、丹元府、神室氣府、關元丹田、呼吸之根、凝結之所，此又皆一處也。復如冬夏二至[1]、春秋兩分[2]、卯酉甲庚[3]、弦望晦朔[4]、子午巳亥[5]、寅子坤申[6]、二十四氣[7]、七十二候[8]、一年交合、一月周迴、離坎之時[9]、雞兔之月[10]、乾巽之穴[11]、二八之門[12]、朝屯暮蒙[13]、晝姤夜復[14]，人不知以為果須依時按節[15]，推氣測候[16]，分析數法[17]，準則銖爻[18]。故日視土圭[19]，夜瞻刻漏[20]，謬之甚矣。又豈知周年造化，乃周身之精氣。日夜時刻，乃精氣之變態也。其中有衰有旺，有升有降，有浮有沉[21]，有清有濁[22]。是以聖人以外象證之[23]。殊不知天地氣數，在乎一時之工夫也。所以中間有陰陽寒暑之證，有生殺盈虧[24]之狀，小則按百刻[25]，大則如一年，只在一時而然也。然一時即一處[26]也，一處即一物[27]也。人知此之所以為一，則採取有法，運用有度，斤兩有則[28]，水火有等[29]，與夫抽添進退之妙[30]。沐浴交結[31]之奧，無不防危慮險也。若毫釐之失，則日月失道[32]，金汞異爐[33]，非知造化之深者，

莫克知陰陽之義，如是其秘也。

注釋

〔1〕復如冬夏二至：指人體中的陰陽變化，還像地球上氣候變化。如冬至節象徵一陽生，氣候開始轉向和暖；而夏至一陰生，象徵氣候轉向寒冷。所以在道功學中所講的冬至與夏至，是指人體在練功中出現陰陽變化的兩個分界點。

〔2〕春秋兩分：原指春分、秋分兩個節日。「春分秋分晝夜平分」，即白天和黑夜時間相等。古內丹術用以比喻人體中陰陽平衡的時刻，認為此時需要靜養沐浴。

〔3〕卯酉甲庚：見本書第十一段注〔21〕。

〔4〕弦望晦朔：見上段注〔22〕。

〔5〕子午巳亥：按一天的週期，從亥到子，象徵黑夜將盡，白天將開始來臨，道功學用以比喻陰極陽生；從巳到午，象徵白天將盡，黑夜將開始來臨，用以比喻陽極陰生。與上文「冬夏二至」同義。

〔6〕寅子坤申：其義不詳，疑有錯字。「坤」應作「午」，則可釋為：從子到寅，喻人體陽氣從發動到旺盛；從午到申，陽氣逐漸衰退。

〔7〕二十四氣：原指古代曆法。根據太陽在黃道上的位置，把一年劃分為二十四個單元，叫二十四氣，表明氣候變化和農事季節，如立春、雨水、驚蟄、春分、清明等等。內丹術則用以標誌身中陰陽精氣的變化。

〔8〕七十二候：古人以五日為一候，一月有六候，一年共七十二候。三候為一節氣，故一年為二十四個節氣。「候」指動物、植物或其他自然現象變化的徵候，說明節氣變化，作為農事活動的依據。此處含義與上注同。

〔9〕離坎之時：「時」，《精華》本作「精」，今依《道藏》

本。此句意指內氣運轉於離坎頭部腹部之時。

〔10〕雞兔之月：按十二生屬，酉雞卯兔，即指卯酉之月。農曆二月建卯，八月建酉。二八兩月，義同春秋二分。

〔11〕乾巽之穴：按後天八卦圖，乾位於西北，喻元精、腎精，巽位於東南，喻元神識神。

〔12〕二八之門：指二八卯酉之月，行氣至此，應當靜養沐浴。

〔13〕朝屯暮蒙：《周易參同契》：「朔旦屯直事，至暮蒙當受。」意指屯卦屬陽，喻白天；蒙卦屬陰，喻夜晚。此處借喻身中陰陽變化。

〔14〕晝姤夜復：指白天用姤卦，表明陽極陰生，已近黃昏；夜用復卦，表明陰極陽生，已近黎明。此處用以說明體內陰陽消長狀況。

〔15〕依時按節：指依照自然界時辰和季節變化。

〔16〕推氣測候：瞭解和掌握氣候的變化。

〔17〕分析數法：指煉丹過程中，對精氣和內丹運行的時刻、方向、速率、能量的大小等等進行分析。

〔18〕準則銖爻：銖，古重量計量單位。1斤為16兩，1兩為24銖，1斤共384銖。爻，指卦爻。古代有人嘗以銖或爻說明精氣或內丹消長的數量概念。

〔19〕日視土圭：土圭為古人用以測日影，記時刻的器具。此處指有人煉丹時死板地扣住時刻。

〔20〕夜瞻刻漏：刻漏，指古人用銅壺盛水滴漏，以記錄時刻。此處指有人夜晚煉丹，死扣時刻。含義同上注。

〔21〕有浮有沉：《悟真篇·七律十六首》第四首「誰識浮沉定主賓。」此處指心神屬陽，如火易浮飛散；精氣屬陰，如水易沉易泄。

〔22〕有清有濁：見《紫庭經》第三段注〔13〕。

〔23〕以外象徵之：指用常見的外界事物，比喻煉丹的過程和問題等，以使學者易於理解。

〔24〕生殺盈虧：生殺即刑德。《金丹問答》：「刑德，陽為德，德則出，萬物生。陰為刑，刑則出，萬物死。」故德為生，刑為殺。此句意指人體在煉丹過程會出現陰陽之氣生殺盈虧現象。

〔25〕百刻：指一天十二小時相當於一百刻。

〔26〕一時即一處：指某一時刻，也相當於身中某一部位。古人已認識到時空的不可分割性。

〔27〕一處即一物：指身中某一部位時，也指的是某一物質。

〔28〕斤兩有則：指使用意念、呼吸，都有準則，如秤之計量斤兩，不差毫釐。

〔29〕水火有等：坎屬水，離屬火或腎屬水，心屬火。指坎離相應，心腎相依，神氣相結，陰陽平衡。

〔30〕抽添進退之妙：指抽鉛添汞，運動坎宮元陽真氣，填補離宮，進火退符，發揮周天妙用。

〔31〕沐浴交結：指小周天功夫，卯酉必須沐浴靜養，見《紫庭經》第五段注〔5〕。

〔32〕日月失道：指陰陽失常，神氣相背。

〔33〕金汞異爐：即鉛汞異爐，指神氣相隔。

接上文，繼續談論煉丹爐鼎與火候。同樣列舉一些術語，如守一壇、戊己爐等等，只是「一處」，表示煉丹的丹田而已。又如冬夏二至，卯酉庚甲等等，也只示意煉丹火候而已。

強調煉丹必須依照時辰和季節變化，推測氣候條件，分析精氣和內丹運行的時刻、方向、速率、能量大小等資料，像銖

爻一樣準確。講煉丹的周年，實喻周身之精氣運轉，並非真的需時一年，講時刻季節，實喻精氣之變態，並非真正按時刻季節。精氣有衰旺，升降、浮沉、清濁等變化，聖人拿外界常見的事物，加以比喻，為使學者易於理解。所以用陰陽寒暑，生殺盈虧，百刻、一年等作比方。

其實煉丹的成功，只需瞬息一時的功夫。說丹成於一時，也即指人體中一處或指一物。這一時、一處、一物，如果能夠真正瞭解其精義，則煉丹中的問題可以迎刃而解。否則就差之毫釐，失之千里，必將出偏。

一陰一陽之謂道，道即金丹也，金丹即道也〔1〕。古仙上靈，詔人煉七返九還〔2〕，金液大丹〔3〕者，是〔4〕乃入道之捷徑耳。故有片餉工夫自然交媾〔5〕，回風混合〔6〕，百日靈工〔7〕之語。行之九月，謂之九轉；煉之一年，謂之聖胎。此其所以隱而不露者，以上天秘惜〔8〕，不欲輕泄此道耳！豈得無禍福於傳授賢否之間乎〔9〕？既以唾涕精津氣血液為陰物也，又以泥丸、丹田、心、腎、脾、肺、尾閭、夾脊、口、鼻非真一處也，何從而知金木之所以間隔，水火之所以既濟未濟〔10〕者哉〔11〕？能以一之一字，訂諸群經〔12〕，參諸往哲〔13〕，勿以神氣為自然歸復，勿以禪定〔14〕為自然交合〔15〕。審能如是，或恐暗合孫吳〔16〕，而終非促百脈以歸源〔17〕，窮九關而徹底〔18〕。三火〔19〕所聚，八水〔20〕同歸者也。至於神入氣為胎，火煉藥成丹，豈容易明？有曰神衛氣〔21〕，有曰神凝則氣聚者，有曰神氣自然歸復者，皓首茫然〔22〕，反起虛無之歎。夫豈知丹基之真一為妙哉！若起遊浮靈揖華佺〔23〕，於空蒙窅靄〔24〕之上者，得一可以畢萬，故作丹基歸一論，以付學者白玉蟾〔25〕。穎川陳泥丸〔26〕太乙刀圭之説〔27〕，傳諸後古云。

![注釋]

〔1〕金丹即道也：道，《道藏》本作「是」，今依《精華》本。

〔2〕七返九還：見《紫庭經》第三段注〔2〕。

〔3〕金液大丹：即金丹大藥。金液，指煉丹的原材料。《鍾呂傳道記》：「金液一壺，搬運只片刻工夫。」搬運，指周天運轉。

〔4〕是：《道藏》本作「故」，今依《精華》本。

〔5〕片餉工夫自然交媾：指透過靜功，神氣在虛極靜篤中自然地結合成內丹，如夫妻陰陽媾合，產生造化。

〔6〕回風混合：指先天陽氣發生，引入丹田，運用後天呼吸之氣以助之，兩氣一上一下，回風混合。

〔7〕百日靈工：指百日築基，即小周天以前煉精化氣，煉己築基功夫。靈工意為有靈驗的工夫。

〔8〕上天秘惜：古人迷信上天有神靈，不願輕易把煉丹秘訣授予常人。

〔9〕無禍福於傳授賢否之間乎：指煉丹秘訣如傳授得人，就會致福，否則就會招禍。

〔10〕既濟未濟：《道藏》本缺「既」字，今依《精華》本。按《周易》八卦學說，既濟（☲☵），為上坎下離，即上水下火之意，喻精氣在上，意火從下燒煉，可以成丹。未既（☵☲），為上離下坎，比喻火在水上，火自上炎，水自下沉，互不起作用，神氣不交，不能成丹。

〔11〕哉：《道藏》本缺「哉」字，今依《精華》本。

〔12〕訂諸群經：指從多種丹書中加以訂正。

〔13〕參諸往哲：指參考古代先哲們關於煉丹著述。

〔14〕禪定：佛教語。指靜坐沉思達到一種很深的寂滅境界，從而產生非凡的智慧和其他神通力。

〔15〕自然交合：指單純用佛家的無為法，不能使神氣自然交合。

〔16〕暗合孫吳：原指用兵得法，與「孫吳兵法」暗中不謀而合。此處指煉丹能符合丹書精旨。孫吳，指春秋戰國時有名的軍事家孫武與吳起或孫臏與吳起。

〔17〕促百脈以歸源：指促使全身所有經絡氣血，返本還源，形成內丹。

〔18〕窮九關而徹底：指元陽真氣暢通於三關九竅，九關，即九竅。古人認為尾閭、夾脊、玉枕三關，每關有三個孔竅，故稱九竅，也可稱九關。《仙佛合宗》：「服食大藥之後，三關九竅阻塞之處，盡以開通。」

〔19〕三火：指精氣神三者。《太上九要心印妙經》：「以精為民火，以氣為臣火，以心為君火，君火乃性火也。惟性火不可發，亦不可用。蓋神定則氣定，氣定則精定，三火既定，併合丹田，聚燒金鼎。」

〔20〕八水：佛家語。即八功德水。此處喻身中所有先天藥物。

〔21〕神衛氣：指意念的作用，可控制和調節精氣。

〔22〕皓首茫然：指年老髮白，仍未搞懂那種功法。

〔23〕遊浮靈揖華佺：浮靈，似指仙境；華佺，似指仙人。此處含義為追求「成仙得道」。

〔24〕空蒙窅靄之上者：窅，《道藏》本作「盲」。今依《精華》本。窅（一ㄠˇ）意為深遠。靄，雲氣之意。此句指空闊深遠，充滿雲氣的茫茫太空之上。

〔25〕白玉蟾：見「羅浮翠虛吟」第一段注〔6〕。

〔26〕潁川陳泥丸：即本書作者，見前言生平介紹。

〔27〕太乙刀圭：太乙，指人體元氣。刀圭，指內丹。此

句指元氣煉成之內丹。

本段引證《周易》名言:「一陰一陽之謂道」,說明金丹由陰(神)、陽(精氣)結合,因而金丹體現了至高無上的「道」。接著,作者強調指出:「勿以神氣為自然歸復,勿以禪定為自然交合」,而必須用有為法相協理。

文章畫龍點睛,指出「神入氣為胎,火煉藥成丹」,常人雖知聚煉陽氣,但又讓其不斷轉化為陰物,滿足於肉體滋補,而不知以神入氣,以火煉藥成丹,使陰轉化為陽。作者提醒道功愛好者,這種功夫「豈容易明」,但「得一可以畢萬」,如能掌握要領,並非難事。

金丹詩訣(一百首)

半斤真汞半斤鉛[1],隱在靈源太極先[2]。須趁子時[3]當採取,煉成金液入丹田。

注釋

〔1〕半斤真汞半斤鉛:指元神與元精相交,相互均等,陰陽平衡。《修真十書·丹房寶鑒圖》:「真汞為先天元神,又稱火中之木。」又《鍾呂傳道集》:「腎中之水,伏藏於受胎之初,父母之真氣隱於人之內腎,所謂鉛者此也。」

〔2〕隱在靈源太極先:當煉丹者達到虛極靜篤、恍恍惚惚、一片混沌的無極狀態時,先天的神氣才自然發生,故說隱在靈源太極之先。

〔3〕子時:此處指活子時。《脈望》:「下手立丹基,休將子午推。靜中才一動,便是癸生時,謂之活子時。」指煉丹者靜極而動,先天陽氣發生時,名為活子時。

神符^{〔1〕}白雪結玄珠，此是金丹第一爐。十二時中須認子，莫教金鼎汞花枯^{〔2〕}。

注釋

〔1〕神符：即天符。《參同契》：「寫情著竹帛，又恐泄天符。」此處指自然界創造化育的神秘之機。

〔2〕汞花枯：「汞花」指元神或心靈。此處指枯寂靜坐，不知採取和煉養陽氣，不能成道。

水火相交虎遇龍^{〔1〕}，金翁姹女兩爭雄。青去白來然後黑，到紅方且入黃宮^{〔2〕}。

注釋

〔1〕水火相交龍遇虎；指心腎相交，神氣結合。腎屬水，心屬火；龍喻元神，虎喻元精。《真龍虎仙經注》：「心為火，應離；腎為水，應坎。凡修道造金丹，須憑龍虎水火也。」

〔2〕青去白來然後黑，到紅方且入黃宮：青指東方木，白指西方金，黑指北方水，紅指南方火，黃指中央土。此兩句疑為句形改變的暗語，即：青去白來，然後黑到紅方，且入黃宮。其含義為：起初金木間隔（青去白來），神氣分離，然後水火既濟（黑到紅方），神氣相交，進入丹田（黃宮指中丹田或上丹田）。

玉爐三轉^{〔1〕}見黃芽，火裏栽蓮^{〔2〕}解發花^{〔3〕}。人在絳宮^{〔4〕}貪夜月^{〔5〕}，一杯美酒餌丹砂^{〔6〕}。

注釋

〔1〕玉爐三轉：玉爐又名金爐，指下丹田，見《金丹四百字》：「玉爐水溫溫，鼎上飛紫霞。」三轉，泛指丹田內氣運轉。

〔2〕火裏栽蓮：火指心意或後天欲神。栽蓮，指守住元

神，制伏心意，不使肆意外馳，則精神內守，神怡氣盈。

〔３〕解發花：接上文指元神活躍，欲神寂滅，如火中栽蓮，花發葉茂。

〔４〕絳宮：指心，見《黃庭內景經》：「心為絳宮」。

〔５〕貪夜月：《悟真篇・七律十六首》第八首：「山頭月白藥苗新。」月光像西方金色，喻真鉛，即元精。此處指凝神入於氣穴。

〔６〕一杯美酒餌丹砂：指先天陽氣發動，人體產生難以形容的快感，如飲美酒。《入藥鏡》：「先天氣，後天氣，得之者，常似醉。」丹砂喻藥物神氣精。

四轉紅爐〔１〕轉四神〔２〕，添符進火養胎精〔３〕。龍虎繞爐〔４〕爭造化，巽風吹起水中燈〔５〕。

注釋

〔１〕紅爐：即玉爐或金爐，指丹田。見上首詩注〔１〕。

〔２〕四神：此處指金、木、水、火四神，喻先後天神氣。

〔３〕添符進火養胎精：符原指卦象。此處借用以表徵內氣周天運行時的狀況。《參同契》：「據爻摘符，符謂六十四卦。」添符，指卦象的改變，也即推進意念和呼吸的作用。進火，指調神御氣。《脈望》：「以神御氣，以氣定息，息息歸根，謂之進火。」胎精，指煉丹的原材料。此句含義：以神御氣，推進意念和呼吸，以養育元氣。

〔４〕龍虎繞爐：指元神元精，在丹田紅爐內相互率制，相互配合，產生變化和發展（爭造化）。

〔５〕巽風吹起水中燈：巽風，指後天呼吸之氣。《性命圭旨全書火候》：「審其火之未燃也，須藉巽風以吹之。」水中燈，即水中火發之意。《奇經八脈考》：「凥脈周流一身，貫通

第七章 陳楠：《翠虛篇》釋義

423

上下，和氣自然上朝，陽長陰消，水中火發，雪裏花開。」故水中燈意指先天陽氣從後天腎水中發生。加強呼吸之氣（巽風），以助長陽氣。

五轉方成白馬芽[1]，卻教六賊運河車[2]。五行具備[3]雷聲震，正好登樓看汞花[4]。

注釋

〔1〕白馬芽：白馬，屬陰性，此處喻腎；芽，即黃芽，喻元精。故白馬芽即腎中元精。

〔2〕卻數六賊運河車：六賊，佛家語，指眼、耳、鼻、舌、身、意為六賊。《楞嚴經》：「眼耳鼻舌及身意，為賊媒，自劫家寶。」此處意為：制伏六賊，使六根清淨，促進真氣沿任督循環（運河車）。

〔3〕五行具備：內丹術以金、木、水、火、土分別代表元精、元神、腎精、欲神及真意，因此，精氣神三元合一，真意大定，謂之五行具備或五行全。《性命圭旨全書‧三家相見圖說》：「精氣神，謂之三元。三元合一者，丹成也。意大定，三元混一，謂之五行全。」

〔4〕登樓看汞花：汞花，指汞，喻先天元神。此句意指抽鉛添汞，下丹田之陽氣上升至頂上泥丸，化為金精。

煉成金液玉神丹[1]，擒制龜蛇頃刻間。已是中成消息處[2]，玉爐養火莫教寒[3]。

注釋

〔1〕金液玉神丹：金液，《道藏》本作「玉液」，今依《精華》本。玉神丹，指以神氣藥物煉成之內丹，又名金丹。

〔2〕中成消息處：道家內丹術將煉丹分成三個層次，即初

成、中成、上成。《大成捷要》:「初成百日築基,中成十月養胎,上成三年乳哺。」此處指煉功已進入大周天十月養胎的層次。

〔3〕玉爐養火莫教寒:指大周天文火溫養。《大成捷要》:「止住有為之呼吸,用自然之吹噓,薰蒸溫養。」「虛心安神於氣穴,時時以真意守之,緩緩以呼吸噓之,似爐中火種,綿綿不絕,悠悠常存。心息相依,神氣相注,不存而自守,不息而自噓,神氣皆歸靜定,不知不覺,入於混沌杳冥之中矣。」

天上七星[1]地七寶[2],人有七竅[3]權歸腦。七返靈砂[4]陰氣消,鉛爐[5]只是溫溫火。

注釋

〔1〕天上七星:指日、月和金、木、水、火、土七星或指北斗七星。

〔2〕地七寶:指七種寶物,見《新唐書·後妃傳》:「置七寶於廷,曰金輪寶、曰白象寶、曰女寶、曰馬寶、曰珠寶、曰主兵臣寶、曰主藏臣寶。率大朝會則陳之。」此處為寫詩的比擬手法,用天上七星與地上七寶比擬人身中的七竅,十分重要。

〔3〕七竅:眼二、耳二、鼻二、加口一,共七孔,名七竅。

〔4〕七返靈砂:七返,指經過煉丹,使後天的欲神,返歸為先天元神。靈砂,即元神。

〔5〕鉛爐:指下丹田。

八轉神錦[1]玉清砂[2],卯酉抽添[3]火不差。渴飲華池饑嚼氣,黃婆終日看金花[4]。

注釋

〔1〕神錦:錦,原指彩色花紋絲織品,是一種珍貴的藝術

品。此處喻神氣。

〔2〕玉清砂：玉清原指神仙之境，見《靈寶本元經》：「玉清稱為聖境，元始天尊所治也。」此處玉清砂，指神砂，即元神。

〔3〕卯酉抽添：指大周天功法。道家內丹術認為，由小周天階段，後天精氣得到充實，逐步返還成先天精氣，故大周天功夫應按先天八卦圖運行。在先天八卦圖中，南北方位為乾坤兩卦，坎離兩卦，已處於卯酉位置上，故大周天又名卯酉周天。此處卯酉抽添，仍指取坎填離或名抽鉛添汞。

〔4〕黃婆終日看金花：指真意（黃婆）發揮主導作用，促進神氣結合，煉成金丹（金花）。

九轉紫金〔1〕成至寶，天門地戶〔2〕自關鎖。三百八十有四銖〔3〕，散為三萬六千顆〔4〕。

注釋

〔1〕九轉紫金：紫金即紫金霜。《悟真篇》：「兩手捉來令死斗，化成一塊紫金霜。」九轉，指九轉還丹，即大還丹，也即大周天。此句義為經過大周天運轉神氣所結成的金丹大藥。

〔2〕天門地戶：天門，指泥丸、天庭、黃闕。《黃庭內景經・隱藏章第三十五》：「上合天門入明堂。」或泛指頂門、囟門。地戶，指虛危穴，又名尾閭穴。《性命圭旨全書・天人合發採藥歸壺》：「精氣聚散常在此處，水火發端也在此處，陰陽變化也在此處，有無出入也在此處，子母分胎也在此處。」「其穴在於任督二脈中間，上通天谷，下達湧泉。」「此穴干涉最大，係人生死岸頭，故仙家名為生死窟。」故俗傳煉丹者達到較高層次時，即會開天門，閉地戶。此處卻兩者同時關鎖，其義不詳。

〔3〕三百八十有四銖：指金丹藥物。銖，古代度量衡制，一斤為 16 兩，一兩為 24 銖，故 384 銖為 1 斤之數。《悟真篇・七律十六首》第七首：「藥重一斤須二八，調停火候托陰陽。」

〔4〕散為三萬六千顆：指煉丹一年的火候溫養，可相當 3 萬 6 千倍的造化。《金丹四百字序》：「一刻之功夫，自有一年之節候，所以三萬刻（相當於十個月）可以奪三萬年之數也。故一年十二月，總有三萬六千之數。」故此句中的「顆」與上句的「銖」，都不是真正指金丹的重量或數量，只是說明金丹有無比的神力。

前十首詩較為集中地描述煉丹功法中的百日築基、大小周天、十月懷胎等過程。其中提到「三轉」、「四轉」……「九轉」等名稱，指的是煉丹的步驟和層次。從第二首起至第十首，描述煉丹的九個步驟。

第一首作為總綱，首先指出「半斤真汞半斤鉛，隱在靈源太極先。」即先天無形無質的神氣相結，半斤對八兩，陰陽平衡。而太極之先的無極伏態，即虛極靜篤，混混沌沌，陰陽未分狀態，卻是先天之氣隱藏之所和發源之地。其次，也強調指出了當靜極而動，體內陽氣發生時，即活子時到來時，及時採取的重要性。

第二首描述煉丹的第一步，即「金丹第一爐」，提出「神符白雪結玄珠」、「莫教金鼎汞花枯」，即需要有意識地調節神氣結成內丹，須防止枯寂靜坐，無所作為。點出開始要用有為法，而非無為法。

第三首提到「金翁姹女兩爭雄，青去白來然後黑，到紅方且入黃宮」，指的是促使神氣陰陽交感，相互制約；使五行逆轉，後天返歸先天，消除金木間隔，達到水火相濟，神與氣交

於丹田中煉成內丹。

第四首提到「玉爐三轉見黃芽，火裏栽蓮解發花」，「一杯美酒餌丹砂」，即黃芽元陽真氣發動，心神與元氣相遇，如火裏栽蓮。心神易被雜念妄念干擾，故必須制伏心猿，才能使處於險境的火裏之蓮，放出鮮花；「一杯美酒」抒發「得氣」時的感受。

第五首提到「四轉紅爐轉四神，添符進火養胎精」及「巽風吹起水中燈」，描述小周天開始前的景象和火候，特別強調添符進火，意念和巽風為後天呼吸之氣，對先天氣的促進作用。

第六首提到「六賊運河車」，「登樓看汞花」，所指的是制伏自身中的六賊，使六根清淨，保證元陽真氣周流運轉，不受干擾，如河車之行，沿督脈扶搖直上，進入腦海。

第七首提到「中成」和「玉爐養火」，說明已進入十月養胎的火候，關鍵在於用文火溫養，做到心息相依，神氣相注，不即不離，若存若忘，似保護爐中火種，使其溫溫微熱，悠悠常存。

第八首提到「七返靈砂」，「鉛爐溫火」，說明大周天從有為法，轉入無為法。蓋後天已返先天，已完成煉精化氣階段，陰氣已消，故須強調文火溫養。

第九首提到「八轉神錦玉清砂，卯酉抽添火不差」及「黃婆終日看金花」，說明大周天火候是一種自然運轉，無須外力的作用，故稱無為法。但這種自然運轉，是在小周天基礎上形成的，實際上已有長期練功的心理基礎或潛意識作用，並非真正無為，仍須「行、住、坐、臥，不離這個」。

第十首提到「九轉紫金成至寶，天門地戶自關鎖」，說明經過大周天功夫，金丹已成，天門地戶關鎖，可以了卻生死，獲得長生。

青童〔1〕把鏡照泥丸，五臟祥雲徹上關〔2〕。子午寅申和巳亥〔3〕，胎圓數足出崑崙〔4〕。

注釋

〔1〕青童：指仙童或寺觀的道童。

〔2〕上關：原指經穴名，位於顴弓上緣，距耳廓前緣約一寸處。此處泛指頭部。

〔3〕子午寅申和巳亥：指煉丹時程的三個週期，即子午、寅申和巳亥。

〔4〕崑崙：指頭部大腦。《黃庭外景經》：「子欲不死修崑崙。」

泥丸之上似有仙童將明鏡高懸，反照己身，清晰可見。精氣神化為先天陽物，如五種祥雲聚於頭頂。經過周天運轉，結成仙胎，顯現陽神。

移將北斗向南辰〔1〕，穿過黃庭入紫庭〔2〕。攢簇一年真造化〔3〕，太陽正照月三更。

注釋

〔1〕北斗向南辰：北斗，指人體腎中陽氣；南辰，指腦部泥丸。此句意指取坎填離或抽鉛添汞，即調動元氣與元神結合。

〔2〕穿過黃庭入紫庭：此處指神氣結合凝成之內丹，由中丹田進入上丹田。是為練仙胎功夫。

〔3〕攢簇一年真造化：指聚集一年的功夫。

煉丹進入「三遷」階段，即由下田遷至中田，由中田遷至上丹田，由上田遷出身外，名為陽神出竅。聚集一年的功夫，產生質的飛躍，肉體煉成純陽，如太陽使黑夜消失。

上應星辰下應鉛，太陽三十六爻躔〔1〕。不因法象〔2〕無由

採，誰悟生於太極先^{〔3〕}。

道家
南宗
丹道修真
長壽學

430

注釋

〔1〕太陽三十六爻躔：爻躔，《道藏》本作「交躔」，今依《精華》本。古代「太陽曆」，將一年分為 10 個月，每月 36 天。此處指煉丹的歷程。

〔2〕法象：原指自然界一切現象。《易經・繫辭上》：「是故法象莫大乎天地。」此處指精氣神會聚和運動變化之象，或指道功態景象。

〔3〕太極先：《周易》：「無極生太極，太極生兩儀。」故太極先，指無極狀態，即第一首詩注〔2〕所釋的虛極靜篤，混混沌沌，陰陽未分的道功狀態。

說明煉丹必須察形觀象，否則不能採藥，也必須懂得先天真氣是從無極陰陽未分的道功狀態中發生的。

黃芽胡粉^{〔1〕}密陀僧^{〔2〕}，此是嘉州^{〔3〕}造化功。若不見陽真一法^{〔4〕}，世間還有幾人曾。

注釋

〔1〕黃芽胡粉：黃芽，《道藏》本作「黃丹」，今依《精華》本。外丹術黃芽、胡粉均指鉛粉，又名鉛華。內丹術指元神元精合成之物。

〔2〕密陀僧：原指礦物名，可入藥，即今之氧化鉛。此處指煉外丹原材料，可煉成鉛。

〔3〕嘉州：地名，即今之四川樂山縣，古代出產煉丹原材料之地。

〔4〕真一法：指煉內丹時能達到神氣相結、貫通一氣的方法。《道藏・太上九要心印妙經》：「夫真一者，純而無雜謂之真，浩劫長存謂之一。」「一者本也，本乃道之體。真體者，真

一是也。真乃人之神，一者人之氣。長以神抱於氣，氣抱於神，神氣相抱，貫通一氣，流行上下，無所不通，真抱元守一之道也。」

外丹術用鉛和氧化鉛等燒丹煉藥，煉成「仙丹」，這也是嘉州地方自然造化的力量。但是若不懂得「真一法」，世間能有幾人曾經煉成功。

紅鉛之髓名真汞[1]，黑汞之精是正鉛[2]。莫向腎中求造化，卻須心裏覓先天。

注釋

〔1〕紅鉛之髓名真汞：指煉成之內丹，神氣結合，神入氣中。

〔2〕黑汞之精是正鉛：此句接上句，意為氣為神之所依，故氣為神之精。

指出神氣相互依存和心腎的主次關係。前者從神氣兩者性質上看，神無氣不立，氣失神不靈，彼此是不可分割的。後者從方法上講，腎中雖隱藏先天真氣，但首要在於尋求先天無極陰陽未分的道功狀態，而不可直接從腎中求之。

靈汞無非是水銀[1]，丹砂不赤[2]太迷人。此般真物誰能識，識者驂鸞[3]出世塵。

注釋

〔1〕靈汞無非是水銀：指靈汞與水銀本來是一回事，但是並非真指汞和水銀，而是另有所指。

〔2〕丹砂不赤：指丹砂並非真正的紅汞丹砂，也是另有所指。

〔3〕驂鸞：乘坐一種鳳凰之類的神鳥，名鸞鳥。

第七章 陳楠：《翠虛篇》釋義

431

指煉丹的原材料，並非真正使用靈汞、水銀、丹砂等物。這些名稱只是比喻如有人能懂得這些藥物所指的東西，就可以煉成仙道。

三種真形一種稀[1]，結成靈異[2]少人知。莫言龍虎同源出[3]，便是神仙立兆基[4]。

注釋

〔1〕三種真形一種稀：三種真形，指三家，即指身、心、意或先天的神、精與真意。一種稀，指仙胎或金丹。《悟真篇·七律十六首》第十四首：「三家相見結嬰兒。」

〔2〕靈異：指金丹。

〔3〕莫言龍虎同源出：指先天的神與精氣本來合為一體，同出一源，由於離開母腹，即成為後天之物，金木間隔，神與氣分。

〔4〕兆基：指開始的煉丹基礎。

先天的精氣神煉成靈異的金丹，這種功夫很少有人知道。神氣本來同出一源，是煉丹成道的基礎。

鎮星[1]合得配中央，堰水[2]能教色變黃。不比凡金銀與鐵，成時全是賴陰陽。

注釋

〔1〕鎮星：原指土星。此處喻真意。

〔2〕堰水：原指堤防，即擋水的低壩。此處喻真鉛，即元精。《參同契》：「以金為堤防，水入乃優游。」

中央戊已屬土，中土比喻真意，在真意的主導下，元精不致順流化為腎精，如同黃色金屬鉛築成的堤防，對水起到阻擋的作用。這種功夫不是用真正的金屬銀或鐵，主要是靠陰陽五

行相生相剋之理而煉成功。

莫近邱墳穢汙田[1]，亦嫌戰地產人眠[2]。鍾來靈氣方為福[3]，便是求仙小洞天。

〔1〕莫近邱墳穢汙田：指不要接近女色。

〔2〕亦嫌戰地產人眠：指煉丹者亦須回避正常的生兒育女。此處「戰地」，喻房事。「產人」，即生兒育女。

〔3〕鍾來靈氣方為福：指經過長期煉丹，聚集由精氣神結合而成的靈氣或內丹，則可獲得幸福。《道藏》本，鍾來，作「坤來」；方為，作「形為」，今依《精華》本。

勿接近女色，也須儘量回避正常的男女性生活，要在己身中聚集元陽真氣，就可求得仙道的小成。

山林靜處最宜良，或在城中或在鄉。土得厚時丹得厚[1]，妄為立見受迍殃[2]。

〔1〕土得厚時丹得厚：得，《道藏》本作「德」，今依《精華》本。此處指基礎要打好，才能使丹氣充足。

〔2〕迍殃：指境遇受挫折，有災害。

指煉丹者所居的環境，城鄉不必選擇，以山林清靜之處較為適宜。煉丹貴在築基，要打好基礎。如急於求成，胡作妄為，反招災禍。

室宜向木對朝陽[1]，兌有明窗對夕光[2]。照顧有名人莫識，暮陰不得閉金牆[3]。

〔1〕室宜向木對朝陽：指室宜朝東向太陽。東方屬木，故向木指向東方。

〔2〕兌有明窗對夕光：指室宜朝西開窗，午後對夕陽。按後天八卦圖，兌卦位於西方，故兌指西方。

〔3〕暮陰不得閉金牆：指夜晚在室之西方不應有牆擋住。金牆指西牆，見《漢書・五行志》：「金，西方。」

指練功者的住房，門應朝東，並對西方開窗，且窗外不應有牆擋住。

八門[1]運化應時開，進退隨金[2]定往來。莫息明燈並北戶[3]，安然兩鼎[4]位三台[5]。

〔1〕八門：原指休、生、傷、杜、景、死、驚、開等八門（見《奇門遁甲》），為古代一種推算吉凶的方術。此處借喻為根據陰陽動靜變化，適時掌握火候。

〔2〕進退隨金：指隨真鉛（金），即隨先天精氣的動靜以定往來、升降和進退。

〔3〕明燈並北戶：此處指心腎。

〔4〕兩鼎：此處似指上、下丹田。《天仙正理》：「丹田有鼎器之喻也。」

〔5〕三台：原指人體三焦（上焦、中焦、下焦），見《道樞・太白還丹篇》：「三焦，三台也。」此處似泛指上焦與下焦。

應根據煉內丹時陰陽動靜變化狀況，適時掌握好火候。隨著先天精氣的動靜，以定往來、升降和進退。要保持心腎相依，上下丹田在三焦中安然而協調地活動。

六百篇〔1〕中起伏明，三光須順日虛盈〔2〕。推移八卦明斤
兩〔3〕，刻漏相參〔4〕莫住程。

注釋

〔1〕六百篇：指《火記》六百篇。《參同契》：「火記六百
篇，所趣等不殊。」該書相傳為古代專論煉丹火候的著作。

〔2〕三光須順日虛盈：原指日、月、星辰三光均有賴於日
光的虛盈而變化。此處「三光」指眼。《黃庭外景經》石和陽
注：「三光者，眼是也。」日，喻身中陽氣。全句意為眼神的變
化順著陽氣的消長。

〔3〕推移八卦明斤兩：內丹術常借八卦的卦象、爻象等表
明煉丹的時程、火候。「斤兩」亦非指真正的重量，常用以表
示丹氣的強弱和大小的概念，如「藥重一斤須二八」等。

〔4〕刻漏相參：此處指呼吸。《天仙正理‧火候經》：「玄
學正宗曰：刻漏者，出入息也。」此句意指配合呼吸的作用。

指調節火候時呼吸有起有伏，眼神隨著身中陽氣的消長虛
盈發生變化。隨著陰陽動靜，呼吸的配合不能停止。

陰火息時陽火消〔1〕，理分卦立順羲爻〔2〕。更隨黑白天邊
月〔3〕，六候〔4〕方終晦朔交〔5〕。

注釋

〔1〕陰火息時陽火消：陰火、陽火，分別指文火與武火。
在小周天功法中，往往是文武火交替使用，但火指意念，故文
武兩火，無實質的區別，只是程度上的差異，且同時或存或息。

〔2〕理分卦立順羲爻：卦，《道藏》本作「臥」，今依《精
華》本。羲爻指伏羲氏所創造的八卦。此句義為搞清丹法之
理，確立卦象，不違背八卦的爻象。

〔3〕更隨黑白天邊月：按著月亮的晦朔弦望以掌握火候。

黑白，指晦（三十日）、望（十五日）。

〔4〕六候：指小周天六種火候，見《金仙證論・火候次第十六》：「一曰陽氣發動，或名陽生；二曰以神用氣，神氣會合，或名藥產；三曰採藥歸爐；四曰爐中封固；五曰升降；六曰沐浴」。

〔5〕晦朔交：指虛極靜篤的道功狀態，如月正處於晦朔之際，陰靜無光。

依照陰陽八卦之理，隨著月光之晦朔弦望，體中陽氣動而復靜。

四時推運逐星杓[1]，晝夜停分百刻[2]昭。鄭重元君重定式[3]，細詳時候已明標。

注釋

〔1〕星杓：指北斗七星柄部的三顆星，古人從斗柄的指向，以觀察四時的運轉。此處指人體中陰陽變化狀況。

〔2〕百刻：古代以刻漏計時，一晝夜分為一百刻。見唐・白居易詩：「四時輪轉春常少，百刻支分夜苦長。」

〔3〕鄭重元君重定式：元君，道教以女人修道成仙者，稱元君。此處似指元神或真意。全句含義為真意殷勤審慎地不斷調節火候。

四時季節推移，日夜時刻不停，真意殷勤審慎地調節火候和煉丹的時程，做到心中有數。

天上分明十二辰[1]，人間分作煉丹程[2]。若言刻漏無憑信，不會玄機藥未成。

注釋

〔1〕十二辰：指每天分為十二個時間單位，即子丑寅卯辰

巳午未申酉戌亥。

〔2〕煉丹程：指煉丹時間。即煉丹家借用十二時辰，作為
計時單位。

地球上的一天，被劃分為十二時辰，煉丹者借用它作為計
時標誌。不要以為煉丹計時不足為憑信，不懂得這其中奧秘，
就煉不成內丹。

心地虛閑絕萬緣〔1〕，且宜清靜返身觀〔2〕。要知鐵脊樑之
漢〔3〕，何慮修丹下手難。

注釋

〔1〕絕萬緣：斷絕一切緣分和機遇。

〔2〕返身觀：思想寧靜，精神內守，如用眼反觀自身。

〔3〕鐵脊樑之漢：意志堅強的硬漢子。

詩言心地虛閑，排除外界一切干擾，且能反觀自身。意志
堅強的人，何怕煉丹的開頭難。

言者不知知不言，高談闊論萬千般。雖然眼下無人辨〔1〕，
恐汝終身被自瞞。

注釋

〔1〕無人辨：辨，《道藏》本作「辯」，今依《精華》本。

人如得道似嬰兒〔1〕，不辨閑言是與非。君若不能心眼具〔2〕，
他時追悔問他誰。

注釋

〔1〕似嬰兒：似，《道藏》本作「自」，今依《精華》本。
指煉丹成道，返歸嬰兒狀態。《道德經》：「專氣致柔，能嬰兒
乎！」

第七章　陳楠：《翠虛篇》釋義

〔2〕心眼具：《道藏》本作「心具眼」，今依《精華》本。指煉丹者要做有心人，多動腦筋。

執著之人[1]得不真，朝行暮輟[2]又非誠。誠心修煉見功驗，方是人中識得人。

注釋

〔1〕執著之人：指拘泥或固執的人。

〔2〕輟：停止。

父精母血結胎成，尚是他形似我形。身內認吾真父母[1]，方才捉得五行精[2]。

注釋

〔1〕身內認吾真父母：指自身的陰陽，真鉛真汞，先天的神氣。陰陽派釋為體外同類陰陽，精神氣血。

〔2〕五行精：指心（火）、肝（木）、脾（土）、肺（金）、腎（水）等五臟內氣之精華。

詩隱若以父母生我之凡胎，比喻煉丹結成之仙胎。只是煉丹成胎所需父母是身內陰陽，即神與氣。煉丹者如能掌握這點，才能夠把五臟精華，元陽真氣煉成仙胎。

子時氣到尾閭關，夾脊河車透頂門。一顆水晶[1]入爐內，赤龍含汞[2]上泥丸。

注釋

〔1〕一顆水晶：指內丹如水晶球，通明透亮。

〔2〕赤龍含汞：指神在氣中，神氣相結。

活子時陽生，氣到尾閭，經夾脊，直透頂門，一顆內丹採入下丹田，又上行至泥丸。

氣入丹田養白鴉[1]，斯時方曰結黃芽。華池神水[2]含明月，取得刀圭大似麻。

注釋

〔1〕白鴉：原指烏鴉中有一類小而腹下白者名白鴉。此處喻內丹。

〔2〕華池神水：指口中津液。

詩大意：陽氣入下丹田養煉成內丹，名為黃芽。口中津液含有元陽真氣，煉成的內丹，體積象大麻子一樣。

須知藥得火成丹[1]，又要丹逢火則仙[2]。片餉工夫修便現，老成須是過三年。

注釋

〔1〕藥得火成丹：此處藥指先天精氣，火指元神。故先天精氣與神結合，即可成丹。

〔2〕丹逢火則仙：此處火指火候，即內丹的煉養過程，全靠掌握好火候，使呼吸和意念的作用，恰到好處。

必須懂得精氣遇神才能結丹，丹的煉養需要掌握火候。雖頃刻可以結丹，但要成胎出陽神，需 3 年的工夫。

大道分明在眼前，時人不會悮[1]歸泉。黃芽本是乾坤氣[2]，神水根基與汞連[3]。

注釋

〔1〕悮：同誤字。

〔2〕黃芽本是乾坤氣：此處指神氣相交所結成之內丹，本是陰陽之氣。

〔3〕神水根基與汞連：指先天精氣與神相連。

指大道就在眼前，大家不知道而不能長生不老。內丹是一

種陰陽之氣，先天的精氣與神相連。

　　認得根源不用忙，三三合九有純陽[1]。潛通變化神光現[2]，從此朝天近玉皇。

注釋

〔1〕三三合九有純陽：《周易》以乾（☰）卦六爻皆為陽爻。又以陽爻為九，例如乾卦的六爻分別稱之為初九、九二、九三、九四、九五、上九，故「三三合九」。意指兩個三爻皆屬陽，即乾卦的別稱。此句含義有如乾體純陽。

〔2〕神光現：指煉丹時自身出現光芒。例如，小周天完成以前出現「陽光三現」，即需止火停輪。又「出陽神」階段也出現光芒，見《大成捷要·身外有身收金光天機口訣》：「自己身中即透出一道金光或白光，大如車輪，現於面前。」

　　要認識煉丹的關鍵，使精氣神從後天返歸先天，補離中之虛，使成為純陽之乾體。暗自瞭解這種變化的規律，就會出現神光。

　　合得天地合其元[1]，子母相逢[2]不敢言。先汞後鉛為大道[3]，莫教失伴鶴歸天[4]。

注釋

〔1〕合得天地合其元：元與玄同。此句指煉丹者能符合天地自然變化之規律，就可符合宇宙造化之玄妙。

〔2〕子母相逢：指神與氣合一。《胎息經幻真先生注》：「神為氣子，氣為神母，神氣相逐，如形如影。」

〔3〕先汞後鉛為大道：道，《精華》本作「藥」，今依《道藏》本。此句指應當先以煉性為主，達到性命雙修，才是大道。「汞」指元神，指性，「鉛」指元精，指命。《諸真聖胎神

用訣・侯真人胎息訣》：「凡在道之人，必先修心靜之法。但於心靜，必得定心。心定則神安，鉛汞相投，龍虎親也。」

〔4〕鶴歸天：指心猿意馬，神不守舍。鶴，色白，喻汞。汞喻神。

如能做到「天人合一」，就可掌握自然造化的玄機，神氣就能相結。先應以修性為主，性命雙修，才是大道。不要讓鉛汞失伴，神氣分離，神飛氣散。

此寶從來二八傳〔1〕，吉年吉月入爐安〔2〕。千朝火候〔3〕知時節，必定芽成汞自完〔4〕。

注釋

〔1〕此寶從來二八傳：二八，指兩個8兩，即相當於舊秤1斤。此句義為內丹從古以來是由先天的神與氣兩者均等，陰陽平衡，相結合而合成的。

〔2〕吉年吉月入爐安：指選擇有利於促進煉丹的季節和時刻開始鍛鍊。古人認為「天人相應」，自然界的四季運行，寒暑、晦朔、朝夕、晨昏等變化，無不對人體有直接影響，因此，煉丹者，必須懂得選擇吉年吉月。

〔3〕千朝火候：指三年（一千日）哺乳的火候。

〔4〕必定芽成汞自完：指先天的神氣必定煉成金丹。

這種金丹從古以來就是靠先天的神與氣，兩者平衡均等，和合而成。煉丹時必須選擇有利的季節和時刻。經過一千日相當於三年時間「哺乳」功夫，必定可以成丹。

志默忘言理最端〔1〕，更無一物可相關〔2〕。回眸謾著些兒力〔3〕，一得分明萬事閑〔4〕。

第七章　陳楠：《翠虛篇》釋義

注釋

〔1〕志默忘言理最端：端指詳審。意為不表露志向，也忘記言語，但其中的道理卻非常詳細明瞭。

〔2〕更無一物可相關：指煉丹中所出現的先天景象，和後天的有形有質的任何具體事物不好比擬。

〔3〕回眸謾著些兒力：指回過頭（表示輕易地）隨便用點力氣。謾與漫通，可釋為隨意。

〔4〕一得分明萬事閑：指明了金丹大道的秘機，就可清閑自在地煉成仙胎。即「得其一，萬事畢」，或「一法通，萬法通」。「一得」即「得一」。《道德經》：「萬物得一以生。」「道生一。」《太平經》：「一者，元氣所生也。」

指這種金丹之道雖志默忘言，其理十分明白無誤。也沒有一種東西可與它相比。可以輕易地隨便花點力氣，就可煉成，只要能掌握它的奧秘。

紅鉛黑汞大丹基[1]，紅黑相投世罕知。兩物若還成戊己[2]，仙家故曰一刀圭。

注釋

〔1〕紅鉛黑汞大丹基：紅鉛黑汞即鉛汞，也即元精元神。《玄奧集》：「黑汞紅鉛自感通。」「丹基」似指命門或下丹田，為產丹之處。《抱一函三秘訣》：「兩腎之間，為我之根本，名曰藥祖丹基」。意為元精元氣加上丹基的條件。

〔2〕兩物若還成戊己：戊己，指中央戊己土，喻真意。意為元精與元神在真意的主導作用下相互結合，即神、氣、意三家相見結嬰兒也即與《悟真篇》：「四象交加戊己中」同義。

元精、元神加上丹田的條件，兩物在丹田中相互結合，世人很少得知。如果再加上真意的主導作用，就煉成了金丹。仙

家稱之為刀圭。因為「圭」有兩「土」字，表示由戊土己土，即真意的作用而煉成。

日烏月兔兩輪圓[1]，根在先天核取難[2]。月夜望中能採取[3]，天魂地魄結靈丹[4]。

（注釋）

〔1〕日烏月兔兩輪圓：指正當神氣旺盛。日烏月兔指神氣。兩輪圓，月十五日而圓，指月光旺盛之時。此處喻日、月都正在旺盛之時。

〔2〕根在先天核取難：指金丹的根源隱在先天陰陽未分的無極狀態，即現今所稱的道功功能態，所以煉成金丹是難的。核，原指果實的中心部分，此處喻金丹。

〔3〕月夜望中能採取：指煉丹達到精氣最旺盛時，如十五日的月亮，光輝充盈。此時能夠採取自身的元陽真氣。

〔4〕天魂地魄結靈丹：指先天的精氣神，結成金丹。《悟真篇・七律十六首》第十首：「但將地魄擒朱汞，自有天魂制水金。」

當煉丹者進入先天無極的道功態時，元神元氣都很旺盛，但採取較困難。能夠在旺盛時及時採取，就能結成有靈驗的金丹。

莫謂金丹事等閒，切須勤苦力鑽研。殷勤好問師資學，不在他邊在目前。

未煉還丹先養鉛[1]，龜蛇一氣產先天[2]。虛心實腹[3]方和合，結就靈砂一粒圓[4]。

（注釋）

〔1〕未煉還丹先養鉛：還丹，指真氣運轉，返本還原，一

般所稱大小還丹，指大小周天。此處謂先經過煉己還虛，虛極靜篤，養育真鉛，待精滿神全，始可煉還丹功夫。

〔2〕龜蛇一氣產先天：指神氣相抱，培育先天元陽真氣。

〔3〕虛心實腹：指恬淡虛無，丹田精氣充滿。《道德經》：「虛其心，實其腹。」

〔4〕靈砂一粒圓：指先天精與神煉成一粒金丹。見《悟真篇・翁葆光注序》：「誘此先天之始氣，不越半個時辰，結成一粒，大如黍米，此名金丹也。」

透過靜功養好先天精氣，然後實行大小周天功夫。神氣相抱，可產生元陽真氣。只有保持恬淡虛無，下丹田精氣充實，才能陰陽和合，煉成一粒金丹。

同行同坐又同眠[1]，終日相隨在目前。認得這些須急採，見之便是水鄉鉛[2]。

注釋

〔1〕同行同坐又同眠：指神氣相依，同行同住。《金仙證論》：「如此神氣相依而行，相依而住，則周天之造化，無不合宜矣。」

〔2〕水鄉鉛：指陰中之陽，即腎水中的先天精氣。

神氣相依，無論行、住、坐、臥，不離這個。見到真氣發動，必須急忙採取。

不是燈光日月星，藥靈自有異常明。垂簾久視[1]光明處，一顆堂堂現本真。

注釋

〔1〕垂簾久視：指靜坐中輕閉眼瞼，久久注視。

丹氣充足，出現閃光，並非日月或燈光，卻明亮非常。輕

閉眼瞼，久視閃光時，顯出一顆金丹的本來面目。

終日如愚豈有無[1]，謾將閑裏著工夫。初時玉液飛空雪[2]，
漸見流金滿故廬[3]。

注釋

〔1〕終日如愚豈有無：指煉丹時整天如癡如醉，並非沒有
所得。豈有無即豈無有，為詩詞中的倒裝句法。

〔2〕玉液飛空雪：指煉丹時身前出現白色閃光，如白雪紛
飛。《鍾呂傳道集》：「玉液乃腎液，腎液隨元氣上升而朝於
心，積之而為金水，舉之而滿玉池，散而為瓊花，煉而為白
雪。」

〔3〕流金滿故廬：指金液藥物，流滿全身。

煉丹時整天如癡如醉，並非空無所得。輕鬆地在閑裏煉功
夫，開始見到身前白光閃爍，逐漸地金液藥物充溢全身。

靈汞通真變化多[1]，只宜存守不宜過[2]。神符默運三關
徹[3]，鉛趁黃河入大羅[4]。

注釋

〔1〕靈汞通真變化多：指元神與本性相通，喜飛馳變化。

〔2〕只宜存守不宜過：指養神之法宜用存想或意守的功
夫，以一念代萬念，然後歸於無念，以制伏神的多變，但存想
或意守，應做到恰如其分，不即不離，不宜過分。

〔3〕神符默運三關徹：指真氣周天運行，走遍尾閭、夾
脊、玉枕三關。

〔4〕鉛趁黃河入大羅：指元氣沿督脈上行，進入腦海。「黃
河」指督脈。「大羅」原指大羅天處於混沌原始狀態，此處借
喻處於道功態的腦部。

神多變化，極不穩定，故須用存想或意守的功夫加以制伏。神氣實行周天運轉，才可以促進元氣進入腦海。

甲龍庚虎鎮相隨[1]，鉛汞同爐[2]始可為。曾取地天交泰[3]事，自然交媾坎和離[4]。

注釋

〔1〕甲龍庚虎鎮相隨：指先天的精與神，相互制約，形影相隨。甲龍指東方甲乙木之龍；庚虎指西方庚辛金之虎。即先天的神與精。鎮，此處義為常，久。

〔2〕鉛汞同爐：指神氣同處於丹田內。

〔3〕地天交泰：原指《周易》泰卦，上坤下乾，坤為地，乾為天。泰，通也。象徵天地交，陰陽二氣通，故為泰。此處比喻神氣合一，陰陽相通。

〔4〕自然交媾坎和離：即指坎離交媾，喻神氣相交。《悟真篇》：「黃芽生處坎離交。」

先天的精與神常常相隨，又相互制約，只有兩者同養煉於丹田始可成丹。神氣陰陽的結合，正如天地交泰或坎離交媾。

周天火候至幽微[1]，運動抽添盡有時。氣候何須分八節[2]，只防片餉失毫釐。

注釋

〔1〕周天火候至幽微：微，《道藏》本作「顯」，今依《精華》本。此句指小周天運行火候，非常深奧精微，不易理解。火候指如何適時適量用意念和用呼吸問題。

〔2〕氣候何須分八節：指煉丹的「氣候」不必分為立春、立夏、立秋、立冬、春分、秋分、夏至、冬至等八個節氣。只是利用節氣的名稱，標誌煉丹的時程。

周天火候的方法十分微妙，抽鉛添汞，將元精運至腦海是有時間性的，但時間不像氣候分為八節那樣刻板，特別要注意防範差之毫釐，失之千里。

　　五行四象坎並離[1]，詩訣分明説與伊。只有工夫下手處，幾人會得幾人知。

注釋

　　〔1〕五行四象坎並離：五行原指金、木、水、火、土，四象原指青龍、朱雀、白虎、玄武。此處五行分別指元神、元氣、識神、腎精及真意；四象中青龍指元神，朱雀指識神，白虎指元精，玄武指腎精。坎離指腎水與心火，也即精氣與神。名稱雖有多種，其實無非表示神與氣而已。使用這些不同的名稱，主要為了便於説明煉丹時先後天的變化和陰陽消長和分合狀況。

　　指出煉丹的口訣説得很清楚，指的就是五行四象及坎與離而已，但工夫下手之處，卻很少有人知道。

　　若未逢師且看詩，詩中藏訣好修持。雖然不到蓬萊路，也得人間死較遲。

　　畫運靈旗[1]夜火芝[2]，抽添運用且防危。若無同志相規覺[3]，時恐爐中火候非[4]。

注釋

　　〔1〕、〔2〕靈旗、火芝：指元氣元神。

　　〔3〕相規覺：規覺，《道藏》本作「親賞」，今依《精華》本。此處指謀劃與啟發。

　　〔4〕時恐爐中火候非：恐，《道藏》本作照，今依《精華》本。

日夜不停煉養神氣，真氣周天運行要防止出偏，如果沒有同志幫著出點子，從中獲得啟發，就恐怕丹田煉養神氣時火候失調。

震卦行歸西兌鄉〔1〕，三陽姹女弄明璫〔2〕。巽風吹動珊瑚樹〔3〕，入艮歸坤〔4〕又一場。

注釋

〔1〕震卦行歸西兌鄉：在後天八卦圖中，震卦位於東方，東方屬木，木喻先天元神；兌卦位於西方，西方屬金，金喻先天元精。此句意為元神主動和元精會合。

〔2〕三陽姹女弄明璫：指元神對元精應主動施加引誘的作用。三陽，指乾卦，喻乾宮頭部泥丸。姹女，指元神。弄明璫，原指擺動美麗的耳飾，此處意為女子賣弄風騷，主動引誘男方（元精）。

〔3〕巽風吹動珊瑚樹：指用呼吸之氣（巽風）助長真氣（珊瑚樹）。《性命圭旨全書‧火候》：「審其火之未然也，須藉巽風以吹之。」

〔4〕入艮歸坤：指真氣由背部（艮）督脈歸入下丹田（坤）。

元神主動和元精會合，施加吸引的力量，加上呼吸助長真氣，促使氣行周天，由督脈歸入丹田。

握拳閉目守流珠〔1〕，這個原來是入途。不見《悟真篇》內說，真金起屋幾時枯〔2〕。

注釋

〔1〕握拳閉目守流珠：指握拳閉著眼，意守元神。古人認為，握拳可以調節精神，加強內氣。握拳方法有多種，如以四指抱住拇指；以大拇指掐中指指節，四指齊收於手心。

〔2〕真金起屋幾時枯：指煉成金丹，全身不會枯死。此句出《悟真篇·五首七絕》第二首：「若會降龍並伏虎，真金起屋幾時枯。」此處真金指金丹，屋指人體。

煉丹的起初入門，是握拳閉目，意守元神。《悟真篇》說過，如煉成金丹，就可以免於衰老死亡。

誰知前短後長機〔1〕，十二時中只一時〔2〕。晦朔望弦明進退，煉成九轉結嬰兒〔3〕。

注釋

〔1〕誰知前短後長機：指小周天真氣運行時，開始沿背後督脈而上，進行緩慢，需時較長；從頭部泥丸沿體前任脈直流而下時，進行較快，需時較短。作者指出，這種機密誰人能知道呢？此句實引自《悟真篇·七絕六十四首》第二十六首：「前行須短後須長。」

〔2〕十二時中只一時：指每日十二時中，只有子時陽生，如在子時煉丹，可以盜天地之機，奪陰陽之妙。或指活子時，非自然界真正的子時，即身中陽氣發動的瞬間。

〔3〕煉成九轉結嬰兒：指經過真氣多次實行周天運轉，煉成金丹。九轉指九轉還丹或九轉金丹，原為外丹術的術語，此處借用以喻多次周天運轉。

要掌握周天運轉功法中前短後長的規律，要選取子時練功或在活子時陽生採藥。要懂得晦朔弦望，身中陰陽動靜和消長變化，經過多次運轉，練養結合，煉成金丹。

崑崙山上火星飛〔1〕，金木相逢坎電時〔2〕。藥到月圓須滿秤〔3〕，急教進火莫蹉跎。

第七章 陳楠：《翠虛篇》釋義

449

注釋

〔1〕崑崙山上火星飛：指先天元神活躍。崑崙山，指腦海。《黃庭外景經・明堂章》：「子欲不死修崑崙。」火星飛，指元神活躍，引自《悟真篇・七絕六十四首》第十三首：「火發崑崙陰與陽。」

〔2〕金木相逢坎電時：指當陽氣從坎府中發生時神氣相互會合。坎電，指腎水中真陽發動。引自上首詩《悟真篇》：「坎電烹轟金水方」。

〔3〕藥到月圓須滿秤：指體內真氣，經過修煉，如十五日的月光，圓滿充盈，達到丹採取的滿秤的標準。「滿秤」並非真用秤，只表示達到所需的標準。

先天元神活躍，又正當腎水中陽氣發動，此時神氣相結。當真氣培養到充盈時就應急速適時、適量地使用意念，進行練養。

大藥須憑神氣精，採來一處結交成。丹頭[1]只是先天氣，煉作黃芽發玉英[2]。

注釋

〔1〕丹頭：指煉丹的原料。

〔2〕煉作黃芽發玉英：指煉成金丹，口中出現特殊津液，如甘露香甜。玉英，原指玉之精華，此處指津液。《黃庭內景經》：「含漱金醴吞玉英。」

內丹靠神氣精結合而成，先天無形無質之氣，才是煉丹的基本原料。煉成金丹，口中會分泌清香的口液。

分明只在片言間[1]，老少殊途有易難[2]。先是刀圭言下悟[3]，漸收九轉大還丹。

注釋

〔1〕片言間：間，《精華》本作「閑」，古兩字可通用。

〔2〕老少殊途有易難：少，《道藏》本作「去」，今依《精華》本。此句指老年人和少年人煉丹，各有難易的不同。蓋老年人煉丹，其有利條件是經過長期生活的磨練，性功方面容易入門，但不利條件是精氣已衰損，難於恢復；少年人精氣充盈，命功方面進步快，但在性功方面，往往容易出偏，也影響命功。

〔3〕先是刀圭言下悟：是，《道藏》本作「自」，今依《精華》本。此句指先須領悟，只有在真意的主導下，才能煉成金丹。見《天仙正理火候經第四》：「以喻神氣合一者，亦稱刀圭。然刀圭得由二土合煉而成。又必先知採取二土之時，方能成二土之圭，不知採時，必不成二土之圭也。」二土，指中央戊己土，喻真意。

煉丹的要旨不繁，片言即可講明。煉丹對年齡的老少，有難易不同。先要領悟由神氣結合煉成之金丹有賴真意的主導作用，透過大周天運轉煉取金丹。

兩處擒來共一爐〔1〕，一泓真水結真酥〔2〕。刀圭滋味吞歸腹〔3〕，澆灌黃芽產玉符〔4〕。

注釋

〔1〕兩處擒來共一爐：指將神和氣制伏在丹田一爐冶煉。見《悟真篇·七絕六十四首》第二十首：「兩手捉來令死斗，化成一塊紫金霜。」

〔2〕一泓真水結真酥：指元陽真氣結成內丹。真水，指內含真氣之腎水。真酥，原指以牛羊乳製成的酪類食品或酒類，此處喻內丹。

第七章 陳楠：《翠虛篇》釋義

451

〔3〕刀圭滋味吞歸腹：指神入丹田。刀圭，此處指神。《永樂大典‧神》：「所謂刀圭者……稱之為神，宜哉！」

〔4〕澆灌黃芽產玉符：指神入下丹田，和元精結合，化成金丹。

制伏神、氣在下丹田相互結合，使元精化為金丹。只有神入下田，才可與元精結合，化為金丹。

捉將百脈倒歸源[1]，自會天然汞見鉛[2]。大地山河皆至寶，誰知身裏覓先天。

注釋

〔1〕捉將百脈倒歸源：指透過凝神入氣穴，即神入下丹田，使全身經絡的元氣，由分散而回到原來的發源地。

〔2〕自會天然汞見鉛：指神與氣就可自然會合。

意守丹田，由於意到氣到，分散在全身血脈中之元氣，就會逆行回到原來的發源地，此時神與氣自然會合一起。煉丹者如果能煉成金丹（找到先天），氣化神，神還虛，天人合一，大地山河一切自然界，都為我用，都是至寶。

宮中眼底火星飛[1]，雷電掀翻白雪垂[2]。身裏漏聲聞滴滴[3]，三屍精血可充饑[4]。

注釋

〔1〕宮中眼底火星飛：指靜功中眼底閃光。宮中，指腦部泥丸宮。火星飛，指丹氣充盈時眼底閃光。

〔2〕雷電掀翻白雪垂：指真氣騰騰，閃現白光。雷電掀翻，指真氣翻騰。《黃庭內景經‧口為章第三》：「雷鳴電激神泯泯。」白雪，指閃白光。《脈望》：「虛室生白，謂之白雪。」

〔3〕身裏漏聲聞滴滴：「指靜功中不覺時間流逝很快。漏

聲聞滴滴，原指銅壺滴漏計時，此處指時間流逝。

〔4〕三屍精血可充饑：屍，《精華》本作「水」，今依《道藏》本。此句指把身上三種害蟲化為有利於己身之物。《雲笈七籤》：「人身有三屍神，即三蟲。上屍名青姑，好寶物，令人陷昏危；中屍名白姑，好五味，增喜怒，輕善良，惑人意識；下屍名血姑，好色慾而迷人。」

眼底如火星爆發，真氣翻騰，閃現白光，時光流逝。消滅了身中三種害蟲，化為補品。

五行四象外邊尋〔1〕，只在當人一寸心〔2〕。運用陰陽成妙道，直教瓦礫盡成金。

注釋

〔1〕五行四象外邊尋：指五行四象不應在自身內尋找。此句如以陰陽雙修派的觀點解釋，比較順詞達意。即男女同類陰陽，男以女方為外，女以男方為外。以女方的氣血和男方的精神煉作一家，稱為四象和合。《金丹真傳》：「將彼氣血，以法追來，收入黃庭宮內，配我精神，煉作一家，名為四象和合。」「攢來四象進中宮，何愁金丹不自結。」

〔2〕只在當人一寸心：指功法的關鍵，在於煉丹者自心的主宰。

五行、四象不應在自身內尋求，煉丹者自心之主宰起決定作用。要運用陰陽妙法，凡體即可煉成仙道。

偃月爐中煆坎離〔1〕，片時自有一刀圭。寄言師祖張平叔，萬聖千賢總在西〔2〕。

注釋

〔1〕偃月爐中煆坎離：煆同鍛。此句指使元精與元神（坎

離）在丹田（偃月爐）中鍛鍊。偃月爐，引自《悟真篇·七絕六十四首》第三、四首：「煉藥須尋偃月爐」、「偃月爐中玉蕊生。」

〔2〕總在西：西方屬金。金指真鉛，也指「道」。

使先天的精氣與神，同在丹田內冶煉，頃刻煉成金丹。讚譽師祖張紫陽及所有的聖賢，都是元陽真氣所化育。

醉倒酣眠夢熟時〔1〕，滿船載寶過曹谿〔2〕。一才識破丹基處，放去收來總在伊〔3〕。

注釋

〔1〕醉倒酣眠夢熟時：指進入虛極靜篤、混混沌沌的道功狀態。醉倒與夢熟，為詩詞中的比擬手法。

〔2〕滿船載寶過曹谿：指真氣充盈沿督脈而上，曹谿，指脊髓督脈。

〔3〕放去收來總在伊：總，《道藏》本作「絕」，今依《精華》本。

當進入虛極靜篤、混混沌沌的道功態時，元陽真氣充盈，沿督脈而上。剛識破兩腎之間產丹藥的地方，氣機一動一靜、一收一放，才知道都出於此處。

西南路上月華明〔1〕，大藥還從此處生〔2〕。記得古人詩一句，曲江之上鵲橋橫〔3〕。

注釋

〔1〕西南路上月華明：指腹部下丹田元氣旺盛。西南路上，見《悟真篇·七律十六首》第七首：「要知產藥川源處，只在西南是本鄉。」此處指坤在後天八卦圖中位於西南，坤為腹。

〔2〕大藥還從此處生：煉丹進入較高層性，大周天運轉所煉成之金丹大藥，還是從這個西南處產生的。

〔3〕曲江之上鵲橋橫：指元氣從腎陰過尾閭。曲江，指腎陰。《鍾呂傳道集・論河車》：「抽鉛於曲江之下」。鵲橋，指下鵲橋尾閭。

下丹田元氣充盈，金丹大藥由此處發生。古人有詩曰：「曲江之上鵲橋橫。」

一月三旬一日同[1]，修丹法象奪天功[2]。交加二八為丹母[3]，望遠徒勞覓虎龍[4]。

〔1〕一月三旬一日同：指一個月三十天，和一天十二時辰一樣，都只是比喻煉丹的一個週期，並非真指一月或一日，故謂兩者相同。

〔2〕修丹法象奪天功：指煉丹所出現的奇妙景象，超越自然力量。

〔3〕交加二八為丹母：指神氣力量相等，陰陽平衡，成為煉丹的基礎。

〔4〕望遠徒勞覓龍虎：指龍虎是煉丹的比喻。如真的遠去尋找龍虎，是徒勞無益的。

煉丹功法所言一月或一日，只是一種計時的比喻。煉丹中所出現的景象，超越自然力量。神與氣力量相等，陰陽平衡，是煉丹的基礎。龍虎是神氣的比喻，不要真的去尋找龍虎。

尾閭白氣貫丹田[1]，一顆真珠軟似綿[2]。滿地冷光生玉筍[3]，兩池秋水漾紅蓮[4]。

第七章　陳楠：《翠虛篇》釋義

455

〔1〕尾閭白氣貫丹田，指尾閭穴陽氣充盈，貫於丹田。

〔2〕一顆真珠軟似綿：指先天精氣，凝聚成丹，圓如珠，軟似綿。

〔3〕滿地冷光生玉筍：指煉丹中出現白光閃爍，如白雪飛揚，而煉成金丹。玉筍，指金丹。

〔4〕兩池秋水漾紅蓮：指從兩腎中浮泛出元陽真氣。漾，意為浮泛。紅蓮喻真氣。

尾閭又名地戶，是精氣聚散和陰陽變化之處，故陽氣從尾閭貫於丹田。金丹煉成，圓如珠，軟似綿。靜坐中感到滿地帶有冷意的白光閃動著，元陽真氣從腎中產生。

鼎爐火候密推排，煉得純陽氣上來。地戶閉時骨體實[1]，天關[2]漸積自然開。

〔1〕地戶閉時骨體實：指尾閭穴封閉，可以強身長壽。骨體實意為骨架與身體強實。

〔2〕天關：指泥丸或頂門，即天門。

利用人體中鼎爐丹田，細密調節意念和呼吸，煉成一股純陽之氣。此時地戶尾閭穴緊閉，身體骨架紮實，天門漸漸打開。

水為靈府沖和液[1]，火是丹樞混沌精[2]。會在宮中[3]凝結處，自然結蕊復生英[4]。

〔1〕水為靈府沖和液：指腎水與心火結合，陰陽協調，而成金液內丹。靈府，指心。《莊子德充符》：「不可入於靈府。」《疏》：「靈府者精神之宅也，所謂心也。」水，指精。《金丹大

要》：「天一生水，在人曰精。」沖和，出自《道德經》：「沖氣以為和」，指陰陽之氣，相互協調。

〔2〕火是丹樞混沌精：指神入下丹田和元精會合，進入混沌狀態。火，指神。《金丹大要》：「地二生火，在人曰神。」丹樞，指體內煉丹的主要部位，喻下丹田。

〔3〕宮中：指丹田。

〔4〕自然結蕊復生英：指自然地結成內丹雛形，並進而形成內丹。

元精與元神結合，如腎水潤澤心火，水火既濟，陰陽協調。元神在丹田內是導致神氣結合的要素。在丹田中彼此凝結，自然形成金丹。

男兒懷孕是胎仙〔1〕，只為蟾光夜夜圓〔2〕。奪得天機真造化，身中自有玉清天〔3〕。

〔1〕男兒懷孕是胎仙：指大周天煉氣化神，十月懷胎功夫。《金丹真傳・溫養》：「丹成十月聖胎完，自有真人出現。」

〔2〕只為蟾光夜夜圓：指元精旺盛。見《悟真篇・七絕六十四首》第六首：「蟾光終日照西川。」蟾光，即月光，喻元精。

〔3〕玉清天：指脫胎換骨，成為神仙之體。玉清原指仙人所居之地。

男兒煉氣化神功夫，懷的是仙胎，煉得元精常常旺盛，掌握了自然造化神機，脫胎換骨，煉成仙體。

鼎中朱橘亙天紅〔1〕，此是時時養火功〔2〕。元氣歸爐神不散〔3〕，春山春水自春風。

注釋

〔1〕鼎中朱橘互天紅：指丹田中結成的金丹發出紅光，充滿天空。互，意指連接。

〔2〕養火功：火，指神。精神內守之功。

〔3〕元氣歸爐神不散：指氣歸丹田，氣能制神，神氣相互制約，則神不散失。

經過時時養神的工夫，結成內丹，紅滿天空。元氣歸於丹田，神氣相互制約，神不走散外馳，整個身心，如春天的山水一樣，欣欣向榮。

金鼎先乾活水銀[1]，水銀乾了大丹成[2]。分明有個長生藥，點鐵成金不誤人。

注釋

〔1〕金鼎先乾活水銀：指抽鉛添汞的功夫已告成功，精氣盡化。金鼎，指頭部泥丸宮。水銀，指元精。《悟真篇‧七律十六首》第四首：「金鼎欲留朱裏汞，玉池先下水中銀。」

〔2〕水銀乾了大丹成：指元精化盡，大丹練成。

腎中元精已經化盡，不再進入泥丸宮。此時說明大丹已經煉成。傳說中的長生不老之藥，是確實存在的，而且可以點鐵成金。

涕唾精津氣血液，真偽混淆須辨惑。從無生有是藥材，不可滯他虛幻物。

人身中的涕、唾、精、津、氣、血、液等七種後天有形的物質，都非煉丹的藥物，必須懂得辯別真偽。唐代道功大師鍾離權說：「涕唾精津氣血液，七般靈物總皆陰。若將此物為丹質，怎得飛神上玉京。」只有從虛極靜篤的無極狀態中產生的

先天的精氣神，才是真正的煉丹藥材。

經云變化在須臾[1]，迷者何求日月疏[2]。但守火爻三百刻[3]，產成一顆夜明珠[4]。

(注釋)

〔1〕經云變化在須臾：指丹書上說，煉丹時，變化只在頃刻之間。《悟真篇》：「一時辰內管丹成。」「赫赫金丹一日成。」

〔2〕迷者何求日月疏：指對金丹功法迷蒙無知者，雖有所求，卻遷延日月，不能成功。

〔3〕火爻三百刻：指小周天火候，調節後天呼吸以強化先天真氣的功法。見《天仙正理》、《仙佛合宗》：「所謂三百周天者，三百妙周之限數也。」「要滿三百候之限數，方為火足之候，止火之候。」「子行三十六，積得陽爻一百八十數；午行二十四，合得陰爻一百二十數。」

〔4〕夜明珠：喻金丹。

古代的丹經上說，修煉神氣結合的金丹，成功只在片刻，如不懂得修煉之法，拖延日月，所求難得。如能進行小周天進陽火、退陰符，配合實行三百次呼吸的功法，必能煉成金丹。

天源一派接崑崙[1]，最隱無過九曲灣[2]。百萬玉龍嘶不斷[3]，一江春水趁漁船[4]。

(注釋)

〔1〕天源一派接崑崙：指有一派真氣自然地從下丹田過尾閭沿督脈直上頭部泥丸。

〔2〕最隱無過九曲灣：指督脈隱蔽又多曲折，真氣最難通過。督脈，又名黃河，古云黃河九曲，故稱之為九曲灣。

〔3〕百萬玉龍嘶不斷：指真氣旺盛，運行周天時如百萬玉

龍，連綿不斷，發出嘶叫聲。

〔4〕一江春水趁漁船：指真氣流動，如春江之水，生機蓬勃，送著漁船順流而下。

一派真氣自然地從下丹田和頭部泥丸相接。真氣通過督脈，進行緩慢，步步艱難。當真氣十分旺盛，如百萬玉龍，滔滔前進，又如春江水漲，輕舟快速。

精神冥合氣歸時[1]，骨肉融和都不知[2]。關節自開通暢也，形容光澤似嬰兒。

（注）（釋）

〔1〕精神冥合氣歸時：指先天的精和神，在虛極靜篤杳冥之中合而為一，則氣不分散，歸於丹田。

〔2〕骨肉融和都不知：指骨架與肌肉在不知不覺中得到調和與加強。

透過靜功當精神在虛極靜篤中合而為一時，氣不分散，歸於丹田並在不知不覺中使體質得到改善，全身關節，會自然通開，皮膚變得光滑潤澤，像嬰兒一樣。

分兩須當應兩弦[1]，此般法象合天淵。回頭問起黃婆[2]看，何必區區待口傳。

（注）（釋）

〔1〕分兩須當應兩弦：指煉丹藥材的份量，即神氣的強弱，應當相互均等，陰陽平衡，似兩弦時的月亮，明暗兩部分相等。兩弦，指上弦初八日及下弦廿三日之月亮，明暗各半。

〔2〕黃婆：清修派指己身中的真意。

煉丹時神氣相配，應當像上弦或下弦的月亮，明暗各半，陰陽平衡。這種景象合乎天地（天淵）自然。可以自行領悟，

不一定要師父口傳心授。

鉛汞之宗龍虎根[1]，玄牝之戶戊己門[2]。只向玉壺春色
裏[3]，摘枝花去問羲軒[4]。

注釋

〔1〕鉛汞之宗龍虎根：指先天的精氣與神，名為鉛汞之
宗，又名龍虎之根。

〔2〕玄牝之戶戊己門：指丹田名玄牝之戶，又名戊己之
門，玄牝之戶，見《道德經》：「玄牝之門，是謂天地根。」戊
己門，指身體中央有一門，意喻丹田。

〔3〕只向玉壺春色裏：指煉丹達到最好的火候時刻，身心
處於最佳狀態。玉壺原作計時器解釋。唐代李商隱詩：「玉壺
傳點咽銅龍。」

〔4〕摘枝花去問羲軒：指煉得金丹，可以和古代伏羲、軒
轅兩位皇帝一樣，永垂不朽。

鉛汞與龍虎，都是指元精與元神；玄牝戶、戊己門，都是
指丹田。只要在煉丹中取得最好時刻，即能煉成金丹，可上與
伏羲、軒轅比翼。

近則三朝遠九旬[1]，須知變化有時辰。不知造化長生藥，
點汞成金[2]也動人。

注釋

〔1〕近則三朝遠九旬：指煉丹完成所需時間，少則三天，
多則九十天。

〔2〕點汞成金：點汞，《道藏》本作「瀨永」，今依《精華》
本。此句指古代外丹術「點汞成金」，見《太清金液神丹經‧
玄黃法》：「取汞九斤，鉛一斤，置土釜中，猛其火。從旦至

日下晡，汞鉛精俱出，如黃金，名曰玄黃，一名飛輕，一名飛流。」

鼎鼎元無藥裏尋[1]，尋來尋去一般金[2]。鑄成大小都隨意，便是冰壺妙理深[3]。

注釋

〔1〕鼎鼎元無藥裏尋：指身中並無鼎器，丹書中所言爐鼎，乃喻神氣。《金仙證論》：「鼎鼎鼎，原無鼎。若不明火藥次第之妙用，執著身體摸索而為鼎器者，則妄也。」

〔2〕一般金：指鉛汞，即神氣二者。

〔3〕冰壺妙理深：指心神的領悟，能窮通丹法妙理。冰壺，喻心神。《性命圭旨全書》：「靈台湛湛似冰壺，只許元神在裏居。」

丹書中所說的身中爐鼎，是不存在的，要從煉丹的藥材神氣中去尋找。尋來尋去，無非是神與精氣而已。只要心神發揮主導作用，領悟丹法妙理，就可隨意煉成金丹。

入鼎須憑重一斤[1]，秤來卻是十六星[2]。一星水裏真金妙[3]，合作流珠二八停[4]。

注釋

〔1〕入鼎須憑重一斤：指進入丹田，須憑煉丹的藥物。鼎，指丹田。重一斤，指煉丹藥材。

〔2〕秤來卻是十六星：指1斤重有16個星號，表示16兩。

〔3〕一星水裏真金妙：水裏真金，指真鉛，即元精。

〔4〕合作流珠二八停：指元精（水裏真金）和元神（流珠）合作，二八相當，即兩個8兩，合成1斤之數，表示陰陽均等，兩者停留於這種穩定狀態。

坎府坳塘石腳泉〔1〕，斗星相對射高天〔2〕。潺湲陽脈通青白〔3〕，沐浴須教金體堅〔4〕。

（注釋）

〔1〕坎府坳塘石腳泉：指腎中發生的元精。坎府坳塘，即坎府坳堂，指腎部低窪處。石腳泉，即石泉，原指山石中流出之泉，此處喻元精。

〔2〕斗星相對射高天：指元精迅速流向頭部泥丸。斗星原指北斗七星，此處指腎中元精。高天，指頭部泥丸。

〔3〕潺湲陽脈通青白：指先天神氣通過督脈。潺湲，指精氣流動的聲音。陽脈，指督脈。青白，指青金（鉛）及白汞。

〔4〕沐浴須教金體堅：指周天運行時一動一靜，煉養結合。靜（沐浴）以促進先天精氣旺盛。沐浴，指清靜安神，《金丹直指》：「沐浴及清靜之義。」金體，指鉛體，即元精。

腎中的先天精氣，進入頭部泥丸。元神元精會合，形成能量流，如潺湲流水，周天運行，或行或住，一動一靜，動以煉之，靜以養之，鉛體更堅。

盡道真人總默然，如何也不示言詮〔1〕。若非驕傲事無語，只是胸中欠汞鉛〔2〕。

（注釋）

〔1〕言詮：指事理、真理。

〔2〕只是胸中欠汞鉛：指不懂得神氣結合的道理和修煉方法。

大家都說已經煉成仙胎的真人，總是保持沉默，不肯公開談論煉丹的事理。這種人如果不是驕傲，就是自己並未真正懂得金丹的道理。

天地初分日月高[1]，狀如雞子復如桃[2]。陰陽真氣知時節，直待三年脫戰袍[3]。

注釋

〔1〕天地初分日月高：指靜極而動，先天神氣顯露，如天地初分，日月高照。

〔2〕狀如雞子復如桃：指金丹像雞蛋或桃子。

〔3〕直待三年脫戰袍：指經過三年哺乳，陽神出現，功成圓滿。脫戰袍，指功已煉成。

煉丹達到虛極靜篤，混混沌沌的無極狀態，靜極而動，神氣陰陽媾合，煉成金丹，狀如雞蛋，又如桃子。要懂得陰陽消長，掌握時機，經過三年哺乳之功，陽神出竅，大功告成。

龍虎丹砂[1]義最幽，五神金內汞鉛流[2]。千朝變紫飛雲去[3]，直至大羅天上頭[4]。

注釋

〔1〕龍虎丹砂：指以先、後天的精氣與神，作為煉丹的藥材，以煉成金丹。龍喻先天元神，龍屬木，木生火，火喻後天識神。虎喻先天精氣，虎屬金，金生水，水喻後天腎精。

〔2〕五神金內汞鉛流：指先天神氣所形成的金液，在體內流動，滌淨了隱於五臟的五種濁氣。五神，見《雲笈七籤·內丹》：「五神一曰五屍。」指五臟內有五種濁氣，又名死氣。金，古代通「深」字。故五神金內，可解為五種濁氣深入內臟。

〔3〕千朝變紫飛雲去：指煉丹經過三年（千朝）哺乳之功，出現紫色祥雲，飛仙而去。《列仙傳》：「老子西遊，關令尹喜望見有紫色浮關，而老子果乘青牛而過也。」

〔4〕直至大羅天上頭：指一直到達大羅天仙所居之地。

利用自身先、後天神氣煉成金丹，它的意義最深。神氣所

形成的金丹，又名金液，它在體內周流，滌淨了五臟中隱藏的濁氣。經過三年哺乳的功夫，直接進入大羅天仙的境內。

用鉛須得汞相和[1]，二姓為親女唱歌[2]。煉到紫河車地動[3]，白雲相伴鶴來過。

(注)(釋)

〔1〕和：和，《精華》本作「合」，今依《道藏》本。

〔2〕二姓為親女唱歌：指神氣媾合，神起主導作用。二姓，指陰陽神氣。女唱歌，指神（屬陰）主動引起男方（精氣）的好感。

〔3〕煉到紫河車地動：指煉成金丹在體內運轉。紫河車，指金丹。唐·李太白詩：「吾營紫河車，千載落風塵。」

光煉氣是不行的，必須神氣同煉，性命雙修。煉神氣時，神應發揮主動作用。煉成金丹，在體內運轉，就可伴隨白雲仙鶴，超脫塵凡。

紅黑相將婦嫁夫[1]，一年一度入丹樞[2]。洞房深處真雲雨，產個嬰兒一似渠。

(注)(釋)

〔1〕紅黑相將婦嫁夫：指紅汞、黑鉛，即元神、元精相互結合，如婦嫁夫。

〔2〕一年一度入丹樞：指煉丹的一個週期。丹樞，指丹田。

神氣會合，進入煉丹的一個週期。在丹田中神氣恰如夫妻進入洞房，結成仙胎，生下的嬰兒和他（渠）自己很相像。

坎男離女住乾天[1]，買藥燒丹不用錢。偃月爐中烹造化，一些妙藥要真鉛。

第七章 陳楠：《翠虛篇》釋義

注釋

〔1〕坎男離女住乾天：指由先天神氣結成的金丹，進入上丹田或泥丸宮。

金丹煉成，即遷入上丹田。煉內丹不像煉外丹，藥材和燒丹，都是自身的，不用花錢。在丹田（偃月爐）培養神氣，產生造化，其中重要的藥物是先天元精元氣。

怪事教人笑幾回，男兒今也會懷胎。自家精血自交結，身裏夫妻是妙哉。

詩淺顯易懂，且明白表示是清修派觀點，因為他指出「身裏夫妻、「自家精血自交結」等。

三姓包含二物交〔1〕，赤龍飛上碧雲霄〔2〕，夜來甘露空中過〔3〕，片月橫空對鵲橋〔4〕。

注釋

〔1〕三姓包含二物交：指元神與元精在真意的作用下，相互結合。三姓，即三家。見《悟真篇》：「三家相見結嬰兒」，指元神、元精與真意或身、心、意三家。

〔2〕赤龍飛上碧雲霄：指金丹進入頭頂泥丸。赤龍原指船，見《中華古今注》。此處喻元氣或金丹。

〔3〕夜來甘露空中過：指煉丹到夜晚，出現口液，如甘露之清香。空中過，意為從天而降。

〔4〕片月橫空對鵲橋：指大周天運行時，從鼻孔經過，容易走漏，須注意防危出偏。片月橫空，指真氣進行到鼻孔之處。鵲橋即上鵲橋。指鼻上路不相通之處（氣不常行此路）。

在真意的媒介下，先天的神氣相交，結成金丹進入泥丸。夜來口液清香，如甘露從空而降。真氣微微，如片月橫空，鵲

橋艱險，行路需要注意防危。

　　復姤修持水火宗[1]，兔雞沐浴[2]內丹紅。周天六六寒爐後[3]，十月胎圓顯聖功[4]。

注釋

　〔1〕復姤修持水火宗：指體內陰陽消長，動靜兼修，心腎相交，水火既濟，以此功法，作為主旨。復姤，分別指復（☷☳）卦與姤（☴☰）卦。復卦表示陰極陽生，靜極而動；姤卦表示陽極陰生，動久而靜。

　〔2〕兔雞沐浴：指卯酉沐浴，見「羅浮翠虛吟」第十一段注〔21〕。兔雞，兔屬卯，雞屬酉，故兔雞即指卯酉。

　〔3〕周天六六寒爐後：指真氣運行周天，進火退符，經歷六陽時和六陰時，達到濃縮煉成金丹，停輪息火（寒爐）。

　〔4〕十月胎圓顯聖功：指經過大周天煉氣化神之功，仙胎煉成。

　　心腎相交，神氣結合，陰陽消長，才自然出現周天運轉。在運轉中，動中有靜，沐浴靜養，促進丹氣日盛。經過動靜修煉，終於有成。經十月周天之功，煉成仙道。

　　水火同精間木金[1]，火木知他甚處尋[2]。脫黃著紫[3]因何事，只為河車數轉深[4]。

注釋

　〔1〕水火同精間木金：指後天的腎精（水）和識神（火），同為有形有質（精）之物或從後天派生之物（識神），而先天的元神（木）和元精（金）卻相互間隔。這是未煉丹者一般常人的表現。

　〔2〕火木知他甚處尋：指先天的元神元精不易尋找，但它

們是煉丹的唯一的藥物。

〔3〕脫黃著紫：指把元精煉成金丹。黃，指黃芽或黃鉛，即元精。紫，指紫金丹。

〔4〕只為河車數轉深：指真氣（河車）經過許多次大小周天運轉。

後天有形的腎精或從後天派生的識神，使先天精氣與神互相間隔，不能會合。而元神與元精元氣，無形無質，是不易琢磨的。為什麼元精會化成金丹呢？是因為它經過許多次大小周天的運轉所形成的。

玉符金液〔1〕煉天仙，月照崑崙一沼蓮〔2〕。試指北方玄武事〔3〕，龜蛇因甚兩相纏〔4〕。

注釋

〔1〕玉符金液：均指煉成的金丹。

〔2〕月照崑崙一沼蓮：指元陽真氣進入頭部泥丸（月照崑崙），形成神氣結合所成之丹（一沼蓮）。沼原指水池，此處指丹田。

〔3〕北方玄武事：指人體腹部腎中元氣發生之事。

〔4〕龜蛇因甚兩相纏：指神氣相抱。

金丹大藥可以煉成天仙，元陽真氣進入頭部泥丸，在丹田形成金丹。試問一下，為什麼腎中真氣發生，神氣會相互結合？

雨洗新篁雙鳳飛〔1〕，玉芝花下一靈龜〔2〕。抱琴彈盡無生曲〔3〕，卻訪嫦娥宴小池〔4〕。

注釋

〔1〕雨洗新篁雙鳳飛：指靜功達到心虛神靜，心神自在，

如雙鳳同飛。

〔2〕玉芝花下一靈龜：指元神旺盛（玉芝花下），主動與元精相抱。見《悟真篇・七絕六十四首》第五十三首：「敲竹喚龜吞玉芝，鼓琴招鳳飲刀圭。」

〔3〕抱琴彈盡無生曲：指彈奏的雖是希望了脫生死的無生之曲，卻想用琴聲討好或引誘對方（即下句中的嫦娥，指元神），達到神氣媾合。無生曲，為佛家術語，謂萬物的實體無生無滅，故名無生曲。

〔4〕卻訪嫦娥宴小池：指陽方（元精）主動爭取陰方（元神）。嫦娥即陰方。小池喻丹田。

練功達到心虛神靜，有如新竹被雨洗滌過，既空虛又清新，此時心神自在，如雙鳳同飛。元精主動爭取元神，求得結合成丹。

透體金光骨髓香〔1〕，金筋玉骨盡純陽。煉教赤血流為白，陰氣消磨身自康。

注釋

〔1〕透體金光骨髓香：引自《悟真篇》：「近來透體金光現，不與凡人話此規。」「自然丹熟遍身香」，指煉成金丹，遍體發光而且生香氣。

煉成金丹，遍體發光，且有香氣，全身筋骨變得十分堅固，體中血液由紅化為白色。因為後天的陰氣已經消磨，所以身體自然健康。

一旦工夫盡至誠，凝神聚氣固真精。顏容如玉無饑渴，方顯金丹片餉成。

只要能誠心修煉，在極短時間內就可煉成。神凝則氣聚，

氣聚則可鞏固元精，不致走散。要煉到容貌如玉，不饑不渴，方可表明金丹在頃刻之間煉成。

翠娥獨立水晶宮，體態嬌嬈有意濃。半夜黃婆來叩戶，作媒嫁去與金翁。

元神（翠娥）主動進入下丹田或腎府（水晶宮），元神女性有意引誘元精。當活子時（半夜）到來，元精出現時，真意的作用（黃婆叩戶作媒），然後神與氣（金翁）結合。

太乙玄珠金液丹[1]，還元返本[2]駐童顏[3]。要須親聽明師語，方可教君見一班[4]。

注釋

〔1〕太乙玄珠金液丹：指陰陽二氣合成的金丹，又名金液還丹。

〔2〕還元返本：指後天返歸先天，即有形有質的肉體及其派生之物思維、意志、情慾等等，經過修煉，化成無形無質的精神本體，也即煉氣化神，煉神還虛的最高境界。

〔3〕駐童顏：指保持兒童的容顏不衰老。

〔4〕一班：指一樣或同樣。

由元神元精，陰陽二氣所煉成之金丹，目的是返本還元，保持童顏不老。必須有師父的心傳口授，方可達到這樣的水準。

夜來一朵碧芙蕖[1]，內有紅丸滴滴珠[2]。滴下華池是神水[3]，丹田結聚作丹樞[4]。

注釋

〔1〕夜來一朵碧芙蕖：指虛靜中顯現元神。芙蕖，即荷葉，喻元神。

〔2〕內有紅丸滴滴珠：指元神，又名流珠。

〔3〕滴下華池是神水：華池，指氣海。「神水」指元神，此句意為元神進入氣海。見《悟真篇·西江月》第三首：「華池神水真金。」又《黃庭外景經》：「下有華池生腎精。」

〔4〕丹田結聚作丹樞：神水在丹田中與元精結聚，以煉金丹。丹樞，指煉丹之所。

神凝於氣穴，與元氣結合，即可煉而成丹。

離坎名為水火金〔1〕，本是乾坤二卦成。但取坎精填離穴，純乾便可攝飛瓊〔2〕。

注釋

〔1〕離坎名為水火金：離屬火，喻元神；坎屬水，喻元精。故又稱元神元精為水火金。金，指汞、鉛，亦元神元精的代稱。

〔2〕純乾便可攝飛瓊：指煉成金丹，成為純陽之體，便可以服食外丹術爐中煉成的美玉丹。瓊，指美玉，外丹術作煉丹的材料。《黃庭內景經·肝氣》：「唯待九轉八瓊丹」。攝，指攝取或服食。

先天的元神元精，名坎離，又名水火金。它們是乾坤陰陽二氣所形成。煉丹時只要取坎填離，以坎中之陽，補離中之陰，煉成身體純陽，可以服食瓊丹外藥，成為仙體。

水調歌頭

贈九霞子鞠九思

奪取天機〔1〕妙，夜半看辰杓〔2〕。一些珠露〔3〕，阿誰運到

稻花頭〔4〕？便向此時採取〔5〕，宛如〔6〕碧蓮含蕊〔7〕，滴破玉池秋〔8〕。萬籟〔9〕風初起，明月一沙鷗。紫河車〔10〕，乘赤鳳〔11〕，入瓊樓〔12〕。謂之玉汞〔13〕，與鉛與土〔14〕正相投。五氣三花聚頂〔15〕，吹著自然真火〔16〕，煉得似紅榴〔17〕。十月胎仙出〔18〕，雷電送金虬〔19〕。

注釋

〔1〕天機：指自然造化的奧秘。

〔2〕辰杓：指北斗七星杓部三顆星。古人觀看杓星所指方向以推知時節。

〔3〕珠露：即露珠，指元陽真氣。

〔4〕稻花頭：指外生殖器。

〔5〕此時採取：指趁此時採取真氣，煉成內丹。

〔6〕宛如：很相似。

〔7〕碧蓮含蕊：指真氣發生極其細微，如蓮蕊之嬌嫩。

〔8〕滴破玉池秋：指陽氣如露珠滴入水池，改變了陰靜狀態。

〔9〕萬籟：指許多聲響。

〔10〕紫河車：指周天運轉分不同的層次，有小河車、大河車、紫河車之分。

〔11〕乘赤鳳：赤鳳，即南方朱雀，喻元神，此處指神氣結合時法象。

〔12〕瓊樓：指頭部泥丸。

〔13〕玉汞：指元神。

〔14〕與鉛與土：指元神在真意作用下與元氣結合。

〔15〕五氣三花聚頂：精屬水，心屬火，性屬木，情屬金，意屬土，五者透過練功，達到一種相對穩定狀態，名為五氣朝元。《性命圭旨全書》認為，五氣皆聚於頭頂，上朝天元。又

《攝生纂錄・金丹問答》：「三花聚頂，神氣精混而為一也。」

〔16〕自然真火：指自然的精神意識。《天仙正理・火候》：「真火之妙在人，若用意緊則火燥，用意緩則火寒。勿忘勿助。」

〔17〕紅榴：指內丹如紅榴。

〔18〕十月胎仙出：指煉氣化神，十月功成，神在氣中，陰轉為陽，煉成仙胎。

〔19〕金虯：指傳說中的一種無角龍。

詞的特點在於含蓄地表達了作者的思想、感情和意志，不是直抒己見。它隱若流露煉丹時作者的感受，如「夜半看辰杓」，「一些珠露」，「此時採取」，指活子時，陽氣發生和及時採取。「宛如碧蓮含蕊，滴破玉池秋」，「萬籟風初起，明月一沙鷗」指陽氣發動時感覺或景象，「紫河車，乘赤鳳，入瓊樓」，指周天運轉景象。「玉汞，與鉛與土正相投」，指神氣相交，凝成內丹。「五氣三花聚頂」，「煉得似紅榴」，「十月胎仙出」，指大周天功成，結丹成胎的經歷。

鵲橋仙

贈蟄虛子沙道昭

紅蓮含蕊[1]，露珠凝碧[2]，飛落華池[3]滴滴。運歸金鼎[4]，喚丁公[5]，煉得似一枚朱橘[6]。三花噴火[7]，五雲擁月[8]。上有金胎神室[9]。洞房雲雨正春風[10]，十個月胎仙了畢[11]。

〔1〕紅蓮含蕊：指陽氣發生之初，如紅蓮含蕊。

〔2〕露珠凝碧：指陽氣發生，如露珠凝於碧葉之上，須細心扶持，容易散失。

〔3〕飛落華池：華池，此處指下丹田。意為陽氣歸於丹田。

〔4〕金鼎：指頭部泥丸宮。

〔5〕丁公：按「天干五行屬性」，丙為陽火，丁為陰火。此處借喻文火，即靜養無為，名為文火溫養。另可解丁屬火，火指心意，即指真意的主導作用。

〔6〕朱橘：指內丹。

〔7〕三花噴火：即三花聚頂。參閱上首詞注〔15〕。

〔8〕五雲擁月：即五氣朝元。參閱上首詞注〔15〕。

〔9〕金胎神室：指丹田。

〔10〕洞房雲雨正春風：指丹田（洞房）中神氣媾合，如新婚夫妻。

〔11〕十個月胎仙了畢：指煉氣化神，十個月結成金丹，進而形成仙胎。

詞的前三句，從「紅蓮」至「滴滴」，談透過靜功，陽氣發生，感受到滴滴流入丹田。接著三句，從「運歸」至「朱橘」，表明周天運轉，煉成金丹。又「三花」、「五雲」，繼續說明周天運轉所發生的效應。後段「金胎神室」、「洞房」和神氣結合時景象，說明十月懷胎功夫。

珍珠簾

贈海南子白玉蟾

金丹大藥人人有，要須是心傳口授。一片白龍肝[1]，一盞醍醐酒[2]，只向離無尋坎有[3]，移卻南辰回北斗[4]。好笑，

見金翁姹女[5]，兩個廝斗[6]。些兒鉛汞調勻[7]，觀漢月海潮[8]，抽添火候[9]。一箭透三關[10]，方表神仙手。兔子[11]方來烏[12]處住，龜[13]兒便把蛇吞了[14]。知否？那兩鍾呂[15]，是吾師友。

注釋

〔1〕白龍肝：指元精。《墨子・貴義》：「帝以甲乙殺青龍於東方，以丙丁殺赤龍於南方，以庚辛殺白龍於西方，以壬癸殺黑龍於北方。」故白龍肝，指西方金，應指鉛，喻元精。

〔2〕醍醐酒：醍醐，指從牛乳中提煉而成的甘美食品，故醍醐酒原指採用這種原料製成的高級美酒。此處喻煉丹時唾液中自然出現的香美如酒的津液，又名甘露，如《入藥鏡》：「先天氣，後天氣，得之者，常似醉。」即指此。

〔3〕只向離無尋坎有：《周易》八卦中離（☲）中虛，故稱離無；坎（☵）中滿，故稱坎有。兩者分別指元氣與元精。此句意指神凝氣穴，神入氣中，神氣相結，而成內丹。

〔4〕移卻南辰回北斗：南辰、北斗，原為天上星宿，此處南辰喻神，北斗喻氣。含義與上注同。

〔5〕金翁姹女：指元精元神。

〔6〕兩個廝斗：指元精元神相互制約，煉成內丹。

〔7〕些兒鉛汞調勻：些兒，即一些兒，此處含義為神氣極其精微，相互結合，陰陽均等，而成內丹。

〔8〕觀漢月海潮：原指漢江月、海上潮。此處指內視精氣在經絡中運行景象。

〔9〕抽添火候：見《紫庭經》第二段注〔17〕。

〔10〕三關：指尾閭、夾脊、玉枕三關。

〔11〕兔子：原指月中玉兔，此處喻元精。

〔12〕烏：原指日中金烏，此處喻元神。

〔13〕〔14〕龜蛇：喻元精與元神。

〔15〕鍾呂：指鍾離權與呂洞賓，皆唐代著名道功家。

　　詞首先強調，「只向離無尋坎有」、「移卻南辰回北斗」，意指先須凝神入氣穴，發揮神的主導作用。其次，談到神氣結合，即「金翁姹女，兩個廝斗」，並形成周天運行，即「觀漢月海潮圽」、「抽添火候」、「一箭透三關」。最後，元氣進入上丹田或泥丸宮，即「兔子方來烏處住」，做到神入氣中，煉成仙胎即「龜兒便把蛇吞了」。

❀第八章❀

白玉蟾：《指玄集》釋義

白玉蟾仙師略傳

陳攖寧

師姓葛，名長庚，字如晦，南宋人，原籍閩清。因生於瓊州，故又字瓊琯。生時母夢一白物如蟾蜍，故別號白玉蟾。幼即聰穎，風姿秀拔。為詩文，有奇氣，援筆立成。年未弱冠，即棄家訪道，雲遊四方，備嘗艱阻（《神仙通鑒謂》）。獲遇陳泥丸師於雨東海濱，遂相從之羅浮山，參究金丹玄妙，九年不得其旨。

宋寧宗嘉定五年壬申八月，泥丸師方作《翠虛吟》長篇歌訣一首授之。大義雖明，而微言未悉。後復於月夜侍泥丸師於岩阿松陰之下，乘機叩問，方了然於天水地三等仙階，上中下三成煉法，退而作《修仙辨惑論》，以述其問答之辭。此乃癸酉秋間事也。然猶未能罄其蘊，更歷二載，始畢聞之。故《瓊琯真人集》中「謝仙師寄書詞」有云：「三代感師恩，十年侍真馭，說刀圭於癸酉秋月之夕，盡吐露於乙亥春雨之天。」蓋自壬申至此，已四年矣。

金丹口訣而外，復得傳「洞元雷法」。「世有木郎祈雨咒」，

世七言三十八句，每值大旱祈雨時，道士輩群誦之，輒驗。但咒語奧僻，索解無從。而玉蟾師能每字為之注釋，可見其授受自有來矣。生平尋仙海嶽，漂跡江湖，到處留詩題詠，人皆寶之。善篆隸草書，工畫梅竹。性喜蓬頭跣足，衣敝衲，飲酒未嘗醉。博洽經史，話隱禪機，非徒以道術鳴也。

嘉定中，詔徵赴闕，對稱旨。命館太乙宮，封紫清真人，別號玭庵、海瓊子、海南翁、雲外子、神霄散叟、三清選吏、武夷散人、瓊山道人、玉皇舉人、鶴奴，種種異名，不可勝數。古仙別號之多，以師為最。住世年歲，無可徵信。後於武夷山屍解，詩文全集，現存《道藏》中。各書紀師神異事，未及備錄。是為南宗第五祖。

圓頓（即陳攖寧）按：志書有謂白紫清真人生於宋紹興甲寅三月十五日者。今考紹興甲寅在嘉定癸酉之前八十年，而白師自作《修仙辯惑論》有云：「自幼師事陳泥丸，忽已九年」。又所作謝仙師寄書詞」有云：「十年侍真馭，說刀圭於癸酉秋月之夕。」各等語，禮云：「人生十年曰幼。」可知其十歲時，即遇泥九師，又相從十年，始得聞口訣，此時當不過二十歲左右。然則所謂甲寅者，恐非宋高宗紹興四年之甲寅，當是宋光宗紹熙五年之甲寅，因其距嘉定癸酉剛廿載耳。

又觀蘇仲嚴跋《修仙辯惑論》有云：「先生姓白，名玉蟾，自號海南翁，或號武夷翁，未詳何處人也。問之，則言十九歲時（原作十歲，誤）師事陳泥丸九年，學煉金液神丹九還七返之道。」據此則歷代仙史所云：「年十二應童子科，年十六專思學仙，雲遊四方，備嘗辛苦。淳熙初，年四十三，遊甬東海濱，遇翠虛陳師，事之九年，盡得其道」各等語，尚不能無疑。

他書謂：「父亡，母他適，因改姓白，師事泥丸陳翠虛於羅浮」云云，料其出家離俗之動機，或因境遇所迫，幼年即失

怙恃，不得已投於陳師門下為一小道童耳。十九歲以前，閒居道觀中，所學皆世法，如詩文書畫吹彈歌唱之類，擾近代有名道觀中所常習者。十九歲以後，審其根器可造，方得傳道妙。以純乾未破之身，學清靜無為之法，較《悟真篇》之作用，大不同矣。後有識者，幸勿拘泥於一脈單傳，遂將「紫清丹訣」與「紫陽悟真」相提並論也。

虞陽案，羅浮山酥醪觀所編之《玄門必讀》，謂白祖因「祖父相繼而亡，母他適，遂篤志玄學，離別家山。遍訪名師，苦志修煉，參遊武夷、龍虎、江淮而回，過惠州，得遇泥丸真人，攜歸羅浮」云。查白祖之仙跡年份，言人人殊，最難可核，非數百言可得而盡其底蘊也。

玄關顯秘論

一言半句便通玄[1]，何用丹書[2]千萬篇。人若不為形所累[3]，眼前便是大羅天[4]。若要煉形煉神[5]須識歸根復命[6]，所以道[7]：歸根自有歸根竅[8]，復命還尋復命關[9]。且如這個關竅，若人知得真實處，則歸根復命何難也。

注釋

〔1〕通玄：通、通曉、理解；玄，指「道」，道家自稱玄宗，玄即指道，有變化玄妙之義。《老子》：「玄之又玄，眾妙之門。」庾信：「日月旦復旦，人情玄又玄。」

〔2〕丹書：指論述內丹修煉的著作。

〔3〕形所累：形，指人體；累，受累、牽累也，《書旅獒》：「不矜細行，終累大德。」

〔4〕大羅天：道教認為天有三十六重，大羅天為最高一重天。即「道境極地」。《元始經》：「三界之上，渺渺大羅，上

無色根，雲層峨峨。」此句言功夫達到最高境界。

〔5〕煉形煉神：《性命圭旨》稱煉形之法有六門，如玉液煉形，金液煉形，太陰煉形，太陽煉形，內視煉形，真定煉形；並云：「雖曰煉形，其實煉神。」是使形神協調的練功法，一般指調身。煉神，一般稱調神，即對意念的調控或元神的修煉。

〔6〕歸根復命：《老子》曰：「歸根曰靜，是謂復命；復命曰常，知常曰明。」《性命圭旨》云：「自形中之神，以入神中之性，此之謂歸根復命。」丹道家以靜為根，又以神為根，以命為氣；所以歸根復命是指神歸神宅——腦，氣歸氣海膻中，或稱氣歸丹田。

〔7〕道：此處作「說」。

〔8〕歸根竅：指守靜的穴竅。

〔9〕復命關：即不死的關竅。

本節旨在說明玄關的重要性。道家的養生內煉工程，是將人體比擬為小天地，即將宇宙這個超巨系統微縮於人體巨系統之中。又將內煉過程分為小大周天，並認為其中有一個通玄入妙的關竅即玄關，是通串所謂「三關九竅」一個至要的穴竅，它是「歸根復命」的根本所在，其在人體所處的「真實處」，千百年來丹道家爭論不休，莫衷一是，但大都認為，只有在修煉實踐中才能領悟玄關的所在，而且一旦領悟，則所煉的功夫便可達到至高境界。

作為南五祖之一的白氏，得先師之真傳，試圖點破玄關的奧秘，特作此論，說明他對玄關的認識，指出玄關的重要意義。

故曰：虛無生自然〔1〕，自然生大道〔2〕，大道生一氣〔3〕，一氣分陰陽〔4〕，陰陽為天地〔5〕，天地生萬物〔6〕，則是造化〔7〕

之根也。此乃真一之氣〔8〕，萬象〔9〕之先，太虛太無〔10〕，太空太玄〔11〕；杳杳冥冥〔12〕，非尺寸之可量；浩浩蕩蕩，非崖岸之可測；其大無外，其小無內〔13〕；大包天地，小入毫芒〔14〕；上無復色，下無復淵〔15〕；一物圓成，千古顯露〔16〕，不可得而名者〔17〕，聖人以心契之〔18〕，不獲已而名之曰道。

注釋

〔1〕虛無生自然：虛無，指大宇宙未形成前一片混沌；自然，指宇宙。

〔2〕大道：《老子》認為「道」是先天地生，是萬物形成之母。故曰：「大道氾兮，其可左右，萬物恃之以生而不辭。」

〔3〕一氣：指元氣，即構成萬物的基本物質。《道德經》：「道生一。」《論衡》：「一天一地，並生萬物，萬物之生，俱得一氣。」

〔4〕一氣分陰陽：一氣，指太極。《周易大傳》：「易有太極，是生兩儀」；又「一陰一陽之謂道。」指一氣含陰、含陽兩個方面。

〔5〕陰陽為天地：古代天文學家稱天為陽，地為陰。

〔6〕天地生萬物：見注〔3〕。

〔7〕造化：即創造化育。古人以日月合一為造，日月往來為化。造化之根，指化育萬物的根源。

〔8〕真一之氣：指元氣。《鍾呂傳道記》：「父母之真氣，合而為一，純粹而不離。」

〔9〕萬象：指萬物。

〔10〕太虛太無：太虛，指天的遼闊無涯，如《文選‧遊天臺賦》：「太虛遼廓而化閩。」太無，指虛無空寂的境界。

〔11〕太空太玄：泛指天空、大宇宙。《關尹子》：「一運之象，周乎天空。」《抱朴子》：「玄者，自然之始祖，而萬殊

之大宗也。」

〔12〕杳杳冥冥：指極其深遠的意思。《文選·江賦》：「凌波縱柂，電往杳冥。」又《法言問明》：「鴻飛冥冥，弋人何篡焉。」

〔13〕其大無外，其小無內：指宇宙既宏大無際又微小而無內體。

〔14〕毫芒：指極其細小之物，如麥穗上的毫芒，或秋天牛羊身上生出的細絨毛之頂端。《孟子》：「明足以察秋毫之末，而不見輿薪。」

〔15〕上無復色，下無復淵：復色，即覆蓋的色彩，指天之高極也；復淵，重複的深淵，指地層極厚。

〔16〕一物圓成，千古顯露：意同《道德經》：「有物混成，先天地生。寂兮寥兮，獨立而不改。」一物，指道，說明道的生成，千秋萬世而不衰。

〔17〕不可得而名者：《道德經》：「吾不知其名。」因未見道的形象，不知當何以名之。

〔18〕以心契之：契，相合，相通，即心與道相合。

本節表達了白氏作為道家正統的宇宙觀，是與《道德經》一脈相承，說明自然、大道、天地與萬物的相互衍生，主要是由「獨立而不改，周行而不殆」的道在起作用。

對這個包囊天地萬物、不可測不可量的大道，人們可以以心感知它，即在人體這個小宇宙中唯有心可以感知道的存在。因此，他提出道與心是相通的。

以是知心即道也。故無心則與道合，有心則與道違[1]。唯此「無」[2]之一字，包諸有而無餘[3]，生萬物而不竭[4]。天地雖大，能役[5]有形，不能役無形[6]。陰陽雖妙，能役有氣，

不能役無氣〔7〕。五行至精〔8〕，能役有數〔9〕，不能役無數。百念紛起，能役有識〔10〕，不能役無識〔11〕。

注釋

〔1〕無心則與道合，有心則與道違：道是虛空無形的，心是產生一切慾望的根源。無心，指無慾之心；有心，指有慾念之心。

〔2〕「無」：指虛無。

〔3〕包諸有而無餘：包，包括，包囊；諸，眾多；有，指存在。全句是指無所不包的意思。

〔4〕生萬物而不竭：《道德經》：「道生一，一生二，二生三，三生萬物。」即說明道是從無生有乃至生萬物，使萬物繁衍不盡。

〔5〕役：役使，有調控的意思。

〔6〕無形：指無形無象。《常清靜妙經》：「大道無形，生育天地。」

〔7〕無氣：指太極未變化之前，兩儀未分，陰中含陽的狀態。

〔8〕五行至精：古人認為，五行（木火土金水）是組成一切物質的精微；至精，指極為精粹。

〔9〕數：指五行相生相剋的序數。

〔10〕有識：識指心意，有識指識神。

〔11〕無識：指元神。《脈望》：「何謂元神，內念不萌，外想不入，獨家自主，謂之元神，八卦中離。」

本節進一步闡明心與道的關係，強調「無心則與道合」的重要性，主要在「無」字上下工夫，無形則靜，無氣則陰陽平和，無數則五行交併，無識則百念不起，這樣方能使心與道合。道是無為的。天地與萬物都是由無到有，如果能從有返歸

為無，則心道如如而合。

今修此理^{〔1〕}者，不若先煉形^{〔2〕}，煉形之妙^{〔3〕}，在乎凝神^{〔4〕}，神凝則氣聚^{〔5〕}，氣聚則丹成^{〔6〕}，丹成則形固^{〔7〕}，形固則神全^{〔8〕}。故譚真人^{〔9〕}云：「忘形^{〔10〕}以養氣，忘氣^{〔11〕}以養神，忘神^{〔12〕}以養虛。」只此「忘^{〔13〕}」之一字，則是無物^{〔14〕}也。「本來無一物，何處有塵埃^{〔15〕}！」其斯之謂乎！如能味^{〔16〕}此理，就於忘之一字上做工夫，可以入大道之淵微^{〔17〕}，奪自然之妙用，立丹基^{〔18〕}於頃刻，運造化於一身也。然此道視之寂寥^{〔19〕}而無所睹^{〔20〕}，聽之杳冥^{〔21〕}而無所聞，唯以心視之則有象^{〔22〕}，以心聽之則有聲。若學道之士，冥心凝神^{〔23〕}，致虛守靜^{〔24〕}，則虛室生白^{〔25〕}，信乎自然也^{〔26〕}。

注釋

〔1〕修此理：運用這一理法修煉的人。

〔2〕煉形：即形神協調的修煉法。

〔3〕妙：奧妙，妙訣。

〔4〕凝神：指排除雜念，精神內守，意念專一的練功狀態。《道言淺近》：「凝神者，收已清之心，而入其內也。」

〔5〕氣聚：指道功鍛鍊時使陰陽之氣俱歸元海。聚，積聚。李東垣《脾胃論》：「積氣以成精。」

〔6〕丹成：指陰陽二藥在體內合煉而成丹。陳希夷稱：「龍虎相交，謂之曰丹。」

〔7〕形固：指形體健壯。

〔8〕神全：神，一般指精神、意識和思維活動；全，完備，保全。《寓簡》：「神氣交養，氣定神全。」

〔9〕譚真人：指譚處端（西元 1123—1185 年），名玉。年輕時因患風眩癱瘓，針藥無效，求治於王重陽，霍然而癒，遂

與師事之，並改法名處端，號長真子，後創立全真道南無派。元世祖六年（西元 1269 年），贈「長真雲水蘊德真人」封號，為北七真之一，著有《雲水集》傳世。

〔10〕忘形：練道功時忘卻自身形體的存在。《莊子》：「故養志者忘形，養形者忘利。」養氣，吸納自然界之清氣入丹田，以榮養體內之元氣。

〔11〕忘氣：練功中不以意調氣，任其自然吐納，亦不覺有氣的運行。養神，即練功中使神不外馳，以榮養神意。

〔12〕忘神：指練功時神念達於高度靜定的無象狀態。養虛，《性命圭旨》稱：「心中無物為虛。」指練功中，無思無念，思維活動處於相對靜止狀態，可以涵養精神，稱之為養虛。

〔13〕忘：忘記、忘卻、忘掉。

〔14〕無物：指目不見物，意不想物，並非客體事物不存在。《真人胎息訣》：「境空則清靜，清靜則無物。」

〔15〕本來無一物，何處有塵埃：指虛空無物，為理想境界。原句見《六祖壇經》：「菩提本無樹，明鏡亦非台，本來無一物，何處惹塵埃！」

〔16〕味：體會，研究。

〔17〕淵微：淵源細微。

〔18〕丹基：練功中產生內丹的基礎物質。《參同契》：「混沌相交接，權輿樹根基。」

〔19〕寂寥：指極靜又深遠而無邊無際。《道德經》：「寂兮寥兮，獨立而不改。」

〔20〕睹：看見。

〔21〕杳冥：指極其深遠的意思。《文選‧江賦》：「凌波縱柂，電往杳冥。」又《法言問明》：「鴻飛冥冥，弋人何纂焉。」

〔22〕有象：一般指太極生兩儀之象，陰陽始分。如《性命圭旨》：「有象之後陽分陰也。」此處指內觀返照所見之象。

〔23〕冥心凝神：冥心，指意念不生，專心於不思慮的虛空境界；凝神，指排除雜念，神安心清的練功態。《道言淺近》：「凝神者，收已清之心，而入其內也。心未清時，眼勿亂閉，先要自勸自勉，神得回來，清涼恬淡，始行收入氣穴，乃曰凝神。」

〔24〕致虛守靜：《道德經》：「致虛極，守靜篤。」指養生練功中，意念不興，心神處於高度安靜狀態。

〔25〕虛室生白：虛室，指虛空的境界，亦指大腦處於虛靜狀態；生白，指產生光明，出智慧。意謂道功狀態，由虛靜而生智慧。

〔26〕信乎自然也：信，相信，可信；自然，這裏指「虛室生白」乃是修煉工夫由淺入深的發展規律，是可以相信的。八卦中離。

本節初步提出修煉內丹功應先從煉形著手，進而指出修煉中，形、神、氣三者的關係是三位一體。從上一節「包諸有而無餘」的「無」字這一基本理論出發，說明以「忘」字（無物）為用的修煉法，從而將內丹功的理論與實踐結合起來。如此進行修煉，即可進入「虛室生白」的境界。

惟太上度人[1]，教人修煉[2]，以乾坤為鼎器[3]，以烏兔為藥物[4]；以日魂之升沉[5]，應氣血之升降；以月魄之盈虧[6]，應精神之衰旺；以四季之節候[7]，應一日之時刻；以周天之星數[8]，應一爐之造化。是故採精神以為藥[9]，取靜定以為火[10]，以靜定之火，而煉精神之藥，則成金液大還丹[11]。蓋真陰真陽[12]之交會，一水一火[13]之配合，要在先辨浮沉[14]，

次明主客〔15〕；審抽添〔16〕之運用，察反覆〔17〕之安危。如高象先〔18〕云：「採有時，取有日。」劉海蟾〔19〕云：「開合乾坤造化權，鍛鍊一爐真日月。」能悟之者，效日月之運用，與天地以同功〔20〕。

注釋

〔1〕太上度人：太上，即老子，李耳，道教徒尊稱老子為「太上老君」，這裏是簡稱，度人，指超度、解救世人。

〔2〕修煉：指從事道功養生、內丹功的鍛鍊。

〔3〕乾坤為鼎器：乾坤，一般指天地或陰陽，丹道家以乾坤喻人體，乾為首為鼎，坤為腹為爐，是以人體作為煉丹的鼎器。

〔4〕烏兔為藥物：丹道家將烏兔喻為日精月華，元神元精，並稱之為煉丹的藥物。

〔5〕日魂之升沉：日魂，指太陽。丹家和醫家均認為，人體的氣化活動有賴於氣血的升降，並與太陽的升沉相應。

〔6〕月魄之盈虧：即月亮的圓缺；道醫二家從「天人相應」觀點，認為月亮圓滿時，人之精神旺盛；月缺時，則精神偏衰。《黃帝內經·靈樞》：「月滿則海水西盛，人血氣積；」「月廓空則海水東盛，人氣血虛。」

〔7〕四季之節候：道家道功及佛家禪功常以一年中的四時春溫、夏熱、秋涼、冬寒，應一日之四時，晨朝、日中、黃昏、夜半。

〔8〕周天之星數：我國古代天文學家分周天之恒星為三垣二十八宿，凡二十八宿諸星，皆循天左行，一日一夜為一周天。道家認為，人體的精氣運行與周天星數的運行相應，精氣從任脈到督脈再回歸任脈，這樣運行一周，稱小周天；從手太陰肺經開始到足厥陰肝經止，往復運行一晝夜為一周，稱大周

天。

〔9〕採精神以為藥：《性命圭旨》：「上藥三品，神與氣精。」《脈望》：「以氣攝精謂之藥。」又《內鏡・敬身格言》：「元神之氣，謂之藥物。」

〔10〕取靜定以為火：靜定，指形與神，身與心的協調一致，以心煉念謂之火。在古代道功文獻中，有關藥與火的論述甚多，但主要是身與心、神與氣的調控與制約的關係。《天仙正理》稱：「有言藥即是火，火即是藥。」《性命圭旨全書・日烏月兔圖》云：「身心兩個字，是藥也是火。採時謂之藥，藥中有火焉。煉時謂之火，火中有藥焉。以火煉藥而成丹，即是以神御氣而成道也。」

〔11〕金液大還丹：丹道家一般認為，是真鉛與真汞相交合而化生成丹。《金丹大成集》則稱，肺液（金液）還於丹田的習練方法。

〔12〕真陰真陽：即元精元氣。

〔13〕一水一火：水為陰，火為陽。《周易》以坎離為水火；醫家以心腎為水火；丹道家以精氣為水火。

〔14〕浮沉：清陽易升（浮），濁陰易降（沉），練功者宜使沉者升，浮者降，令水火交而結丹。《悟真篇》：「自知顛倒由離坎，誰識浮沉定主賓。」

〔15〕主客：或稱主賓，即上下之分。火性上炎，木性易浮，在上為主，水性向下，金性易沉，在下為客。又主指命，客指性。《崔公入藥鏡》注：「有身則有命，有命則有性；性依命立，命從性修。命為性之母，故為主；性為命之子，故為客。」

〔16〕抽添：古代煉丹家調節丹爐火候，有文火與武火之分，抽炭為文火，添炭為武火。內丹派以調節呼吸來平秘人體

的陰陽，亦稱抽添。又元代著名道功家李道純稱：「身不動氣定，謂之抽；心不動神定，謂之添。取坎中之陽，補離中之陰，是謂之抽鉛添汞。」

〔17〕反覆：指日月運行，陰陽反覆變化。

〔18〕高象先：古代道功家，創鳳張法（動功）。

〔19〕劉海蟾：道教全真派北五祖之一。

〔20〕與天地以同功：即與天地一樣長久。

本節再次地以「天人合一」的觀點，說明道功養生要順應日月的升降，四時的變化以及周天星數運行的規律，把握陰陽，按時採藥運火，不失時機地進行鍛鍊，方能取得「與天地同功」的效果。

夫豈知天養無象〔1〕，地養無體〔2〕，故天長地久，日光月明，真一〔3〕長存，虛空不朽〔4〕也。吾今則而象之〔5〕，無事於心，無心於事〔6〕，內觀其心，心無其心〔7〕；外觀其形，形無其形〔8〕；遠觀其物，物無其物〔9〕；知心無心，知形無形，知物無物〔10〕，超出萬幻〔11〕，確然一靈〔12〕。古經〔13〕云：「生我於虛，置我於無〔14〕。」是宜歸性根之太始〔15〕，反未生之己前〔16〕，藏心於心而不見〔17〕，藏神於神而不出〔18〕。故能三際圓通〔19〕，萬緣澄寂〔20〕，六根〔21〕清淨，方寸虛明〔22〕。不滯於空〔23〕，不滯於無，空諸所空〔24〕，無諸所無〔25〕，至於空無所空〔26〕，無無所無〔27〕，淨裸裸〔28〕，赤灑灑〔29〕，則靈然而獨存〔30〕者也。道非欲虛，虛自歸之；人能虛心〔31〕，道自歸之。道本無名〔32〕，近不可取，遠不可捨〔33〕，非方非圓，非內非外，惟聖人知之，三毒無根〔34〕，六慾〔35〕無種，頓悟此理，歸於虛無。

〔1〕無象：即無極，二儀未分，陰中含陽。

〔2〕無體：指無形，無形象可求，引申為靜之意。「天養無象，地養無體」句，喻天地生成，無形無象，虛靜一片。

〔3〕真一：指道。

〔4〕虛空不朽：佛家禪修用語，認為虛是無形質，空為無障礙，故能長存不朽。

〔5〕則而象之：則，是遵從的意思；象之，即效法它。

〔6〕無事於心，無心於事：事，工作，變故。以上二句意為「無欲無為」。

〔7〕內觀其心，心無其心：指內省自己的心意，並無凡心，即做到「虛其心」，而「無心即是道」，指心空。

〔8〕外觀其形，形無其形：因為「大道無形，生育天地」，所以說，觀其形而無形，即無形象可求；又形者身也，無形，指身空。

〔9〕遠觀其物，物無其物：因為無物慾，目不見物，意不想物而至於無物，並非客觀事物不存在。

〔10〕知心無心，知形無形，知物無物：能明白心的存在，但無凡心；雖有形體卻不意識到它的存在；物是客觀存在的，但自己並無物慾：即說明有而不為，視而不見，聽而不聞，達到「致虛極，守靜篤」的境界。

〔11〕萬幻：指千變萬化的玄妙。

〔12〕一靈：《陳希夷胎息訣》：「神通萬變，謂之曰靈。」此處指靈驗的意思。

〔13〕古經：指古代道功經典著作。

〔14〕生我於虛，置我於無：指人之誕生，心性純真而單一。

〔15〕歸性根之太始：歸，返歸，返回；性根，指頭頂，《性命圭旨全書》：「性者，天也，常潛於根，故頂者性之根

也」；太始，《列子》：「太始者，形之始也」；又稱為形成天地的元氣，道的本原。

〔16〕已前：指先天。

〔17〕不見（ㄒㄧㄢˋ）：即不現；全句大意是收斂心意於心中而不顯示出來。

〔18〕不出：即不外馳的意思。

〔19〕三際圓通：三際，指玉枕、夾脊、尾閭三關；圓通，循環運行。

〔20〕萬緣澄寂：萬緣，即萬慮，或稱雜念；澄寂，澄清而寂靜的意思，指練功中各種各樣的念頭均被清除一空。

〔21〕六根：指眼、耳、鼻、舌、身、意六種感官，對客觀事物取境生識的功能。

〔22〕方寸虛明：方寸，指心；虛明，虛空明亮，即「虛極致明。」

〔23〕滯於空：停滯，拘泥；空，佛家禪修用語，指靜，亦指一切現象，假而不實。

〔24〕空諸所空：意指使一切皆空。

〔25〕無諸所無：使一切皆無，道家以靜為無。

〔26〕空無所空：《常清靜妙經》：「觀空亦空，空無所空，指空空。」虛靜無為為空，至虛至靜無為謂之空空。

〔27〕無無所無：使一切慾念一無所有。

〔28〕淨裸裸：裸，袒露，光著身體，指潔淨坦露。

〔29〕赤灑灑：赤，指裸露，即赤條條，一絲不掛。

〔30〕靈然而獨存：指神通多變而又獨立存在。

〔31〕虛心：指腦內無纖塵邪念。《道德經》：「虛心者，遣其實也。」

〔32〕無名：《道德經》河上公注：「無名者謂道，道無

形，故不可名也。」

〔33〕舍：佛家禪法用語，指形神維持穩定狀態。《俱舍論》：「心平等性，無警覺性，說名為舍。」此處作「放棄」解。

〔34〕三毒無根：三毒，佛教稱貪、瞋、癡為三毒，亦稱三垢、三火、三不等根，認為三毒有礙「明心見性」，即損害身體健康。根，生也；無根，即不生的意思。

〔35〕六慾：指引起情緒、意識不穩定的六種因素，佛家指色慾、形貌慾、威儀姿態慾、語言音聲慾、細滑慾、人相慾。

這一節，作者從「心即道也」的論點出發，說明所謂「真空煉形」——形神合一的養生法。

自東晉以來，道功受佛教《般若波羅蜜多心經》的影響，從「色不異空，空不異色，色即是空，空即是色」，提出「真空煉形」，達到「常樂我淨」的精神境界，是道家的「無為」與佛家的「色空」合而為一的修煉身心的方法。因為道家將人體比擬作宇宙，而宇宙是虛靜無為，因此人的身心要像宇宙那樣虛靜無為；而佛教是宣揚「諸法皆空」，以「悟空」到達不生不滅的最高精神境界——涅槃。

所以，《性命圭旨全書・煉形》認為：「太虛是我，先空身，其身既空，天地亦空；天地既空，太空亦空；空無所空，乃是真空。」《清靜經》又稱：「內觀其心，心無其心；外觀其形，形無其形；形無其形者，身空也，心無其心者，心空也；心空則無礙，則神愈煉而愈靈；身空無礙，則形愈煉而愈清。直煉到形與神而相涵，身與心而為一，方才是形神俱妙，與道合真者也。」這樣按照「身空」、「心空」之法進行修煉，便可以去「三毒」，絕「六慾」，與道合一。

老君曰〔1〕：天地之間，其猶橐籥〔2〕乎！虛而不屈〔3〕，動

而愈出[4]。若能於靜定之中，抱沖和之氣[5]，守真一[6]之精，則是封爐固濟[7]以行火候[8]也。火本南方離卦[9]，屬心，心者神[10]也，神則火[11]也，氣則藥[12]也，以火煉藥而成丹者，即是以神御氣而成道[13]也。人能手搏[14]日月，心握鴻濛[15]，自然見橐籥之開合[16]，河車[17]之升降，水濟命宮[18]，火溉丹台[19]，金木交並[20]，水土融合[21]，姹女乘龍[22]，金翁跨虎[23]，逆透三關[24]。上升內院[25]，化為玉汞[26]，下入重樓[27]，中有一穴，名曰丹台，鉛汞相投[28]，水火相合[29]，才若意到，即如印圈契約[30]也。自然而然，不約而合，有動之動，出於不動[31]，有為之為，出於無為[32]。

注釋

〔1〕老君：指《道德經》作者，老子。

〔2〕橐籥：為古代供冶煉金屬鼓風用的工具，橐為鼓風器，籥為送風管，在道功中指呼吸自然之氣，在丹田內交換，有如橐籥之鼓風。

〔3〕虛而不屈：指橐籥雖是空虛而沒有屈竭。

〔4〕動而愈出：指橐籥鼓動時氣勢愈益強大。

〔5〕沖和之氣：即陰陽二氣。

〔6〕真一：即真元，真一之精，指元精。

〔7〕封爐固濟：封爐，指目內視，精神內守，達到靜謐狀態；固濟，固為閉固，濟為既濟，指水火既濟，養心益腎，溫養元精而閉固之。

〔8〕火候：內丹派認為用意念調節呼吸，意濃而呼吸深長為武火，意淡而呼吸淺薄為文火，合稱火候。

〔9〕火本南方離卦：離卦（☲）位於南方，離象火，在人體上離為心，心主神意。

〔10〕、〔11〕神，火：因為「心主神志」，所以說心便是

神；又因心為火，又主神志，所以說神為火。

〔12〕氣則藥：內丹派以氣為藥，認為是煉內丹的原料。

〔13〕以神御氣而成道：指以神調節呼吸，使神氣合而為一。

〔14〕摶（ㄊㄨㄢˊ）：將物揉弄成球形。原句「手摶日月」，指把握陰陽。

〔15〕鴻濛：原指自然元氣，這裏指心意處於無為狀態。

〔16〕橐籥之開合：指呼吸的吐納。

〔17〕河車：練功時，精氣沿任督二脈運行，如車載物，稱為河車。

〔18〕水濟命宮：指陰精榮養大腦。

〔19〕火溉丹台：溉，緩緩流注的意思；丹台，指心。

〔20〕金木交並：金，指肺；木，指肝。即肺、肝二氣相交合。

〔21〕水土融合：水，指腎；土，指脾。指脾腎二氣相合。

〔22〕姹女乘龍：姹女，即少女，丹道家喻之為丹汞；乘龍，飛升的意思。《參同契》：「河上姹女，靈而最神，得火則飛，不見塵埃。」

〔23〕金翁跨虎：金翁，亦稱金公，指金屬鉛。丹道家以鉛喻元精；坎水，屬虎。

〔24〕逆透三關：逆透，指自下而上通過；三關，指督脈中的尾閭、夾脊、玉枕三個穴位。

〔25〕內院：指泥丸宮。

〔26〕玉汞：亦稱玉液，《靈寶畢法》：「所謂玉液者，本自腎氣上升而到於心，以合心氣。」

〔27〕重樓：指喉嚨。

〔28〕鉛汞相投：鉛指精，汞指神，以神煉精，謂之鉛汞

相投。

〔29〕水火相合：水指元精，火指元神，二者合而為一。

〔30〕印圈契約：印圈即印章，契約必有印章方生效，喻水火相合。

〔31〕有動之動，出於不動：即有意識的動作，生自不動（靜）。

〔32〕有為之為，出於無為：即有意識的作為，生自無為。《道鄉集》：「古之學道者，雖重無為，而無為中，尚知有為，譬如妙心澄澈，而有時念生，必從無為中，尋其空洞洞天，光灼灼地而止之，則心有專向，自然定於此而不外馳也。」

本節以橐籥開合立論，說明內丹修煉中要處理好神與氣、火與藥、金與木、鉛與汞、水與火的關係，它們之間升降、交並、相投及相合的程式及理法，是從無為而至有為再返無為。

當是時[1]也，白雪[2]漫天，黃芽[3]滿地，龍吟虎嘯[4]，夫唱婦隨[5]，玉鼎湯煎[6]，金爐火熾[7]，雷轟電掣[8]，撼動乾坤[9]，百脈聳然[10]，三關透徹[11]；玄珠成象[12]，太乙歸真[13]，泥丸風生[14]，絳宮月明[15]，丹田煙暖[16]，谷海波澄[17]，煉成還丹[18]，易如反掌；七返九還[19]，方成大藥[20]，日煉時烹[21]，以至九轉[22]，天關地軸[23]，在我手中。經云：人能常清淨[24]，天地悉皆歸[25]；則是三花聚頂[26]，五氣朝元[27]，可以入眾妙門[28]，玄之又玄[29]也。更能晝運靈旗[30]，夜孕火芝[31]；溫養聖胎[32]，產成赤子[32]；至於脫胎神化[34]，回陽換骨[35]，則是玉符保神[36]，金液煉形，形神俱妙[37]，與道合真[38]者也。張平叔[39]云：「都來片餉工夫，永保無窮佚樂[40]，誠哉是言！蓋道之基[41]，德之本[42]，龍虎之宗[43]，鉛汞之祖[44]，三火[45]所聚，八水[46]所歸，萬神[47]朝會之

門，金丹妙用之源，乃歸根復命之關竅也。既能知此，則欲不遣〔48〕而心自靜，心不必澄而神自清，一念不生，萬幻俱寢〔49〕，身馭扶搖〔50〕，神遊恢漠〔51〕，方知道風清月白，皆顯揚鉛汞之機〔52〕；水綠山青，盡發露龍虎之旨〔53〕。

注釋

〔1〕當是時：指煉內丹功夫處於「鉛汞相投，水火相合」之際。

〔2〕白雪：練功效驗之一，指練功中雙目微閉時，眼前出現一片光明，稱白雪。

〔3〕黃芽：練功時屬於中土的脾產生氣化現象，謂之黃芽。《內丹還元訣》：「脾中化涎，名真土。涎之餘氣，流入唇內，名曰黃芽。」

〔4〕龍吟虎嘯：丹道家常以龍喻元神，以虎喻元精，或以其喻水火，又以吟、嘯喻龍虎上下協調相應。

〔5〕夫唱婦隨：丹道家常以陰陽、乾坤喻夫婦，夫為乾為陽為元神，婦為陰為坤為元精；此處指元神與元精相合。

〔6〕玉鼎湯煎：玉鼎借喻泥丸穴。此處指元精沿督脈上行至泥丸宮與元神會合的景象。

〔7〕金爐火熾：見注〔6〕。

〔8〕雷轟電掣：指練功時氣貫泥丸宮時出現的轟鳴現象。

〔9〕撼動乾坤：指全身有所震動；乾坤喻人體。

〔10〕百脈聳然：百脈，指全身經脈；聳然，聳動，伏動。

〔11〕三關透徹：三關，指玉枕、夾脊、尾閭三個穴位；透徹，即完全通暢。

〔12〕玄珠成象：玄珠，黃色的珠子，這裏指內丹；成象，指內丹生成，外黃內白，圓潤如珠。

〔13〕太乙歸真：太乙，原指北極星，此處指腦；歸真，

即歸一，指意識活動集中於一。

〔14〕泥丸風生：指泥丸穴中有氣化景象，如《道樞》有泥丸「千孔生煙」之說。

〔15〕絳宮月明：絳宮指心；月明，指心意清淨如明月在天。

〔16〕丹田煙暖：即丹田有溫熱感。

〔17〕谷海波澄：谷海，華池的別稱。波澄，指水液清澄。

〔18〕還丹：一般指津液還歸丹田。

〔19〕七返九還：七返，指一晝夜間，天地之氣升降，由寅時至申時，經過七個時辰，稱七返；再到戌時經過九個時辰稱九還。

〔20〕大藥：指內丹。

〔21〕日煉時烹：指每日按一定時辰作道功鍛鍊。

〔22〕九轉：指習練道功日久，反覆鍛鍊，陰陽相對平衡，有益壽抗衰之功。如《元氣論》：「常愛氣惜精，握固閉口，吞氣吞液，液化為精，精化為氣，氣化為神。神復化為液，液復化為精……如是七返七還，九轉九易，既益精矣，即易形焉。」

〔23〕天關地軸：天關，即天谷，為上丹田；地軸，指虛危穴，即尾閭穴。

〔24〕清淨：指清心淨慾。

〔25〕天地悉皆歸：天地，指陰陽；悉，完全，全部；皆歸，都歸於一。因為「天得一則清，地得一則寧。」

〔26〕三花聚頂：三花，指精、氣、神；聚頂，上聚於腦。

〔27〕五氣朝元：五氣，指五臟——肺、心、脾、肝、腎之氣；朝，潮注、潮湧；元，指上元、中元、下元，即上丹田、中丹田、下丹田。全句指練功中五臟之氣，按不同時辰潮注於不同部位。

〔28〕眾妙門：一切微妙變化的總竅門。

〔29〕玄之又玄：玄，指天，自然，亦指道。意為天中復有天，道中之道。

〔30〕晝運靈旗：晝運，白日運行；靈旗，指心意。

〔31〕夜孕火芝：孕，孕育；火芝，指陽神。

〔32〕聖胎：指神氣凝結而作丹。

〔33〕赤子：即赤城童子的簡稱，指心神。

〔34〕脫胎神化：指脫離凡胎而成仙人。

〔35〕回陽換骨：義與上注同。

〔36〕玉符保神：玉符，指玉篇，書名。《黃庭內景經‧治生章》：「治生之道了不煩，但修洞玄與玉篇」。保神，即「呼吸御精，保固神氣。」指保養精神。

〔37〕形神俱妙：指形神合一而俱有的妙趣。

〔38〕與道合真：指與自然合為一體。

〔39〕張平叔：即張伯端，《悟真篇》的作者。

〔40〕佚樂：佚同逸，即安樂。

〔41〕道之基：指萬物變化之源。

〔42〕德之本：德，指道德，即五氣正常的根本。

〔43〕龍虎之宗：指元神、元精之本源。

〔44〕鉛汞之祖：鉛汞，指水火；祖，亦指本源。

〔45〕三火：指君火、臣火、民火，《太上九要心印妙經》：「以精為民火，以氣為臣火，以神為君火。」

〔46〕八水：指精、淚、唾、涕、汗、溺、血、涎等體液。

〔47〕萬神：指神意。

〔48〕遣：排解，打發。

〔49〕寢：止息。

〔50〕身馭扶搖：馭，駕馭，駕駛；扶搖，旋風，自下盤

旋而上。

〔51〕恢漠：恢，大也，指大漠。

〔52〕風清月白，皆顯露鉛汞之機：指練功中心腎相交時神安意靜的境界，如置身於風清月白之中。

〔53〕水綠山青，盡發露龍虎之旨：指練功中元神元精融合，身心處於高度安詳之中，如置身於綠水青山之中。

這一節是承上節描述了內丹功夫的內景和感受，並對內景的出現作了程式說明。

從「白雪漫天」到「方成大藥」為所謂「產藥」階段的內景，作者運用比喻手法作了有聲有色的介紹；繼而轉入「三花聚頂，五氣朝元」的眾妙之門，再進一步便是「形神俱妙，與道合真」的天人一體境界。然後概括全文，對「玄關顯秘」作了交代，那就是「三火所聚，八水所歸，萬神朝會之門，金丹妙用之源」的地方，即為歸根復命的玄關關竅。

對這一關竅的認識，要一步一步地加以體會，方能領悟，而且長期地內煉實踐，在認識上會產生一次或多次的飛躍，這種認識上的飛躍，丹道家稱之為「頓悟」，亦即於「片餉工夫」而恍然大悟，若只識關竅而進行鍛鍊，則難以到達「無窮佚樂」的理想境界，所以歷代丹道家從未指明玄關的所在。但是功夫練到鉛汞相投、龍虎相合的心靜神清之時，便會體驗到風清月白和水綠山青的妙境，從而顯示了玄關的奧秘。

海南白玉蟾，幼從事先師陳泥丸學丹法。每到日中冬至[1]之時，則開乾閉巽[2]，留坤塞艮[3]，據天罡[4]，持斗杓[5]，謁軒轅[6]，過扶桑[7]，入廣寒[8]，面鶉尾[9]，舉黃鍾[10]，泛海槎[11]，登崑崙[12]，佩唐符[13]，撼天雷[14]，遊巫山[15]，呼黃童[16]，召朱兒[17]，取青龍肝[18]、白虎髓[19]、赤鳳血[20]、

黑龜精[21]，入土釜[22]，啟熒惑[23]，命閼伯[24]，化成丹砂。開華池[25]，吸神水[26]，飲刀圭[27]，從無入有，無質生質[28]，抽鉛添汞[29]，結成聖胎[30]，十月既滿，氣足形圓，身外有身，謂之胎仙。其訣曰：用志不分，乃可凝神，灰心[31]冥冥，金丹內成。此餘之所得也如此。

注釋

〔1〕日中冬至：日中，即午時，一陰生，陰長陽消，此時練功稱退陰符；冬至，冬至一陽生，在十二時辰中相當於子時，子時開始陽長陰消，此時練功稱進陽火。

〔2〕開乾閉巽：乾，指首，腦，喻意念；巽，即風，在臟為肺，喻呼吸，指以意念調控呼吸。

〔3〕留坤塞艮：坤、艮均為卦名。坤，指靜；艮，指集中注意力；這裏指意念活動保持相對穩定。

〔4〕天罡：即北斗七星。

〔5〕斗杓：亦稱斗柄，即北斗七星中第5～7三星，按北斗七星，1～4為魁，5～7為杓，合而為斗。居陰布陽，故稱北斗。古代天文家將斗柄的轉向作為預測氣候、風雨等變化的依據，丹道家則據以定煉丹的火候。

〔6〕軒轅：星名。《晉書·天文志》：「軒轅十七星在七星北，軒轅黃帝之神，黃龍之體也，一曰東陵，一曰權星，主雷雨之神。」

〔7〕扶桑：古人謂日出之處，道功文獻中喻元神。

〔8〕廣寒：北方仙宮之名，道功文獻裏指習練道功到一定程度，神意清淨無雜念，有抗衰防病之益。

〔9〕鶉尾：星名，二十八宿之一，此處喻尾閭穴。

〔10〕黃鍾：為古音樂十二律之一，由低音到高音的排列次序是：黃鍾、大呂、太簇、夾鍾、姑洗、中呂、蕤賓、林

鍾、吏則、南呂、無射、應鍾。偶數六律為陰律，奇數則為陽律。道功應用十二律說明氣化作用，黃鍾為十二律之首，應十二時辰或十二月之始。《參同契》：「黃鍾建子，兆乃滋彰。」

〔11〕海槎（ㄔㄚˊ）：渡海之舟，這裏喻河車搬運。

〔12〕崑崙：指頭，亦指泥丸穴。

〔13〕唐符：指符節，練功時手持符節以示信念。

〔14〕撼天雷：指練功時頭部有轟鳴聲。

〔15〕巫山：山名，在四川省巫山縣東南，為楚襄王夢神女之處，此處喻陰陽交會。

〔16〕黃童：即黃庭真人，因脾土色黃，喻脾神。

〔17〕朱兒：喻心神，因心色赤。

〔18〕青龍肝：青龍，為二十八宿中東方七宿，在八卦中肝木居東方，喻元神。

〔19〕白虎髓：白虎，為二十八宿中西方七宿，組成虎象，配五行為白色，故曰白虎，喻元精。

〔20〕赤鳳血：赤鳳，即朱雀，喻舌之津液。

〔21〕黑龜精：黑龜，白虎的異名，喻元精。

〔22〕土釜：土位五行之中，釜為煎煉之器皿。以此喻腹部丹田，或指氣海，即「內丹未凝前，結丹之位置曰土釜。」

〔23〕熒惑：星名，喻真汞。

〔24〕闕（ㄩ）伯：星名，喻火。《漢書·律曆志》：「大火，闕伯之星也。」

〔25〕華池：指口，並指舌下。

〔26〕神水：指唾液。

〔27〕刀圭：指計量單位，言其不多。

〔28〕無質生質：即從無生有。

〔29〕抽鉛添汞：抽鉛，使下丹田之真氣上升；添汞，由

鉛升至頂上，化為金精而入於腦。指化陰精為元陽，以成純陽金丹。

〔30〕聖胎：指神氣凝結而成丹。

〔31〕灰心：即心寂然不動也。

這一節簡要描述了作者修煉內丹的過程，他根據子午時辰和氣節的變化規律，陰陽的消長，作意守調息，並按照星斗的轉換，運用日中冬至的活子時行周天火候，於一息之間，以意行氣，由扶桑之肝，入廣寒腎宮，過鵲尾之尾閭，舉一陽初生而上，作河車搬運而達人體至高點——崑崙，使元精與元神相遇而轟鳴，元陰元陽相會於巫山，下至心脾，此時要進行採藥，即五臟之精氣，所謂龍肝、虎髓、鳳血、龜精而入「土釜」煎煉之，並以意引神火而化丹砂。同時將華池之津液頻頻吸飲，榮養聖胎，乃至成為胎仙。這既是周天火候的一個程式，也是「金丹內成」的全過程。

施肩吾[1]之詩曰：「氣是添年[2]藥，心為使氣神[3]，若知行氣主[4]，便是得仙人。」惟此詩簡明，通玄造妙[5]，故佩而頌之。自然到秋蟾麗天[6]，虛空消殞[7]之地。非枯木寒泉之士[8]，不能知此。餘既得之，不敢自默。太上玄[9]科曰：「遇人不傳失天道，傳非其人失天寶。」天涯海角，尋遍無人，不容輕傳，恐受天譴[10]。深慮夫大道無傳，丹法湮泯[11]，故作《玄關顯秘論》，「蓋將曉斯世而詔[12]後學，以壽[13]金丹一線之脈也。」

注釋

〔1〕施肩吾：唐代著名道功家，世人尊稱華陽真人，提倡習練道功，須明白四時、陰陽、五行之理。

〔2〕添年：添增壽命。

〔3〕使氣神：使氣，即調氣；神，主宰。醫家認為心藏脈，脈舍神。古代道功家一貫強調「以意行氣」，意由心發，故心主宰著氣的運行。

〔4〕行氣主：即主宰氣的運行者。

〔5〕通玄造妙：溝通丹道的真義和奧妙。

〔6〕秋蟾麗天：秋蟾，喻指月亮；即秋月照耀天空，指心安神靜。

〔7〕消殞：消亡。

〔8〕枯木寒泉之士：枯木，指滅絕一切慾念，神斂意靜，身如枯木而不動；寒泉，指清澈潔淨的泉水。古代煉丹者多於幽靜有水源之處修煉身心。故稱枯木寒泉之士。

〔9〕太上玄：指老子。唐高宗乾封元年（西元 666 年）追封老子為「太上玄元皇帝」。

〔10〕譴：責備，譴責。

〔11〕湮泯：湮沒，泯滅。

〔12〕詔：告訴。

〔13〕壽：延長，延續。

這一小節先是用施氏的四句詩概括上一節，說明以心行氣法的重要性，再申述撰寫《玄關顯秘論》的目的。

復恐世人猶昧[1]此理，乃復為之言曰：以眼視眼，以耳聽耳，以鼻調鼻，以口緘[2]口，潛藏飛躍[3]，本乎一心。先當習定凝神[4]，懲忿窒欲[5]；懲忿窒欲，則水火既濟[6]；水火既濟，則金木交並[7]；金木交並，則真土歸位[8]，真土歸位，則金丹自然大如黍米[9]；日復一日，神歸氣復[10]，充塞天地[11]。孟子曰：「我善養吾浩然之氣[12]」者此也。肝氣全則仁[13]，肺氣全則義[14]，心氣全則禮[15]，腎氣全則智[16]，

脾氣全則信[17]。若受氣不足[18]，則不仁、不義、不禮、不智、不信、豈人也哉！人能凝虛養浩[19]，心寬體胖，氣母[20]既成，結丹甚易，可不厚其所養，以保我之元[21]歟！學者思之，敬書以授留紫元[22]云。

注釋

〔1〕昧：不明白。

〔2〕緘：封閉也。

〔3〕潛藏飛躍：潛藏，指隱伏不出；飛躍，指升降。指精氣神的收斂和氣機的升降。

〔4〕習定凝神：指靜定斂神。

〔5〕懲忿窒欲：克制憤怒和減除事慾。

〔6〕水火既濟：既濟，為周易卦名，卦象為坎（水）上離（火）下。這裏喻心（火）腎（水）相交，心火下降以溫腎水，不使其過寒；腎水上升以制心火，不使其過燥；達到水火相濟，平秘陰陽的境界。

〔7〕金木交並：肺為金，肝為木；交並，即和合。指肺、肝二氣相合，並協調一致。

〔8〕真土歸位：真土，指戊、己土，脾為土宮，位居中央，為身體陰陽會合之處。《金丹直指》：「陰陽處中，真土會合，神仙之道畢矣。」

〔9〕黍米：即有黏性可釀酒的黃米，借喻金丹。

〔10〕神歸氣復：指神意活動歸於寂靜穩定，內氣回復至丹田，即神與氣的活動協調一致。

〔11〕充塞天地：借喻內氣充實體內。

〔12〕浩然之氣：指正氣；丹道家喻道功中調息煉真氣。

〔13～18〕肝氣全則仁……脾氣全則信：古代丹道家主張性命雙修，並認為五臟各具特性，如肝性靜，心性躁，脾性

力，肺性堅，腎性智；同時，將修身養性與道德規範相結合，以五臟之特性與五德（仁義禮智信）相聯繫，若某一臟氣不足，則影響其相應之德的不足。

〔19〕凝虛養浩：即凝神養氣。

〔20〕氣母：指丹基。

〔21〕保我之元：指保養自身之元氣。

〔22〕留紫元：人名。

這一節是再次地說明作者個人從實踐中得來的修煉內丹工程的程式。他的「以眼視眼，以耳聽耳，以鼻調鼻，以口緘口」功夫，乃是「視而不見，聽而不聞」的發展，也正是作者所提倡的凝神、聚氣、忘形、絕念這一內丹功法的具體內容。

他宣揚「心即道也」，要心與神氣合一，以求歸真，與此同時，認為身心修煉必須與道德品性相結合，練功者不僅專長於養生煉丹，而且兼是一位具有高尚品德的仁人君子。

修仙辨惑論

海南白玉蟾，自幼事〔1〕陳泥丸，忽已九年，偶一日，在乎岩阿〔2〕松陰之下，風清月明，夜靜煙寒，因思生死事大，無常迅速，遂稽首〔3〕再拜而問曰：「玉蟾事師未久，自揣〔4〕福薄緣淺，敢問今生有分可仙〔5〕乎？」陳泥丸云：「人人皆可，況於汝〔6〕乎！」玉蟾曰：不避尊嚴之責，輒伸僭易〔7〕之問：「修仙有幾門？煉丹有幾法？愚見如玉石之未分，願與一言點化〔8〕。」陳泥丸云：「爾來，吾語汝〔9〕，修仙有三等，煉丹有三成。夫天仙〔10〕之道，能變化飛升〔11〕也，上士〔12〕可以學之，以身為鉛，以心為汞，以定為水，以慧為火〔13〕，在片餉〔14〕之間，可以凝結〔15〕，十月成胎，此乃上品煉丹之法；本無卦

爻[16]，亦無斤兩[17]，其法簡易，故以心傳之，甚易成也。夫水仙[18]之道，能出入隱顯[19]者也，中士可以學之，以氣為鉛，以神為汞，以午為火[20]，以子為水，在百日之間，可以混合[21]，三年成象[22]，此乃中品煉丹之法，雖有卦爻，卻無斤兩，其法甚妙，故以口傳之，必可成也。夫地仙[23]之道，能留形住世[24]也，庶士[25]可以學之，以精為鉛，以血為汞，以腎為水，以心為火[26]，在一年之間，可以融結[27]，九年成功，此乃下品煉丹之法，既有卦爻，又有斤兩，其法繁難，故以文字傳之，恐難成也。

上品丹法，以精神魂魄意為藥材，以行住坐臥為火候，以清靜自然為運用。中品丹法，以心肝脾肺腎為藥材，以年月日時為火候，以抱元守一[28]為運用。下品丹法，以精血髓氣液為藥材，以閉咽搐摩[29]為火候，以存思升降[30]為運用。大抵妙處，不在乎按圖索駿[31]也，若泥象執文[32]之士，空自傲慢，至老無成矣。」

注釋

〔1〕事：侍奉。

〔2〕乎岩阿：地名。

〔3〕稽首：古代跪拜叩頭禮。

〔4〕揣：思量，忖度。

〔5〕可仙：即可以成仙。

〔6〕汝：你。

〔7〕輒伸僭易：輒，總是；伸，表白；僭，超越本分；易，變易。即總是提出一些不該問的一些問題。

〔8〕點化：指點教化，即說明白。

〔9〕爾來，吾語汝：你來，我告訴你。

〔10〕天仙：《抱朴子》：「上士舉形升虛，謂之天仙。」指

道功功夫精深的人。

〔11〕飛升：即「舉形升虛」。

〔12〕上士：古代官名，天子諸侯皆有上士、中士，下士之官；又指士之賢者。《老子》：「上士聞道，勤而行之。」

〔13〕以慧為火：慧，指智慧，佛家禪修慣用語，為分辨事理，決斷疑念取得決斷性認識的精神作用。慧與神相通，丹道常以神為火，或以慧為火。

〔14〕片餉：頃刻。

〔15〕凝結：指鉛汞（神氣）、水火的凝合。

〔16〕卦爻（一ㄠˊ）：爻，為構成八卦基本符號的名稱，有陰爻、陽爻之分。

〔17〕斤兩：指重量。

〔18〕水仙：道教認為人世修正，有天仙、地仙、水仙、神仙、人仙、鬼仙之分，水仙列於地仙之後，而白氏則列為第二位。

〔19〕隱顯：指隱遁變化。

〔20〕以午為火：指三火之一的日火。

〔21〕混合：指氣與神合。

〔22〕成象：指成大丹之象。

〔23〕地仙：道教的五仙之一，原列第二位，白氏則列為第三位。

〔24〕留形住世：即長生不死。

〔25〕庶士：一般人。

〔26〕以心為火：即君火。

〔27〕融結：指精血融結。

〔28〕抱元守一：指神氣相抱而不分離。

〔29〕閉咽搐摩：閉咽，指調息，調氣咽之；搐摩，即按

摩。

〔30〕存思升降：存思，亦稱存想，即練功中以一念代萬念的調心法；升降，指氣機的升降。

〔31〕按圖索駿：亦稱按圖索驥，喻指練功拘泥成規。

〔32〕泥象執文：拘泥於圖像和文字。

「修仙辨惑論」是作者對修仙之道和修煉金丹之法所作的論述。古代丹道家創立內丹工程不僅作為袪病健身，益壽延年的手段，而且其目的是能夠「御白鶴兮駕龍鱗，遊太虛兮竭仙君，錄天圖兮號真人，」即所謂「羽化而登仙」，成為仙人而飛升到理想的神仙世界。

然而，「修仙有三等，煉丹有三成」，並舉出了修煉三仙和三品丹法的理與法，這是南五祖對仙道和丹法分類的具體內容，並對其所用的藥物、火候、意守方法（運用）也分別作了說明，文字簡練易懂，對今之練功者有重要參考意義。

玉蟾曰：「讀丹經許多年，如在荊棘中行，今日塵淨鑒明[1]，雲開月皎[2]，總萬法而歸一[3]，包萬幻以歸真[4]，但未知正在於何處下手用功也。」陳泥丸云：「善哉問也[5]！夫煉丹之要，以身為壇爐鼎灶[6]，以心為神室[7]，以端坐習定[8]為採取，以操持照顧[9]為行火，以作止為進退[10]，以斷續不專為堤防[11]，以運用為抽添[12]，以真氣薰蒸為沐浴[13]，以息念為養火[14]，以制伏身心為野戰[15]，以凝神聚氣為守城[16]，以忘機絕慮為生殺[17]，以念頭動處為玄牝[18]，以打成一塊為交結[19]，以歸根複命[20]為丹成，以移神[21]為換鼎，以身外有身為脫胎[22]，以返本還源為真空[23]，以打破虛空為了當[24]，故能聚則成形[25]，散則成氣，去來無礙，逍遙自然[26]矣。」

〔1〕塵淨鑒明：鑒，即鏡，鏡上灰塵除淨分外明亮；喻思想明確。

〔2〕雲開月皎：指空中雲霧開去，月亮更加皎潔光明；喻義同上句。

〔3〕萬法而歸一：指各種道功功法的道理都相同，《太清經》：「萬法歸原唯一路。」

〔4〕萬幻以歸真：萬幻：指各種幻想；歸真，指意念活動專一不二。

〔5〕善哉問也：即問得好。

〔6〕以身為壇爐鼎灶：古代丹道家從「天人合一」的觀點出發，將人體喻為煉丹的爐鼎，以腹中丹田為爐，以頭部泥丸宮為鼎。

〔7〕神室：指身體中一室，為神所居之處；因為「心藏脈，脈舍神」，故以心為神室。

〔8〕習定：指修定，即修習道功後獲得精神穩定，進入所謂採藥階段。

〔9〕操持照顧：操持，指調控；照顧，指維護。即以意念調控呼吸。

〔10〕以作止為進退：作止，指行息止息；進退，即進陽火退陰符。

〔11〕以斷續不專為堤防：斷續不專，指意念時斷時續不專一；堤防，即防止。意思是說要防止心意不專。

〔12〕以運用為抽添：運用，即操作；抽添，身不動氣定，謂之抽，心不動神定，謂之添。實指練功中平秘陰陽。

〔13〕以真氣薰蒸為沐浴：《金丹問答》：「直氣薰蒸，神水灌溉為沐浴。」真氣，指先天元精之清者，或稱正氣。《幻真

先生服內元氣訣法》：「因想見兩條白氣，夾脊雙引，直入泥丸，薰蒸諸宮。」

〔14〕以息念為養火：息念，指停止意念活動；《諸真聖胎用訣》：「念心不動，息念忘情，氣神調勻，久而自成仙矣。」養火，丹道家以神為火，意指安神定息，以文火溫養丹苗。

〔15〕制伏身心為野戰：制伏身心，指調節精神意念活動，使形神如一；野戰，指龍（元神）虎（元精）交合的意思。《紫陽真人悟真直指詳說三乘秘要》：「夫煉金丹者，每以中秋初夜一陽動時，……左擒龍而審定鼎、弦，右捉虎而精火候。一文一武，交爭戰於玄門；一去一來，互鬥危於北戶。……故曰強兵戰勝之術也。夫兵者，龍虎也。戰者，交媾也。」

〔16〕守城：指調神與調氣，使之神凝而精氣聚。《攝生纂錄》：「守城，抱元守一，而凝神聚氣也。」

〔17〕以忘機絕慮為生殺：機，指機心；慮，指謀慮。機心與謀慮均有礙於調神養神，故道功鍛鍊中要泯除機心，杜絕謀慮，以利於養神、調神。生殺，即生剋，即五行中的相生相剋，此處指克服雜念。

〔18〕玄牝：指身中一竅。《老子》：「谷神不死，是謂玄牝。玄牝之門，是謂天地根。」

〔19〕交結：指身心如一、形神相合，陰陽相交。

〔20〕歸根復命：見本書《玄關顯秘論》第一節注〔6〕。

〔21〕移神：移易精神，轉移神意，以利於精神內守。

〔22〕以身外有身為脫胎：練功守靜，意念恬淡虛無，天人一體而無我，回復先天之真我，故曰身外有身，亦稱脫胎。

〔23〕真空：即太空。《諸真聖胎神用訣》：「無上無下，非動非靜，寂寂寥寥，與真空同體。」

〔24〕了當：人體元神、元精、元氣相融合為了當。指習

練道功，全身陰陽和合，形體精神相互作用而達到平衡狀態。

〔25〕聚則成形：《莊子·知北遊篇》：「人之生，氣之聚也。」即人之形體由氣聚合而成。

〔26〕逍遙自然：逍遙，即自由自在。

這一節是對內丹工程的操作規程作了扼要的說明。在所謂設爐、神室、採藥、運火、抽添、沐浴、野戰、守城、生殺、忘形等過程中，是以凝神、聚氣、忘形、絕慮為根本，從而達到返本還源和了當的境界。

玉蟾曰：「勤而不遇[1]，必遇至人[2]；遇而不勤[3]，終為下鬼[4]。若此修丹之法，有何證驗？」陳泥丸云：初修丹時，神清氣爽，身心和暢，宿疾普消[5]，更無夢昧，百日不食，飲酒不醉，到此地位，赤血換為白血[6]，陰氣煉成陽氣[7]，身如火熱，行步如飛，口中可以乾汞[8]，吹氣可以炙肉[9]，對境無心[10]，如如不動[11]，役使鬼神，呼召雷雨，耳聞九天[12]，目視萬里，遍體純陽[13]，金筋玉骨[14]，陽神[15]現形，出入自然，此乃長生不死之道畢矣。但恐世人，執著[16]藥物、火候之說，以為有形有為，而不能頓悟也。夫豈知混沌未分之前，焉有年月日時；父母未生之前，焉有精血氣液。道本無形，喻之為龍虎；道本無名，比之為鉛汞。若是學天仙之人，須是形神俱妙[17]、與道合真可也。豈可被陰陽束縛在五行之中。要當跳出天地之外，方可名為得道之士矣。或者疑曰："此法與禪學[18]稍同"。殊不知終日談演問答，乃是干慧[19]，長年枯兀[20]昏沉，乃是幻空[21]。然天仙之學，如水晶盤中之珠，轉漉漉[22]地，活潑潑地，自然圓陀陀，光爍爍，所謂天仙者，此乃金仙[23]也。夫此不可言傳之妙也，人誰知之，人誰行之。天下無二道，聖人無兩心[24]；何況人人具足，個個

圓成〔25〕，正所謂：「處處綠楊堪繫馬，家家門閭透長安〔26〕」；但取其捷徑云爾。」

注釋

〔1〕勤而不遇：指練功勤奮但未遇到名師指點。

〔2〕至人：指道功造詣精深的人。

〔3〕遇而不勤：遇到名師指點但修煉不勤。

〔4〕下鬼：對煉丹不成者的卑稱。

〔5〕宿疾普消：宿疾，指舊病、慢性病；普消，全部消失。

〔6〕赤血換為白血：古代道功家認為，道功練到一定程度，血液的顏色會由紅變白。

〔7〕陰氣煉成陽氣：《論還丹》：「陰極生陽，陽中有真一之水，其水隨陽上升，是為陰還陽丹。」

〔8〕乾汞：指使液態的汞（水銀）變為乾燥之物。

〔9〕炙肉：指將肉烤熟。

〔10〕對境無心：境，指客觀環境；即面對自然，社會環境的變化，不生意念。

〔11〕如如不動：如如，即真如，意指湛然不動。

〔12〕九天：指天的最高處；道書稱三清玄元始三氣各生三氣，合成九氣，以成九天。

〔13〕純陽：指純一之陽。《性命圭旨全書》：「透體金光骨髓香，金筋玉骨盡純陽，煉教赤血變為白，陰氣消磨身自康。」

〔14〕金筋玉骨：指筋骨發生質的改變，見上注。

〔15〕陽神現形：指練道功獲得遙視、遙感功夫為陰神；陰神功夫再進一步提高，可飛騰變化，任意所為，稱之為陽神。

〔16〕執著：佛家語，謂固著於事物而不超脫也。

〔17〕形神俱妙：指形神合一所致的妙趣。

〔18〕禪學：指佛教研究心法一境、正審思慮的學問。

〔19〕干慧：干，求也；慧，智慧，亦指通達事理，決斷疑念取得決斷性認識的精神作用。

〔20〕枯兀（ㄨˋ）：指枯坐。

〔21〕幻空：指忽生忽滅的空想。

〔22〕澷（ㄉㄨˋ）：水濕的意思。

〔23〕金仙：指最高級的仙人。《性命圭合》：「性命兼修為最上乘法，號曰金仙。」

〔24〕天下無二道，聖人無兩心：指道、儒、釋三家均以性命雙修作為養生安命之道，專心致志，不二道，不兩心。

〔25〕圓成：指習練道功獲得形神穩定的狀態。《唯識論》：「二空所顯，圓滿成就，諸法實性，名圓成實。」

〔26〕家家門閫透長安：門閫（ㄎㄨㄣˇ），指門限，家門前；透，通透、通達；長安，唐王朝的京城。原指家家門口通長安，喻指道、儒、釋等各派功法，若專心習練，均可達上乘功夫。

這段對話，主要介紹古代丹道家在從事內丹工程的修煉中所獲得的一些效應，不僅是「宿疾普消」之益，而且還會出現今時稱之為特異功能的「耳聞九天，目視萬里」等超感現象，這乃是客觀的「證驗」。

這些證驗成為後世習練道功者所追求的目標。然而，事實是嚴肅的，歷史上具有這樣證驗的人畢竟不多，為什麼呢？因為大多數練功者執著於藥物、火候之說，被陰陽束縛於五行之中，未能師法道之自然，無法解脫自己的身心。

所謂得道，便是跳出天地之外；得道之妙，即「天下無二道，聖人無兩心。」這應該作為習練內丹工程者的座右銘。而且，功夫越深，更加有必要對這一座右銘加以仔細玩味。

　　玉蟾曰：「天下學仙者紛紛，然良由[1]學而不遇，遇而不行，行而不勤，乃至老來甘心赴死於九泉[2]之下，豈不悲哉！今將師傳口訣，鋟木[3]以傳於世。惟此洩露天機甚矣，得無譴乎！」泥丸云：「吾將點化[4]天下神仙，苟獲罪者[5]，天其不天乎！經云：『我命在我不在天[6]』。何譴之有？」玉蟾曰：「師祖張叔平，三傳非人，三遭禍患，何也？」泥丸云：「彼一時自無眼力，又況運心不普[7]乎！」噫！師在天涯，弟子在海角，何況塵勞[8]中識人甚難，今但刊此散行天下，使修仙之士，可以尋文揣義[9]，妙理照然，是乃天授矣，何必乎筆舌以傳之哉！但能凝然靜定，念中無念，功夫純粹，打成一片，終日默默，如雞抱卵，則神歸氣復[10]，自然見玄關一竅，其大無外，其小無內，則是採取先天一氣，以為金丹之母，勤而行之，指日可以與鍾呂並駕[11]矣！此乃已試之效驗，學仙者無所指南，謹集問答之要，名之曰《修仙辨惑論》云。

注釋

〔1〕良由：大多由於。

〔2〕九泉：指地下。阮瑀的《七哀詩》：「冥冥九泉室，漫漫長夜台。」

〔3〕鋟（ㄑㄧㄣˇ）木：鋟，雕刻，鋟版，指將文字刻在木板上。

〔4〕點化：指點教化的意思。

〔5〕苟獲罪者：苟，假如，姑且；假如有罪的話。

〔6〕我命在我不在天：《抱朴子》的名言，指生命屬於自己，並非天命所定。

〔7〕運心不普：普，博大的意思。指用心不廣，未耐心察訪。

〔8〕塵勞：塵，指塵世，社會；勞，指勞累，奔波。

〔9〕揣義：揣，忖度，思量文中含義。

〔10〕神歸氣復：神歸，指精神活動歸於寂靜穩定；氣復，指神與氣合。

〔11〕與鍾呂並駕：鍾呂，指唐、五代著名道功家鍾離權和呂洞賓，二人為傳說中的八仙人物；並駕，即並駕齊驅。

這段對話說明作者筆錄名師之教言的目的，決心將師傳的要訣刻之於木，以傳後世。最後又扼要申述本門內丹功夫，諄諄告誡後學，必須「勤而行之」便可以達到鍾呂的水準。

性命日月論

性命〔1〕之在人，如日月之在天也。日與月合則常明，性與命合〔2〕則長生。命者因形而有〔3〕，性則寓乎有形之後〔4〕。五臟之神〔5〕為命，七情〔6〕之所繫也，莫不有害吾之公道〔7〕。稟受於天為性〔8〕，公道之所繫焉，故性與天同道〔9〕，命與人同欲〔10〕。命合於性〔11〕，則交感而成丹，丹化為神則不死〔12〕。日者擅乾德之光〔13〕以著乎外〔14〕；月體坤而用乾〔15〕，承乎陽爾〔16〕。晦朔〔17〕相合，日就月魄〔18〕，月承日魂〔19〕，陰陽交育而神明〔20〕生。故老子謂出生入死〔21〕，生之徒十有三〔22〕，死之徒十有三〔23〕。言每月月三日，出而明生〔24〕，生至於十五日也。每月月十六日，入而明死〔25〕，死至於二十八日也。日月於卦為坎離〔26〕。坎卦外陰而內陽〔27〕，乾之用九歸乎中〔28〕；離卦外陽而內陰〔29〕，坤之用六歸乎中〔30〕。乾坤之二用〔31〕，既歸於坎離。故坎離二卦，得以代行乾坤之道〔32〕。一月之內，變見六卦〔33〕，垂象於天〔34〕。三日一陽生於下而震卦出〔35〕，八日二陽生於下而兌卦出〔36〕，十五日三陽全而乾始出〔37〕，此蓋乾索於坤而陽道進也。十六日一陰生於下而巽卦出〔38〕，

二十三日二陰生於下而艮卦出〔39〕，三十日三陰全而坤始出〔40〕，此蓋坤索於乾而陰道進也〔41〕。天地以坎離運行陰陽之道，周而復易〔42〕，故魏伯陽謂：「日月為易」，陸德明〔43〕亦取此義，訓詁〔44〕「周易」之字。余竊謂：在天為明。明者，日月之橫合；在世為易，易者，日月之縱合，在人為丹，丹者，日月之重合。人之日月繫乎心腎，心腎氣交，水火升降，運轉無窮，始見吾身與天地等，同司造化，而不入於造化矣。

(注)(釋)

〔1〕性命：性為先天之神，即意識活動；命為後天之氣。《道鄉集》：「命與性原是二體。」

〔2〕性與命合：指思維活動與呼吸之氣相合，則身體健康長壽。《性命圭旨全書》：「至心無念，至誠無息。息念雙銷，性命合一。」

〔3〕命者因形而有：道家以命為氣，認為命是附隨形體而存在，為後天所繫。《道鄉集》：「在人生之初，只有此性，更無命之可言。自哇的一聲，與母分離之後，一點性靈，流於情識，始為有命之初。」

〔4〕性則寓乎有形之後：指性是因有形而存在的。《性命圭旨全書》：「有性便有命，有命便有性，性命原不可分，但以其在天則謂之命，在人則謂之性，性命實非兩有，況性無命不立，命無性不存。」

〔5〕五臟之神：《老君內觀經》：「五臟藏五神，魂在肝，魄在肺，精在腎，志在脾，神在心。」因魂藏於肝，為肝之神；魄藏於肺，為肺之神；精藏於腎，為腎之神；志藏於脾，為脾之神；神藏於心，為心之神。

〔6〕七情：指喜怒哀樂愛惡慾。

〔7〕公道：指大公至遠的修身之道。

〔8〕稟受於天為性：因性為先天所賦，故曰稟受於天。

〔9〕性與天同道：指人的先天本性與自然相通。

〔10〕命與人同欲：因「命為五臟之神，七情之所繫」，所以說「命與人同欲」，欲為七情之一。

〔11〕命合於性：命為氣，性為神，指神氣和合為一而成丹。

〔12〕丹化為神則不死：《明道篇》稱「氣足神全丹始成」，又云「神運精氣之謂丹」，而且「神氣同體，精髓一源」，精、氣、神、丹可以一往一來，互相轉化，是為長生不死。

〔13〕日擅（ㄕㄢˋ）乾德之光：日，即太陽；擅，專長於；乾德之光，指大明之光。

〔14〕著乎外：顯耀於外界。

〔15〕月體坤而用乾：月為坤，為陰；因「乾坤二用」，月體為坤依靠乾陽而發光。

〔16〕承乎陽爾：指月承受乾陽之光。

〔17〕晦朔：晦，指農曆每月末，月亮純黑無光，稱為晦；每月初一，月受一陽之光，稱為朔。

〔18〕日就月魄：日魂為陽，月魄為陰；這裏指陽與陰合。

〔19〕月承日魂：即月體承受日光。

〔20〕神明：指能使事物發生運動變化的內在力量；亦指精神、形體的調和。

〔21〕出生入死：《道德經》河上公注：「出生謂情欲出無內，魂定魄靜，故生也。入死謂情欲入於胸臆，精神勞惑故死。」

〔22〕、〔23〕生之徒十有三，死之徒十有三：徒同途。十有三，即十三，為人體九竅與四關的和數，為當時的習慣用法，實際上是指代人體。有，置於數詞之間，表示零數，如

《尚書・堯典》:「朞三百有六旬有六日,以閏月定四時成歲。」
又《黃帝內經・素問》指兩目、兩耳、兩鼻孔、口腔、前陰、
後陰為九竅;《韓非子・解老》指四肢為四關。兩句含義是說,
九竅、四關好好保養則生,九竅、四關不能保養則死。

〔24〕出而明生:明,指光明;即初三至十五月出而生光
明。

〔25〕入而明死:指十六至廿八日月光逐漸暗淡以至無有。

〔26〕日月於卦為坎離:在先天八卦中,乾為天在上,坤
為地在下,離東坎西,如日月升降其間。《參同契》:「乾坤
者,易之門戶,眾卦之父母。坎離匡廓,運轂正軸。」

〔27〕坎卦外陰內陽:構成八卦的基本符號是陰(　) 陽
(　) 二爻,坎(　) 卦上下為(外)為二陰爻,其內(中)為
一陽爻。

〔28〕乾之用九歸手中:《易》以奇數為陽,而九為老陽,
又以陽爻一為九。八卦爻位,從下數上,第一爻稱為初九,第
二爻稱九二,第三爻稱上九。九二為中,決定卦的陰陽。坎卦
中爻為陽,故坎卦屬陽。

〔29〕離卦外陽而內陰:離(　) 卦上下(外)為二陽爻,
其內(中)為一陰爻。

〔30〕坤之用六歸手中:《易》以偶數為陰,六為老陰,故
以陰爻(　) 為六;陰卦三爻分別為初六、六二、上六。離卦
中爻為陰,故離卦屬陰。

〔31〕乾坤之二用:《周易參同契闡幽》稱,坎與離是乾坤
互相作用後之產物,有坎男離女之稱,乾坤是坎離的體,坎離
是乾坤的用;乾坤為天地,坎離為日月,升降在天地之間,變
化不已。

〔32〕代行乾坤之道:因坎離是乾坤的具體表現,所以坎

離的變化與乾坤的作用是一致的。

〔33〕六卦：指震、兌、乾、巽、艮、坤。

〔34〕垂象於天：象，指卦象，即以六卦之象懸垂於天，顯示月的弦望盈虧和陰陽消長。

〔35〕震卦出：震（☳）卦，初爻為陽，象徵月初升，下明上陰。

〔36〕兌卦出：兌（☱）卦，二陽一陰，象徵月之上弦。

〔37〕乾始出：乾（☰）卦是全陽，象徵月圓。以上從三至十五日為陰消陽長，即「乾索於坤而陽道進」，亦稱進陽火。

〔38〕巽卦出：巽（☴）卦為一陰二陽，象徵月之由盈轉虧。

〔39〕艮卦出：艮（☶）卦為二陰一陽，乃下弦月象。

〔40〕坤始出：坤（☷）卦為全陰，月暗而不明。

〔41〕坤索於乾而陰道進：從十六至三十日為陽消陰長，亦稱退陰符。

〔42〕周而復易：指六卦變化結束又重新開始。

〔43〕陸德明：古代道功家。

〔44〕訓詁：用通行的話解釋古代語言文字。

本篇是作者對性命、日月與煉丹的關係所作的解釋和闡發。他以天人合一的觀點，將性命與日月等同看待，重申了魏伯陽繼承漢易卦氣說而發展成的月體納甲說。在先天八卦中，以坎離為日月本體，其餘六卦——震、兌、乾、巽、艮、坤，用以說明一月內月體的變化和陰陽的消長。

因為離為日，坎為月，月體承受日光而生明，導致了自然界乃至人體的陰陽變化，人體的陰陽變化與月體的陰陽消長是相應的。所以，魏伯陽在《參同契》中論及周天火候時，是將一月分為六候，每候為五天。每候的月體盈虧，即晦朔弦望用六個卦象來表示，顯示陰陽的盛衰，用以明確練功的火候，即

進陽火和退陰符。

此外，作者還發展了魏伯陽「日月為易」的學說，認為日月橫合為明，縱合為易，重合為丹，這在人體即心腎相交而成丹，為內丹工程和性命雙修奠定了理論基礎。

谷神不死[1]論

谷者，天谷也。神者一身之元神也。天之谷，含造化，容虛空；地之谷，容萬物，載山川。人與天地同所稟也，亦有谷焉，其谷含藏真一[2]，宅[3]元神，是以頭有九宮[4]，上應九天[5]，中間一宮，謂之泥丸，亦曰黃庭，又名崑崙，又名天谷，其名頗多，乃元神所住之宮，其空如谷，而神居之，故謂之谷神。神存則生，神去則死，日則接於物，夜則接於夢，神不能安其居也。黃粱未熟，南柯未寤，一生之榮辱富貴，百歲之悲憂悅樂，備嘗於一夢之間，使其去而不還，遊而不返，則生死路隔，幽明[6]之途絕矣。由是觀之，人不能自生而神生之，人不能自死而神死之。若神居其谷而不死，人安得死乎！然谷神所以不死者，由玄牝也。玄者，陽也，天也；牝者，陰也，地也。然則玄牝二氣各有深旨，非遇主人授以口訣，不可得而知也。《黃帝內經》云：「天谷元神，守之自真。」言人身中上有天谷泥丸，藏神之府也；中有應谷絳神[7]，藏氣之府也。下有靈谷關元[8]，藏精之府也。天谷，玄宮也，乃元神之室，靈性[9]之所存，是神之要也。聖人則天地之要，知變化之源，神守於玄宮，氣騰於牝府[10]，神氣交感，自然成真，與道為一，而入於不生不死，故曰：「谷神不死，是謂玄牝[11]」也。聖人運用於玄牝之內，造化於恍惚[12]之中，當其玄牝之氣，入乎其根，閉極則失於急，任之則失於蕩，欲其綿綿續

續，勿令間斷耳。若存者，順其自然而存之，神久自寧，息久自定，性入自然，無為妙用，未嘗至於勤勞迫切，故曰：「用之不勤。」即此而觀，則玄牝為上下二源，氣母升降之正道明矣。世人不窮其根，不究其源，便以鼻為玄，以口為牝，若以鼻口為玄牝，則玄牝之門，又將何以名之。此皆不能造其妙，非大聖人，安能究是理哉！

注釋

〔1〕谷神不死：《道德經》河上公注：「谷，養也，人能養神則不死也。神，謂五臟之神也，……五臟盡傷則五神去矣。」又呂岩《谷神歌》：「谷兮谷兮大元神，神兮神兮真大道；保之守之不死名，修之煉之仙人號。神得一以靈，以盈一以盈。若人能守一，只此自長生。」指修養元神以求道，可以不死。

〔2〕真一，即真元，元氣。

〔3〕宅：居住。

〔4〕九宮：古人認為，人腦分為九部（室），為人體神靈所居之處，指明堂、洞房、丹田、流珠、玉帝、天庭、極真、玄丹、太皇等九宮。

〔5〕九天：道書謂三清玄元始三氣各生三氣，合成九氣，以成九天。

〔6〕幽明：即「幽室內明」。《黃庭內景經》：「幽室內明照陽門。」指守神於內，身體內極幽隱之室，明朗如日月。指反觀內照，洞察自身。

〔7〕應谷絳神：應谷，指中丹田；絳神，指心之元神。

〔8〕關元：經穴名，位於臍下三寸，亦稱「下丹田」。

〔9〕靈性：《脈望》：「靈者，神也。靈為神，性為先天；靈性即元神。」

〔10〕牝府：此處指丹田。

〔11〕玄牝：指精氣神化氣生身之處。《脈望》：「玄牝無可名狀，但闔闢始有動處，故即為門，為天地根，化化生生，其出無窮也。」

〔12〕恍惚：指意念思維活動處於無思無慮、寧謐安靜、中和平衡的狀態。

本篇是對《道德經・成象第六》：「谷神不死，是謂玄牝。玄牝之門，是謂天地根。綿綿若存，用之不勤」一章的全面論述。兩千多年來，《道德經》的注家蜂起，各取所需，抒發己見。作為道功養生家，對這一章的注解，雖是意見紛紜，但在原則上卻大同小異。

如清末著名道功家黃元吉在《道德經精義》一書中稱：「谷神不死，何以為谷神？山穴曰谷，言其虛也。變動不拘曰神，言其靈也。不死即惺惺不昧之謂也。人能養此虛靈不昧之體，以為丹頭，則修煉自易。」然而，猶以白氏的解釋更加具體而詳盡；特別是對該章的關鍵字——「谷神」、「玄牝」，作了極其透徹的解釋，而且文字比較通俗易懂，望讀者熟讀深思，俾便領悟其中真義。

陰陽升降論

天以乾道輕清[1]而在上，地以坤道重濁[2]而在下，元氣則運行乎中而不息。在上者以陽為用，故冬至後一陽之氣自地而生，積一百八十日而至天，陽極而陰生。在下者以陰為用，積一百八十日而至地，陰極而陽生。一升一降，往來無窮。人受沖和之氣[3]，以生於天地之間，與天地初無二體[4]。天地之氣，一年一周。人身之氣，一日一周。自子至巳[5]，陽升之時，故以子時為日中之冬至，在《易》為復[6]。自午至亥[7]；

陰降之時，故以午時為日中之夏至，在《易》為姤[8]。陰極陽生，陽極陰生。晝夜往來，亦猶天地之升降。人能效天地玄牝之用，沖虛湛寂[9]，一氣周流於百骸，開則氣出，合則氣入，氣出則如地氣之上升，氣入則如天氣之下降，自可與天地齊其長久。若也奔驟[10]乎紛華之域[11]，馳騁乎是非之場，則真氣耗散，而不為吾之有矣。不若虛靜守中[12]以養也。中者，天地玄牝之氣，會聚之處也，人能一意守之而不散，則真精自朝[13]，元氣自聚，谷神自棲[14]，三屍[15]自去，九蟲[16]自滅，此乃長生久視之道也。以是知真息[17]元氣，乃人身性命之根。深根固蒂[18]，乃長生久視之道。人之有生，稟大道一元之氣，在母胞胎，與母同呼吸，及乎降誕之後，剪去臍蒂，一點元陽棲於丹田之中，其息出入，通於天門[19]，與天相接，上入泥丸，長於元神；下入丹田，通於元氣。莊子云：眾人之息為喉，聖人之息為踵[20]。踵也者，深根固蒂之道。人能屏去諸念，真息自定，身入無形，與道為一，在世長年。由是觀之，道之在身，豈不尊乎！豈不貴乎！

注釋

〔1〕乾道輕清：乾道，指乾陽；輕清，指陽氣。即「輕清者為陽。」

〔2〕坤道重濁：坤道，指坤陰；重濁，指陰氣。即「重濁者為陰」。

〔3〕沖和之氣：指陰陽之氣的相互協調。《三要達道篇》：「夫受氣於沖和，形成於天地。」

〔4〕與天地初無二體：《內經》稱「天地合氣謂之曰人。」所以說人與天地初無二體；即天人一體。

〔5〕自子至巳：丹道家認為，子丑寅卯辰巳六個時辰，為六陽時，子時一陽生，此後陽氣逐漸加強，至巳時為全陽。

〔6〕在《易》為復：指易經中的復卦（䷗）。《參同契》以十二消息卦——復、臨、泰、大壯、夬、乾、姤、遯、否、觀、剝，說明一年中練功的火候。一年十二月，一月應一卦。周曆十一月冬至，復卦五陰一陽，即冬至一陽生。

〔7〕自午至亥：午未申酉戌亥六個時辰，為六陰時，午時一陰生，此後陰氣逐漸加強，至亥時為全陰。

〔8〕在《易》為姤：指《易經》中的姤卦（䷫），五陽一陰。應周曆五月夏至一陰生。

〔9〕沖虛湛寂：沖虛，指陰陽的沖和虛無；湛寂，指意念處於完全安靜狀態，即「湛然安靜」。《道德經》河上公注：「當湛然安靜，故能長久不亡。」

〔10〕奔驟：奔波忙碌。

〔11〕紛華之域：指繁華的場所。

〔12〕守中：指練道功時意守身體中部某一部位，即內視反觀命門、丹田等。

〔13〕真精自朝：真精，指精中之精，或稱「純一明淨之精」；自朝，指自然生長。

〔14〕自棲：自留，自住。

〔15〕三屍：亦稱三彭、三蟲或三姑，常居腦中、腹中、足中，損害人體健康。

〔16〕九蟲：指九竅的邪氣。

〔17〕真息：指練功入靜時出現的均勻、細緩、深長的一種呼吸。

〔18〕深根固蒂：指補腦安神，斂肺益氣。

〔19〕天門：指鼻孔。

〔20〕眾人之息為喉，聖人之息為踵：指一般人的呼吸是通過喉嚨，即呼吸較淺；而聖人的呼吸較深長，即踵息。《莊

子·大宗室》：「古之真人……其息深深；真人之息以踵，眾人之息以喉。」

本篇主要論述調息必須順應天時，與陰陽升降相結合，重申抱朴子葛洪將一晝夜分為六生時和六死時之說。一年四季的陰陽升降，以夏至冬至為分界線，一日之陰陽升降以子午時辰為分界線；並強調呼吸的開合與陰陽升降相一致。更重要的是，在湛寂中進行所謂踵息，方能合乎陰陽之道，與天地長久。

金液還丹賦

身木欲槁[1]，心灰已寒[2]，願飛升玉闕[3]，必修煉於金丹。乾馬[4]坤牛[5]，衛丁公[6]於神室[7]；離烏坎兔[8]，媒姹女於真壇[9]。絳闕散郎[10]，清朝閑士[11]，使扶桑青龍[12]，奮翅出火，而華岳白虎[13]，飛牙入水[14]。天爐地鼎[15]，三關[16]造化之樞機；日魂月魄，一掬[17]陰陽之精髓。鉛裏藏土[18]，汞中產金[19]。龜乃子爻[20]，蛇乃午象[21]，兔為卯畜，雞為酉禽[22]。四象[23]五行，不離乎戊[24]；三元[25]八卦，當資厥壬[26]。朝既屯[27]，暮既蒙[28]，六爻有象[29]，夜必復[30]，晝必姤[31]，萬物無心。

由是三性[32]會合，攢簇元宮[33]；二氣升降，盤旋黃道[34]。惟水銀一味，才變黑玉[35]；故七返朱砂[36]，乃成紅寶[37]。朱橘瓊榴[38]，交梨火棗[39]，普天白雪[40]，翩翩紫府之清飆[41]；滿院黃花[42]，隱映丹田之瑞草[43]。

注釋

〔1〕身木欲槁：槁，枯槁。指身寂然不動如槁木。《莊子·齊木論》：「形固可使如槁木，而心固可使如死灰乎？」

〔2〕心灰已寒：言心寂然不動如死灰。見上注。

〔3〕飛升玉闕：飛升，道家認為功滿可飛升成仙；玉闕（ㄑㄩㄝˋ），指天上玉帝所居住的宮殿。

〔4〕乾馬：《周易大傳》：「乾為馬，馬性剛健，為陽。」此處喻心陽。

〔5〕坤牛：坤卦為牛，牛性溫馴，此處喻腎陰。

〔6〕丁公：指心。《針灸大成》稱心為丁火之臟，此處將心喻稱丁公。

〔7〕神室：指神所居之室，即心臟。

〔8〕離烏坎兔：丹道家以離烏喻心，坎兔喻腎。

〔9〕姹女於真壇：姹女，指心、汞；真壇，指神室。

〔10〕絳闕散郎：絳闕，即絳宮，指心；散郎，指元神。

〔11〕清朝閑士：清朝，指肝，「肝為清冷宮」。閑士，指肝精、肝神。

〔12〕扶桑青龍：《悟真篇》：「扶桑海底牝龍吟。」薛道光注：「扶桑，為日出之處；牝龍為東方之獸。」此處喻元神。

〔13〕華岳白虎：華岳，即華山，喻西方；白虎，喻腎中元精。

〔14〕飛牙入水：指元神元精匯合。

〔15〕天爐地鼎：古代煉丹家以天地為爐鼎。

〔16〕三關：指初關（腎）、中關（心）、上關（泥丸）。

〔17〕掬（ㄐㄩ）：捧也；一掬，即一捧。

〔18〕鉛裏藏土：鉛喻腎，屬水，藏元陽真氣。《金丹真傳》：「外丹者，彼之真鉛，名曰戊土。」

〔19〕汞中產金：汞，喻元神；金，指鉛，喻元精。即元神制元精。

〔20〕龜乃子爻：龜喻北方坎水；子爻喻一陽生。

〔21〕蛇乃午象：蛇喻南方離火，午象喻一陰生。

〔22〕兔為卯畜，雞為酉禽：主要說明卯酉二時，為心腎交分之際，應春秋二分之候。

〔23〕四象：即木、火、金、水，指青龍木，白虎金，玄武水，朱雀火。

〔24〕不離乎戊：戊為五行之中土，為陰陽和合、心腎相交、龍虎交媾之所。

〔25〕三元：指元神元精元氣。

〔26〕當資厥壬：資，資助；厥，代詞，它，其，那個；壬，在天干中壬癸屬水，壬為陽水，癸為陰水，丹道家認為腎水中的壬水，為先天之水，至清至靈，為煉丹原質。《內鏡·敬身格言》：「元氣生於壬，應於子。」指壬為元氣開始生發之時，故本句為有助於元氣。

〔27〕朝既屯：朝，早晨；屯，卦名，六十四卦之一，震下坎上表示進陽火。《參同契》：「朔旦屯直事。」

〔28〕暮既蒙：暮，晚上；蒙，卦名，六十四卦之一，坎下艮上，表示退陰符。《參同契》：「至暮蒙當受。」

〔29〕六爻有象：《周易》六十四卦，每卦由六個爻所組成，代表著一定物象。

〔30〕夜必復：復，卦名，六十四卦之一。夜半子時為復，亦應冬至。復卦初爻為陽，餘皆為陰爻；寓一陽生之意。

〔31〕晝必姤：姤，卦名，六十四卦之一；午時為姤，亦應夏至；其初爻為陰，余皆為陽爻，寓一陰生。

〔32〕三性：木液（神水）、金精（神火）、意土的總稱。

〔33〕攢簇元宮：攢簇，彙聚，聚集；元宮，即元神宮，指腦。

〔34〕黃道：原指太陽運行的軌道。丹道家多指由會陰直達泥丸宮為黃道，亦有指任督二脈之合稱。

〔35〕黑玉：喻黑鉛。

〔36〕七返朱砂：七返，按《河圖》天地五行生成數，地二生火，天七成之；返，謂木火上炎，仍返於上；朱砂，指木火合氣成真汞。

〔37〕紅寶：指氧化汞。

〔38〕朱橘瓊榴：指內丹的藥物和效應。見下注。

〔39〕交梨火棗：指藥物，《真誥·運象》：「玉醴金漿，交梨火棗，此乃騰飛之藥，不比於金丹也。」亦指煉丹效應，如《元氣論注》：「交梨火棗，生在人體中，其大如彈丸，其黃如桔，其味甚甜如蜜，不遠不近，在於心室。」

〔40〕普天白雪：指練功中雙目微閉時，兩眼出現一片光明，稱白雪。《脈望》：「盧室生白，謂之白雪。」

〔41〕紫府之清飆：紫府，指丹田；清飆，飆，暴風，喻清風。

〔42〕黃花：指黃芽，為坎中真陽。

〔43〕瑞草：吉祥之草，喻黃芽。

本節扼要地講述內丹工程修煉中的金液還丹之程式，對這一過程中的藥物和效應作了具體描述。

這是以乾坤為爐鼎，坎離為藥物，以青龍白虎為鉛汞，即元神元精；以子午卯酉為煉丹起火的時辰，以朝暮晝夜定進退火候，使三性會合於元宮，陰陽二氣升降於黃道，經七返而成朱砂，從而產生普天白雪、滿院黃花的效應；亦即丹道家所說的真鉛與真汞相交合而成丹。

正如《性命圭旨·火龍水虎說》：「真鉛也，太陰月之精也……真汞也，太陽日之光也……假法象而採取太陰之精，設鼎器而誘會太陽之氣，使歸神室，混混相交，交合不已，孳產無窮。而木中生魂，金中生魄，魂魄凝然，化為鄞鄂，交結百

寶，名曰金液還丹。」

　　吾知夫抽添[1]何物，採取何地[2]。生殺[3]有戶，缺圓[4]
有時。以浮沉[5]為清濁[6]之本，以間隔[7]明動靜之機。養正
以抱一[8]，持盈而守雌[9]。舉世無人能達此者，終日枯坐，不
知所之。恩生害，害生恩，房躔見昂[10]；主中賓，賓中主[11]，
斗度回箕[12]。嘗謂大道無言，內丹非術。玄珠垂象[13]，而陰
裏抱陽德；嬰兒結胎[14]，而雄中含雌質。君臣[15]之間，先後
悔吝；夫婦[16]之外，存亡吉凶。丁位之心[17]，癸位[18]之張，
甲宮[19]之女『庚宮』[20]之畢。刑德[21]生旺，雖有否泰[22]；
沐浴[23]潛藏，初元固必[24]。藥材斤兩，東西南北以歸中；火
候城池，二八九三而為一[25]。如是則鵲橋河車[26]，百刻[27]
上運；華池神水[28]，四時[29]逆流。營衛[30]寒溫，而鶉火鬼
井[31]；精神衰旺，而玄枵斗牛[32]。子母函蓋[33]，身化心化；
兄弟塤篪[34]，福修慧修。六畫動爻[35]，見晦朔弦望之變；二
至[36]改度，有蝗蟲水旱之憂。真人宇宙妙縱橫，萬里溪山歸
掌握。左軍右軍[37]，自古仁義；大隱小隱，從今宮角[38]。風
悄悄，月娟娟，片雲孤鶴而長嘯一聲，編書遺後學。

注釋

　　[1]抽添：身不動氣定，謂之抽；心不動神定，謂之添。
一般指練功中氣定神定為抽添。

　　[2]採取何地：指採心之真液，取腎之真氣。

　　[3]生殺：指五行中相生相剋（殺）。

　　[4]缺圓：指月體圓缺或弦望。

　　[5]浮沉：指練功時要使沉者升，浮者降，而令水火交而
結丹。

　　[6]清濁：指陰陽，因陰濁陽清。《金丹問答》：「問曰：

何謂清濁？答曰：陰濁而陽清也。」

〔7〕間隔：指卯酉二時，介於子午二時之間。《脈望》：「卯酉二時，乃為心腎二際交分之際，應春秋二分之候，亦須澄心靜坐，聽其自然，綿綿若存，此為沐浴之功也。」

〔8〕養正以抱一：養正，即榮養正氣。《周易・蒙》：「蒙以養正，聖功也。」喻內丹過程中需要沐浴溫養，使金丹不因火候過燥而失去。抱一，即神形合一，亦為神意的協調一致。

〔9〕持盈而守雌：持盈，指保持精神盈滿，《道德經》：「持而盈之，不若其已。」雌，指陰；守雌即守靜。同書《二十八章》：「知其雄，守其雌，為天下谿。」

〔10〕房躔見昂：房躔，為二十八宿之一蒼龍七宿的第四星宿，喻青龍；昂，二十八宿之一白虎七宿的第四星，喻白虎。丹道家常以青龍喻心中真汞，以白虎喻腎中真鉛。這裏喻心腎相交，鉛汞相投。

〔11〕賓中主：亦稱主中客。丹道家常以上下、先後定主賓，如火炎木浮，在上為主；水降金沉，在下為客。因「有身則有命，有命則有性」，故命為主，性為客。又行持火候時元神為主，元精為客，亦有以左右升降定主客等。所以《悟真篇》稱：「不識浮沉，寧分主客。」

〔12〕斗度回箕：斗，指北斗星座，喻腎水；箕，二十八宿之一，喻心火。《詩小雅大東》注：「二十八宿連四方為名者，唯箕、斗、井、壁四星而已。箕、斗並在南方之時，箕在南而斗在北，故言南箕北斗。」此處指北斗自北方回到南方，喻心腎相交。

〔13〕玄珠垂象：玄珠，指內丹，即陰精陽氣在神的作用下形成的特殊物質，循經絡流動，圓潤如珠。《莊子》：「黃帝遺其玄珠，令象罔求而得之。」意謂道功練至高深境界時，內

氣運行，陰陽和合，身體處於穩定狀態。

〔14〕嬰兒結胎：嬰兒，即丹母或金丹；結胎，指金丹生成。

〔15〕君臣：丹道家以心為君，以氣為臣。

〔16〕夫婦：指陰陽。

〔17〕丁位之心：指心臟；心在五行中屬火，配天干為丁，故稱丁位之心。

〔18〕癸位之臟：指腎臟，五行中腎屬水，居北方癸位。

〔19〕甲宮：指東方木，喻肝臟。

〔20〕庚宮：指西方金，喻肺臟。

〔21〕刑德：刑為罰，主伏藏殺滅；德為育，主生發起始。《參同契》：「刑主伏殺，德主生起。」亦稱退陰符為刑，進陽火為德。

〔22〕否泰：《周易》卦名。否卦為乾上坤下，喻陰陽離決，神意分離。泰卦為坤上乾下，喻陰陽和合，神意協調。

〔23〕沐浴：指練功中神意協調而穩定的道功態。《金丹問答》：「真氣薰蒸，神水灌漑為沐浴。」

〔24〕初無固必：即固守虛無之義。

〔25〕二八九三而為一：二八為陰數，九三為陽數，指陰陽合一。

〔26〕鵲橋河車：鵲橋，指舌抵上腭，交通任督二脈；河車，指精氣沿任督二脈循環運行，如車載物。

〔27〕百刻：古代計時，將一日分為百刻。

〔28〕華池神水：華池，指舌下。《黃庭經注》：「舌下為華池。」神水，指唾液。《內丹還元訣》：「血餘氣流入上腭右邊流者，名曰神水。」

〔29〕四時：指子午卯酉四個時辰。

〔30〕營衛：營指體內，衛指體表，亦稱衛表。

〔31〕鶉火鬼井：鶉火，星名，為二十八宿心宿中蒼龍七宿之一。《星經》：「心三星，火星也，一名大火，二曰大辰，三曰鶉火。」丹道家以之喻真汞、離火。井，指井宿，為二十八宿中朱鳥七宿之首星，有星八，屬雙子座。《史記天官書》：「南宮朱鳥權衡，東井為水事。」鬼，指鬼宿，即朱鳥七宿的第二宿，有星四，屬巨蟹星座，星光皆暗。此處以「井鬼」喻真鉛、坎水。

〔32〕玄枵（ㄒㄧㄠ）斗牛：玄枵，星名，為二十八宿中玄武七宿之第四宿，稱虛宿。《爾雅·釋天》：「玄枵，虛也。」斗牛，指斗宿、牛宿二星，為二十八宿中玄武七宿，均為北方之星宿。此處藉以喻坎水。

〔33〕子母函蓋：後天呼吸之氣謂之子，先天之氣謂之母。函蓋，會合的意思；指先後天二氣和會。《胎息經》：「神為氣子，氣為神母，神氣相逐，如形與影。」

〔34〕塤（ㄒㄩㄣ）篪（ㄔㄧˊ）：古代樂器名。《中說》：「剛柔清濁，各有端序，音若塤篪。」注：「塤，土音，剛而濁；篪，竹音，柔而清。」此處借喻氣之剛柔、清濁。

〔35〕六畫動爻：《周易》六十四卦，每卦由六爻組成，又稱六畫；動爻，指各卦的變化緣自爻的變動；即「周流六虛，變動不拘」。

〔36〕二至：指冬至、夏至。

〔37〕左軍右軍：左軍為剛，為陽、為義；右軍為陰，為柔，為仁。

〔38〕宮角：古代樂曲調之簡稱，此處喻陰陽。

本節進一步指出內丹工程中不僅要使精氣神協調一致，還要講究火候的運用。

他將藥物的抽添與火候相聯繫，即宇宙中星斗的移位，四時季節轉換導致的陰陽消長，與人體煉丹火候的運用相結合，從而體現了天人合一的觀點，達到金液還丹的目的。

學道自勉文

司馬子微[1]初學仙時，以瓦礫[2]百片置於案[3]前，每讀一卷《度人經》[4]，則移瓦一片於案下，每日百刻[5]，課經百卷，如此勤苦，久而行之，位至上清定籙太霄丹元真人[6]。又如葛孝先[7]，初煉丹時，常以念珠[8]持於手中，每日坐丹爐邊，常念玉帝全號[9]一萬遍，如是勤苦，久而行之，位至玉虛紫靈普化玄靜真人[10]。我輩何人，生於中華，誕於良家；六根既圓[11]，性識聰慧，宜生勤苦之念，早臻太上之階[12]。烏躍於扶桑[13]，兔飛於廣寒，燕歸於烏翳[14]，雁度於衡山[15]，犧和[16]驅日月，日月催百年，人生如夢幻，視死如夜眠，幾度空搔手[17]，溺志在詩酒[18]；渾不念道業[19]，心猿無所守；吾今劃自茲，回首前塵路，青春不再來，光陰莫虛度。他日塊視人寰，眼卑[20]宇宙，騎白雲[21]，步紫極[22]，始自今日，勉之勉之。

注釋

〔1〕司馬子微：即司馬承禎（西元 647 ~ 735 年），唐代著名道功家。

〔2〕瓦礫：即瓦片。

〔3〕案：書案，書桌。

〔4〕《度人經》：為《太上洞玄靈寶無量度人上品妙經》的簡稱，係道教經典，傳說是三國時葛玄所傳出，原為一卷，後衍為六十一卷，內容為元始天尊開劫度人以及齋法、符術、修

煉等。

〔5〕百刻：古代計時為「每日百刻」（《名義考》）。

〔6〕上清定籙太霄丹元真人：為道教封號之一；真人，道家、道教稱「修真得道」或「成仙」之人。

〔7〕葛孝先：古代煉丹家，亦名葛玄，為葛洪（抱朴子）的三代從祖。

〔8〕念珠：亦稱佛珠或數珠，佛教用物；念佛號或經咒時用以計數的工具。一般多用香木車成小圓珠，貫穿成串，也有用瑪瑙、玉石等製成。

〔9〕玉帝全號：指玉皇大帝。

〔10〕玉虛紫靈普化玄靜真人：為道教封號之一。

〔11〕六根既圓：六根，佛教名詞，指眼、耳、鼻、舌、身、意的六種功能；既圓，圓即圓融，指六根相互依存，相互包含，相互作用而保持穩定狀態。

〔12〕早臻太上之階：臻，到，到達；太上，即太上老君，道教對老子的尊稱。全句是說早日到達太上老君之處，意即成仙。

〔13〕烏躍於扶桑：烏，指太陽，亦指陽；扶桑，為日出之處，亦為元神之喻。

〔14〕鳥翳：指飛鳥隱宿之處。

〔15〕衡山：山名，在湖南省衡山縣西。

〔16〕犧和：《書・堯典》：「乃命犧和，」《左傳》：「重黎之後，犧氏、和氏，世掌天地四時之官。」

〔17〕搔手：用手指甲輕撓。

〔18〕詩酒：即作詩飲酒。

〔19〕道業：指學道煉道功。

〔20〕眼卑：小看的意思。

〔21〕騎白雲：古代道士認為，得道後便可飛升成仙。故稱騎白雲。

〔22〕紫極：喻天宮。

本文列舉古代兩位著名的丹道家勤苦修道練功乃至位列真人的事蹟，藉以奉勸世人持志學道，要珍惜時日，堅持不懈地修習道業，以期步入高級境界；切勿貪溺於世俗物欲，沉湎於詩酒，使光陰虛度及至一事無成。修道不計年高，只要一朝領悟，當即著手勤學苦練，必有大成。

東樓小參文

至道〔1〕在心，心即是道。六根〔2〕內外〔3〕，一般風光。內物〔4〕轉移，終有老死。元和〔5〕默運〔6〕，可得長生。是故形以心為君，心者神之舍。心寧則神靈，心荒則神狂。虛其心則正氣〔7〕凝，淡〔8〕其心則陽氣集。血氣不撓〔9〕，自然流通。意志〔10〕無為，萬緣〔11〕自息。心悲〔12〕則陰氣凝〔13〕，心喜〔14〕則陽氣散〔15〕。念起則神奔〔16〕，念住則神逸〔17〕。

注釋

〔1〕至道：《莊子》：「孔子問於老聃曰：今日晏閒，敢問至道。」這裏指道功養生的理和法。

〔2〕六根：佛經《大乘義章》：「六根者對色名眼，乃至第六對法名意，此之六能生六識，故名為根。」指眼、耳、鼻、舌、身、意六官，眼根對於色境而生眼識，耳根對於聲境而生耳識……所以稱根，共為六根。

〔3〕內外：佛經之中有「內外六入」用語，《大乘義章》：「言六入者，生意之處，名之為入。」由眼、耳、鼻、舌、身、意六根，從內引起相應的意念，為內六入；由色、聲、香、

535

味、觸等六境從外入內而引起相應的意念為外入。

〔4〕內物：指精、氣、神。

〔5〕元和：指陰陽合一，《春秋繁露·至道》：「元氣和順。」

〔6〕默運：指靜功中內氣循經運行。

〔7〕正氣：指人體的元氣。

〔8〕淡：淡薄，清靜，淡其心，指心神清靜。

〔9〕不撓：不受阻撓或不停滯。

〔10〕意志：指精神意識活動。

〔11〕萬緣：指一切雜念。

〔12〕悲：七情之一。《素問·舉痛論》：「怒則氣上，喜則氣緩，悲則氣消，恐則氣下，……。」

〔13〕陰氣凝：陰氣，指人體內有形物質，如五臟之氣；凝，凝結，凝滯，不流通。

〔14〕喜：見前注。「喜則氣緩」。

〔15〕陽氣散：陽氣，與陰氣相對，指人體內生理功能。《黃帝內經》：「陽氣者，若天與日，失其所，則折壽而不彰。」散，耗散。

〔16〕念起則神奔：《道鄉集》：「一忌念動，念動則神馳。」指練功時，雜念一生，神意便向外奔散。

〔17〕念住則神逸：意念守得住，心神自然安樂。

本節主要闡述「至道」與「心」的關係，提出了「心即是道」的論點，說明心、神、氣三者的關係，是以心為主宰。

夫[1]人之一身，其心之神發於目而能視，視久則心神離，不在乎貪而喪心[2]也；腎之精發於耳[3]而能聽，聽久則腎精枯。不在乎淫而敗腎也；肝之魂[4]發於鼻而能嗅，嗅久則肝魂

散，不在乎瞋〔5〕而損肝也；肺之魄〔6〕發於口而能言，言久則肺魄耗〔7〕，不在乎躁〔8〕而耗也。

注釋

〔1〕夫：文言文發語詞。

〔2〕貪而喪心：佛經《俱舍論》：「於他財物惡慾為貪。」貪慾、貪愛可引起精神活動紊亂，有害於心，

〔3〕腎之精發於耳：《黃帝內經》：「腎開竅於耳。」

〔4〕肝之魂：肝主魂，魂為肝之神。

〔5〕瞋：生氣，發怒。

〔6〕肺之魄：「肺藏魄，魄為肺之神。」

〔7〕耗：減損，消耗。

〔8〕躁：指煩躁。練功時氣盛則躁，氣平則靜。

本節進一步闡述心神、腎精、肝魂、肺魄對內丹養生的重要性，說明久視、久聽、久嗅和瞋怒對臟器的危害，不亞於放縱貪、淫等邪慾所造成的惡果。

作者這一思想與唐代著名醫家孫思邈的「養性之道，莫久行、久立、久坐、久臥、久視、久聽」是一脈相承的。

至道之要，至靜〔1〕以凝其神，精思〔2〕以徹其感，齋戒〔3〕以應其真，慈惠〔4〕以成其功，卑柔〔5〕以成其誠。心無雜念，可不外走；心常歸一〔6〕，意自如如〔7〕，一心恬然〔8〕，四大清適〔9〕。心不在耳，孰〔10〕為之聲；心不在目，孰為之色；心不在鼻，孰為之香；心不在口，孰為之言。氣聚則飽，神和〔11〕則暖，所以道〔12〕：心者氣之主，氣者形之根，形是氣之宅，神者形之具〔13〕。神即性也，氣即命也〔14〕。心靜則氣正，氣正則氣全，氣全則神和，神和則神凝〔15〕，神凝則萬寶〔16〕結矣。

〔1〕至靜：極靜。佛教坐禪用語，《圓覺經》：「以靜慧，故證至靜性。」

〔2〕精思：指調神，調節意念。《抱朴子》：「昔左元放於天桂山中精思，而神人授之金丹仙經。」

〔3〕齋戒：古人於祭祀之前，必先素食沐浴，以表誠心。《孟子·離婁》：「齋戒沐浴，可以祀上帝。」

〔4〕慈惠：《左傳·文十八年》：「宣慈惠和。」注：「上愛下曰慈。」又《新書道術》：「惻隱憐人謂之慈。」按慈為玄宗三寶之一，《道德經》：「夫我有三寶，持而寶之：一曰慈（愛百姓若赤子），二曰儉，三曰不敢為天下先。」

〔5〕卑柔：卑，使也；柔，柔順，安和。

〔6〕歸一：指意念集中於一，歸藏於本體之中而不外散。《性命圭旨全書》：「釋之歸一者，歸此本體之一也。」

〔7〕如如：佛家語，《大乘義章》：「言如如者，是正智所契之理，諸法體同，故名為如，彼此皆如，故曰如如，如非虛妄，故經中亦名真如。」又《金剛經》注：「今示說法之方，當如如而說，下如字，是如法性之如，勸行者當如法性而說，勿生心動念也。」

〔8〕恬然：《程氏易簡方論》：「恬者，內無所蓄……臻於自然。」

〔9〕四大清適：四大，指戴大圓，履大方，鑒大清，視大明。《管子·內業》：「人能正靜，皮膚裕寬，耳目聰明，筋信而骨強。乃能戴大環而履大方，鑒於大清，視於大明。」就是說正靜心神，蓄養內氣，便能耳聰目明，筋骨堅強，身體健康，適應自然和社會環境的變化。

〔10〕孰：什麼。

〔11〕神和：《莊子》：「夫神者，好和而惡奸。」指神意喜歡平和穩定。

〔12〕道：說的意思。

〔13〕形之具：人體的具體表現，全句說明神御形，是生命的主宰。

〔14〕神即性也，氣即命也：《性命圭旨》：「性命混融，形神俱妙，與天地合德，與太虛同體。」指出性為神，命即氣，性命要同時修煉，即性命雙修。

〔15〕神凝：指神凝聚於腦而不外馳。《于真人胎息訣》：「神凝則心安，心安則氣升。」

〔16〕萬寶：指內丹。

以上兩節旨在說明「至道在心」。本節則旨在說明「至道」的要領，認為修煉內丹必須心靜、氣正、神和。主要是使心無雜念，排除聲、色、香等的干擾，達到「四大清適」的地步，為結丹（萬寶結矣）創造條件。

施肩吾〔1〕曰：氣住則神住〔2〕，神住則形全〔3〕。必也忘其情而全其性〔4〕也。性全則形自全，氣亦全〔5〕，道必全〔6〕也。道全而神則旺〔7〕，氣則靈，形可超，性可徹〔8〕也，反覆流通〔9〕，與道為一〔10〕。上自天谷〔11〕，下及陰端〔12〕，二景〔13〕相逢，打成一塊，如是久久，渾無間斷，變化在我，與道合真〔14〕。或者謂心動則神疲，心靜則神昏，一動一靜則不得〔15〕，無動無靜亦不得〔16〕，則畢竟如何？嬌如西子〔17〕離金閣〔18〕，美似楊妃〔19〕下玉樓〔20〕，日日與君〔21〕花下醉〔22〕，更嫌何處不風流。

注釋

〔1〕施肩吾：唐代著名道功家，睦州分水（今浙江桐廬縣西北）人，世稱華陽真人。提倡道功養生，必須通曉四時、陰

陽、五行，其有關著作較多，對後世道功界很有影響。

〔2〕氣住則神住：住，即到或止的意思，亦指相對地穩定。《胎息經》：「神行則氣行，神住則氣住。」

〔3〕神住則形全：指形體與精神和諧而不衰。如《黃帝內經》：「上古之人，其知道者，法於陰陽，和於術數，飲食有節，起居有常，不妄作勞，故能形與神俱，度百歲乃去。」

〔4〕忘其情而全其性：忘其情，指練功者應減少思慮，乃至減絕雜念，全其性，指保全先天之性。

〔5〕性全則形亦全，氣亦全：性為神，命即氣，形為形體，這裏是指形、神、氣的合一。

〔6〕道必全：即道家所說的全道，由於形、神、氣合一而激發全能的道理。如《亢倉子》：「全道第一，即我體合於心，心合於氣，氣合於神，神合於無。」

〔7〕道全而神則旺：道為萬物生化之源，道全則神自然旺盛。

〔8〕氣則靈，形可超，性可徹：由於道是「先天地生，……可以為天下母」，而道全是形、神、氣的合一，精神的旺盛，必然導致氣機升降的靈活，形體可以超越時限而長存，先天之性得以通徹發展。

〔9〕反覆流通：指形、神、氣相互變化，正如《老子》所說：「道生之，德畜之，物形之，勢成之。」

〔10〕與道歸一：歸，指歸藏；即神、氣活動集中於一，歸藏於本體之中而不發散。《性命圭旨》：「釋之歸一者，歸此本體之一也。」

〔11〕天谷：指上丹田，亦稱泥丸。《抱朴子》：「兩眉間稱上丹田。」

〔12〕陰端：指會陰（《性命圭旨》），亦指龜頭（《針灸

大成》）。

〔13〕二景：指心、腎二臟之象。

〔14〕合真：指練功時神形相互作用，逐步進入俱妙等境界。《脈望》：「形神相顧，入道初真；形神相並，名曰得真；形神相入，名曰守真；形神相抱，名曰全真；形神俱妙，與道合真。」

〔15〕一動一靜則不得：因為「動則神疲」，「靜則神昏」，所以說「一動一靜」不能得到正果。

〔16〕無動無靜亦不得：因為「動極生靜，靜極生動」，所以說：「無動無靜」亦得不到正果。

〔17〕西子：喻指元神。

〔18〕金闕：指練功時結「金丹」之所。

〔19〕楊妃：喻指元神。

〔20〕玉樓：同〔18〕注。

〔21〕君：指元神。

〔22〕花下醉：指日日進行道功鍛鍊，浸沉於「恍兮惚兮」的神凝氣定之中，猶如花下酒醉一般。

本節引用施肩吾的話，進一步說明澄潔心靈，清淨意念，凝神定氣，讓氣機任其自然地升降，使二景相逢──心腎相交，神形氣合一，始能達到性命雙修，與道為一的正果。

冬至小參文

身中一寶〔1〕，隱在丹田〔2〕；輕如密霧〔3〕，淡似飛煙〔4〕；上至泥丸，下及湧泉；乍聚乍散，或方或圓；大如日輪，五色霞鮮〔5〕；表裏瑩徹〔6〕，左右迴旋；其硬如鐵，其軟如綿；其急如電，其緊如弦，重逾一斤〔7〕，飛遍三千〔8〕；遇陰入地〔9〕，

逢陽升天[10]。

注釋

〔1〕一寶：指真陽之氣。《類經・附翼・大寶論》：「天之大寶，只此一丸紅日；人之大寶，只此一息真陽。」真陽之氣化育萬物，故稱一寶。

〔2〕丹田：歷代對丹田認識不一，此當指神闕穴（肚臍）之深部。《丹經》：「神闕之下是丹田。」神闕與命門相對，又居腹部中央，為全身經絡彙聚的樞紐，經氣聚集之地，真氣歸藏之處，稱為產丹的部位而名之。

〔3〕密霧：即滿天濃霧。喻真陽之氣薰蒸全身。

〔4〕飛煙：指煙在空中飄蕩，喻清陽之氣，清者浮於上之謂也。

〔5〕霞鮮：指鮮豔美麗的彩雲，喻真陽之氣，是一種練功時的景象感覺。

〔6〕瑩徹：光亮透明。

〔7〕重逾一斤：喻結丹藥物超過一斤。

〔8〕三千：佛教名詞。指三千大千世界，言宇宙世界廣大無邊。《三十六部尊經太清經》：「既放五色光明，遍滿三千大千世界。」此喻人為小宇宙，指真氣運行於周身。

〔9〕遇陰入地：指真陽之氣轉運至湧泉。湧泉穴為陰經之穴，在人體最低點，故稱地。

〔10〕逢陽升天：指真陽之氣運轉至泥丸。泥丸，在頭顱，是人體最高點，故稱天。

陽氣為身中之大寶。陽生則生，陽去則死；陽強則壽，陽衰則夭。凡欲保生重命者，當愛惜陽氣。陽氣隱藏在腹中丹田，丹田為真陽之氣生發之地。當修煉達到虛靜之時，就會感覺陽氣如煙雲之升騰，上至頭頂泥丸，下復足下湧泉，聚散無

定；大如紅日，鮮豔美麗，光亮透明，左右旋轉。每當陰陽融合，真陽之氣就旺盛，即能運行於周身。

　　金翁採汞〔1〕，姹女擒鉛〔2〕，依時〔3〕運用，就內烹煎〔4〕；冬至之後，夏至之前〔5〕，金鼎湯沸〔6〕，玉爐火燃〔7〕；龍吟東嶽〔8〕，虎嘯西川〔9〕；黃婆無為〔10〕，丁公默然〔11〕，身中夫婦〔12〕，雲雨交歡〔13〕。

注釋

　　〔1〕金翁採汞：金翁，喻元精、坎水；汞，喻火；採汞，指腎水上升，與心火融合，以達水火既濟。

　　〔2〕姹女擒鉛：姹女，指心中真陰。陰屬女性，故名姹女；鉛，喻腎水、元精；擒鉛，指心腎相交。

　　〔3〕依時：指子時。子時一陽生，為陽氣生發之時。

　　〔4〕烹煎：喻指火候。

　　〔5〕冬至之後，夏至之前：是指自然界陽氣最旺盛的時節。

　　〔6〕金鼎湯沸：喻真氣經河車搬入泥丸宮的景象。

　　〔7〕玉爐火燃：指真陽之氣萌動，而全體溫暖之感覺。

　　〔8〕龍吟東嶽：龍吟，喻真汞發動；東嶽，指東方。

　　〔9〕虎嘯西川：虎嘯，喻真鉛產生；西川，指西方。

　　〔10〕黃婆無為：黃婆，喻中央戊己土，土色黃，有溝通陰陽的作用；無為，指心神穩定無雜念。《元氣論》：「無為者，乃心不動也。不動者也，內心不起，外境不入，內外安靜，則神定氣和。」

　　〔11〕丁公默然：丁指心，心在五行中屬火，配天干為丁，火為陽，故稱丁公。默然，原指沉默無言的樣子，這裏喻心神內守不妄動。

　　〔12〕夫婦：指元神，元精融合協調，猶如夫妻倆不相離。

〔13〕雲雨交歡：喻陰陽調和，內丹產生時杳冥、恍惚之舒適感。

腎水上升與心火融合，水火既濟，心腎相交，則陰陽平和。當子時初陽生時，練功者須隨之調節神氣。冬至之後，夏至之前，是自然界陽氣最旺盛的季節，也是人體陽氣最旺盛的時候，此時真陽之氣發動，在下丹田會感到如火燃一般溫暖。經督脈上升泥丸宮，就會覺得熱氣騰騰。這是由於元陽、元精充足之故。此作用要透過陰陽溝通來實現，而陰陽的溝通，必須在心神安定靜默之下才能實施。如是，陰陽調和，就會領悟到舒適和快樂。

天一生水〔1〕，在乎清源〔2〕；離己坎戊〔3〕，以土為先〔4〕；土中有火〔5〕，妙在心傳〔6〕；如龍養珠〔7〕，波涵玉淵〔8〕；如雞抱卵〔9〕，暖氣綿綿；磁石吸鐵，自然通連；花蒂含實〔10〕，核中氣全〔11〕；禾花結穗〔12〕，露蕊團圓〔13〕；陰陽造化〔14〕，萬物無偏〔15〕。

注釋

〔1〕天一生水：北方壬癸水。據《河圖》，北一為水。在人身，水屬腎所主，腎為人生先天之本，故稱天一生水。《金丹大要》：「天一生水，在人曰精；地二生火，在人曰神。人之精神，榮衛一身。」

〔2〕清源：指壬水，為先天腎水，清而輕。

〔3〕離己坎戊：離，喻火；己，指動中之真意；坎，喻水；戊，指靜中之真性。離己坎戊，指陰陽和合之意。

〔4〕以土為先：指陰陽調和，必先賴意土。意念是調節神形使之穩定的關鍵。

〔5〕土中有火：土即真意，為元神所用，而神即是火。《金

仙證論》:「火者,神也。」意為神用,謂之土中有火。

〔6〕心傳:為心意之運用。

〔7〕龍養珠:指養神固精,陰精陽氣相感,結而為丹。

〔8〕波涵玉淵:指丹田陽氣發動,化氣生精。即陽生陰長之義。

〔9〕如雞抱卵:喻文火即丁火溫養。

〔10〕花蒂含實:花,喻心火,即汞;蒂,喻玉液,即腎水、鉛。指元氣、元精充盈。

〔11〕核中氣全:指金丹內精氣完滿。

〔12〕禾花結穗:喻元精、元神和合而結丹。

〔13〕露蕊團圓:喻金丹如潔白明淨的露水凝聚在花蕊上。

〔14〕陰陽造化:指陰精陽氣互相化育。

〔15〕萬物無偏:指宇宙一切生物皆含陰陽,兩者相生相養。

水為腎所主,腎為先天之本。而水須與火相融,才能水火協調、陰陽和平。而水火的融合,必賴於中土之意來溝通。土為真意,意不動,神自寧,神寧則精自固。而精旺則能生氣。丹田陽氣發動,能化氣生精,精氣充盈,則能結成金丹。此種陰精陽氣緊密相連,相互化育的作用,存在於自然界一切事物之中。對於人類,透過修煉就能陽生陰長,而強身健體。

人與萬物,初無媸妍[1];守得其道[2],天地齊年[3]。不守之守[4],如一物存[5];回風混合[6],碧草芊芊[7]。其中變化,萬聖千賢,始由乎坎[8],終至乎乾[9];卯酉沐浴[10],進退抽添[11],有文有武[12],可陶可甄[13];聖胎既就[14],一鏑三關[15],卻使河車[16],運水登山[17];三屍六賊[18],膽碎心寒[19]。

注釋

〔1〕嫫妍：嫫，相貌醜；妍，美麗。喻陰陽存在於一切事物之中，初起並不分優劣、盛衰。

〔2〕道：指萬物生成的根源，即元氣。《太平經》：「道者，乃天地所常行，萬物所受命而生也。」

〔3〕天地齊年：指人的壽命長，可與天地比高低。《黃帝內經素問·上古天真論》：「余聞上古有真人者，提挈天地，把握陰陽，呼吸精氣，獨立守神，肌肉若一，故能壽敝天地，無有終時，此其道生。」

〔4〕不守之守：指練道功時守神，似守非守，忽隱忽現之喻。

〔5〕如一物存：猶如一物體存在。指反觀內照，意想一景、一物而安住。

〔6〕回風混合：指元精、元神相互融合一起。

〔7〕芊芊：原指草木茂盛，這裏喻人體精氣神旺盛。

〔8〕坎：為正北方之卦，含一陽初生之意。《周易大傳·說卦》：「坎者，水也，正北方之卦也，萬物之所成終，而所成始也。」

〔9〕乾：卦名，六十四卦之首。此喻指頭頂。

〔10〕卯酉沐浴：卯酉，指時辰。卯為早晨 5～7 時，又稱日出；酉為 17～19 時，又稱日入。沐浴，為虛心無垢，存念真一之謂也。《金丹四百字》：「木液旺在卯，金精旺在酉，故當沐浴。」

〔11〕進退抽添：進退，指運用功夫，由心神加以統馭，進火為陽，退火為陰。白玉蟾曰：「以作止為進退。」抽添，以運用為抽添。瑩蟾子說：「身不動氣定，謂之抽；心不動神定，謂之添。」

〔12〕文：指文火，即丁火。武，指武火，即丙火。

〔13〕可陶可甄：陶，培養。甄，審查鑒定、辨別。

〔14〕聖胎：為金丹的別名。內丹家以母體結胎來比喻凝聚精氣神三者煉成之丹。

〔15〕一鏃三關：鏃，箭頭；三關，此指玉枕、夾脊、尾閭。《金丹大成集》：「腦後曰玉枕關，夾脊曰轆轤關，水火之際曰尾閭頭。」一鏃三關，喻真氣象箭一樣飛快地穿越三關。

〔16〕河車：指在道功態下，精氣運行沿任督兩脈循行，如駕動河車運水，故曰河車。

〔17〕山：喻頭頂泥丸宮。

〔18〕三屍六賊：三屍，亦稱三彭、三蟲，是影響入靜的邪鬼。《雲笈七籤》：「人身有三屍神即三蟲，上屍名彭倨，又號青姑，好寶物，令人陷昏危。中屍名彭質，又號白姑，好五味，增喜怒，輕良善，惑人意識。下屍名彭嬌，又號血姑，好色欲而迷人。三屍欲人速死，是謂邪魔。」六賊，指眼、耳、鼻、舌、身、意這六種感覺器官接受外界的刺激，引起情志損傷，影響入靜，故稱六賊。《楞嚴經》：「眼、耳、鼻、舌及與身心六為賊媒，自劫家寶。」

〔19〕膽碎心寒：非常害怕、失望而痛心。

人與一切事物，都有陰和陽兩個方面。生物初生的元氣，沒有盛衰之分，但當成物後的陰陽，就有盛衰之別，即陰陽的協調和消耗。故應把握生物之道，固守元真之氣，才能與天地長存，人能守其一，則能長命。

守一，應似守非守，猶如一物長存而安住。如是，陰陽和合，精氣神就旺盛。一陽之氣初生，源於先天腎水之中，但需要在卯酉時虛心定神，用心神加以統馭。在運用文火和武火時，需要培養鑒別調定的能力。

真陽之氣旺盛，就能像箭一樣透達玉枕、夾脊、尾閭三關，象河車運水一樣運至頭頂泥丸宮。而這種內氣的運行，應凝神靜定，排除影響情志活動的三屍六賊等各種雜念，使心神處於清虛無為之中，才有此作用。

銀盂盛雪[1]，一色同觀；鷗入蘆花[2]，月照崑崙[3]；玉壺涵冰[4]，即成大還[5]；烏飛兔走[6]，造物清閒[7]；金液煉形[8]，玄關精根[9]；玉符保神[10]，絳宮丹元[11]；晝運靈旗[12]，駃驥[13]加鞭；夜孕火芝[14]，一朵金蓮[15]；一聲雷電[16]，人在頂門[17]；青霄萬里[18]，蟾光[19]一輪；移爐換鼎[20]，以子生孫[21]。

注釋

〔1〕銀盂盛雪：銀盂，喻心神；雪，指白雪，比喻純潔。

〔2〕鷗：鳥類一種，羽毛多為白色，生活在海邊，以喻元神；蘆花：喻心中真陰。鷗入蘆花，喻陰陽混合一體。

〔3〕月照崑崙：指神府純白，猶如明月當空，是一種練功時的景象感覺。

〔4〕玉壺涵冰：玉壺，喻神室，指腦；涵冰，指腦神清靜，玉潔冰清，無一物存。《性命圭旨全書・涵養本源・救護命寶》：「靈台湛湛似冰壺，只許元神在裏居，若向此中留一物，豈能證道合清虛。」

〔5〕大還：即大還丹。《修真太極混元指玄圖》：「自尾閭穴起，一撞三關，至泥丸，合和神水，下復還丹田，曰大還丹。」

〔6〕烏飛兔走：指日月運行。此喻陽氣陰精之循環。

〔7〕造物清閒：造物，猶造化；指陰精、陽氣之化生。清閒：不煩擾也。

〔8〕金液：指腎氣上升，薰蒸於肺，所生之液為金液，又肺屬金，金生水之義。煉形，指煉神，即入靜。《性命圭旨全書・貞集》：「雖曰煉形，其實煉神。」

〔9〕玄關：此指上丹田。《洞元子內丹訣》：「上丹田曰泥丸」。精根，指腦神，即泥丸宮。《黃庭內景經・至道章》：「腦神精根字泥丸。」

〔10〕玉符：喻元精。《鍾呂傳道記》：「精中生氣，氣在中丹；氣中生神，神在上丹；真水真氣，合而成精，精在下丹。」保神，指固腎精，保養精氣神。《永樂大典・神》：「若能呼吸御精，保固神氣、精不耗則永久，氣長存則不死。」

〔11〕絳宮：指心。《黃庭內景經・梁丘子注》：「心為絳宮。」丹元，指心神。《黃庭內景經・心神章》：「心神丹元字守靈。」

〔12〕靈旗：喻陽氣。

〔13〕騏驥：指駿馬，喻真氣運行之速。

〔14〕孕火芝：孕，孕育。指既存的事物中醞釀著新事物。火芝，喻真氣。

〔15〕金蓮：喻心中之液。

〔16〕一聲雷電：指真氣沖關時的一種景象感覺。

〔17〕人在頂門：人，這裏指人神。《滅神論》：「神即形也，形即神也。」頂門：即百會穴。

〔18〕青霄萬里：指藍色的天空，萬里無雲。比喻心神潔淨無物。

〔19〕蟾光：真陽之光也。道家以金蟾為真陽之竅，採得真陽，即見蟾光。又蟾光指月光。

〔20〕移爐換鼎：指離降坎升，陰陽互濟。

〔21〕以子生孫：指變移精氣神。

心神空虛入靜，真陽則現純白之色，猶如明月那樣潔淨明亮。當真氣上沖時，就會產生一種如雷電沖關的感覺。道功練到如此功夫，則精氣旺盛，運行全身。肺腎兩藏，與精氣的互化關係密切。以五行而言，金生水，金水相生，腎上連肺，上下相通，升降相因。金強則生水，下滋腎精，腎精充盈，以養其形。真氣蒸騰真陰，則能化為精氣神而成「仙」。

得道屍解[1]，陸地神仙[2]；功圓行滿[3]，身登紫雲[4]；以神合道[5]，道合玄元[6]；凝虛[7]煉靜，高超四禪[8]；跳出混沌[9]，法身[10]無邊。只此真機[11]，何千萬篇；一言簡易，十月精虔[12]；但觀奎婁[13]，莫守幽燕[14]；夜月飯蛇[15]，秋露飲蟬[16]；晝夜二六[17]，十二周天[18]；但將此語，凝神精研[19]。

注釋

〔1〕得道屍解：得道，指清靜得成真道，謂練道功到純一的境界。《常清靜妙經》：「如此清靜，漸入真道，既入真道，名為得道。」屍解，指對影響入靜的情感活動的一切因素都解脫掉。

〔2〕神仙：指超脫塵世，異於俗人之人。道家指長生不老的人。

〔3〕功圓行滿：功，即工夫，指練道功的時間、時機、致力於道功的程度及造詣之深淺。行，佛教名詞，指一切精神現象和物質現象的生起和變化活動；功圓行滿，指道功練到完美無缺純一之境界。

〔4〕身登紫雲：指道功達到上乘功夫，可使身體輕靈飛騰如在天空紫雲中。《嵩山太無先生氣經》：「若久服胎息不亂者，自然氣圓成真，妙不假羽翼而乃升騰也。」也指練功中一

種飄飄然在紫雲中的一種感覺。

〔5〕神：指心靈之神。《脈望》：「先天一點靈明是曰性，從虛無生靈是曰神。」道：這裏指氣。《性命圭旨全書·大道說》：「道也者，果何謂也。一言以定之曰氣也。」以神合道，即神氣相抱，渾然一體。

〔6〕玄元：這裏指虛無混沌之元氣。

〔7〕虛：指虛無。《太平經》：「虛無者，乃內實外虛也，有若無也。」

〔8〕四禪：為佛教用語，亦稱四禪定、四靜慮、四定靜慮。佛教以治惑，生諸功德的四種基本修煉入靜的層次。

〔9〕混沌：指陰陽兩氣相融，渾然一體。亦稱元氣。

〔10〕法身：亦稱佛身，佛教名詞。指天神真仙，化其所顯現自性之真身，謂之法身。《維摩詰經·方便品》僧肇注：「法身者，虛空身也，無生而無不生，無形而無不形。」

〔11〕真機：道功術語，指先天、後天二氣合一的機遇。《天仙正理·先天後天二氣直論》：「知修煉真機而後可知真仙道。」

〔12〕十月精虔：十月，指陰曆十月。《諸病源候論》：「十月萬物陽氣傷。」十月，陽氣衰，陰氣漸盛。精虔，指精誠調神，潛藏陽氣，不使耗損。

〔13〕奎婁：為二十八宿名之一，與胃、昂、畢、觜、參組成虎形，在西方，又稱白虎。丹書中將腎中元精喻之虎。

〔14〕幽燕：幽，昏暗；燕，安也、息也。

〔15〕夜月飯蛇：夜，指夜晚，屬陰；月，喻元精、腎水；飯，引申為作、煉；蛇，指神。夜月飯蛇，指夜晚煉神，使陰陽相交、元精元神相濟。

〔16〕秋露飲蟬：指吸取天地精華之氣。

〔17〕二六：指二六時，十二個時辰。一個時辰為兩小時，故曰二六。

〔18〕十二周天：亦指十二個時辰。自然界一年有春溫、夏熱、秋涼、冬寒的四時氣候變化，一周天中也有寒熱溫涼的變化，故可喻一年之時節。一時之用，可奪一年之造化。

〔19〕凝神精研：指意志專一地精深研究。

當道功修煉到純一、完美無缺的境界時，神氣就渾然一體，就能超脫跳出混沌之體，而達到上乘功夫。則會產生一種恍惚如在空中的感覺或有一種升騰的現象。

為此要注意掌握一天、一年的有利時機，調定火候。十月陽衰時，應精誠調神，潛藏陽氣，以駕馭陰極陽生之機，還要注意養護腎中之精，不使耗失，使元精元神相濟。對此要專心致意地、不懈地深入鑽研。

丹房法語

與胡胎仙

呂先生〔1〕鶴頸龜腮〔2〕，適有鍾離〔3〕之會；石居士〔4〕鹿鼻鼠耳〔5〕，偶逢平叔〔6〕之來。歎夤緣〔7〕時節之難，豈名利是非之比。金丹大藥〔8〕，古人以萬劫一傳〔9〕；玉笥靈篇〔10〕，學者之十迷九昧。月裏烏〔11〕，日裏兔〔12〕，顛倒坎離〔13〕；水中虎，火中龍〔14〕，運用復垢〔15〕。

採先天一氣〔16〕，作鉛中之髓〔17〕，奪星象萬化〔18〕，為汞裏之精〔19〕。惟弦前弦後〔20〕之時，乃望缺望圓〔21〕之際。知之者癸生〔22〕須急採，昧之者望遠不堪嘗〔23〕。精半斤，氣半斤〔24〕，總在西南之位；火一兩，藥一兩〔25〕，實居東北之鄉。收

金精木液〔26〕，歸於黃庭〔27〕，煉白雪黃芽〔28〕，結成紫粉〔29〕。《悟真篇》所謂華池神水〔30〕，《知命論》又言地魄天魂〔31〕。採之煉之，結矣成矣。

注釋

〔1〕呂先生：即呂洞賓，名岩，號純陽子，自稱回道人，世稱呂祖，傳說為八仙之一。

〔2〕鶴頸龜腮：指頭頸較長、腮尖小。

〔3〕鍾離：指漢中離，據說姓「鍾離」，名權，字雲房。呂洞賓遊長安時，遇鍾離權，經過「十試」，乃授以「大道天遁劍法，龍虎金丹秘文」。

〔4〕石居士：即石泰，字得之，號杏林，一號翠玄子。

〔5〕鹿鼻鼠耳：指鼻大耳小。

〔6〕平叔：即張伯端，一名用成，號紫陽真人。

〔7〕夤緣：攀附上升，謂恃攀附以上升也。

〔8〕金丹大藥：指心腎之間，有真氣、真水，氣水之間而有真陽真陰，使其合而為一，煉成大藥，稱為金丹大藥。

〔9〕萬劫一傳：萬劫，萬世之義。佛家稱世界從生成到毀滅的一個過程為一劫。萬劫一傳，意指保密程度，難得一傳。

〔10〕玉笥靈篇：指書籍，喻內容豐富、造福後人的珍貴煉丹書籍。

〔11〕月裏烏：月喻元精腎水，屬陰；烏指日，喻火，為陽。指陰中有陽。

〔12〕日裏兔：指陽中有陰。

〔13〕顛倒坎離：指河車逆轉運行。元精坎水性沉，元神離火性浮。順則成人，逆則元精上升泥丸，元神下降丹田，坎離顛倒而成丹。《悟真篇》：「自知顛倒由坎離。」

〔14〕水中虎、火中龍：指五行顛倒，反剋而言。《金丹問

答》：「虎，西方金也，金生水，反藏形於水。龍，東方木也，木生火，反受剋於火。太白真君曰，五行不順行，虎向水中生；五行顛倒術，龍從火裏出是也。」

〔15〕復姤：復，指復卦，指初生的一陽；姤，指姤卦，為初生的一陰。

〔16〕先天一氣：指元氣，是構成萬物的基本物質。《論衡·齊世》：「一天一地，並生萬物，萬物之生，俱得一氣。」又《永樂大典·神》：「自己元神，即先天一氣之神。」

〔17〕作鉛中之髓：鉛喻腎水，內含正陽之氣。氣中有水，名曰真虎，或曰真一之水。所謂水中之氣者而稱之為鉛中之髓。

〔18〕奪星象萬化：奪，指定奪，做出決定。星象萬化，喻身體陽氣陰精的相互轉化。

〔19〕汞裏之精：汞，喻心，屬火。心氣太極而生液，液中有正陽之氣。《鍾呂傳道記》：「汞者，心液之中，正陽之氣。」汞裏之精，指氣化為精而謂之。

〔20〕弦前弦後：弦前，即上弦，陰曆初七、初八，月亮缺上半，弦後，即下弦，陰曆廿二、廿三，月亮缺下半。

〔21〕望缺望圓：指在陰曆每月月初、月底和十五前後。

〔22〕癸生：喻真陽之氣萌動。《道樞·悟真篇》：「靜中才一動，便是癸生時。」

〔23〕昧之者：即糊塗的人，望遠不堪嘗：望塵莫及，不能辨別奧妙。

〔24〕精半斤，氣半斤：精指水，氣指火，即水火均等。

〔25〕火一兩，藥一兩：火喻神，藥喻氣，指神氣平衡。

〔26〕金精木液：金精，指腎水中之精氣，為肺金所生。金生水，水下降滋益腎陰，腎中真陽上蒸肺金之謂也。木液，心火中之陰液，為肝木所生。木生火，火為心，氣極生液，心

中之陰液是也。

〔27〕黃庭：指空虛之中。《黃庭內景經·梁丘子注》：「黃者，中之色也；庭者，四方之中也。外指事即天中、人中、地中；內指事即腦中、心中、脾中。」

〔28〕白雪黃芽：《金丹四百字》：「虛無生白雪，寂靜發黃芽」，此白雪當指元精，黃芽指元神。

〔29〕紫粉：指心火、腎水結成的金丹大藥含汞鉛之色。喻道功態中的一種景象。

〔30〕華池神水：華池，腎中所化精氣貯存於丹田下稱為華池；神水，指心中所化之液，注於口中稱為神水。

〔31〕地魄天魂：地魄，為鉛之異名，指腎中元精；天魂，為汞之異名，指木中之火、亦指心神。《悟真篇》：「但將地魄擒朱汞，自有天魂制水金。」

古人對如何調和精氣神，修煉成金丹大藥之訣竅是非常保密的，雖然有內容豐富而珍貴的練功書籍流傳下來，但後人卻不易掌握。而此文正告知人們，在人體中有陰陽。陽主升，陰主降，順其自然規律變化則成人，而修煉者應使其陽氣下行至丹田，陰精逆上至泥丸，陰陽互濟則能成「仙」。

修煉是以入靜培育元姹氣，化生精液，使陰陽互化，水火平衡，神氣均等為宗旨。若五行不順行，出現反剋，則破壞了生剋之正常關係，失去了正常協調關係下的變化與發展。因此，要視其水或火的偏頗狀況，則應用陽或陰來加以調整。

月亮圓缺對人體的精氣有很大變化，正如《內經·八正神明論》所說：「月始生，則血氣始精，衛氣始行；月郭滿，則血氣實，肌肉堅；月郭空，則肌肉減，經絡虛，衛氣去，形獨居。」因此，要依月亮缺圓之際，調定火候。當修煉功夫到時，就會有一種特殊的景象感覺。

如夫婦最初一點〔1〕，十月成胎〔2〕，似君臣共會萬機〔3〕，百官列職〔4〕。遇日中冬至則野戰〔5〕，遇時中夏至則守城〔6〕。都來片晌〔7〕工夫，要在一日證驗〔8〕。九三二八〔9〕，算來只在姹女金翁〔10〕，七六〔11〕十三，窮得無過黃婆丁老〔12〕。更不用看丹經萬卷，也只消〔13〕得口訣一言。子之來意甚勤〔14〕，知汝積年求慕〔15〕；非夙〔16〕生有此豐骨，豈一旦用是身心〔17〕。自採藥〔18〕以至結胎〔19〕，從行火〔20〕而及脫體〔21〕；包括抽添之妙，形容沐浴〔22〕之機；無金木間隔〔23〕之憂，有水土同鄉之慶〔24〕；但須溫養〔25〕，都沒艱辛〔26〕；十二時中只一時〔27〕，三百日內在半日〔28〕。

注釋

〔1〕夫婦最初一點：夫婦，喻陰陽兩個方面；最初一點，喻一元之氣。

〔2〕十月成胎：喻精氣孕育金丹的時間基礎。

〔3〕君臣共會萬機：君臣，喻精氣神；共會萬機，喻精氣神共同會合修煉。

〔4〕百官列職：喻魂、魄、志、意等參與修煉。

〔5〕日中冬至則野戰：日中，指中午，為陽，有陽極生陰之意；冬至，為至陰，陰極生陽；野戰，指龍（元神）虎（元精）交合之意。又陳泥丸曰：「以制伏身心為野戰。」

〔6〕時中夏至則守城：時中，隨時節制喜怒得其中也，指不偏不倚。《孟子·萬章》：「孔子，聖之時者也。」疏：「所行之行，惟時適變，可以清則清，可以任則任，可以和則和，不倚於一偏也。」夏至，為至陽，陽極生陰之義。守城，指入靜修煉，陳泥丸曰：「以凝神聚氣為守城。」

〔7〕片晌：形容時間短，泛稱一時。

〔8〕證驗：實際的效驗，指修煉實踐，得到證實。

〔9〕九三二八：九三，即金翁；二八，即姹女。根據八卦爻象，九三皆陽爻，二八皆陰爻。

〔10〕姹女金翁：東三之木本為震之長子，今以西兌之坤爻配以東震之陽爻，長男變為坤卦而成姹女矣；九本老陽，為陽爻，本從東三震木而來，兌本少女配以震象之長男，陰陽互換，則兌之少女變成乾體而為金翁矣。

〔11〕七六：七為少陽，六為老陰。

〔12〕窮得無過黃婆丁老：丹書中的陰陽變化，都靠中央黃婆調定，調定之法，當以丁火溫養，故稱之。

〔13〕只消：只需要。

〔14〕來意甚勤：來到這裏的意圖很勤懇。

〔15〕汝積年求慕：汝，你；積年，多年；慕，仰慕。

〔16〕夙：素有的。

〔17〕身心：形體和精神。

〔18〕採藥：此指形神穩定狀態。《脈望》：「身心不動為採藥。」

〔19〕結胎：指精氣神融合一起。《道藏·金丹正宗》：「結胎，精氣與神，混融磅礴，真火相見，片時凝結。」

〔20〕行火，指運用心神。

〔21〕脫體：指修煉得道，就凡體而成仙人（指長壽）。

〔22〕沐浴：比喻精氣充盈薰蒸全身。《金丹問答》：「真氣薰蒸，神水灌溉為沐浴。」

〔23〕無金木間隔：金係西方兌金，木為東方震木。性在肝屬木，情在肺屬金。金能剋木，故情欲往往損傷木性，運用真意調合為一，則金木無隔，無剋戕反侮之患，則肺肝脅調，水火既濟。

〔24〕有水土同鄉之慶：水指金水，土指脾土。在五行中，

土生金，金生水，謂水土對木金相生調和之義。

〔25〕溫養：指調養時得純正火候，不寒不熱謂之溫養。《真丹真傳・張崇烈注》：「溫養者，火候不寒不熱，而調養之謂也。」

〔26〕艱辛：艱苦。

〔27〕十二時中只一時：十二時，指十二個時辰。一時，指一個時辰，當指子時。

〔28〕半日：是一個大約數，亦指六個時辰。

元氣包含陰陽，為化生萬物之源。氣生精，精化氣而生神，精氣神是孕育金丹的基礎。修煉須魂魄意志共同參與，使心神寧靜為一。人體的陰陽（盛衰）與時令季節相應。冬至陽生，夏至陰生，故冬至以後要保養陽氣，以陽助陽，化氣生精，夏至後應凝神固精，以陰助陰，生精化氣，以符合於「春夏養陽，秋冬養陰」之意。

修煉的要領是「守一」，守得其一，則氣定神定，精氣自來。真陽旺盛，薰蒸全身、溫養形體，人則長壽。要想有健康的體魄，每天只要堅持一個時辰的修煉工夫，就會得到證實。

丹田有物⁽¹⁾，行住坐臥以無憂；紫府⁽²⁾書名，生死輪廻⁽³⁾而不累。了然快樂，自此清閒。這工夫，向鬧裏也堪行；論玄妙⁽⁴⁾，只頃中都⁽⁵⁾交結。聚而不散，煉之尤堅。朱砂鼎⁽⁶⁾，偃月爐⁽⁷⁾，何難尋之有；守一壇⁽⁸⁾，中央釜⁽⁹⁾，唯自己而求。宜識陰陽，要知玄牝⁽¹⁰⁾。龍精滿鼎⁽¹¹⁾，遣金童下十二重樓⁽¹²⁾；鳳髓盈壺⁽¹³⁾，令玉女⁽¹⁴⁾報三千世界⁽¹⁵⁾。此時丹熟，更須慈母惜嬰兒；不日雲飛⁽¹⁶⁾，方見真人⁽¹⁷⁾朝上帝⁽¹⁸⁾。

注釋

〔1〕丹田有物：指真氣聚合丹田而覺熱或跳動，猶如物存

之謂也。

〔2〕紫府：指真氣歸藏之所，即丹田。

〔3〕生死輪廻：生死，此喻一氣，因其關係到生命存亡之謂也。劉一明注張三豐《無根樹》說：「是一氣者，即性命之根，生死之竅。有此一竅，則陰陽相交而生；無此一氣，則陰陽相背而死，人之生死，只在此一氣存亡之間耳。」輪廻，意謂如車輪迴旋不已。

〔4〕玄妙：指深奧神妙，變化難以捉摸之謂也。

〔5〕中都：指中央意土，亦即中宮之竅。有「四象五行全聚土」之意，有保養和氣，深藏其精之功。《了三得一經》：「獨是土生萬物，脾實當之。木得土而花榮葉茂，金得土而氣斂光全，火得土而成形煉質，水得土而滋性凝情。」

〔6〕朱砂鼎：指頭中為朱砂鼎，屬陽鼎。

〔7〕偃月爐：指人體玄關命門一竅。宋陳顯微注《參同契》「偃月作鼎爐，白虎為熬樞」一句說：「偃月爐者，謂玄關一竅之體用也。其竅半黑半白，如半弦月，故曰偃月爐。」

〔8〕一壇：為中丹田的異名。

〔9〕中央釜：指下丹田。

〔10〕玄牝：此指任督二脈為玄牝。《奇經八脈考》：「修丹之士，身中一竅，名曰玄牝……醫書謂之任督二脈，此元氣之所由生，真息之所由起。」

〔11〕龍精滿鼎：指元神旺盛，充盈泥丸。

〔12〕遣金童下十二重樓：遣，打發；金童，指心中之液，亦稱神水；重樓，即重堂，指喉嚨。《黃庭內景經·梁丘子注》：「重堂，喉嚨名也。一曰重樓，一曰重環，本經云：『絳宮重樓十二級，絳宮心也。喉嚨在心上，故曰重堂』。喉嚨者，津液之路，流通上下，滋榮一身，煥明八方。」

〔13〕鳳髓盈壺：喻元精充盈下丹田。

〔14〕玉女：即玉液，指腎精。

〔15〕三千世界：即三千大千世界。原來是古印度傳說的一個廣大範圍的世界的名稱。即以須彌山為中，同一日月所照的四天下為一小世界，合一千個小世界為小千世界，合一千個小千世界為中千世界，合一千個中千世界為大千世界。此喻人體。

〔16〕不日雲飛：要不了幾天，就會飄浮無定，指練道功的一種自我感覺。

〔17〕真人：指道功工夫高深的人。《諸真聖胎神用訣・何仙姑胎息訣》：「真氣存於形質，真仙之位變化無窮，號曰真人矣。」

〔18〕上帝：古代指天上主宰萬物之神。

修身養性之人，平時也須無憂無慮，心神泰然。只要堅持修煉，真氣就會聚合於丹田而產生熱感或跳動感。到時，真氣就能迴旋於任督兩脈，且清楚地體會到快樂、清靜、閒暇。練功有素者，在熱鬧的地方也可修煉。當精氣充盈，則神水散佈全身，潤澤形體。

正如《性命圭旨全書・玉液煉形法則》所云：「液中有氣，氣中有液，氣液相生，日充月盈，為金液之基，作潤身之寶。」如是，陰精陽氣相感而結的丹就成熟。要不了幾天，就會產生一種恍惚飄浮的自我感覺。如是就成為功夫高深的人。

題張紫陽、薛紫賢二真人像

昔李亞〔1〕以金汞刀圭火符〔2〕之訣，傳之鍾離權〔3〕，權以是傳呂岩〔4〕臾，岩臾以是傳之劉海蟾〔5〕，劉傳之張伯端〔6〕，張於難中感杏林石泰之德〔7〕，因以傳之。泰、邠州人也，事成

遊毘陵[8]，授之於蜀僧道光[9]。光之門，有行者道楠[10]，號
為陳泥丸，即先師也。偶緣道過太平宮，睹壁間張平叔，並道
光之像，感前賢之已蛻[11]，嗟塵世[12]之不仙[13]，思鸞鶴[14]
之未來，對江山而無味[15]。張乃紫陽真人，太微第四[16]是
也。道光姓薛，號為紫賢。石公乃翠玄先生。先師則翠虛真人
也。海南白玉蟾，因訪知宮[17]蔡長卿，於是乎書。

注釋

〔1〕李亞：姓李，名亞，字玄陽。又名李玄，即鐵拐李。
又姓王，字玄甫。

〔2〕金汞刀圭火符：金汞，喻水火；刀圭，指神氣合一，
泛指丹道中的藥物；火符，指陽火。

〔3〕鍾離權：亦稱漢鍾離。據說姓鍾離，名權，字雲房。

〔4〕呂岩：即呂洞賓。

〔5〕劉海蟾：五代時道士，名操，字昭遠，又字宗成，以
號行。為道教全真道北五祖之一。

〔6〕張伯端：即張紫陽。

〔7〕張於難中感杏林石泰之德：張紫陽曾在陝西鳳縣，觸
犯當地太守，受黥刑，被流放。經過邠州逢大雪，在酒肆中小
憩，逢石泰，由石泰向太守說情後獲釋而感恩之。

〔8〕毘陵：郡名、晉置。在江蘇省鎮江縣東南。

〔9〕道光：即薛道光，名式，一名道原，字太源。初為
僧，法號紫賢，一號毗陵禪師。後轉為道士。

〔10〕行者道楠：行者，指修行的僧侶。《釋氏要覽》卷
上：「經中多呼修行人為行者。」楠，指陳楠，字南木，號翠
虛，人稱陳泥丸。

〔11〕蛻：比喻形質改變，轉化。

〔12〕嗟塵世：嗟，悲歎聲；塵世，即人世。

〔13〕仙：道家所幻想的一種超出人世，長生不死的人。

〔14〕鸞鶴：鸞，傳說中鳳凰一類美麗的鳥；鶴，指年壽長。

〔15〕對江山而無味：指對當時的社會不感興趣。

〔16〕太微第四：指對張紫陽的尊稱。

〔17〕知宮：道宮之宮主。

修煉內丹，能變移精氣神，精氣神旺盛，則筋骨強韌，形質改變，就能健康長壽。工夫高深者，還能從人的形象中測知其體質改變和轉化。正由於內丹術有如此的功效，故李亞將這一訣竅，傳之鍾離權後，代代相傳而不衰。

然而，到白玉蟾一代，極少有高深的工夫者，所以他歎息人世間沒有長壽之人。對當時的社會又不感興趣，故潛心著書，以將內丹之訣傳於後人。

謝陳仙師寄書詞

夫金丹[1]者，採二八兩之藥[2]，結三百日之胎[3]。心上工夫[4]，不在吞津咽氣；先天造化[5]，要須聚氣凝神。若要行持[6]，須憑口訣。至簡至易，非色非空[7]。無中養就嬰兒[8]，陰內煉成陽氣[9]。使金公[10]生擒活虎[11]，令姹女[12]獨駕赤龍[13]。乾夫坤婦[14]，而媒假[15]黃婆；離女坎男[16]，而結成赤子[17]。一爐火[18]焰煉虛空，化作微塵[19]；萬頃冰壺照世界[20]，大如黍米。神歸四大[21]，即龜蛇[22]交合之時；氣入四肢，是烏兔郁羅[23]之處。玉葫蘆[24]，迸出黃金之液[25]；金菡萏[26]，開成白玉之花[27]。正當風冷月明時，誰會山清水綠意。

注釋

〔1〕金丹：指修身養性，凝練精氣神之謂。《悟真外篇·

金丹四百字並序》：「七返九還金液大丹者，七乃火數，九乃金數，以火煉金，返本還元，謂之金丹也。」

〔2〕二八兩之藥：二八兩，指兩個八兩，即均等。藥，指水火、精氣。

〔3〕結三百日之胎：泛指修煉過程。謂修煉達到形神和調的理想境界，《道藏·金丹正宗》：「真積日久，力到功深，十月胎圓，滿鼎黃金。」

〔4〕心上功夫：指修煉主要在於心神虛靜，意念專一的功夫。

〔5〕先天造化：先天，指無極，陰陽未分，一氣處於混沌之中，亦即元氣。《性命圭旨全書·天人合發·採藥歸壺》：「何謂先天，寂然不動，窈窈冥冥，太極未判之時也。」造化，創造化育萬物。

〔6〕行持：道家以道士恪守戒行，而修持正法者，謂之行持。

〔7〕非色非空：色，佛教名詞，相當於物質的概念，但並非全指物質現象。《俱舍論》卷一：「變礙故名為色。」即指一切能變壞並且有質礙之事物。空，佛家語，指中之意。謂事物之虛幻不實，或指理體之空寂明淨。即有與無之間，是與非之間。《般若心經》：「色不異空，空不異色，色即是空，空即是色。」非色非空，即似有似無之意。

〔8〕無中養就嬰兒：無中，指虛無中無雜念；嬰兒，指腎精。《內丹還元訣》：「嬰兒者，是腎中之精。」

〔9〕陰內煉成陽氣：指陰還陽丹。《鍾呂傳道記·論還丹》：「陰極陽生，陽中有真一之水，其水隨陽上升，是為陰還陽丹。」

〔10〕金公：喻指元精、坎水，水能制火。

〔11〕虎：喻元精。

〔12〕姹女：即心陰，指離女。

〔13〕赤龍：指舌。舌為心之苗，心屬火為赤，故稱赤龍。

〔14〕乾夫坤婦：乾，為陽；坤，為陰；指陰陽和合。

〔15〕假：憑藉。

〔16〕離女坎男：心中一陰稱離女，腎中一陽為坎男，指陽中有陰，陰中含陽之義。

〔17〕赤子：指心神。《黃庭內景經·梁丘子注》：「宅中有真常衣丹。真謂心神，即赤城童子也。」

〔18〕爐火：爐，指神。《上品丹法》：「以神為爐」。火，指調神。《脈望》：「以氣攝精謂之藥，以心煉念謂之火。」

〔19〕微塵：指極其微小之義。

〔20〕萬頃冰壺照世界：萬頃，指時間長；冰壺，指元神潔淨空無一物。《性命圭旨全書·涵養本源·救護命寶》：「靈台湛湛似冰壺，只許元神在裏居，若向此中留一物，豈能證道合清虛。」世界，與宇宙同義，喻指整個人體。

〔21〕神歸四大：神，為智慧，靈敏，技巧。《脈望》：「先天一點靈明，是曰性。從虛無生靈，是曰神，神妙萬物而為言也。」四大，指戴大圓，履大方，鑒大清，視大明。即正靜精神，蓄煉內氣。《管子·內業》：「人能正靜，皮膚裕寬，耳目聰明，筋信而骨強。乃能戴大環而履大方，鑒於大清，視於大明。」

〔22〕龜蛇：龜，指命，喻氣；蛇，指神，喻性。

〔23〕烏兔郁羅：指精氣結聚廣布之義。

〔24〕玉葫蘆：喻丹田。

〔25〕黃金之液，指腎中一陽之氣，上蒸肺金所生之液。

〔26〕菡萏：即荷花，此喻心神。

〔27〕白玉花：指心中空虛、純白之喻。

所謂煉金丹，是指修身養性，錘煉精氣神。修煉者只需掌握一個簡單易行的口訣，這就是在調養腎精，煉就陽氣時，須做到心神入靜。正靜精神，蓄煉內氣，就能使神氣交合，身心明淨舒暢，哪裏還會去想往山清水綠之美景呢？

聖師口口，歷代心心。即一言貫穿萬卷仙經，但片晌工夫無窮逸樂。先明三五一[1]，行九陽真火以煉之[2]；後至萬百千，到嬰兒寶物[3]則成矣。銀山鐵壁[4]，一錐直下[5]。打開金鎖玉關[6]，舉步自然無礙[7]。見萬里是無塵之境，作千年永不死之人。海變桑田[8]，我在逍遙遊之境；衣磨劫石[9]，同歸無何有之鄉[10]。玉蟾宿志未回，初誠宿悋[11]，自嗟蒲柳[12]之質，幾近桑榆[13]之年。老頰猶紅，知有神仙之分；嫩須再黑，始歸道德[14]之源。歎古人六十四歲將謂休，得先聖八十一章[15]來受用，拊膺[16]落涕，緘口[17]捫心[18]。從來作用功勞，捕風捉影[19]；此曰虛無訣法，點鐵成金[20]。

注釋

〔1〕三五一：指水火土融合一氣，《永樂大典·精》：「三五一者，水、火、土相與混融，化為一氣也。」

〔2〕行九陽真火以煉之：九，為奇數。《易》稱奇數為陽，而九為老陽，為乾陽代號。九陽為乾元真一之氣。行九陽真火以煉之者，指忘形忘物，合乎自然造化之樞機也。

〔3〕嬰兒寶物：指腎精為寶，愛惜而不損耗。《上陽子》：「養生之士，先寶其精。精滿則氣壯，氣壯則神旺，神旺則身健而少病。」

〔4〕銀山鐵壁：指人落後天，拘於氣秉先天之性命，往往為物慾、名利、感情、牽絆湮沒，如銀山鐵壁一樣固結不解。

如金鎖玉關一樣關竅不通。

〔5〕一錐直下：指修煉時一念不生，真氣通透之意。

〔6〕打開金鎖玉關：指煉成純陽之體，真氣薰蒸、關竅自然攻破。

〔7〕舉步自然無礙：指進一步修煉，就沒有銀山鐵壁一樣固結不解，也沒有像金鎖玉關一樣關竅不通了。

〔8〕海變桑田：指海變田壽，比喻世事變遷很大。此指人的精神氣質變化很大。

〔9〕衣磨劫石：古人言，有十年而一衣不弊者。謂修煉之人的衣服是不容易破碎的。即使經過許多劫後的石頭，石雖破而衣仍完好。喻功底深厚，能久經考驗。

〔10〕無何有之鄉：指一切不存在之空虛也。《莊子・逍遙遊》：「今子有大樹，患其無用，何不樹之於無何有之鄉，廣莫之野。」

〔11〕宿恪：一向謹慎而恭敬。

〔12〕蒲柳：原指水楊，是秋天很早就凋零的樹木。此用來謙稱自己體質衰弱。

〔13〕桑榆：原指日落時的餘光所在處，謂晚暮，也用來比喻人的垂老之年。

〔14〕道德：道，指虛無；德，指化育。《管子・心術》：「虛無無形謂之道，化育萬物謂之德。」

〔15〕八十一章：即《老子》亦即《道德經》。

〔16〕拊膺：拍胸。

〔17〕緘口：閉口不言。

〔18〕捫心：摸摸胸口，反省自問的意思。

〔19〕捕風捉影：用似是而非的跡象做根據。

〔20〕點鐵成金：古代方士稱能用丹將鐵點化成金子。《五

燈會元》卷七靈照禪師：「還丹一粒，點鐵成金。」此喻練功者切中要領。

修煉的理論和方法，可用簡單的一句話概括之，只需按其旨意修煉片刻工夫，就會有無窮的快樂，但應明瞭腎水、心火、意土相融而化為一氣，然後才能生化精氣神之道理。由於後天之名利、情感的牽絆湮沒是影響修煉的層層關口，因此修煉者須經「入靜」，來排除雜念。靜極生動，真氣薰蒸，通透全身，關竅自破。如是，人的精神、氣質會發生很大的變化。

白玉蟾曾自歎身體虛弱，又近垂老之年，但經修煉，面頰紅潤光澤，白鬢返黑，這歸根於虛無化育之源。反省自問，以往的修煉都是以「似是而非」的跡象為依據，現在的修煉則以「虛無」為訣竅，這是關鍵所在。

恭維聖師泥丸翁翠虛真人，拓世英雄，補天手段。心傳[1]雲雨[2]深深旨，手握雷霆[3]赫赫[4]權。顧玉蟾三代感師恩，十年侍真馭[5]。說刀圭於癸酉秋月之夕，盡吐露於乙亥春雨之天。終身懷大寶[6]於杳冥[7]，永劫[8]守玄珠[9]之清淨。先覺[10]詔後覺，已銘感[11]於心傳；彼時同此時，愈不忘於道念。忽承鶴使[12]，擲示鸞箋[13]。戒[14]回會於武夷，有身還被沮，將捐軀[15]於龍虎[16]，無翅可飛行[17]。雨臥風飡，奔歸侍下，且此山瞻斗[18]仰，甚切愚衷[19]。擢犀角[20]，磨象牙[21]，當效行持之力；攀龍鱗[22]，附鳳翼[23]，願參翀舉[24]之雲。先貢菲詞[25]，少申素志，匪伊聽讉，感激何言。大宋丙子閏七月二十四日鶴奴白玉蟾焚香稽首再拜。

〔1〕心傳：指口頭傳授修煉訣竅，不立文字，不依經卷，唯以師徒心心相印。

〔2〕雲雨：比喻恩澤。《後漢印・鄧騭傳》：「托日月之末光，被雲雨之渥澤。」

〔3〕雷霆：比喻威勢或威權。《三國演義》第二回：「但當速發雷霆，行權立斷。」

〔4〕赫赫：指顯耀盛大貌。《詩・小雅・節南山》：「赫赫師尹，民具爾瞻。」

〔5〕真馭：真，指自身；馭，指駕馭。真馭，即自身統率。

〔6〕大寶：指陽氣。

〔7〕杳冥：為靜之極。《神氣養形論》：「吾將內靜虛無杳冥之宰，當視不見之形，聽不聞之聲，搏不得之物。」

〔8〕永劫：長久。

〔9〕玄珠：指內丹，即陰精陽氣在神的作用下形成的特殊物質，圓潤如珠。其形象如《玄珠心鏡注》所云：「白氣入裏，黃氣為表，團圓如珠爾，外黃內白，懸在氣海之中，黃光燦燦如彈丸。黃如橘，久久形之，光斗日月，此為玄珠爾。」

〔10〕覺：指覺照。謂反覆修煉，固秘發展，牢關神室固秘之。《性命圭旨全書・靈丹入鼎・長養聖胎》：「人能常清靜，天地悉皆歸，當其兩陽乍合，聖胎初凝，必須常覺常照，謹謹護持。」

〔11〕銘感：深刻地記在心中，感激不忘。

〔12〕鶴使：指道士，別稱羽客。

〔13〕鸞箋：書信。

〔14〕戒：命令，告請。

〔15〕捐軀：此喻投身修煉。

〔16〕龍虎：龍，喻火，為離；虎，喻水，為坎。《真龍虎仙經》：「心為火，應離；腎為水，應坎。凡修道造金丹須憑龍虎水火也。」

〔17〕無翅可飛行：謂舊時道士修煉，求飛升成仙。

〔18〕斗：北斗星的簡稱。有居陰布陽之義。

〔19〕愚衷：此指效忠而不達事理者的謙稱。

〔20〕擢犀角：拔犀牛的角，喻有決心。

〔21〕磨象牙：喻意志堅決。

〔22〕攀龍鱗：喻抓附真陽之氣上升。

〔23〕附鳳翼：喻依附元精化生陽氣。

〔24〕翀舉：翀，通沖，向上直飛；舉，往上伸。

〔25〕貢菲詞：獻菲薄之詞之謙稱。

讚揚聖師陳楠傳經佈道，功德無量，玉蟾感恩之至。先師傳授之術，已領悟銘記。十年修煉，謹守道術，守護內丹。對此，他將繼續意志堅決，堅持不懈地加緊修煉，精益求精，以求「飛升」，以此表白他的心跡。

鶴林問道篇上

海南白玉蟾，過三山〔1〕，次紫虛〔2〕真官〔3〕之居。鶴林彭耜〔4〕過之，問以道法之要曰：「愚嘗究金丹大藥之旨，所謂日月、龍虎、鉛汞、坎離、火候、周天卦象之類，與夫偃月爐、朱砂鼎等語。名既不一，事亦多端。未審一物而分眾名耶，其或眾名而各一物耶。在內求之則無形，在外求之則有象。或妙在作為，或妙在靜定。古者嘗言：有所作為即非道也。又曰：溺於靜，是枯坐也。懵然〔5〕不知其所以入之蹊徑〔6〕，到之堂奧〔7〕，願聞其說。

注釋

〔1〕三山：此指福建有三山。《福州志》：「城中三山：東南曰干山，西南曰烏石山，一曰道山，北曰越王山，一曰閩山。」按，今福建省城稱三山。

〔2〕紫虛：謂天空也。雲霞變幻，映日成紫，故云紫虛。

〔3〕真官：神仙官職之稱也。

〔4〕彭耜：即鶴林，閩之三山人，隱居於鶴林山，故名鶴林。

〔5〕懵然：即糊塗，不明事理。

〔6〕蹊徑：即門徑。

〔7〕堂奧：屋西北隅叫奧。堂奧，指堂的深處，引申為深奧之義理。

鶴林深究修煉之學，但對於修道的理論和方法有所疑惑，向白玉蟾請教。提出了古人所說的在心神作用下排除雜念是非虛無也，沉迷不悟的入靜是失去生機，糊塗的人不知其門徑，請將其中的深奧之處再說一說。

答曰：先聖仰觀天文[1]，俯察地理[2]，近取諸身，遠取諸物，創為丹訣。以長生不死之意，以淑人心[3]，其實一理也。其始入也，在乎陰陽五行；其終到也，歸乎混沌無極。如丹法所言，盡有所據，第互立一説，各執一見，所以眾楚不可一齊，要在吾所遇[4]、所傳、所得如何耳。

注釋

〔1〕天文：宇宙中關於日月星辰之一切自然現象。

〔2〕地理：山川、氣候等自然環境。

〔3〕淑人心：善人心也。

〔4〕遇：作契合解。

古之聖人，在觀察天體運行的自然現象及地理氣候等自然環境後認為，人生活在自然界，必須與之相適應，因而創立了修道的理論和方法。修煉之初，在於領會陰陽五行的發展變化規律，或物質的屬性及相互關係，最終歸於陰陽二氣相融的原

始的無形無象之本體。最重要的是自己從實踐中契合、體會及所取得的效果。

在天則為日月星辰，在地則為禽獸草木，在人則為夫婦男女。以易道[1]言之，則乾坤坎離也；以五運[2]言之，則金木水火也；以藥物言之，則鉛銀砂汞也；以丹道言之，則龍虎烏兔也。用之則有壇爐鼎灶[3]之名，行之則有升降交合之象，體之則有浮沉清濁之變，則[4]之則有陰陽寒暑之候。

注釋

〔1〕易道：即易益之道。指旺盛腎精，改變形質之謂也。《元氣論》：「呼吸太和，保守自然，先榮其氣，氣為生源，所謂易益之道。益者，益精也，易者，易形也。」

〔2〕五運：指木、火、土、金、水五個階段的相互推移。

〔3〕壇爐鼎灶：外丹術中指蓄火及煉藥之具，內丹術中指身體或臟象。

〔4〕則：效法。

由於各家對修煉中產生的現象認識不同，所以名稱也不一。主要透過實踐，才能體會到真氣升降運行及其虛無中變化之奧妙。

聖人故曰：採以藥物，煉以火候，結而成丹，超凡入聖[1]。所以取之於內，而不泥於內象，取之於外，而不求其外物，是所謂無物無象者也。謂之先天一氣，混元[2]至精[3]，則是大[4]而不可知之之謂神之意也。其體[5]或聚或散，如輕煙薄霧然也。其象或有或無，如夢幻泡影然也。

注釋

〔1〕超凡入聖：謂造詣工夫由凡庸而達於聖域也。《靈寶

第八章　白玉蟾：《指玄集》釋義

571

經》:「捨惡趨善,除惑斷障,超凡入聖之深旨也。」

〔2〕混元:指混元之氣,即元氣。

〔3〕精:潔也。《國語‧周語》:「袚除其心,精也。」

〔4〕大:指妙之義。《玄義》:「即妙是大,即大是妙也。」謂不可思議之意。

〔5〕體:指陰陽。凡物之終始,皆以陰陽合散之所為,是其為物之體。

修煉要取法於內而不拘於內象,取法於外而不追求於外物,使心神處於冥冥恍惚之境。如此,則陰陽合一,元氣充盈。氣為陽,陽強則壽。

天地與我同根[1],萬物與我同體[2]。往古來今本無成壞,第以生死流轉[3],情識起滅。如浮雲之點太清[4],如黑風[5]之翳明月。聖人憫[6]世澆漓[7],詔人修煉,使從無入有謂之成,以有歸無為之了。

注釋

〔1〕根:此指元氣,為事物生成的根本。

〔2〕體:指陰陽。一氣化萬物,萬物有陰陽之謂也。

〔3〕流轉:佛教名詞,輪廻的同義詞。流是相續義,轉是生起義,謂生死相續,輪廻不已。

〔4〕太清:道家謂天道,亦謂天空。

〔5〕黑風:由大風刮起地面上的塵埃而成,稱為黑風。

〔6〕憫:憂鬱、憂愁之意。

〔7〕澆漓:不樸素敦厚。

人之陰陽為一氣所化,與萬物一樣,皆為陰陽所聯結。元氣為人身所固有,它的盛衰,與意識有關,神耗則氣損。故聖人告人修煉,應從入靜虛無入手,才會在體內產生如有物存的

感覺，最終歸於虛無之本。

其運用之要：有動之動，出於不動，有為[1]之為，出於無為[2]；不過煉精成氣，煉氣成神，煉神合道而已。若有作用[3]，實無作用；似乎靜定，即非靜定。如龍養珠，如雞抱卵。可以無心會[4]，不可以用心作[5]；可以用心守，不可以勞心為。此乃修丹之要，入道[6]之玄。

注釋

〔1〕有為：即有意識的作為。用意念控制雜念，使神有專向，不令其昏沉，不任其外馳之謂也。

〔2〕無為：指心神穩定。《元氣論》：「無為者，乃心不動也。不動也者，內心不起，外境不入，內外安靜則神定氣和。」

〔3〕作用：謂有本體之力而興作功用也。含有主動之義。

〔4〕無心會：無心，指無雜念。《內觀經》：「無心者，除其有也。」會，領悟。

〔5〕用心作：勞其心造作也。

〔6〕入道：指信奉道家文學並實踐之稱為入道。

所謂入靜，不是絕對的靜，而是思維意識活動的相對穩定，要似守非守，而不可耗費心神勞作。又如，用武火烹煉，文火溫養，應無心領悟而不能造作。靜則精生，精旺化氣，精氣旺盛，其神則明，神合於無，謂之煉神合道。這就是修煉之要義及信奉道學之深奧道理。

又問曰：古者入道，以調心[1]為要，以精思[2]為妙。精思則是存念[3]也，調心則是把捉[4]也。存念既久，則其念或差；把捉稍緊，則心難調轉。或者謂：存念不宜久，把捉不宜緊。愚竊謂曰：存念不久，則其念必不真；把捉不緊，則此心

何可調。

道家南宗丹道修真長壽學

574

注釋

〔1〕調心：指入靜調神。周學海《讀書隨筆》：「大抵神之充也，欲其調，神之調也，欲其靜。」

〔2〕精思：指調節意識思維活動。

〔3〕存念：指記憶體其心，以一念代萬念，不使神外逸之謂也。

〔4〕把捉：即掌握。

內存心念，安定心神，是掌握入靜之奧妙。鶴林對內存心念不宜過久，意守不宜過濃提出不同看法。

答曰：存者有也，亡者無也。存者存我之神，想者想我之身。閉目見自己之目，收心見自己之心。在物則可以存，謂之真想；無物而強存之，謂之妄想。此乃精思存念之妙。

修煉是在大腦清醒狀態下的入靜，它不同於睡眠。所謂存念，即意想有如「一物」存在，以一念代萬念而排除雜念。若沒有出現「一物景象」而強行思念，就容易出偏差。

操〔1〕者存也，捨者亡也。操者操真一之氣，存者存太玄〔2〕之精。凝一神，則萬神〔3〕俱凝；聚一氣，則萬氣〔4〕俱聚。順我之物，可以無心藏之；逆我之物，可以無心順之。至如真妄〔5〕本空，逆順俱寂，則三際〔6〕圓通〔7〕，一靈〔8〕晃耀。此乃把捉調心之要也。

注釋

〔1〕操：駕馭。

〔2〕太玄：謂混沌未判時之大道也；即元氣。

〔3〕萬神：泛指魂、魄、志、意之謂也。

〔4〕萬氣：泛指五臟六腑之氣。

〔5〕妄：同亡，無也。

〔6〕三際：三，指精氣神三者；際，凡兩合皆曰際。三際，即精氣神融合在一起。

〔7〕圓通：謂於事理無不通達也。

〔8〕一靈：指元神。《性命圭旨全書》：「一靈能不泯，精氣可長存。」

入靜應順其自然，意識活動方能穩定。如有逆來之雜念，則使方向一致地加以排除。如此，心神有如處於真空之中，五臟之神亦皆歸於靜，五臟六腑之氣聚合，精氣神就融合在一起，其丹自成。

蓋緣一念^{（1）}起動，則萬念^{（2）}起，一竅^{（3）}開則九竅^{（4）}開。此無他，乃是以神馭氣之意。我自原始以來，無名煩惱，業識^{（5）}茫茫，不可消釋^{（6）}於頃刻，而寢息於目前也。故古人有心息相依，息調心靜之悟，此非調心乎！又如用志不分，乃凝於神等語，此非精思乎！

注釋

〔1〕一念：指單一的精神活功。《教行信證文類》：「一念云者，信心無二心，故曰一念，是名一心。」

〔2〕萬念：泛指魂、魄、志、意等情志活動。

〔3〕一竅：指玄關一竅。《性命圭旨全書》：「夫修道先觀其心，觀心之妙，在玄關靈明一竅。」

〔4〕九竅：指眼、耳、鼻、口上陽七竅及下前後陰二漏稱之為九竅。

〔5〕業識：佛家語。依根本無明而不覺心動，謂之業識。十二因緣中「行緣識」之識即此，蓋即入胎時之一念也。《起

〔6〕消釋:即解除。《江書‧杜欽傳》:「若此則流言消釋,疑惑著明。」

　　強調在入靜中,如有雜念興起,不即排除,則感覺器官用事,是所謂「念起是病」是也,就達不到修煉之目的。「不續是藥」。因此,要注意柔和之呼吸,才能息調綿綿,心神安寧。正如《存存齋醫話》中所說:「息調則心定,心定則息愈調,真息往來,呼吸之機,自能奪天地之造化。」

　　先聖有曰:「制心一處,無事不辦。所以譚真人[1]云:『忘形以養氣,忘氣以養神,忘神以養虛。』只此『忘形』二字,則是制心之旨。雖然,與其忘形而心游萬物,曾未忘之不如,何耶?吾所以忘者,非惟忘形,亦乃忘心,心境俱忘,湛[2]然常寂。」

注釋

〔1〕譚真人:即譚峭,字景升,泉州人。五代(後唐)時道士和道教學者,世稱紫霄真人。

〔2〕湛:清澈之義。

　　形乃神明之宅,故忘形即忘神。忘形則精盈氣盛,氣化為神,神化為虛。如是,則機心泯除,思慮杜絕,其身自健。正如張景岳說:「精盈則氣盛,氣盛則神全,神全則身健,身健則病少。」神氣堅強,老而益壯。

　　又問曰:「今而有人,迷[1]而不學,學而不遇[2],遇而不行,行而不成,抑[3]時節未至,而因緣[4]未熟耶?抑賦分良薄,而骨不可仙耶?」

〔1〕迷：惑亂也。

〔2〕遇：作「合」解。

〔3〕抑：還是。

〔4〕因緣：佛教指產生結果的直接原因和輔助促成的條件或力量。謂一切事物皆因緣和合而生也。凡一事一物之生，直接與以強力者為因，間接助以弱力者為緣。

有人對「歸心靜然，可以長生」（《仙經》）感到迷惑不解而不願學習修煉。或雖修煉，但不契合道法，故內心不能涉境，就達不到筋骨堅強、長壽之目的。

答曰：「古人目擊道存，未語先會。蓋在我已純金璞玉[1]，唯求巧倕之定價[2]。若泛泛無統，茫無所據；朝參師黃，暮參師李；今年學道，明年學法；今日勤，明日懈；若如是以求尋直，是所謂自假不除，更求他真也。」

〔1〕純金璞玉：言其純潔真實也。

〔2〕唯求巧倕之定價：倕，古代相傳的巧匠名；又倕者，錘也。巧匠以小錘擊物，聽其聲音，以辨別物之真偽，故倕一擊，即知其價以定之。本句是謂我既已有純粹之金、真實之玉，只待巧匠一倕以定價矣。

修煉必須拜專門的師父，功法方能專一。如常易師，沒有專門的功法，失卻頭緒，就沒有憑藉。即使體內產生的內氣也被常易師且功法轉換而打亂。故修煉應功法專一，持之以恆，其真氣也就逐漸旺盛。

但以信[1]之一字，為入道之階[2]，以勤之一字，為行道[3]

之本；以無之一字應物；以有之一字凝神；久久行之，天其使聖師為子發蹤指示矣，學道之士思之。

注釋

〔1〕信：不疑也。

〔2〕階：憑藉也。

〔3〕行道：指修道之士將其所學之術，行于世道，而為濟人利物之事也。

修煉者，真誠信奉道學為關鍵，勤行不懈為行道之本，以守一排除雜念為要領。如此，就能感受到其中玄妙之理。

又問曰：「古之繫《易》者，惟窮理盡性〔1〕，以至於命，固嘗究之矣。夫性〔2〕與命〔3〕，其一理耶？二理耶？」答曰：「先聖不云乎，天命之謂性，率性之謂道，修道之謂教〔4〕，實一理也。」

注釋

〔1〕窮理盡性：指根據人體向外的精神意識活動，能窮盡物理，認識本性之謂也。《人物志·劉昞注》：「物生有形，形有精神。能知精神，則窮理盡性。」

〔2〕性：謂人物之性都是天生的，人性是天道或天理在人身上的體現。《禮記·中庸》：「天命之謂性。」

〔3〕命：即生命。《論衡·初稟篇》：「命謂初所稟得而生也，人生受性則命受矣。」

〔4〕教：指學習道家的學問，或躬身實踐道法及教育。《中庸》：「修道之謂教。」

人物之性都是天生的，人性是天道或天理在人身上的體現。遵循人物之性，稱之為道，學習道家的學問或躬身實踐道法及教育，稱之為教。

又問曰:「所謂金液還丹者,先則安爐立鼎,次則知汞識鉛,然後以年月日時採之,以水火符候煉之。故匹配以斤兩,法象以夫婦,結丹頭,飲刀圭,懷聖胎,產嬰兒,則可以身外有身[1],此修[2]仙者之學也。愚亦嘗入其閫奧[3],而終有龍虎之疑,烏兔之惑,不知先生能出標月[4]之指乎?」

〔1〕身外有身:謂非我所念所出,而有見者的幻象。

〔2〕修:泛指習練道法,言其虛無養氣之謂也。《諸真聖胎神用訣·陳希夷胎息訣》:「道元合氣,謂之曰修。」

〔3〕閫奧:謂室之深邃處。《三國志·魏志管寧傳》:「升堂入室,究其閫奧。」

〔4〕標月:謂皓月掛於虛空,朗然獨露,目標明顯。此喻功理功法明白。

所謂內丹,是在神定之下,意守丹田,依據陰陽變化規律加以運煉,使陰陽調和,陰精陽氣相合。如是,精氣神會聚而成丹。並在入靜之中,能產生意念之外的另一種天地感覺,這就是修道養生、老而不死的學問。

答曰:「壇爐鼎灶,本自虛無;鉛銀砂汞,本自恍惚[1],水火符候,本自杳冥[2];年月日時,本自妄幻[3],然而視之若無而實有也,在乎斤兩調勻,造化交合[4],使水火既濟[5],金土相融[6]。苟或不爾[7],則黃婆縱丁公以朝奔[8],姹女抱[9]嬰兒而夜哭。故先輩盡削去導引吐納、搬運吞咽、呼吸存想動作等事。」

〔1〕恍惚:謂形狀不可辨認也,即見不真切曰恍惚。《老子》:「道之為物,惟恍惟惚。」

〔2〕杳冥：指絕遠之處，即見不到蹤影。

〔3〕妄幻：謂虛而不實也。

〔4〕交合：指陰陽和合之義。

〔5〕水火既濟：指真水真火混而為一，稱之為水火既濟，亦指心腎相交。

〔6〕金土相融：以五行而言，土生金，金生水。金土相融者，即水潤土，以滋萬物成長之義。

〔7〕苟或不爾：如果稍微不是這樣。

〔8〕奔：出亡也。黃婆縱丁公以朝奔者，即指心神不能入靜，陰陽不能溝通之義。

〔9〕抱：拋棄也。姹女抱嬰兒而夜哭者，指心腎不交，水火不能相濟之意。

修煉要在虛靜之下，使神氣調節平衡，陰陽和合，水火既濟，混而為一。如果一有雜念興起，那麼，真意不守於中，心神散亂，心腎不能相交，腎精亦隨之耗損。

恐人執著於涕唾精津氣血之小，而不知專氣致柔，能如嬰兒之旨〔1〕也，嗚呼妙哉！結〔2〕之以片晌，養之以十月，是所謂無中養就嬰兒者也。大要則曰：「有用用中無用〔3〕，無功功裏施功〔4〕。」又曰：「恍惚裏相逢，杳冥中有變。」然雖如是，要須親吃雲門餅〔5〕，莫只垂涎説〔6〕。

注釋

〔1〕嬰兒之旨：像嬰兒那樣的生機蓬勃。

〔2〕結：指結胎。《道藏‧金丹正宗》：「結胎，精氣神混融磅礡，真火相見，片時凝結。」

〔3〕有用用中無用：指在有意識地作用下修煉，並逐漸達到入靜，能在虛無中產生功用。

〔4〕無功功裏施功：指在虛無的功夫裏行布功效。

〔5〕雲門餅：為北方的一種食品，即柵子，用麥粉做成，狀如雲門之形，稱為雲門餅。

〔6〕：謂寒具及饊子之一。《通雅飲食》：「畢羅，寒具，柵子也。」《資暇集》：「蕃中畢氏、羅氏，好食此味，因名畢羅，後人加食旁為。」

強調清靜無為，心境空虛，其精自固。在專一的意識下修煉，能在虛無中產生功用，且虛無中的上等功，是在功夫裏布功；在不可辨認中陰陽相交，在若有若無中起到精氣神的變化。這些深奧之理，只有親自實踐，才能體察到其中之真諦。

又問曰：「老氏所謂金丹，與大道〔1〕相去幾何？道無形，安得有所謂龍虎？道無名，安得有所謂鉛汞？如金丹者，術耶？道耶？」答曰：「魏伯陽《參同契》云：『金來歸性初〔2〕，乃得稱還丹。』夫金丹者，金則性之義，丹者心〔3〕之義，其體〔4〕謂之大道，其用〔5〕謂之大丹。」

注釋

〔1〕大道：指自然規律。《常清靜妙經》：「大道無形，生育天地，大道無情，運行日月，大道無名，長養萬物。吾不知其名，強名曰道。」

〔2〕金來歸性初：五行之中，金為情而木為性。內丹術要求金歸併於木，以性去統攝其情之謂也。

〔3〕心：指人的意識；又心是世界的本原。南宋陸九淵《象山全集·雜說》：「宇宙便是吾心，吾心即是宇宙。」

〔4〕體：指成形或生長，是最根本的、內在的，屬陰。

〔5〕用：指施行或作為，是體的外在表現，屬陽。

金為情，木為性。內丹術中要求以性去統攝其情，復太初

之本，還先天之原，稱為還丹。所謂金丹，金指生機，丹即本原；其體屬陰，為成形或生長，稱為大道；其用屬陽，是體的外在表現，其運用稱為大丹。

丹即道也。道即丹也。又能專氣致柔[1]，含光[2]默默[3]，養正持盈，守雌[4]抱一[5]，一心不動，萬緣俱寂，丹經萬卷，不如守一，守得其一，萬法[6]歸一。

注釋

〔1〕專氣致柔：指心神寧靜，呼吸柔和。

〔2〕含光：含，懷藏義；光，淨盡義。此指精神內守，思想清靜。又含光，指劍名，即含光之劍。《列子·湯問》：「視之不可見，遠之不知有，其所觸也，泯然無際，經物而物不覺。」

〔3〕默默：無知貌。《莊子·在宥》：「至道之極，昏昏默默。」

〔4〕守雌：指守柔。《老子》：「知其雄，守其雌，為天下谿。」注：「雄謂剛強，雌謂柔弱。」疏：「謂弱者道之用。守弱則虛而不盈，方合於沖虛之道，故云守雌。」

〔5〕抱一：言守其一也。

〔6〕萬法：指宇宙萬物生成變化之法為萬法。

修煉應精神內守，意識專一，呼吸柔和自然，以達到虛無無為之境地。總的來說，要守其一。因「一」是道之根，氣之始也。

是故「天得一以清[1]，地得一以寧[2]，人得一以靈[3]，以盈一以盈，日月得一以明，萬象[4]得一以生，聖人得一而天下平[5]」。「道生一，一生二，二生三，三生萬物」。

注釋

〔1〕清：即清虛之意。《道藏‧太上赤之洞古經注》：「天道清虛，所以成長，地道寧靜，所以能久……」

〔2〕寧：安也。

〔3〕靈：神之精明者稱靈。

〔4〕萬象：宇宙間一切景象。

〔5〕天下平：指聖人行道聚德，以德教民而安天下之謂也。

宇宙萬物的生成變化，皆歸於道（氣）之根本。一切事物，得一則生。因其一為生物之原。聖人得一，則道行德聚，以德教民而天下平安。

道者一之體，一者道之用。人抱[1]道以生，與天地同其根，與萬物同其體。夫道一而已矣，得其一，則後天[2]而死；失其一，與萬物俱腐。

注釋

〔1〕抱：守持而勿失曰抱。

〔2〕後天：即太極分陰分陽之時際。

道與一是體用關係。一即是道，亦即元氣。《太平經》：「一者生之道也，一者元氣所起也，一者，天之綱紀也。」人之有生，以元氣為根本。元氣分陰陽，陰陽化萬物。故得一則生，失一則亡。

子守之以一以為基，採之以一以為藥，煉之以一以為火，結之以一以為丹，養之以一以為聖胎，運之以一以為抽添，持之以一以為固濟，澄之以一以為沐浴。

守一是煉成內丹之基礎。只要清淨為一，則陰陽調和，水火既濟，養心益腎，神氣旺盛，真氣充足，神水灌溉，薰蒸全

身，身強體壯。

　　由一而一，一至於極，謂之脫胎[1]；極其無極[2]，一無所一，與道合真[3]，與天長存，謂之真一。聖人忘形以養氣，忘氣以養神[4]，忘神[5]以養虛[6]。道非欲虛，虛自歸之；人能虛心[7]，道自歸之。

注釋

　　〔1〕脫胎：指道家修煉之術。修養聖胎功成，最後脫殼，出神入化，謂之脫胎。

　　〔2〕無極：指無盡也。《淮南子》：「達乎無上，至乎無下，運乎無極，翔乎無形。」

　　〔3〕真：性真也，真在性分之內。《莊子·秋水》：「謹守而勿失，是為反其真。」

　　〔4〕忘氣以養神：氣附于形，形賴氣生。忘氣即忘卻自己形體的存在，處於虛靜而養神之謂也。

　　〔5〕忘神：意同忘形。《神滅論》：「神即形也，形即神也。」

　　〔6〕養虛：培育虛無之用。《諸真聖胎神用訣·徐神公胎息訣》：「夫神者，虛無之用。」

　　〔7〕虛心：心神無雜念而純潔。《內觀經》：「虛心者，遣其實也。」

　　修煉達到無盡空虛之境，就能與道渾然一體，這就是真一。當出神於外，即能感知事物，具有遙視和預知的功能。人能虛心，與道合體，必然長壽。

　　子欲得衣，一與之裳；子欲得食，一與之糧；子欲得飲，一與之漿；子欲得居，一與之堂；子欲得寒，一與之霜；子欲

得熱，一與之湯。

　　一，為萬物之本。人守其一，元氣旺盛，心靈手巧，身體強壯，創造出人類生活中所需要的一切。

　　虛其心，忘其形，守其一，抱其靈，故能固其精，寶[1]其氣，全其神，三田[2]精滿，五臟氣盈，然後謂之丹成。一一于一，可以長生。先聖有云：「後其身而身先[3]，忘其身而身存[4]。此誠有以也。」

注釋

　〔1〕寶：愛重之也。

　〔2〕三田：即三丹田。《金丹問答》：「腦為上田，心為中田，氣海為下田。」

　〔3〕後其身而身先：謂先人而後己，不以為先，而處柔處下之謂也。

　〔4〕忘其身而身存：意為忘其形，常保其精，精氣盈滿，其身健長壽。

　　清虛抱靈，才能精固，氣滿神全。「神，天神引出萬物者也。」（《說文解字》）「天地生萬物，物有之者曰神」（徐灝箋語）。神是存在於自然的造化之力，故全其神則五臟精氣充盈，而丹自成。先人而後己，不為物慾，知足常樂，這樣，精氣神完滿，生命才能長存。

　　又問曰：「愚夙昔[1]黍幸[2]，天假其逢，極荷大慈[3]，剖示玄旨，如所問道，則示之以心。如所問金丹大藥，則又示之以心。愚深知一切唯心矣，恍然若有所得，雖欲喻之，而無物可喻；雖欲言之，而無語可言。但天機[4]深遠，道要玄微[5]，雖知藥物如此分明，而於火候則猶有疑焉。」

注釋

〔1〕夙昔：往昔之時也。

〔2〕欽幸：敬畏而幸運。

〔3〕大慈：慈，與眾生同樂之謂也。《靈寶經》：「大慈大悲，普度眾生。」

〔4〕天機：天然之機神也。《莊子大宗師》：「其嗜欲深者，其天機淺。」

〔5〕玄微：玄，為創造天地萬物之母；微，幽深之意。

修煉以心神為第一要義。「人之元神藏於腦，人之識神藏於心。識神者，思慮之神也」（《醫學衷中參西錄》）。思慮則傷神，神傷則精氣耗損，則多病體弱，甚或夭亡。因此，修煉是控制識神的思維活動，使其寧靜而轉入先天渾清虛之元神，以處於奧妙無窮之境。

答曰：「二十四氣〔1〕，七十二候〔2〕，二十八宿，六十四卦〔3〕，十二分野〔4〕，此乃天地推移，陰陽度運如是也。」夫一年有十二月，一月有三十日，一日有十二時，總計百刻〔5〕。其間六陽〔6〕六陰〔7〕，無非一氣升降，在乎人身，則何以異於天地哉！

注釋

〔1〕二十四氣：指一年二十四個節氣。

〔2〕七十二候：五日為一候，一月為六候，一年為七十二候。

〔3〕六十四卦：《易》有八卦，兩兩相重，排列為六十四卦。

〔4〕十二分野：指我國古代星占術中的一種概念。認為地上各州郡邦國和天上一定的區域相對應，在該天區發生的天象

預兆著各對應地方的吉凶。其所反映的分野，大體以十二次為準，故稱十二分野。

〔5〕百刻：古代無鐘錶，用銅壺貯水，壺上穿一個小孔，使水自然經小孔滴漏以為計時之器，名叫漏壺。壺中所貯水量，恰好一晝夜漏盡。在壺面刻著一百零一條橫線，橫線與橫線之間稱為刻，合計共得一百刻。

〔6〕六陽：指六陽時。為子、丑、寅、卯、辰、巳六時辰。

〔7〕六陰：指六陰時。為午、未、申、酉、戌、亥六時辰。

一年四季，日月運行，陰陽互化，生育萬物。《易經‧繫辭》：「易有太極，是生兩儀。」太極者，一氣也。太極動而生陽，靜而生陰，動靜便是陰陽。由於天人相應，人身之陰陽，應符合於天地間的變化。「天地之道，以陰陽兩氣造化萬物，人生之理，以陰陽二氣長養百骸」（《景岳全書》）。

此煉丹之法，所以攢簇五行〔1〕，會合八卦，法天象地，準日測月，分排卦數，布位星辰，以時易日，內修外應，上水下火，一文一武，故有進退〔2〕之符，抽添之候，固濟之門，沐浴之時，卦象之變，造化之妙，謂之火候，一如月魄之盈虧，潮候之消長。

注釋

〔1〕攢簇五行：指修煉時，在心神的作用下，五臟神聚會和諧，而使全身處於穩定協調的狀態。《養生秘錄》：「含眼光，凝耳韻，潤鼻息，緘舌味，四大不動，使金、木、水、火、土俱會於中宮，謂之攢簇五行也。」

〔2〕進退：指陰陽互相作用，陽升陰退，陽退陰進，循環不已之謂也。《性命圭旨全書‧蟄藏氣穴‧眾妙歸根》：「神既凝定氣穴，常要回光內照，照顧不離則自然旋轉真息，一降一

升，而水、火、木、金相為進退矣。」

「曲運神機則勞心，盡心謀慮則勞肝，意外過思則勞脾，
預事而憂則勞肺，色慾過度則勞腎」（《醫家四要‧病機約
論》）。修煉之旨，則控制神、魂、魄、志、意的過用，使之寧
靜，和諧協調，凝虛為一。內則修形神，外則節慾望，內外相
應，則陰陽調和，水火相濟，精氣聚合而旺盛。

此卻簡易，不容輕傳。以其奪天地之造化，盜日月之魂魄
故也。夜三更，吾將盟天[1]以告子矣。先聖有云：雖知藥物，
而不知神室，則不可結胎；雖知神室，而不知火候，則不可成
丹。非子其孰能與於此！」鶴林彭耜，稽首再拜而言曰：「耜
雖不敏，願受教焉。」

(注釋)

〔1〕盟天：對天發誓。

「陰陽本是一氣，一氣為二耳。但有質而凝靜者為陰，無
質而運行者為陽，無陽則陰無所衛，無陰則陽無所附，陰陽之
相需，如天地之相交，不得相失也」（周慎齋《慎齋遺書》）。
天地之陰陽，乃造化萬物，人之陰陽，乃化育精氣。修煉即神
凝空虛之中，以神意調節呼吸，旺盛元氣，而起熏育之主，則
精氣神旺盛，聚合為丹。

大道歌

烏飛金，兔走玉[1]，三界[2]一粒粟[3]。山河大地幾年
塵[4]，陰陽顛倒[5]入玄谷[6]。人生石火電光[7]中，數枚客鵲
枝頭宿，桑田滄海春復秋，乾坤不放坎離休[8]。九天[9]高處
風月冷[10]。神仙肚裏無閒愁。

注釋

〔1〕烏飛金，兔走玉：指日月運行。古代神話相傳，太陽中有三足烏，月中有兔，故以烏飛兔走喻日月運行。韓琮《春愁》詩：「金烏長飛玉兔走，青鬢長青古無有。」

〔2〕三界：此指無極界、太極界、現世界。

〔3〕粟：喻物之微小。《赤壁賦》：「渺滄海之一粟。」

〔4〕塵：長久，指歷時久遠的意思。

〔5〕陰陽顛倒：陰本在下，陽在上，動化之際，陽降陰升之謂也。

〔6〕玄谷：指腎。《黃庭外景經》：「玄谷者腎部是也。」

〔7〕石火電光：指燧石和閃電的火光。喻事物瞬息即逝。《五燈會元》卷七漳州保福院從展禪師：「此事如擊石火，似閃電光。」此喻人生的短暫。

〔8〕乾坤不放坎離休：天地不依規律運行，水火就息止。

〔9〕九天：喻高不可測也。

〔10〕風月冷：風月，謂清風明月，夜景之美；冷，閒散之意。

以日月運行來比喻人的精氣循環。精氣按其自然規律運行，人的生理活動就正常。但是，人的生命是短暫的，猶如石火電光瞬刻即逝。因此世人必須修煉，使陰升陽降，水火相濟，然後才能成為長生久視之人。

世間學仙者，胸襟變清雅，丹經未讀望飛升，指影談空相誑嚇，有時馳騁三寸舌，或在街頭佯作啞。正中恐有邪，真裏須辨假。若是清虛冷淡人，身外無物[1]赤[2]灑灑[3]。都來聚氣[4]與凝神[5]，要煉金丹賺[6]幾人。

第八章　白玉蟾：《指玄集》釋義

589

注釋

〔1〕身外無物：對事物沒有欲求之意。

〔2〕赤：指空、盡之義。

〔3〕灑灑：形容眾多。

〔4〕聚氣：指心神靜虛，神凝則氣不耗，以聚蓄元氣之謂也。

〔5〕凝神：指意念專一，精神安寧，雜念排除。《道言淺近》：「凝神者，收已清之心，而入其內也。心未清時，眼勿亂閉，先要自勸自勉，神得回來，清涼恬淡，始行收入氣穴，乃曰凝神。」

〔6〕賺：誆騙。無名氏《賺蒯通》第三折：「不想差一使去，果然賺得韓信回朝。」

得道之人，心神純淨，不見憂愁，氣質高雅，別無他求。然而，世間也有不正派的人，他們沒有讀過修道的經典著作，又不實踐，卻在那裏「吹牛」欺騙人們。因此，必須識別真假。

引賊〔1〕入家開寶藏〔2〕。不知身外更藏身〔3〕。身外有身〔4〕身裏覓〔5〕，沖虛和氣〔6〕一壺春。生擒六賊手，活嚼三屍口。三屍六賊本來無，盡從心裏忙中有。玉帝〔7〕非惟惜詔書〔8〕，且要神氣相保守。此神此氣結真精〔9〕，喚作純陽〔10〕用九九〔11〕。此時方曰聖胎圓，萬丈崖頭翻筋斗〔12〕。

注釋

〔1〕引賊：指引起情志損傷，影響入靜之三屍六賊。

〔2〕寶藏：指精氣神。

〔3〕身外更藏身：喻身外更有形成生命的純潔混元之氣，氣為自然界萬物成長之本源，是虛靜純一的物質。

〔4〕身外有身：指自然規律形成的，天地間真一之氣。

〔5〕覓：尋找。

〔6〕沖虛和氣：沖虛，喻懷抱之淡泊空虛也。《阮籍》詩：「養志在沖虛。」又指凌空也。《真仙通鑒》：「孫寒華，吳大帝孫女也，於茅山修道，道成，沖虛而去。」和氣，指陰陽調和之氣。《老子河上公章章句・道化第四十二》：「和氣潛通，故得長生也。」

〔7〕玉帝：天帝之稱。《真靈位業圖》：「玉帝居玉清三元宮，第一中位。」此喻心神。

〔8〕詔書：皇帝佈告臣民之書稱詔書。

〔9〕真精：指純一明淨之精。《性命圭旨全書・靈胎入鼎・長養聖胎》：「從此根苗漸長成，隨時灌漑抱真精。」

〔10〕純陽：指純一之陽，為健身之寶。《性命圭旨全書・嬰兒現形・脫離苦海》：「透體金光骨髓香，金筋玉骨盡純陽，煉教赤血流為白，陰氣消磨身自康。」

〔11〕九九：奇數為陽，而九為老陽。九九為陽氣最盛旺之意。

〔12〕翻筋斗：指真氣在全身上下運行。

若不懂大道之學，則心機不泯，心神紊亂，而耗損精氣神。應知道自身之外更藏有形成生命的純潔真一之氣，而這真一之氣，須在虛無之境中從自己身上尋找。只有淡泊空虛，陰陽調和，化生精氣，才能結丹。

鉛汞若糞土〔1〕，龍虎如芻狗〔2〕。白金黑錫〔3〕幾千般，水銀〔4〕朱砂〔5〕相鼓〔6〕誘〔7〕。白雪黃芽自無形，華池神水無泉溜。不解〔8〕回頭一癡子，衝風冒雨四方走。四方走，要尋師。尋得邪師指壞時。迷迷相指可憐伊。

注釋

〔1〕糞土：穢土。

〔2〕芻狗：指草和狗，以喻輕賤無用的東西。

〔3〕白金黑錫：白金，指肺金所生之金液；黑錫，指腎水。

〔4〕水銀：喻腎陰（水）。

〔5〕朱砂：喻心火。

〔6〕鼓：振動、激發也。

〔7〕誘：引而進之也。

〔8〕解：懂得，明白。

修道者，常以水火來喻作鉛汞，這種鉛汞是煉外丹用的藥物，而在內丹中，猶如無用的穢土。以有形的「龍虎」來喻作無形的元神元精，就如輕賤無用的東西。不懂得這些道理，就會失去判別能力，尋得如此之邪師就會出偏。

大道不離方寸地〔1〕，工夫細密有行持〔2〕。非存思，非舉意，非是身中運精氣。一關〔3〕要鎖百關〔4〕牢，轉身一路真容易。無心〔5〕之心無有形〔6〕，無中養就嬰兒靈。

注釋

〔1〕方寸地：指丹田。

〔2〕行持：使用保持。

〔3〕一關：指心神。

〔4〕百關：比喻魂魄志意等。

〔5〕無心：佛家語。不起妄心曰無心，指真心離妄念，排除雜念之意。《宗鏡錄》「若不起妄心，則能順覺，所以云無心是道。」

〔6〕無有形：指無形象可求。

修煉，離不開意守丹田，意守即是令心神處於純一，在心

神統率下，使魂魄意志融合於清靜之境。在清虛之中培育腎精，以陰中求陽，則陽得陰助，生化無窮；在陽中求陰，則陰得陽升，而泉源不竭。如是，則精氣就能在全身運行。

學仙學到嬰兒處[1]，月在寒潭靜處明。枯木生花卻外馨，海翁時與白鷗盟[2]。片晌工夫容易做，大丹只是片時成。執著奇言並怪語，萬千譬喻今如許[3]。

（注釋）

〔1〕嬰兒處：指像嬰兒那樣無思無慾，思想純樸。

〔2〕白鷗盟：比喻心神與純潔清靜結為兄弟。

〔3〕如許：如此，這樣。

學仙學到如嬰兒那樣的無思無慾之境地，則心神明淨，靜則生陰，陰助陽生，精氣就旺盛。即使是垂老之年，也能如枯木重生、花開格外幽香那樣地返老還童。

生也由他死由他，只要自家做得主。空中雲，也可縛；水中月，也可捉。身心兩個字，是火也是藥。龜蛇烏兔總閒言，夫婦男女都揚卻。君不見：虛無[1]生自然，自然生一氣，一氣結成物，氣足分天地。天地本無心，二氣自然[2]是。

（注釋）

〔1〕虛無：指虛靜無物。《淮南子‧精神》：「虛無者，道之所居也。」注：「道為聖所證之真理，無形象可見，故謂之虛無。」

〔2〕自然：指太和自然之氣。

練功要把生死置之度外，處於無憂無慮之境，只要誠心修煉，即使最難辦到的事也能辦到。心神空虛清靜，才能產生太和之氣，而化育萬物的陰陽二氣是由太和之氣自然形成的。

萬物有榮枯，大數[1]有終始。會得先天[2]本自然，便自性命[3]真根蒂。《道德》五千言，《陰符》三百字。形神[4]與性命，身心與神氣，交媾成大寶，即是金丹理。

注釋

〔1〕大數：謂天行之常道也。

〔2〕先天，指無極，陰陽未分，一氣處於混混沌沌之中之謂也。《性命圭旨全書・天人合發・採藥歸壺》：「何謂先天，寂然不動，窈窈冥冥，太極未判之時是也。」

〔3〕性命：指生命。《周易大傳・乾》：「乾道變化，各正性命。」

〔4〕形神：指形與神不得相離，相互為用。《神滅論》：「形者，神之質；神者，形之用。是則形稱其質，神言其用。形之與神，不得相異也」。

天體運行之自然現象，具有陰陽轉換變化的規律。「人與天地相應」，故與宇宙有著密切的聯繫。萬物都有盛旺和枯萎之時，當人體陽盡陰竭時，生命也就終止。若要長壽，須要修煉，使心神入靜，處於混沌之中，以養神化氣，旺盛精氣，這就是所謂煉丹。

世人多執著，權[1]將有作[2]歸無作[3]，猛烈[4]丈夫能領略，試把此言閑處嚼[5]，若他往古聖賢人，立教[6]化人[7]俱不錯，況能驀[8]直徑路行，一修直上三清[9]閣。三清閣下一團髓，晝夜瑤光[10]光爍爍[11]。

注釋

〔1〕權：變也。指變通常法以合於道也。

〔2〕有作：指修道之初，煉己持心，降龍伏虎，採藥結丹之類稱為有作。

〔3〕無作：指妄心不起，清淨為本。

〔4〕猛烈：指嚴守功業。

〔5〕閑處嚼：冷靜地細細體會。

〔6〕立教：猶立言，謂言得其要，理足可傳，其身既沒，其言尚存，以服後人。

〔7〕化人：佛家稱佛、菩薩、羅漢等，能隨機變形、化度眾生者曰化人。《列子・周穆王》：「西極之國有化人來」。注：「化，幻人也」。

〔8〕驀：超越也。

〔9〕三清：指玉清、上清、太清。指天上神仙所居之清靜境地。此喻腦神所居清靜之處。

〔10〕瑤光：星名。《淮南子・本經》：「瑤光者，資糧萬物者也」。注：「瑤光，謂北斗杓第七星也。一說，瑤光，和氣之見者也」。此處指身中火候之方位，生氣聚存之處。

〔11〕爍爍：火光閃動貌。

對於修煉，多數人明白煉己持心之理，而對變通合於道的技巧，只有嚴守功業的人才能領悟。修煉以清淨為本，才能超越上升到如「三清」之地。如是，心神一片潔白光輝，猶如瑤光閃爍。

雲谷道人[1]仙中人，骨氣秀茂真磊落[2]。年來[3]多被紅塵[4]縛，六十四年都是錯。刮開塵垢[5]眼豁[6]開，長嘯一聲歸去來。神仙伎倆無多子[7]，只是人間一味呆。

注釋

〔1〕雲谷道人：雲谷，地名，在福建省建陽縣西，本名蘆峰山，宋乾道中朱熹改名雲谷。構雲穀草堂於其下，自稱雲谷老人。

〔2〕磊落：指容儀俊偉。

〔3〕年來：多少年來。

〔4〕紅塵：指熱鬧繁華之地。

〔5〕塵垢：塵埃與垢汙。《莊子‧大宗師》：「茫然彷徨乎塵垢之外。」

〔6〕谿：疏達及開通之義。

〔7〕神仙伎倆無多子：指精通修道的理論和方法的人是不多的。

雲谷道人，氣度不凡，神采清麗，儀容俊偉，正氣旺盛，異於俗人。確實，精通修煉理論和方法的人是不多的。玉蟾回顧六十四年多被紅塵所縛，感歎修煉成效不及雲谷老人，故長噓一聲，歸回到清淨為本之境。

忽然也解⁽¹⁾到蓬萊，武夷⁽²⁾散人⁽³⁾與君⁽⁴⁾説。見君真個神仙骨，我今也不煉形神，或要放⁽⁵⁾顛或放劣，寒時自有丹田火⁽⁶⁾，饑時只吃瓊湖雪⁽⁷⁾。前年仙師⁽⁸⁾寄書歸，道我有名在金闕⁽⁹⁾，閑名落世收不回，而今心行尤其乖，那堪玉帝見憐我，詔我歸時未肯哉。

注釋

〔1〕解：曉悟之意。

〔2〕武夷：山名，在福建省崇安縣南三十里。相傳昔有仙人武夷君居此，故名。

〔3〕散人：謂疏懶閑散不為世用之人。

〔4〕君：為彼此致敬意之通稱。

〔5〕放：肆意縱姿也。

〔6〕丹田火：指腎陽之氣旺盛，正氣充足。《濟生方》：「腎氣若壯，丹田火上蒸脾土、脾土溫和，中焦自治。」

〔7〕瓊湖雪：指口腔中之漿玉液（玉液、唾液），亦稱仙人之糧。《靈劍子・道海喻》：「人人盡懷道氣，津生滿口，咽而服，是為之漿玉液，此乃仙人之糧矣。」

〔8〕仙師：指陳翠虛。

〔9〕金闕：道書言天上有白玉京、黃金闕，為天帝所居之處。此喻盛譽之名。

白玉蟾修煉功底已很深厚，煉成了純陽之體。因此真陽之氣、命門之火旺盛，禦寒力強，在嚴寒之時，無須添加衣服，只用丹田火溫暖身體就可。命門之火薰育，元精充盈，饑時乃以「仙人之糧」充饑，滋養形體，無須吃五穀之糧。而人見之，卻像神仙一樣，故在社會上享有盛名。

畢竟憑地歌

我生不信有神仙，亦不知有大羅天〔1〕，那堪見人說蓬萊，掩面卻笑渠〔2〕風顛。七返還丹〔3〕多不實，往往將謂人虛傳。世傳神仙能飛升，又道不死延萬年，肉既無翅必墜地，人無百歲安可延，滿眼且見生死〔4〕俱，死生生死相循旋。

注釋

〔1〕大羅天：道教謂三十六天中的最高一重天，是「道境極地」。《元始經》：「大羅之境，無復真宰，唯大梵之氣，包羅諸天。」

〔2〕渠：彼人之稱，猶他也。

〔3〕七返還丹：七乃火數。指其心之陽，復還於心，既往而有所歸也。七度轉復，以應陽九之極體。

〔4〕生死：道家謂生死相輪轉也。《性命圭旨》：「眾生好生而惡死，以莫識死生故！不知生從何來，死從何去？夫萬物非欲生、不得不生，非欲死、不得不死，只為方生方死，輪廻

不絕。」

　　人之有生必有死，這是必然的規律。生生死死不斷衍代，哪有長生不老的人呢？所以白玉蟾不相信會有超脫塵世的神仙及道境極地，如同不切實際地談論蓬萊仙境，會被世人譏笑。

　　翠虛真人與我言，他所見識大不然。恐人緣淺賦分薄，自無壽命歸黃泉〔1〕。人身只有三般物，精神與氣常保全。其精不是交感精〔2〕，乃是玉皇口中涎；其氣即非呼吸氣，乃知卻是太素煙〔3〕；其神即非思慮神，可與元始〔4〕相比肩。

注釋

〔1〕自無壽命歸黃泉：壽命，喻靈魂；歸，終也，歸宿也；黃泉，指人死則葬於地下，故以黃泉為地下之代詞。道家認為，從來沒有靈魂會死而葬於地下的。

〔2〕交感精：指男女交媾之精。《聽心齋客問》：「男女交媾，精自泥丸順脊而下，至膀胱外腎施泄，遂成渣滓，則為交感之精矣。」

〔3〕太素煙：指形成生命的純潔真一之氣。

〔4〕元始：指元神。謂從太虛中來而無思慮意識之神。

　　翠虛真人對人的生死看法卻不同。他疑慮人的緣分淺，稟受的氣質薄，而不能長壽。認為人身之精是極靜純潔中產生的玉液，人身之氣是太一之氣，神是太虛中之元神。這種精氣神應該在虛無中保護之，使其不受損失，人就能長生久視。

　　我聞其言我亦怖，且怖且疑且擎拳。但知即日動止〔1〕間，一物相處常團圓〔2〕。此物根蒂乃精氣，精氣恐是身中填。豈知此精此神氣，根於父母未生前。三者未嘗相反離，結為一塊太無〔3〕邊。人之生死空自爾，此物湛寂何傷焉。

〔1〕動止：動，為運動；止，即靜止。謂動則萌發勃勃生機，靜則思維活動虛極靜篤。動靜交相，以成陰陽和合之用。《性命圭旨全書‧天人合發‧採藥歸壺》：「大道有陰陽，陰陽有動靜。靜則入窈冥，動則恍惚應。」

〔2〕一物相處常圓圓：指一類事物即精氣神融合一起。

〔3〕太無：指太一。《莊子‧天地》：「主之乙太一」。疏：「太者廣大之名，一以不二為稱。言大道廣蕩，無不制圍，括囊萬有，通而為一，故謂太一也。」

白玉蟾聞翠虛真人之言，感到驚奇且疑慮。而後在修煉時，靜極生動之頃間卻感受到精氣神聚合為一，領悟到三者不能有須臾的分離，應和合成為太虛。如此，精氣神才能保全。

吾將矍然[1]以自思，老者必不虛其言，是我將有可受業[2]，渠必以此示言詮[3]。開禧元年[4]中秋夜，焚香跪地口相傳。偶爾行持三兩日，天地日月軟如綿[5]，忽然嚼得[6]虛空破[7]，始知鍾呂[8]皆參玄[9]。吾之少年早留心，必不至此猶塵緣[10]，且念八百與三千[11]，雲鶴相將來翩翩[12]。

〔1〕矍然：驚視的樣子。

〔2〕受業：指跟隨老師學習，謂弟子從師受業也。

〔3〕言詮：謂言語之跡象也，指表現出來的不很顯著的情況，可藉以推斷過去或將來。

〔4〕開禧元年：即西元 1025 年。

〔5〕天地日月軟如綿：天地日月，喻身體內陰陽、水火兩個方面。《永樂大典‧精》：「天地，即吾身之乾坤也。日月，即吾身之坎離也。天地日月，以時而相交，故能陶萬匯而成歲

功，乾坤坎離，以時而相交，故能奪造化而成聖胎。」軟如綿，指身體柔和而舒適。

〔6〕嚼得：指體會得到。

〔7〕破：指真相大白。

〔8〕鍾呂：指鍾離權、呂洞賓。

〔9〕參玄：窮究玄妙之理也。

〔10〕塵緣：佛家以色、聲、香、味、觸、法為六塵，六塵為心之所緣，故曰塵緣。《圓覺經》：「妄認四大為自身相，六塵緣影為自心相。」

〔11〕八百與三千：據傳李脫八百歲，安期生三千歲，他倆都是得道的仙真，能駕雲跨鶴。

〔12〕雲鶴相將來翩翩：雲鶴，指李脫、安期生駕鶴一高一低飛翔。翩翩，指欣喜自得貌。

老一輩的修道人是不會講假話的。為此，玉蟾就跟隨老師學習領會。修持正法幾天後，他就感到身體柔和而舒適，從而體會到虛靜無為之真諦。他體會到，要是在少年時就明白這個深奧的道理，其功夫能達到更高深的境界。

快活歌

快活快活真快活，被我一時都掉脫。撒手浩歌歸去來，生薑胡椒果是辣[1]。如今快活大快活，有時放顛或放劣[2]，自家身裏有夫妻[3]，說向時人須笑殺。

注釋

〔1〕生薑胡椒果是辣：辛甚曰辣。喻練功之初是很艱苦的，是意志的磨練，但練成後感到快樂。

〔2〕劣：此指樸野及固陋之義。

〔3〕夫妻：此喻陽氣及陰精。

修煉之初是艱辛、寂冥的意志磨練。一旦修煉達到六根清淨、心神入靜、外無物慾、內則清虛之時，精氣就旺盛，且神清氣爽，身心就會覺得無比地輕鬆、舒適而快樂。正如《太平經》所說：「初雖勞意，後被其榮」是也。

　　向時[1]快活小快活，無影樹子[2]和根拔[3]，男兒端的會懷胎[4]，子母[5]同形活潑潑。快活快活真快活，虛空粉碎秋毫末[6]，輪迴生死幾千生，這回大死方今活[7]。

注釋

〔1〕向時：昔時，以往之時也。

〔2〕無影樹子：指先天混沌空虛之元氣。古人認為，天地萬物皆生於元氣，氣生於虛無無影之境，故曰無影樹子。

〔3〕和根拔：喻在清靜之下，神氣精和合為一。

〔4〕胎：指神氣合一。《天仙正理直論》：「胎即神炁耳，非真有嬰兒也，非有形有象也。」

〔5〕子母：子，喻神；母，喻氣。《胎息經・幻真先生注》：「神為氣子，氣為神母，神氣相逐，如形與影。」

〔6〕秋毫末：喻事物之細微者。《孟子・梁惠王》：「明足以察秋毫之末。」朱注：「毛至秋而末銳，小而難見也。」此喻微小的雜念。

〔7〕方今活：指功夫高深，扭轉自然規律，達到煉神還虛。復歸無極之道，從而重返本源，常住長生的境界。

　　修道之人，應使心神處於虛無混沌狀態，即使是微小的雜念也應予排除。如此，陰精陽氣就旺盛，且融合為一，而結成內丹，這才是長生久視之本。

　　舊時窠臼[1]潑生涯，於今淨盡都掉脫，元來爹爹只是爺，

懵懵懂懂[2]自瓜葛[3]，近來彷彿辨東西，七七依前四十八[4]。如龍養珠心不忘，如雞抱卵氣不絕，又似寒蟬吸曉風[5]，又如老蚌含明月[6]。

注釋

〔1〕窠臼：指現成格式或老一套。

〔2〕懵懵懂懂：不明事理，糊塗。

〔3〕瓜葛：此指兩件事情互相牽連。

〔4〕七七依前四十八：七七相乘，本為四十九，而今卻是七七四十八，這是一種糊塗的概念。意為修道之人，是非之心不可太明，應處於糊塗狀態，恍惚之境。

〔5〕吸曉風：喻吸取天地之精氣。

〔6〕老蚌含明月：指蚌所含的珠胎純潔明亮，喻心神潔靜。

放棄以往修煉的老一套方法，明辨修煉方向，即以虛無為本。就是說修煉者對於是非之心不可太明，諸如對於「七七四十八」一類的糊塗概念，也無須分清。「明」則易耗損精氣，不「明」才能蓄積精氣。猶如龍養珠，雞孵卵一般神氣專一，才能修煉結丹。

一個閒人天地間，大笑一聲天地闊，衣則四時惟一衲[1]，飯則千家可一缽[2]，三家村[3]裡弄風狂，十字街頭[4]打鶻突[5]。一夫一妻將[6]六兒[7]，或行或坐常兀兀[8]，收來放去任縱橫，即是十方[9]三世佛[10]。有酒[11]一杯復一杯，有歌[12]一闋復一闋，日中了了[13]飯三餐，飯後齁齁[14]睡一歇，放下萬緣[15]都掉脫，脫得自如方快活。用盡惺惺[16]學得癡[17]，此是化景登宸訣[18]。

注釋

〔1〕衲：指縫補之衣。又僧衣稱衲，其僧徒的衣服常用許

多碎布補綴而成，因而又為僧衣之代稱。

〔2〕缽：僧家之食器也。

〔3〕三家村：指身心意為三家，在神形相互作用下，全身處於相對的穩定狀態。《性命圭旨全書‧三家相見圖》：「身心意謂之三家，三家相見者，胎圓也。」

〔4〕十字街頭：原指橫直交叉的熱鬧街道，也喻十種損傷情志的精神活動。即《俱舍論》中所說的無慚、無悔、嫉、慳、悔、睡眠、掉舉、昏沉、瞋忿、覆等。

〔5〕鶻突：糊塗。

〔6〕將：送之義。

〔7〕六兒：喻指影響入靜的六種情識活動。

〔8〕兀兀：昏沉之意。

〔9〕十方：謂東、南、西、北、東南、東北、西南、西北與上方、下方為十方。

〔10〕三世佛：指過去、現在、未來三世佛。佛，梵文佛陀音譯的簡稱，意譯「覺者」。佛經說，凡是能「自覺」、「覺他」、「覺行圓滿」者皆名為佛。

〔11〕酒：指練功，進入虛無靜篤，神氣爽暢。精氣化合，口中生液。滋味香甜，飲似瓊漿甘露，謂之「醍醐酒」。

〔12〕歌：樂聲曰歌。誦之可以和六腑，寧心神，陶冶情操，調和氣血，喻修煉達到快樂的感覺。

〔13〕了了：猶云畢竟也。《五燈會元》：「了了無可得」。

〔14〕齁齁：睡時鼻息聲。

〔15〕緣：佛家禪功慣用語，指意識活動攀援一切之境界。

〔16〕惺惺：指機警之意。

〔17〕癡：癡謂無明，無明即糊塗、不慧也。

〔18〕化景登宸訣：化景，即化境；登，升也；宸，帝居

也。化景登宸訣，指上升到極其高超之境界的訣竅。

　　修煉者對於「七情」應清心寡慾，為人處世不必過於細緻。對於日常生活也應極其隨便，如糊塗得一年四季只穿一件衣服，吃飯只用一個缽子，等等。因其思想純樸，一無所求，心身意才能調和為一；只有把一切雜念排除得一乾二淨，其功夫才能上升到高深境界。

　　時人不會翻筋斗，如饑吃鹽加得渴[1]。偶然放浪到廬山[2]，身在白蘋紅蓼間[3]，一登天籟[4]亭前望，黃鶴未歸春雨寒[5]。心酸世上幾多人，不煉金液大還丹，忘形養氣[6]乃金液，對景無心是大還。

注釋

　　〔1〕如饑吃鹽加得渴：指對修煉心情迫切，但不懂靜定空虛之訣竅，達不到快樂之目的，卻反而有害。

　　〔2〕廬山：山名，在江西省九江縣南。古有匡俗者，兄弟七人，結廬此山，故名廬山。

　　〔3〕白蘋紅蓼間：蘋，水草，也叫田字草；蓼，是一年生蓼科草本，也有生在水中的。此喻人身在腎水中滋養。

　　〔4〕天籟：發於自然之音響也。

　　〔5〕黃鶴未歸春雨寒：意指飛去的黃鶴沒有飛回來，時至春天，細雨綿綿，頗有幾分寒意。喻時間過得很快，人在世上的好景不多，應抓住時機修煉。

　　〔6〕忘形養氣：忘形，指在虛靜之下，忘卻自己的形體。《莊子‧讓王》：「故養志者忘形，養形者忘利。」養氣，調養體內元氣。指納自然清氣用意入丹田，以調養體內之元氣。《丹陽真人語錄》：「是以要道之妙，不過養氣。」

　　世人不懂修煉，就不會運行精氣，即使對修煉要求很迫

切，但不知其訣竅，不得要領，卻反而有害。由於人生在世的時間是短暫的，故告誡世人應抓緊修煉。

　　忘形化氣氣化神[1]，斯乃大道[2]透三關。絳宮炎炎[3]偃月爐，靈台[4]寂寂大玄壇[5]。朱砂[6]乃是赤鳳血[7]，水銀[8]乃是黑龜肝[9]。金鉛[10]採歸入土釜，木汞飛走[11]居泥丸，華池正在氣海[12]內，神室[13]正在黃庭間。

注釋

〔1〕忘形化氣氣化神：忘形化氣，即心神內守處於虛無，虛無化真氣。《素問・上古天真論》：「恬憺虛無，真氣從之，精神內守，病安從來。」氣化神，即氣生精，精旺則神自旺矣。即《類證治裁》所云：「神生於氣，氣化於精，精化氣，氣化神」之謂也。

〔2〕大道：此指真陽之氣。

〔3〕炎炎：指熱氣。

〔4〕靈台：即靈關。心中藏元神的地方，稱為靈關。《性命圭旨全書・涵養本源・救護命室》：「觀心之法，妙在靈關一竅，人自受生感氣之初，稟天地一點元陽，化生此竅，以藏元神。」

〔5〕玄壇：指窈冥之處。

〔6〕朱砂：喻心神或心火。

〔7〕赤鳳血：赤，指忠誠。鳳，指古代有聖德之人；血，為心所主。赤鳳血，乃赤誠聖人之心思和精力。

〔8〕水銀：喻腎水。

〔9〕黑龜肝：喻腎精中之元氣。

〔10〕金鉛：金指肺液，鉛指腎水。

〔11〕木汞飛走：木指肝，汞指心神；飛走，指心神平和。

〔12〕氣海：此指腎。《鍾呂傳道記・論水火》：「元陽在腎，腎為氣之海。」亦指下丹田。

〔13〕神室：指身體中一室，室中空虛無物，為神所居，故曰神室。

神入虛無，則心火和平，元氣自固。真陽之氣充足，則能沿督脈衝透尾閭、夾脊、玉枕三關。

散則眼耳鼻舌忙，聚則經絡營衛間。五臟六腑各有神，萬神〔1〕朝元〔2〕歸一靈〔3〕，一靈是為混元精〔4〕，先天後天乾元亨〔5〕，聖人採此為藥材〔6〕，聚之則有散則零，晝夜河車不暫停，默契大道同運行。

注釋

〔1〕萬神：指五臟六腑之神。

〔2〕朝元：元，指上元、中元、下元，即上丹田、中丹田、下丹田。朝元，指修煉中根據不同的時間，五臟之氣、液朝集於不同的地方。《鍾呂傳道記・論朝元》：「人身一陽始生，五臟之氣朝於中元；一陰始生，而五臟之液朝於下元；使陽中之陰，陰中之陽，陰陽之中之陽以朝上元。皆謂之朝元。」

〔3〕一靈：指元神，即生命活動的主宰。《性命圭旨全書》：「一靈能不泯，精氣可長存。」

〔4〕混元精：指元精，即先天之精。

〔5〕乾元亨：乾元，即元始，指先天之氣。《朱子本義》：「乾元天德之大始，故萬物之生，皆資以為始也，乃曰統天。」亨，通達。一氣通達，陰陽相交、萬物生成。

〔6〕藥材：指精氣。

修煉不入虛靜，識神用事，精氣耗損。故修煉須入靜，使五臟六腑之神歸於元神，使精氣聚合運行於任督兩脈及全身、

經絡、營衛之間，猶如河車運水那樣循環。如此陰陽相變，人的精神氣質變化就大。

　　人人本有一滴金[1]，金精木液各半斤[2]，二十八宿歸一爐[3]，一水一火須調勻，一候[4]剛兮一候柔，一爻[5]武兮一爻文。心天節候定寒暑[6]，性地[7]分野分楚秦[8]，一日八萬四千里[9]，自有斗柄[10]周天輪。

〔1〕金：指腎水中之精氣。

〔2〕金精木液各半斤：金精，指腎水中真陽，又稱神火；木液，指心火中真陰，又稱神水；各半斤，指水火相當，調和運煉。

〔3〕爐：爐為神，指入靜。

〔4〕一候：指一個時候。

〔5〕爻：是八卦基本符號名稱，有陽爻、陰爻之分。陽爻用「一」表示，陰爻用「--」表示。

〔6〕心天節候定寒暑：指心神變化，定奪陰陽。

〔7〕性地：性，指其生之自然之資謂之性。性各不同，有生者隨其生而各具氣質，命之曰性；地，指地面區域。

〔8〕分野分楚秦：分野，謂列宿所當之區域；楚秦，指方位。此喻陰陽水火各有所屬部位。

〔9〕一日八萬四千里：一日，乃比象之喻。喻真氣在全身運行之速，泛指陰陽運行之程度。道家認為，人有八萬四千毫毛孔竅，真氣薰蒸無處不到，謂之一日八萬四千里。

〔10〕斗柄：亦稱斗杓，即北斗七星之五至七三星也，有居陰布陽之義。此指道樞，實相虛空而已。

　　修煉入靜，可令魂、神、魄、志融合為一。因人身陰陽水

火各有部位所屬，根據陰陽之不同情況，用濃意識或淡意識加以調節，使水火相濟，不致有偏，到時真氣薰蒸，運行全身，無處不到。

　　人將脫殼[1]陰陽外[2]，不可不煉水銀銀[3]，但將黃婆來紫庭，金翁姹女即婚姻。青龍白虎歸金鼎，黃芽半夜一枝春[4]，九曲江[5]頭飛白雪，崑崙山[6]上騰紫雲[7]，丁麼默默守玉爐，交媾溫養成胎嬰。神水沃滅三屍火，慧劍[8]掃除六賊兵。

注釋

　　[1]脫殼：即脫胎出殼，以喻另外產生新物者。《參同契》：「作丹之時，脫胎入口，成功之後，脫胎出殼。」

　　[2]陰陽外：指出神入化、玄妙靜漠的變化，脫離超出常人之謂。或指修煉工夫深奧、運氣化神，具有特異功能者。

　　[3]水銀銀：喻腎水中之精華，指元精。

　　[4]半夜一枝春：指半夜子時，一陽初生。猶如寒去春來，春風拂拂，萬物叢生而喻之。

　　[5]九曲江：亦稱九江，指小腸。《鍾呂傳道記‧論水火》：「小腸二丈四尺，而上下九曲，乃曰九江。九曲江位於小腹內，小腹為下丹田之地。故九曲江實指下丹田。」

　　[6]崑崙山：喻頭頂泥丸宮。

　　[7]紫雲：指天空雲霞變幻，映日成紫，謂之紫雲。此喻練功入靜中，真陽之氣上升的一種自我感覺。

　　[8]慧劍：指意識作用下用意排除雜念，如用劍斬去惡邪。

　　排除了影響入靜的三屍六賊後，則陰陽和合，元精元神旺盛。真陽萌動，猶如春天萬物叢生，會產生一種茫茫之光，感覺如紫雲那樣的真陽之氣上升頭頂。功夫高深者還會產生特異功能。

無中生有[1]一刀圭，糞丸中有蜣螂形[2]。誠哉一得即永得，片晌中間可結成。忽然四大[3]成虛白，不覺一靈升太清[4]。縱使工夫汞見鉛[5]，不知火候也徒然。大都全藉周天火，十月聖胎方始圓。

注釋

〔1〕無中生有：指修道入靜，處於無為之境，心神穩定，真陽之氣旺盛，而產生一種如「有物」之景象，謂之無中生有。

〔2〕糞丸中有蜣螂形：糞丸，喻棄除雜念形成金丹；蜣螂，即蜣螂蟲，常吸食動物之死體及糞類等，更能團糞為丸而推之。此喻心神排除雜念結成丹。

〔3〕四大：指道大、天大、地大、人大。

〔4〕太清：三清之一。《南子注》：「太清元氣之清者也。」亦謂太清仙境也。

〔5〕汞見鉛：指水火互濟、陰陽協調之意。

心入虛無，真陽之氣旺盛，就能產生一種如「有物存」之景象。但在這個過程中，要用火候調定，使水火既濟，促使真氣運行。

雖結丹頭終耗失，要須火候始凝堅。動靜存亡宜沐浴，吉凶[1]進退貴抽添。火力綿綿九轉[2]後，藥物始可成胎仙。

注釋

〔1〕吉凶：吉，指佳兆。形神合一，身體各部和諧，協調統一。凶，指降伏其心，束之太緊，未免有火炎之患。

〔2〕九轉：指道功煉成純深，產生精氣神的轉化。《陽氣黃精經》：「流丹九轉，結氣成精，精化成神。」

陰精陽氣所結的丹，會日漸耗失，應以心神加以護養。在虛無靜篤中，以起動靜相交、陰陽互根之作用，化成元神以養

胎。

一時八刻一周天〔1〕，十二時辰準一年〔2〕。每自一陽交媾後，工夫煉到六純乾〔3〕。精神來往知潮候〔4〕，氣血盈虛似月魄〔5〕。一轂從來三十輻〔6〕，妙處都由前後弦。專氣致柔為至仁〔7〕，禮義智信融為仁〔8〕。真土歸位為至真〔9〕，水火金木俱渾全〔10〕。精水神火與意土，煉使魂魄歸其根〔11〕。

注釋

〔1〕一時八刻一周天：一時，指一個時辰，為 2 小時，一小時四刻，一個時辰則八刻。以喻一天。

〔2〕十二時辰準一年：十二時後為 24 小時。一天中氣溫有溫、熱、涼、寒的變化，故可喻一年。

〔3〕六純乾：指陰精陽氣俱旺盛。

〔4〕潮候：如海水定時漲潮和落潮。

〔5〕月魄：月初生或圓而始缺時不明亮的部分，亦泛稱月。

〔6〕一轂從來三十輻：轂，車輪中心的圓木，周圍與車輻的一端相接，中有圓孔，用以插軸。《老子河上公章句》：「古者車三十輻，法月數也。共一轂者，轂中有孔，故眾輻共湊之。治身者當除情去欲，使五臟空虛，神乃歸之也。……」意為轂中空，才有車輪的轉動，心神空虛，才有真氣的運行。

〔7〕專氣致柔為至仁：專氣致柔，指呼吸出入之氣，在神意的作用下柔和自然。《老子河上公章句》：「專守精氣使不亂，則形體能應之而柔順。」至仁，指極長壽的人。

〔8〕禮義智信融為仁：禮，指道德規範；義，指正義，利人之意；智，指智慧；信，指誠實；仁，指具有仁德極高的人。

〔9〕真土歸位為至真：指陰陽處中，會合真土，歸於丹田，就成為造詣極高深的真人。

〔10〕水火金木俱渾全：水火金木，以五行配五臟而言，水屬腎為志，火屬心為神，金屬肺為魄，木屬肝為魂。俱渾全，指志神魄魂渾淪而未相離也，即精神處於穩定狀態。

〔11〕歸其根：指歸於靜。《老子》：「歸根曰靜。」

以轂中空才能使車輪旋轉，比喻心中虛空才有精氣的旺盛與運行。當工夫煉到陰精陽氣俱旺時，就會在全身不斷地運行，如此，神氣堅強老而益壯。魂魄歸靜，精水神火和合歸中，就能成為有極高仁德的人。這些敘述，是對「無中生有」之寫照。

先天一氣今尚存，散在萬物與人身〔1〕。花自春風鳥自啼〔2〕，豈知造物天為春〔3〕。百姓日用而不知〔4〕，氣入四肢徒凋殘〔5〕。松竹虛心受氣足〔6〕，凌霜傲雪長年青〔7〕。況人元神本不死〔8〕，此氣即是黃芽鉛〔9〕。老者可少病可健，散者可聚促可延〔10〕。

注釋

〔1〕散在萬物與人身：古人認為，元氣為萬物之源，有形的物質都來源於元氣，人也不例外，故謂散在萬物與人身。《抱朴子》：「夫人在氣中，氣在人中，自天地至於萬物，無不賴氣以生存者也。」

〔2〕花自春風鳥自啼：春天萬物復蘇，大地春回，鳥語花香，呈現一派生氣勃勃景象。喻冬去春來，陽氣升發之意。

〔3〕造物天為春：古時以為萬物是天造的，而天元祖氣是生物之源，且春天是陽氣生發、萬物生長之時，故謂造物天為春。

〔4〕百姓日用而不知：指一般人不知道陽氣在人身中之作用。

〔5〕氣入四肢徒凋殘：指不煉道功的人，識神用事，真陽之氣白白地被消耗。

〔6〕松竹虛心受氣足：以松竹來比喻人虛心則精氣旺盛。

〔7〕凌霜傲雪長年青：承接上句，以松竹虛心受氣足，其性堅韌，不為嚴寒冰雪所屈而長年青綠，喻人能虛其心，則氣血旺盛，筋骨強韌，長年生機勃勃。

〔8〕況人元神本不死：元神，道家以人之靈魂為元神。《丹經》：「萬物生復死，元神死復生，以神入氣穴，丹道自然成。」本不死，指元神，元神本是寧靜的，能聚精氣神。而識神卻是心機不純，而消耗精氣神，故稱元神本不死。

〔9〕黃芽鉛：指腎水中真陽之氣。

〔10〕散者可聚促可延：指布散於周身的真氣可以聚合於丹田，推動它可以在身中運行。

人與萬物一樣，皆含元氣，但一般人不知其作用。故以松竹虛心受氣足、凌霜傲雪長年青來比喻人若虛其心，則生機勃勃，青春長存，並說明老者可返童，病者可健身，以此告誡人們應當習練道功，強身延壽。

心入虛無行火候，內景內象〔1〕壺中天〔2〕。須知一塵〔3〕一蓬萊。與夫一葉〔4〕一偓佺〔5〕。神即火兮氣即藥，心為爐兮身為田〔6〕。自耕自種自烹煉。一日一粒如黍然。

注釋

〔1〕內景內象：即以神內向返照，存觀臟腑、筋骨、血肉之象。《黃庭內景經·梁丘子注序》：「內者，心也；景者，象也。外象論即日月星辰雲霞之象也；內象論即血肉、筋骨、臟腑之象也。心居身內，存觀一體之象也。故曰：內景也。」亦即內象。

〔2〕壺中天：即一壺天地。指身體，喻人體為宇宙。《參同契》：「修丹者，法天象地，反身而求，則身中自有一壺天

地。」

〔3〕一塵：指一世。《續仙傳》：「儒謂之世，釋謂之劫，道謂之塵。」

〔4〕一葉：形容船小，像一片葉子。李商隱《無題》詩：「萬里風波一葉舟。」

〔5〕偓佺：傳說中的神仙。堯時槐山採藥人，好食松實，能飛行逮走馬。其人形體生毛，長數寸，兩目正方。時人食其所遺松子，皆至二、三百歲。

〔6〕身為田：以身體喻樹谷之田，指煉丹之地。

道功是一種自我鍛鍊的方法。練道功能使心神混沌空虛，如入仙境，並逐漸產生內丹，猶如自耕自種產生出自己所需求的豐碩的果實。

靈芝〔1〕一生甘露〔2〕降，龜蛇千古常相纏〔3〕。一朝雷電撼山川〔4〕，一之〔5〕則日萬則煙〔6〕。日中自有金烏飛〔7〕，夜夜三更入廣寒〔8〕。子子孫孫千百億〔9〕，爐鼎雞犬皆登天〔10〕。

注釋

〔1〕靈芝：古代喻靈芝為不死之藥。此喻身體。

〔2〕甘露：古以甘露為瑞徵，謂天下升平則甘露降。《瑞應圖》：「甘露，美露也，神靈之精，仁瑞之澤，其凝如脂，其甘如飴，一名膏露，一名天酒。」此喻精氣。

〔3〕龜蛇千古常相纏：指神氣長久融合在一起。

〔4〕一朝雷電撼山川：一朝，為一旦；雷電，喻真陽之氣發動；撼，動搖；山，指崑崙頂即泥丸宮；川，喻天河，即為脊髓或督脈。《內鏡·敬身格言》：「古人云：水出崑崙之下，從尾閭復上謂之天河。」意為有朝一日，真陽之氣旺盛，沿督脈上沖泥丸宮。這是練功中的一種自我感覺。

〔5〕一之：指守一，以排除雜念。《太平經》：「以思守一，何也？一者，數之始也；一者，生之道也；一者，元氣所起也；一者，天之綱紀也。」

〔6〕萬則煙：指守一時日一久，經脈自然通達，五藏之神靈明，三丹田之陽氣升騰，有如煙霞之象的感覺。

〔7〕金烏飛：喻真氣運行。

〔8〕廣寒：為北方仙宮之名，即月宮。廣寒為清虛之府，世因稱月宮為廣寒宮。

〔9〕子子孫孫千百億：指一氣化陰陽，而陰陽互化衍生出芸芸萬物之意。

〔10〕爐鼎雞犬皆登天：指黃帝功成，連爐鼎、宮妃官員一起駕龍飛升及許旌陽白日飛升，雞犬同登兩個故事而言（見《神仙通鑒》）。此喻功夫到家，體化純陽，周身皮毛筋骨肉、四肢百骸無一不化，自然脫胎成聖，有如爐鼎雞犬皆升天之象。

只有神氣融合，真氣方能旺盛。真氣薰蒸全身，如甘露降澤，沿督脈上沖頂門，有如煙霞之感，恍惚騰雲升天之景。

大道三十有二傳，傳到天臺張悟真。四傳復傳白玉蟾，眼空四海嗟無人[1]，偶過太平興國宮，白髮道士其姓陳[2]，平生立志學鉛汞[3]，萬水千山徒苦辛，一朝邂逅[4]廬山下，擺手笑出人間塵[5]，翠閣對床風雨夜，授以丹法使還元。

注釋

〔1〕眼空四海嗟無人：感歎眼前空空，天下再沒有修道之傳人了。

〔2〕其姓陳：指陳翠虛。

〔3〕鉛汞：指神氣合一，虛心一體。《天仙正理‧鼎器直論》：「故神氣有鉛汞之喻。」

〔4〕邂逅：指不期而會。

〔5〕人間塵：指人間世，亦即人世。謂人世間關係紛繁複雜。

人世間關係紛繁複雜。陳翠虛擺脫塵世，一生立志修煉，並把清靜無為為本之丹法授與白玉蟾。

人生何似一杯酒，人生何似一盞燈。蓬萊方丈[1]在何處，青雲白鶴[2]欲歸去。快活快活真快活，為君説此末後句。末後一句親吩咐，普為天下學仙者，曉然指出蓬萊路。

注釋

〔1〕方丈：海中仙山名。《漢書郊祀志》：「使人入海求蓬萊、方丈、瀛洲，此三神山者，其傳在渤海中。」

〔2〕青雲白鶴：青雲，指肝魂。肝主青，主魂，或稱肝神。白鶴，指肺魄。肺主白為魄，或稱肺神。

修煉進入虛無靜篤，則元氣旺盛。元氣即命門之火也，神氣爽暢，精氣化合，絪縕薰蒸，口中生液，滋味香甜，飲似瓊漿甘露之醍醐酒那樣快樂，其魂魄似進入了蓬萊仙境。

又一首

破衲雖破破復補，身中自有長生寶[1]。柱杖奚[2]用岩頭藤，草鞋不用田中槁[3]。或狂走，或兀坐，或端立，或仰臥。時人但道我風顛[4]，我本不顛誰識我！

注釋

〔1〕長生寶：指精、氣、神三者。

〔2〕奚：為何，何必。

〔3〕槁：同「稾」，穀類植物的莖稈。

〔4〕風顛：即瘋癲。

意指練功之人的行為舉止多違世俗，常被人視作瘋癲。

熱時只飲華池水〔1〕，寒時獨向丹田火〔2〕；饑時愛吃黑龜肝〔3〕，渴時貪吸青龍腦〔4〕。絳宮新發牡丹花〔5〕，靈台〔6〕初生薏苡草〔7〕。卻笑顏回〔8〕不為夭，又道彭鏗〔9〕未為老。一盞中黃酒更甜，千篇內景詩尤好〔10〕。沒弦琴兒不用彈，無腔曲子無人和〔11〕。朝朝暮暮打憨癡〔12〕，且無一點閑煩惱。屍解飛升〔13〕總是閑，死生生死無不可。隨緣且吃人間飯，不用繰蠶不種稻。寒霜凍雪未為寒，朝饑暮餒禁得〔14〕餓。天上想有仙官名，人間不愛真人〔15〕號。跨虎金翁〔16〕是鉛兄〔17〕，乘龍姹女〔18〕為汞嫂〔19〕。泥丸宮裏有黃婆，解〔20〕把嬰兒〔21〕自懷抱。神關氣關與精關，三關一簇〔22〕都穿過，六賊〔23〕心如火正焚，三屍〔24〕膽似天來大。不動干戈只霎時，破除金剛〔25〕自搜邏〔26〕。一齊縛向火爐〔27〕邊，碎為微塵〔28〕如〔29〕斬挫。而今且喜一粒紅〔30〕，已覺丁公婚老媼〔31〕。當初不信翠虛翁〔32〕，豈到如今脫關〔33〕！葉苗正嫩〔34〕採歸來，猛火〔35〕煉之成紫磨〔36〕。思量從前早是早，翠虛翁已難尋討〔37〕。我今不見張平叔，便把《悟真篇》罵倒？從前何知古聖心，慈悲反起兒孫禍〔38〕。世人若要煉金丹，只去身中求藥草。十月工夫〔39〕慢慢行，只愁火候無人道。但知進退〔40〕與抽添〔41〕。七返九還〔42〕都性躁。

注釋

〔1〕華池水：指腎水。白氏《快活歌》云：「華池正在氣海內。」故華池即氣海下一寸二分之下丹田，腎中精氣貯存於此。

〔2〕丹田火：指心火。此丹田為中丹田。

〔3〕黑龜肝：此指肺金。黑龜為白虎之異名，見《悟真篇》薛道光注。

〔4〕青龍腦：指肝木。

〔5〕牡丹花：喻指水火升降而真氣勃發。

〔6〕靈台：泥丸。

〔7〕薏苡草：禾本科植物，果仁叫薏米，色白可食，又可入藥，因薏苡草有子，故在此用來喻指內藥丹頭。

〔8〕顏回：字子淵，春秋時魯國人，孔子的得意弟子，早逝，只活了32歲。

〔9〕彭鏗：即彭祖，傳說中上古長壽之人，據說活了800歲。

〔10〕一盞中黃酒更甜，千篇內景詩尤好：指修煉到達一定階段，入靜之後，能進入內觀反照、景物斑斕，如飲醇酒那樣一種酣醉的境界。中黃，指心意。《金仙證論·序煉丹第一》注云：「天心名曰中黃。……在天為天心，在人為真意中宮。」內景，即所謂內觀，以意存觀臟腑組織。《黃庭內景經》梁丘子注：「內者，心也。景者，象也。……心居身內，存觀一體之象也。故曰內景也。」

〔11〕沒弦琴兒不用彈，無腔曲子無人和：補充上兩句。描寫一種猶如彈琴吟曲，悠然自得的境界。

〔12〕打憨癡：指打坐練功。

〔13〕屍解飛升：道教以為修仙者不死；其身死遺其屍骸是為飛升登仙。

〔14〕禁：經得住。

〔15〕真人：道教所謂存養本性的得道之人，或修道成仙之人。

〔16〕跨虎金翁：指水中之金，即先天元精。

〔17〕鉛兄：內丹以先天元氣為真鉛，即坎男，故稱「兄」。

〔18〕乘龍姹女：指火中之木，即先天元氣。

〔19〕汞嫂：內丹以先天元氣為真汞，以別於外丹之凡汞。稱「嫂」者，因心火屬離卦，中生有真陰。

〔20〕解：知曉。

〔21〕嬰兒：喻指金丹。

〔22〕簇：通「鏃」。本義為箭頭，在此指箭。白氏《冬至小參文》：「聖胎既就，一鏃三關。」

〔23〕六賊：指眼、耳、鼻、舌、身、意六者。

〔24〕三屍：指青姑、白姑、血姑三蟲。

〔25〕破除金剛：指真氣沿督脈上行，衝破尾閭、夾脊、玉枕諸關。

〔26〕搜邏：喻指真氣運行。

〔27〕火爐：丹田。

〔28〕碎為微塵：指破除障礙。

〔29〕如：原作「誰」，今依《道藏》改。

〔30〕一粒紅：指金丹。白氏《快活歌》：「自耕自種自烹煉，一日一粒如黍然。」

〔31〕丁公娶老媼（ㄠˇ）：謂真土牽合元精元氣後，再經心神指揮火候烹煉以成丹。丁公指心神，老媼即黃婆。

〔32〕翠虛翁：即白氏的師父陳楠，字南木，號翠虛，人號陳泥丸。

〔33〕關鑰：關竅，鑰同「鎖」。

〔34〕葉苗正嫩：喻指內藥丹頭初成。

〔35〕猛火：武火。《性命圭旨全書・火候》：「未得丹時，須借武火以凝之；既得丹時，須借文火以養之。」

〔36〕紫磨：金丹。《悟真篇》又稱作「紫金霜」。

〔37〕尋討：尋求討教。

〔38〕從前何知古聖心，慈悲反起兒孫禍：意謂從前不知

道真正的長生術是內丹，結果好心傳教冶煉服食外丹，反而害了後人。

〔39〕十月工夫：內丹初步結成後的溫養功夫。白氏《鶴林問道篇上》：「結之以片晌，養之以十月。」

〔40〕進退：進火與退符，亦即陰陽二氣的相互消長及相輔相成。

〔41〕抽添：抽鉛添汞，即通過修煉，取坎水中陽爻填入離火中陰爻，化元陰為元陽。

〔42〕七返九還：七為火之成數，九為金之成數，火逼金行，金木（火）交並，則精氣結合，烹煉成丹。意喻還丹的過程。

煉丹概括起來有以下幾個方面：

一、練功者必須時時刻刻注意培育真氣；只有練功不輟，方能成真。

二、練功時必須排除一切心內體外之干擾，專心入靜。當修煉達到一定階段，入靜後，就能進入一種如飲醇酒，如聞仙樂，悠然自得而飄飄欲仙的境界。

三、要煉成金丹，必須以元精、元氣為藥物，以真意為媒介，即《悟真篇》所云「三家相見結嬰兒」。真氣沖關，沿任督脈作周天運轉，透過反覆煉養，最後方能成就金液還丹。

四、內藥丹頭初成，須用武火烹煉結實。內丹初成之後，須用文火溫養。這中間火候的掌握又有二端：一是如何「以神禦氣」，以控制進火退符；一是進火退符如何與自然界的時辰嬗遞、陰陽消長相配合，亦即如何做到應節順時、「內修外應」。

溪山魚鳥憑逍遙，風月林泉共笑傲。蓬頭垢衣天下行，三千功滿[1]歸蓬島[2]。或居朝市或居山，或時呵呵自絕倒[3]。

雲滿千山何處尋？我在市廛誰識我！

注釋

〔1〕三千功滿：指修煉達到「煉神合道」，可以飛升登仙的境界。

〔2〕蓬島：即蓬萊山，傳說中的海上三仙境之一，為神仙所居之地。

〔3〕絕倒：形容開心到極點。

指出修煉之人笑傲江湖，行蹤無定，衣著言行率性而為，純出自然。

金液還丹[1]詩

烏兔乾坤鼎[2]，龜蛇[3]復姤[4]壇。世間無事客，心內大還丹[5]。白虎水中吼[6]，青龍火裏蟠[7]。汞鉛泥蕊[8]豔，金木雪花寒[9]。離坎非心腎，東西不肺肝[10]。三旬窮七返，九轉出泥丸。

注釋

〔1〕金液還丹：真鉛元精與真汞元氣相交合而化生之丹。白氏《玄關顯秘論》：「採精神以為藥，取靜定以為火。以靜定之火而煉精神之藥，則成金液大還丹。」

〔2〕乾坤鼎：以乾坤為鼎器。乾鼎指頭部泥丸宮，坤器指腹部丹田。

〔3〕龜蛇：此指進火退符之始。白氏《金液還丹賦》：「龜乃子爻，蛇乃午象。」

〔4〕復姤：此指火候之運用。復指復卦（☳），姤指姤卦（☴）。復卦之象為一陽初生，為子時、冬至，當進火；姤卦之象為一陰初生，為午時、夏至，當退火。

〔5〕世間無事客，心內大還丹：意謂不為世間俗事所羈之

人，方可煉就金液還丹。

〔6〕白虎水中吼：喻腎水中真陽發動。

〔7〕青龍火裏蟠：喻心火中真陰產生。

〔8〕汞鉛泥蕊：真鉛真汞陰精陽氣交合而生成丹頭。

〔9〕金木雪花寒：形容陰陽二氣交並而真氣氤氳，所謂「白雪漫天」之景，為練功之效驗。

〔10〕離坎非心腎，東西不肺肝：從《金丹四百字》：「震兌非東西，坎離不南北；斗柄運周天，要人會攢簇」取意而來。意謂真氣周天運轉，不是在南北東西的方位，亦即不是在心腎等臟腑間的周轉（例如丹書中所謂「小還丹」云云）。

如何煉成金液還丹，概括其修煉要點，即白氏《鶴林問道篇上》所云：「先則安爐立鼎，次則知汞識鉛，然後以年月日時採之，以水火符候煉之。」

指出欲煉還丹，必須心無雜念，凝神專一，及至元精元氣發動結成丹頭後，真氣的周天運轉，則是在任督脈中的循環。真氣繼續反覆周天，最後在泥丸中結成還丹。

煉丹不成作

八兩日月精[1]，半斤雲霧屑[2]。輕似一鴻毛，重如千秤鐵。白如天上雪，紅如腥腥血。收入玉葫蘆[3]，秘之不敢泄。夜半忽風雷[4]，煙氣滿寥泬[5]。這般情與味，啞子咬破舌。捧腹付一笑，無使心煩熱。要整釣魚竿，再斫秋筠節[6]。

注釋

〔1〕日月精：指元精。

〔2〕雲霧屑：指元氣。

〔3〕玉葫蘆：指丹田。

〔4〕風雷：丹書中常用風雷來描述丹田中陰陽二氣相合或

結丹時的情景。如白氏《玄關顯秘論》:「雷轟電掣,搖動乾坤。」

〔5〕寥泬(ㄒㄩㄝˊ):本為空曠貌,此指身體的中丹田部位。

〔6〕秋筠節:秋天的竹子。

寫煉丹不成時所應持的態度。指出煉丹的藥物之合成,必須斤兩調勻,而進火烹煉時,有如風雷乍起,真氣氤氳,其中滋味,真要令啞巴欲言,咬破舌頭。但如果丹未結成,只宜一笑了之,然後重行修煉。

贈潘高士(二首)

一

冬至煉朱砂,夏至煉水銀[1]。常使居土釜,莫令鉛汞分。子母[2]既相感,火候常溫溫[3]。如是既久久,功成升紫雲[4]。

注釋

〔1〕冬至煉朱砂,夏至煉水銀:互文,當合起來理解。意謂不論冬至夏至,都可煉汞烹鉛,且應持之以恆。

〔2〕子母:陰陽二氣,或神氣二者。

〔3〕溫溫:形容火候綿綿不斷。

〔4〕升紫雲:指修煉成真。

指出採藥不必拘於時節,應當持之以恆,而合成藥物之元精元氣不可使之分離。即便丹頭結成之後,也要不懈修煉,方可達陸地成仙之境。

二

龍虎戰[1]百六[2],烏兔交七九[3]。坎離直[4]寅申[5],艮巽[6]司[7]卯酉[8]。一粒[9]同朱橘,千載永不朽。八月

十五夜，三杯冬至酒〔10〕。

〔1〕龍虎戰：喻元精元氣相感合。

〔2〕百六：泛指多。

〔3〕烏兔交七九：意謂每月的十六日是陰陽交替之時日。白氏《性命日月論》：「每月月三，日出而明生，生至於十五日也；每月月十六，日入而明死，死至於二十八日也。……一月之內，變見六卦，垂象於天。三日一陽生於下而震卦出，八日二陽生於下而兌卦出，十五日三陽全而乾始出，此蓋乾索於坤而陽道進也；十六日一陰生於下而巽卦出，二十三日二陰生於下而艮卦出，三十日三陰全而坤始出，此蓋坤索於乾而陰道進也。」

〔4〕直：同「值」，適逢。

〔5〕寅申：寅為農曆一月，申為農曆七月。

〔6〕艮巽：艮指肝木，巽指肺金。

〔7〕司：管理，引申為決定。

〔8〕卯酉：卯為農曆二月，酉為農曆八月。

〔9〕一粒：指金丹。

〔10〕八月十五夜，三杯冬至酒：冬至酒，指進火。冬至為子月，一陽初生，為進火之時。《悟真篇》：「八月十五玩蟾輝，正是金精壯盛時。若到一陽來起復，便宜進火莫延遲。」

主要講煉丹中火候的運用。指出一月之中，陰陽交替於十六日。又就一年中寒暑陰陽的消長變化，指出沐浴的時節：寅卯二月，木液最旺，進陽火最盛，故當沐浴；申酉二月，金精最旺，退陰符最盛，故當沐浴。而八月十五的月亮最亮，也是金水旺盛之時，亦以進火烹煉為宜。

贈趙縣尉[1]

半斤雷火[2]燒紅杏[3]，一滴露珠[4]凝碧荷[5]。錦帳[6]中間藏玉狗[7]，寶瓶[8]裏面養金鵝[9]。鉛花朵朵開青蕊，汞葉枝枝發絳柯[10]。莫問嬰兒並姹女[11]，等閒[12]尋取舊黃婆。

注釋

〔1〕趙縣尉：身世不詳。《道藏·修真十書·武夷集》有跋語署名曰「修職郎新建寧府崇安縣尉翠雲子趙汝」，故此趙縣尉或即下首詩之「趙翠雲」。

〔2〕雷火：喻指元氣。

〔3〕紅杏：喻指元精。

〔4〕露珠：喻元精元氣合成之內丹。

〔5〕碧荷：喻丹田。

〔6〕錦帳：喻腹部丹田。

〔7〕玉狗：猶言「玉兔」，指元精。

〔8〕寶瓶：指心所居之中丹田。

〔9〕金鵝：猶言「金烏」，指元氣。

〔10〕鉛花朵朵開青蕊，汞葉枝枝發絳柯：猶言「龍騰虎嘯」，喻指真鉛真汞發動。

〔11〕嬰兒並姹女：指內藥的陰陽兩個方面。

〔12〕等閒：隨便，此引伸為自然無為。

指出內丹由元精元氣結合而成；經過修煉，使元精元氣發動，猶如花開枝發；而修煉中又不可糾纏何者為「嬰兒」，何者為「姹女」，只需「自然而然，不約而合」（白氏語）地求得真意，使之媒合陰陽二氣，煉成金丹。

贈趙翠雲

金公姹女[1]到黃家[2]，活捉蒼龜與赤蛇[3]。偃月爐中烹玉蕊[4]，朱砂鼎裏結金花[5]。奔歸氣海名朱驥[6]，飛入泥丸是白鴉[7]。昨夜虎龍爭戰[8]後，雪中微見月鉤斜。

注釋

〔1〕金公姹女：金公指腎中真陽，姹女指心中真陰。

〔2〕黃家：黃婆之家，指中央意土。

〔3〕蒼龜與赤蛇：喻指元精元氣。

〔4〕玉蕊：在此指內藥丹頭。

〔5〕金花：為日月（真鉛真汞）所發之精英，指練功至一定境界時產生的景象。

〔6〕朱驥：赤色的好馬，喻指真氣。

〔7〕白鴉：義同「朱驥」。

〔8〕虎龍爭戰：在此喻指取坎填離，化陰為陽的過程。「虎」原作「火」，據《道藏》改。

元精元氣經意土牽引，合成內藥丹頭，在丹田中烹煉，泥丸中即能產生金花之象，然後透過取坎填離，消盡陰氣，即能成丹。

贈雷怡真[1]

地魄天魂日月精[2]，奪來鼎[3]內及時[4]烹。秖[5]行龜鬥蛇爭[6]法，早是龍吟虎嘯聲。神水華池[7]初匹配，黃芽白雪[8]便分明。這些自[9]飲刀圭[10]處，漸漸抽添漸漸成。

注釋

〔1〕雷怡真：身世不詳。《道藏》又載有白氏《雷怡真小隱送春》詩：「天不欲留春，東君暗歸去。碧梧枝上看，瀟瀟

風送雨。」似雷氏亦為歸隱修道之人。

〔2〕地魄天魂日月精：地魄即月精，天魂即日精，兩者分別為真鉛真汞。

〔3〕鼎：指身心。

〔4〕及時：應節順時。

〔5〕秖（ㄓ）：指「只」。

〔6〕龜鬥蛇爭：真鉛真汞結合。

〔7〕神水華池：白氏《丹房法語》云：「《悟真篇》所謂華池神水，《知命論》又言地魄天魂。」即腎水、心液。

〔8〕黃芽白雪：義項頗多，此當依《金丹四百字·內丹注》所云：「驅鉛汞二物歸玉爐化為氣，故為黃芽；以火養之，升上金鼎，到此氣化為液，謂之白雪。」

〔9〕自：《道藏》作「是」。

〔10〕刀圭：本為古時量取藥物的用具，故亦用來借指藥物。韓愈《寄隨州周員外》詩：「金丹別後知傳得，乞取刀圭救病身。」

烹煉藥物以成丹，必須應節順時，進火退符，要與自然界的陰陽消長規律相一致。只要方法正確，自能使真陰真陽發動，而腎水心液一旦相配，則鉛汞自然感合，在火候烹煉下，分別在丹田與泥丸生出黃芽白雪之景。金丹的最後煉成，是用抽添之法對藥物不斷煉養，漸漸消盡陰氣，以化作純陽。

三華院還丹詩

絳宮無事絕塵埃[1]，坎虎離龍戰幾回。白雪飛空[2]鉛蕊綻[3]，黃雲復鼎[4]汞花開[5]。龜蛇抱一[6]成丹藥，烏兔凝真[7]結聖胎[8]。夜半瀛洲[9]寒月落，冷風吹鶴[10]上蓬萊。

注釋

〔1〕絕塵埃：意謂超脫人世。

〔2〕白雪飛空：形容修煉時真鉛發動的情景。

〔3〕鉛蕊綻：陰中真陽發動。

〔4〕黃雲復鼎：形容修煉時真汞發動的情景。

〔5〕汞花開：陽中真陰生發。

〔6〕龜蛇抱一：真鉛真汞結合成一塊。

〔7〕烏兔凝真：真意牽引元精元氣而凝結。

〔8〕聖胎：指陰陽二氣始凝而成的內丹。《金丹問答》云：「聖胎何謂也？答曰：無質結質生成聖胎……而蓋氣始凝結，極易疏失也。」

〔9〕瀛洲：傳說中海上三仙山之一。

〔10〕鶴：舊時以鶴為長壽的仙禽，故此用以喻修道得仙之人。

欲煉還丹，必須心無牽掛，然後陰精陽氣不斷互相消長，方能成功。具體要點是：真陰真陽發動，合成丹藥，又由真意牽引凝成聖胎，而聖胎雖成，「極易疏失」，故需不斷培育。最後強調，夜半子時，正是練功大好時分，堅持修煉，自然能煉成還丹，獲得長壽。

還丹詩

太乙壇[1]前偃月爐，不消柴炭及吹噓。金翁跨虎歸瑤闕[2]，姹女騎龍到雪壺[3]。採得三斤寒水玉[4]，煉成一顆夜明珠[5]。從茲只用抽添法，產個嬰兒[6]一似渠[7]。

注釋

〔1〕太乙壇：太乙為至尊之稱，太乙壇在此指腦。

〔2〕瑤闕：喻頭部。

〔3〕雪壺：喻丹田。

〔4〕寒水玉：喻真鉛真汞合成之藥物。

〔5〕夜明珠：指初成之內丹。

〔6〕嬰兒：喻純陽金丹。

〔7〕渠：代詞，指真正的嬰兒。

述煉還丹之法。大意是煉內丹的壇爐鼎灶、真鉛真汞均在人身；真鉛上揚，真汞下降，二者互為擒制，合成藥物，煉成內丹；再用抽添之法，化陰為陽，最後煉成如初生嬰兒般的至純之寶——金液還丹。

述翠虛真人安樂法

收斂神光[1]少[2]默然，頂門一路聚雲煙[3]。且升陽火[4]烹金鼎，卻降靈泉[5]灌玉田[6]。交結只於牛渚[7]外，分明正在鵲橋[8]邊。工夫九九數六六[9]，此是人間安樂仙。

注釋

〔1〕神光：指兩眼之精光，又可指精神。

〔2〕少：稍微。

〔3〕雲煙：真氣。

〔4〕陽火：指真氣從尾閭沿督脈上行。

〔5〕靈泉：指真氣從泥丸沿任脈下行。

〔6〕玉田：丹田。

〔7〕牛渚（ㄓㄨˇ）：指臍下丹田中陰陽交會之處。

〔8〕鵲橋：舌抵上腭，交通任督二脈，稱為鵲橋。

〔9〕工夫九九數六六：意謂長期不懈的修煉功夫。

所述翠虛真人安樂之法，關鍵只在「收斂神光少默然」一句上。以端坐習定為例，收斂神光，自然舌抵上腭，構成鵲

橋，而真氣聚集，周天運轉，從而水火既濟，陰陽平秘，也都
是自然之事。依此法修煉不懈，即能安樂長壽。

呈萬庵十章

歸山一

生死輪廻[1]第幾番？塵塵劫劫[2]不曾閑。一潭湛綠是非
海，千尺粉青人我山。性地靈苗思水國，心天明月掩雲關。衣
中珠子無尋處，今且隨緣煉大還。

注釋

〔1〕生死輪廻：義起於佛教，認為眾生在生死世界循環不
已，如車輪迴旋不停。

〔2〕塵塵劫劫：佛教稱一世為一劫，無量無邊劫為塵劫。

由於對生死輪廻與塵世是非感到厭倦，因而嚮往清靜避世
之地，最終歸山修煉。

採藥二

五蘊山頭[1]多白雲[2]，白雲深處藥苗[3]芬。威音王佛[4]
隨時[5]種，元始天尊[6]下手耘。石女[7]騎龍攀雨術[8]，木
人[9]駕虎摘霜芸[10]。不論貧富家家有，採得歸來各一斤。

注釋

〔1〕五蘊山頭：喻指五臟。

〔2〕白雲：喻指五臟之氣。

〔3〕藥苗：五臟之氣中蘊含的可煉作丹藥的先天真氣。

〔4〕威音王佛：佛名，佛教中用此佛表示遙遠的古代。

〔5〕隨時：順應時節。

〔6〕元始天尊：道教中最尊之神，生於太玄之先。

〔7〕石女：陰道生理構造不完全、不通人道的女子，在此

喻指體內真陰之氣。

〔8〕攀雨術：指企求陰陽交合。

〔9〕木人：又稱木公，即東王公，在此喻指體內真陽之氣。

〔10〕摘霜芸：意謂與真陰結合。芸，香草，多為女子佩戴。

指出人體五臟之氣中蘊含著真氣，乃先天而來，為煉丹藥之原料。如果修煉得法，陰陽二氣相感合，則人人皆可採得真藥。

爐鼎三

須信先天事事無[1]，陰陽陶鑄[2]此形模。真空平等[3]朱砂鼎，虛徹[4]靈通偃月爐。九竅[5]可風壇墠[6]暖，二時[7]失火[8]藥材枯。只此一點無名焰，煉出人間大丈夫。

注釋

〔1〕先天事事無：道家以為，世上萬事萬物都從虛無中產生。白氏《大道歌》云：「君不見，虛無生自然，自然生一氣，一氣結成物，氣足分天地。」

〔2〕陶鑄：燒製、鑄造器物。

〔3〕平等：佛教用語，意謂無差別，此引申為無雜質。

〔4〕徹：通「澈」，清澄。

〔5〕九竅：指下丹田通向外面的九個孔竅。

〔6〕壇墠（ㄕㄢˋ）：本為祭祀的場所，此指煉丹的處所。

〔7〕二時：子、午二時。

〔8〕失火：對火候控制不當。

內丹的鼎爐為法天象地而設：朱砂鼎唯其真空平等，故可結出金丹；偃月爐唯其虛徹靈通，故可調諧陰陽。人身有竅，與天地自然之氣相通，因而煉丹時要掌握好火候，進火退符，

都要契合大自然陰陽升降的規律。

火候四

無位真人[1]煉大丹，倚天長劍逼人寒。玉爐火煆天尊膽[2]，金鼎湯煎佛祖肝[3]。百刻[4]寒溫忙裏準[5]，六爻文武[6]靜中看。有人要問真爐鼎，豈離而今赤肉團！

注釋

〔1〕無位真人：尚未在仙界取得尊位的修道者。

〔2〕天尊膽：指煉丹的藥物。

〔3〕佛祖肝：義同「天尊膽」。

〔4〕百刻：指一日。白氏《鶴林問道篇上》：「一日有十二時，總計百刻。」

〔5〕忙裏準：在寒熱變化中，有著可循的規律。

〔6〕六爻文武：《周易》六十四卦，每卦六爻，陽爻為武，陰爻為文。此「六爻」指稱卦象。用卦象的變化來配合一日十二時辰的火候變化，叫「六爻文武」。

在藥物周天運轉以成丹的過程中，必須依據一日中時辰變化所致之陰陽升降規律，來把握好自身的火候進退，而這種把握，須在靜定中方能做到。

沐浴五

藥爐丹鼎火炎炎，六賊三屍怕令嚴。無去無來無進退，不增不減不抽添。愛河[1]浪靜浮朱雀[2]，覺海[3]波深浸白蟾[4]。一自浴丹歸密室[5]，太陽門下夜明簾。

注釋

〔1〕愛河：喻指丹田。

〔2〕朱雀：心火元氣。

〔3〕覺海：指腦。

〔4〕白蟾：喻腎水元精。

〔5〕密室：義同《黃庭內景經》：「後有密戶前生門」之「密戶」，指命門。

沐浴之時，必須「洗心滌慮」，排除雜念，使火候處於不靜不動的狀態，也不有意識地抽鉛添汞。這時，體內是真氣薰蒸，三田平和，處於水火互相交養之協調穩定狀態。

溫養六

金翁姹女結親姻[1]，洞口[2]桃花日日春[3]。拾得一輪天上月[4]，煉成萬劫屋中珍[5]。黃婆即是母[6]之母，赤子[7]乃其身外身。龍漢元年[8]消息斷，威音[9]前面更何人！

注釋

〔1〕金翁姹女結親姻：元精元氣相合。

〔2〕洞口：指虛危穴，即尾閭穴，又名桃康。

〔3〕桃花日日春：真氣氤氳，如春意融融。桃花，指元陰元陽相感之真氣，因「桃康」之穴名而喻。

〔4〕拾得一輪天上月：指依月象的盈虧變化來掌握火候。如上弦月（農曆每月初七、初八左右）與下弦月（農曆每月二十三日前後）之時，月亮的明亮部分與晦暗部分相等，此時陽魂陰魄相等，可以文火溫養。

〔5〕屋中珍：指內丹。

〔6〕母：丹母，金丹之母。

〔7〕赤子：又叫嬰兒，由溫養而煉就之內丹。白氏《玄關顯秘論》：「溫養聖胎，產成赤子。」

〔8〕龍漢元年：道教以為天地之數有五劫，龍漢、赤明、上皇、開皇、延康。龍漢元年即始劫之初，謂天地產生之始。

〔9〕威音：即威音王佛，參前《採藥》注〔4〕。

溫養時，陰陽二氣相感合，尾閭穴自然真氣融融而周轉任督；此時火候的控制，要以月象的盈虧變化規律為依據。

　　在整個溫養過程中，中央意土一直起主導作用，等到「十月既滿，氣足形圓」，則自然「身外有身謂之胎仙」（白氏《玄關顯秘論》）。

脫胎七

　　青天白日一聲雷[1]，撒手懸崖[2]了聖胎[3]。有眼如盲光爍爍，無繩似縛笑哈哈[4]。黃金殿[5]下千株柳[6]，碧玉堂[7]前萬樹梅[8]。辜負鴛幃[9]人寂寞，秦樓[10]宴罷盍[11]歸來！

注釋

〔1〕青天白日一聲雷：形容脫胎時的感覺。

〔2〕撒手懸崖：喻指脫胎。

〔3〕了聖胎：完成了溫養聖胎的功夫。

〔4〕哈哈（ㄏㄞ）：形容快樂歡喜的樣子。

〔5〕黃金殿：指腦，又稱為「金室」。

〔6〕千株柳：喻真氣氤氳。

〔7〕碧玉堂：指肺，又稱為「玉堂宮」。

〔8〕萬樹梅：義同「千株柳」。

〔9〕鴛幃：指陰陽交合之處所。

〔10〕秦樓：舊時城市中吃喝玩樂的場所。

〔11〕盍：何不。

　　這首詩描寫了脫胎時的行功姿勢及感受，同時，指出了脫胎的必要條件：一是真氣必須充沛，金殿玉堂，十二層樓，一片真氣氤氳；二是真陰真陽必須交合而溫養，即如呂岩《谷神歌》所云：「爐中姹女脫青衣，脫卻青衣露素體，嬰兒領入重幃裏。十月情濃產一男，說道長生永不死。」

金丹八

佛與眾生[1]共一家，一毫頭[2]上現河沙[3]。九還七返魚遊網，四諦三空[4]兔入罝[5]。混沌[6]何年曾結子[7]？虛空[8]昨夜複生花[9]。阿誰[10]鼎內尋丹藥？枯木岩前月影斜。

注釋

〔1〕眾生：佛教指一切有情、假眾緣而有生的人或物。

〔2〕一毫頭：即佛教典籍中所謂「一毛端」，為極少之稱。

〔3〕河沙：義同「沙訶」，佛教用語，驚覺、警發之意。

〔4〕四諦三空：四諦指四種神聖的真理，三空指三種解脫的法門，都是佛教要義。

〔5〕罝（ㄐㄩ）：捕兔的網。

〔6〕混沌：道家道功用語，指陰陽二氣相融，也是行功結丹的必需狀態。

〔7〕子：即嬰兒，指金丹。

〔8〕虛空：佛家禪功用語。虛為無形質，空為無障礙，是練功成功的必需狀態。

〔9〕花：心花；或指金花。

〔10〕阿誰：何人。

這首詩名曰「金丹」，主旨卻不在於如何煉金丹，而在說明佛、道二家的修持法，都能達長壽之目的。詩中指出，道家修煉，講究九還七返，佛家修習，講究四諦三空；前者結金丹而飛升登仙，後者開心花而愈老彌健。這正如《悟真篇·自序》所云：「教雖分三，道乃歸一。」

沖舉九

自從踏著涅槃[1]門，一枕清風幾萬年[2]。弱水[3]蓬萊雖有路，釋迦[4]彌勒[5]正參禪[6]。誰將枯木岩前地，放出落花[7]

啼鳥天〔8〕？兩個泥牛〔9〕斗入海〔10〕，至今消息尚茫然。

注釋

〔1〕涅槃：即圓寂，是佛教全部修習所要達到的最高理想，為無生無死的一種最高精神境界。

〔2〕一枕清風幾萬年：小睡一覺，世上已歷數萬年，喻壽可與天比齊。

〔3〕弱水：水弱不能勝舟，或地僻不通舟楫。

〔4〕釋迦：釋迦牟尼，佛教創始人。

〔5〕彌勒：彌勒佛，是佛教傳說中將繼承釋迦佛位為未來佛的菩薩。

〔6〕參禪：佛教的修持方法，意謂玄思冥想，探究真理。

〔7〕落花：喻指真氣下沉。

〔8〕啼鳥天：鳥啼飛天，喻真氣上舉沖關。

〔9〕兩個泥牛：指陰陽二氣。

〔10〕海：臍下丹田中陰陽交會之處，即氣海。

修道成真，需長期不懈地修煉，只因欲達仙界，釋迦、彌勒尚需修持，常人自然就不必說了。至於沖舉，首先必須有一個真氣下沉，積而蓄之的準備階段。而真氣是由陰陽二氣合成，下沉丹田而歸氣海，蓄之既久，其沖舉之力也就愈強。

參同十

道人〔1〕家在海之南，來訪廬山老萬庵。露柱〔2〕燈籠同請舉，僧堂佛殿總和南〔3〕。山河大地自群動，蠢動〔4〕含靈共一龕〔5〕。罈甕〔6〕裏魚〔7〕淹未死，此香炷〔8〕向活瞿曇〔9〕。

注釋

〔1〕道人：白氏自指。

〔2〕露柱：破敗的房柱，此借指破舊的屋舍。

第八章　白玉蟾：《指玄集》釋義

635

〔3〕和南：僧人合掌問禮叫和南。

〔4〕蠢動：出於自然，率性而動。

〔5〕龕（万丫）：供奉佛像或神主的小閣。

〔6〕齏（丩一）甕：放置薑、蒜等辛辣調味品的甕罐。

〔7〕魚：白氏自喻。

〔8〕香炷：即炷香，一枝香。

〔9〕活瞿曇：對萬庵僧的敬稱。瞿曇，梵語音譯，指佛祖釋迦牟尼，也作佛之代稱。

作者到廬山訪問萬庵老僧，雙方以禮相見，一起參究佛、道精義，認為大道歸一，兩教義理相通，就好比群山率性而動，然其靈則一。此詩名曰「參同」，義正在此。

贈何道人

汞虎鉛龍煉氣神，黃芽昨夜一枝春。刀圭底[1]事如何會[2]？伏火朱砂匱[3]水銀。

注釋

〔1〕底：的。

〔2〕會：領會，明白。

〔3〕匱：作動詞，窮盡。

如何煉成內丹藥物？其法即運用火候烹煉，使真鉛完全地和真汞結合。

贈雲谷孔全道

凝神爽氣[1]煉金丹，七返從來有七還。昨夜一聲雷霹靂[2]，不知人已在泥丸。

注釋

〔1〕爽氣：培育、淨化真氣。

〔2〕雷霹靂：形容真氣沿督脈上行沖關時的感覺。

煉金丹時，需意念專一，使真氣反覆周天運轉，而要做到這點，真氣在督脈上舉沖關直達泥丸，為尤重要之一環。

贈趙寺丞

汞鉛當在身中取，龍虎不於意外求。會得這些真造化〔1〕，何愁不曉煉丹頭〔2〕。

注釋

〔1〕造化：創造化育。

〔2〕丹頭：此指元精元氣經修煉而合成的內丹真種。

煉丹的原料即體內的元精元氣，只要在行功中調節意識活動，排除影響心神入靜的各種因素，自然就能取得真鉛真汞，煉就丹頭。

贈陳先生（二首）

其一

木人〔1〕手裏揮泥劍，石女〔2〕頭邊帶鐵花。龍漢元年〔3〕冬上巳〔4〕，相逢一盞趙州茶〔5〕。

注釋

〔1〕木人：見前《呈萬庵十章‧採藥》注〔9〕。

〔2〕石女：見前《呈萬庵十章‧採藥》注〔7〕。

〔3〕龍漢元年：見前《呈萬庵十章‧溫養》注〔8〕。

〔4〕冬上巳：冬，指冬十月。十月為亥月，為退火進符交替之月。巳，指十二時辰中的巳時。正巳時為十二時，為進火退符交替之時。冬上巳即指進火退符之火候交替運轉不息。

〔5〕趙州茶：《五燈會元》：「雲門糊餅趙州茶。」這兒用相逢時以趙州茶相待，喻陰陽二氣相感合。

人體內有陰陽二氣，要不斷地運用火候烹煉，以達水火既濟、陰陽調和之境。

其二

翻身趯[1]倒玉葫蘆[2]，神水華池一夜枯。驀地夜行見月影，水晶盤裏走明珠[3]。

注釋

〔1〕趯（ㄊㄧˋ）：踢。

〔2〕玉葫蘆：喻指丹田。

〔3〕驀地夜行見月影，水晶盤裏走明珠：意謂對火候的把握不要死板，要靈活自然，比如進火之「活子時」等等。白氏《修仙辯惑論》引陳泥丸云：「上品丹法，以行住坐臥為火候。」「天仙之學，如水晶盤中之珠，轉漉漉地，活潑潑地，自然圓陀陀、光爍爍。」陳氏將修仙煉丹分作上、中、下三等，「天仙之學」即「上品丹法」。

這首詩強調要掌握正確的修煉方法。首先指出，如果修煉方法錯誤，別說煉成內丹，連煉丹的藥材都會枯竭；然後從正面寫，而落筆在對火候的靈活把握上。

華陽吟（三十首）

其一

家在瓊瑤[1]萬里遊，此身來往似孤舟。夜來夢趁西風去[2]，目斷家山[3]空淚流。

注釋

〔1〕瓊瑤：白氏的家鄉瓊州，在今海南島瓊山。

〔2〕夢趁西風去：夢裏曾經趁風歸家。

〔3〕目斷家山：望斷家鄉的山山水水。

寫作者離開家鄉萬里遊蕩，思鄉之情夢裏白日縈回不絕，以至望斷故里，潸然淚下。

其二
　　海南一片水雲天[1]，望眼生花[2]已十年。忽一二時回首處，西風夕照咽悲蟬[3]。

注釋

　〔1〕水雲天：海水無邊，與天相接。
　〔2〕望眼生花：遠眺家鄉，眼含淚花。
　〔3〕咽悲蟬：嗚咽有如秋蟬之悲鳴。
　　亦寫作者的思鄉之情，而情感較上一首更為熾熱。

其三
　　一從別卻海南船，身逐雲飛江浙天。走遍洞天[1]尋隱者，不知費幾草鞋錢。

注釋

　〔1〕洞天：洞中別有天地之意。道家以此為仙人所居之處。
　　作者乘船離開家鄉瓊州之後，走遍江浙一帶，到處尋訪道行高超的隱者。

其四
　　白雲和我到天臺[1]，眼入青山障豁開。到彼山中還又起，空令到處夜猿哀。

注釋

　〔1〕天臺：天臺山，在浙江天臺縣城北 20 公里，是道家道功南宗之祖張伯端的家鄉，也是佛教天臺宗的發源地。
　　作者漫遊途中，曾到過浙江天臺山。

其五

拄杖尋真入武夷[1]，幔亭峰[2]下雪花飛。行從九曲灘頭看，萬壑千岩翠作圍。

注釋

〔1〕武夷：武夷山，在福建崇安縣西南，道書稱為第十六洞天。

〔2〕幔亭峰：在武夷山上。幔亭為用帳幕圍成的亭子。幔亭峰以八月十五日在山上置幔亭而得名。見《雲笈七籤》九六。

作者亦曾入武夷山「尋真」。史載：白氏因任俠殺人，曾亡命於武夷山。

其六

武夷結草[1]二年餘，花笑鶯啼春一壺。流水下山人出洞，岩前空有煉丹爐。

注釋

〔1〕結草：結草為廬，此指隱居。

作者隱居武夷山，煉丹修道，歷時二年有餘。

其七

得訣歸來試煉看，龍爭虎鬥[1]片時間。九華[2]天上人知得，一夜風雷[3]撼萬山。

注釋

〔1〕龍爭虎鬥：喻指鉛汞結合的過程。

〔2〕九華：日月之精華。此即指體內之真鉛元精與真汞元氣。《抱朴子內篇·暢言》：「咽九華於雲端。」

〔3〕風雷：行功中陰精陽氣交合時的感覺。

詩指出，若能懂得使體內之真陰真陽發動並結合，就能煉成內丹。

其八

白馬江[1]頭嘯一聲，紅光紫霧水中生[2]。急抽匣內青蛇劍[3]，才得黃河徹底清[4]。

注釋

〔1〕白馬江：即白馬水，水名，在河南滑縣北，舊為黃河分流處，今已淹沒。

〔2〕紅光紫霧水中生：腎水中真陽元精生發。

〔3〕青蛇劍：喻真陰元氣。

〔4〕黃河徹底清：喻指體內元精元氣交合、陰陽平衡之狀態。

煉丹中必須使元精元氣互相配合。

其九

渴飲金波[1]數百鍾[2]，醉時仗劍指虛空[3]。腳跟戲躧[4]交乾斗[5]，長嘯一聲天地紅。

注釋

〔1〕金波：酒。

〔2〕鍾：通「盅」，酒杯。

〔3〕虛空：天空。

〔4〕躧：踩。

〔5〕乾斗：乾指乾坤八卦。斗指四方星座，有二十八宿；或指北斗七星。

飲酒舞劍，腳踩乾坤八卦、四方星座之位，長嘯一聲，天地變色，豪邁之極。

其十

移將北斗過南辰[1]，兩手雙擎日月輪[2]，飛趁崑崙山[3]上出，須臾[4]化作一天雲[5]。

第八章　白玉蟾：《指玄集》釋義

641

注釋

〔1〕北斗過南辰：即所謂「神水華池初匹配」之意。北斗，指北方玄武七宿，此借指北方腎水。南辰，指南方朱雀七宿，此借指南方心火。過，訪問。

〔2〕日月輪：喻真陰真陽。

〔3〕崑崙山：泥丸之異名。白氏《谷神不死論》：「頭有九宮……中間一宮，謂之泥丸，……又名崑崙」。

〔4〕須臾：片刻間。

〔5〕雲：即所謂「白雪」，參前《贈雷怡真》注〔8〕。

透過修煉，將腎水、心液相配，從而真陰真陽生發而相合，再通過煉養，上升泥丸宮，即產生「白雪漫天」之景。

其十一

戲泛金船到海涯，暗隨海水渡流沙。一從登著蓬萊岸，去看瓊台[1]閬苑[2]花。

注釋

〔1〕瓊台：華美的樓臺。

〔2〕閬（ㄌㄤˋ）苑：閬風之苑，為仙人所居之境。李商隱《碧城》詩：「閬苑有書多附鶴，女牆無處不棲鸞。」

只要修煉得法，自能成真，可以登蓬萊而觀閬苑瓊台之美景。

其十二

人身自有一蓬萊，十二層樓[1]白玉階。姹女嬰兒常宴會[2]，堂[3]前夜夜牡丹開[4]。

注釋

〔1〕十二層樓：本指任脈中喉嚨到心這一段。在《黃庭內景經》梁丘子注云：「本經云『絳宮重樓十二級。』絳宮，心

也。喉嚨在心上，故曰重樓。」此當引申為指任督脈。

〔2〕姹女嬰兒常宴會：元精元氣時常交合。

〔3〕堂：明堂，指心。《黃庭外景經》：「明堂四達法海源」，涵虛注：「明堂者，心宮是也。」

〔4〕牡丹開：形容陰精陽氣相交而真氣勃發之景。白氏《快活歌》又一首云：「絳宮新發牡丹花。」

人人皆可透過修煉而成真，而登仙之樓階，則是真氣賴以周轉之任督脈。這就要求平時要加強修煉，培育真氣。

其十三

怪事教人笑幾回，男兒今也會懷胎〔1〕，自家精血自交媾，身裏夫妻〔2〕是妙哉！

注釋

〔1〕胎：聖胎。

〔2〕身裏夫妻：身中陰陽二氣，透過修煉，能如夫妻一樣結合在一起。

人體中有陰陽二氣，通過修煉，使其結合，就能生成聖胎。

其十四

一吟一醉一刀圭，真氣真精滿四肢。若到酒酣眠熟後，滿船載寶過曹溪〔1〕。

注釋

〔1〕滿船載寶過曹溪：意謂真氣周天運轉。寶，指真氣；曹溪，即尾閭穴，為任、督脈交接之處。

詩描畫作者吟詩飲酒，修道練功，瀟灑自得，

其十五

元神〔1〕夜夜宿丹田〔2〕，雲滿黃庭〔3〕月滿天。兩個鴛鴦浮

綠水^[4]，水心一朵紫金蓮^[5]。

（注釋）

〔1〕元神：腦神，白氏《谷神不死論》：「泥丸……乃元神所住之宮。」

〔2〕宿丹田：意守丹田。

〔3〕雲滿黃庭：即所謂「白雪漫天」之景。黃庭，泥丸。白氏《谷神不死論》：「頭有九宮，上應九天，中間一宮，謂之泥丸，亦曰黃庭。」

〔4〕兩個鴛鴦浮綠水：此以鴛鴦戲水喻元精元氣交合。

〔5〕紫金蓮：即金花。參前《贈趙翠雲》注〔5〕。

行功時當意守丹田，待到陰陽二氣相交感合，則能產生金花之象。

其十六

饑餐一兩黑龜肝^[1]，寒向丹田猛火山^[2]。但見心頭無點事^[3]，不知人世有饑寒。

（注釋）

〔1〕黑龜肝：真鉛元精。

〔2〕猛火山：真汞元氣。

〔3〕無點事：無欲無念，心神安寂。

只要排除雜念，心神專一，隨時注意修煉，自然能夠達到不知饑寒的成真境界。

其十七

青牛^[1]人去幾多年？此道分明在目前。欲識目前真的處，一堂^[2]風冷月娟娟。

（注釋）

〔1〕青牛：指真氣。道功文獻中稱真氣自尾閭至泥丸之運

行為「三車」，其中由玉枕關到泥丸又叫作「牛車」，故青牛可喻真氣。

〔2〕堂：指心室所居之中丹田。

儘管過去修煉未果，但成功的道路仍然暢通；目前固然是真氣未聚，但月華湧現，正是練功大好時分，有志者自當努力為之。

其十八

片餉工夫煉汞鉛，一爐猛火夜燒天。忽然神水落金井〔1〕，打合〔2〕靈砂〔3〕月樣圓。

注釋

〔1〕金井：即華池，中貯腎水元精。

〔2〕打合：打磨融合。

〔3〕靈砂：指內丹。

內丹結之以片刻間，由心意指揮武火烹煉元精元氣，使之融合而成。

其十九

一泓〔1〕神水滿華池，夜夜池邊白雪飛〔2〕。雪裏有人〔3〕擒玉兔〔4〕，趕教明月上寒枝。

注釋

〔1〕泓：水深而廣。

〔2〕白雪飛：此喻指腎精化氣。

〔3〕人：此指心液中真陰。

〔4〕玉兔：《攝生纂錄》：「月中兔比腎中之氣也。」此指腎水中真陽。

煉內丹時，腎水心液相配，腎精化氣，然後元陰元陽媾合而上浮。

其二十

不動絲毫過玉關^[1]，關頭自有玉京山^[2]。能於山內通來往，風攪九天^[3]霜雪寒^[4]。

注釋

〔1〕玉關：腦中神門，即玉枕關。《寥陽殿問答篇》：「人之後腦骨，一名風池，其竅最小而難開……此關名玉枕，又名鐵壁也。」

〔2〕玉京山：玉京為天關，藉以指腦中泥丸。《魏書‧釋老志》載老子「上處玉京，為神王之宗」。

〔3〕九天：指頭上九穴。白氏《谷神不死論》：「頭有九宮，上應九天」。

〔4〕霜雪寒：即所謂「白雪漫天」之景。

主要寫泥丸宮在練功中交通任督脈的作用。

其二十一

誰識周天造化^[1]功，於今蠻^[2]在片時中。只將鉛汞入真土^[3]，煉出金花滿鼎紅^[4]。

注釋

〔1〕造化：創造化育。

〔2〕蠻：收斂，凝聚。

〔3〕真土：《金丹四百字‧內丹注》：「真土是意」。

〔4〕煉出金花滿鼎紅：意謂內丹煉成。金花，為「日月」所發之精英，又係功境之象，提示大藥不老不嫩，宜急採之。

結丹只在片時之間，只要「三家相見」，泥丸中就會有金花之象提示大藥已成。

其二十二

昨夜三更雷撼山^[1]，九天門戶^[2]不曾關。曹溪路上^[3]分

明見，有個金烏[4]入廣寒[5]。

注釋

〔1〕雷撼山：形容真氣沿督脈上行沖關。

〔2〕九天門戶：通往腦中九宮的關竅，即玉枕關。

〔3〕曹溪路上：指督脈。曹溪，尾閭穴。

〔4〕金烏：指元氣，《攝生纂錄》：「日中烏比心中之液也。」

〔5〕廣寒：指元精。廣寒為月中仙宮，故用以代月。

真氣沿督脈上行沖關，力量極大，猶如春雷撼山，而真氣則是由元精元氣相合而成。

其二十三

曹溪一路透泥丸，只在丹田上下間。解[1]使金翁媒姹女，朝雲暮雨[2]滿巫山[3]。

注釋

〔1〕解：懂得。

〔2〕朝雲暮雨：陰陽交媾之謂。

〔3〕巫山：巫山常用以指陰陽媾和之處，此即指黃庭泥丸。

從尾閭穴有一條督脈直通泥丸，懂得了元精元氣相合之理，方能達陰陽交媾而真氣彌漫之境。

其二十四

只將戊己[1]作丹爐，煉得紅丸[2]化玉酥[3]。謾[4]守火爻[5]三百日[6]，產成一顆夜明珠。

注釋

〔1〕戊己：猶言「陰陽」，意謂調節陰陽。

〔2〕紅丸：藥物。

〔3〕玉酥：內丹真種。

第八章 白玉蟾：《指玄集》釋義

647

〔4〕謾：通「漫」，廣泛，引申為連續不斷。

〔5〕火爻：火候。因練功中用卦爻之象來指示火候的變化，故如是稱。

〔6〕三百日：指溫養所需之十月功夫。

強調人體之能煉成內丹，全在於陰陽造化。指出藥物在體內經過陰陽真火鍛鍊，化生成丹種，再經過十月溫養，就能煉成純陽金丹。

其二十五

絳闕仙都〔1〕一散郎〔2〕，偶來人世且佯狂。身中自有長生寶〔3〕，夜夜飛神〔4〕謁上蒼。

注釋

〔1〕絳闕仙都：指仙人所居之地。

〔2〕散郎：職官名，即郎中或郎官。

〔3〕長生寶：指精、氣、神三者。

〔4〕飛神：指練功。

詩將修真者比作天上仙官下凡，身懷長生之寶，夜夜修煉不懈。

其二十六

家在神霄〔1〕九氣天〔2〕，天中樓殿貯群仙。偶然來到人間世，料想神霄未一年。

注釋

〔1〕神霄：道教稱天的最高層。《宋史·林靈素傳》：「天有九霄，而神霄為最高。」

〔2〕九氣天：《道藏》555冊《猶龍傳》載：由三清玄、元、始三氣各生三氣，合成九氣，以成郁單無量天、上上禪善無量壽天等九天。

修道成真之人好比是天上神仙下凡，而人間一世，天上不
到一年，可見修道者自能長壽。

其二十七

玉皇殿下一仙童，曾掌符書^{〔1〕}守蕊宮^{〔2〕}。因甚俗緣猶未
斷，於今幻質^{〔3〕}入塵籠。

注釋

〔1〕符書：符籙文書。

〔2〕蕊宮：即蕊珠宮，道教傳說在天上的上清宮中，為神
仙所居。

〔3〕幻質：幻化成肉身凡胎。

詩亦將修真者比作是天上仙人下凡。

其二十八

氣蓋山河心膽粗，不能學劍不搜書。夜來掇^{〔1〕}得乾坤^{〔2〕}
動，火候溫溫守玉爐。

注釋

〔1〕掇（ㄉㄨㄛ）：意謂運轉。

〔2〕乾坤：指體內陰陽二氣。

詩自謂專心於練功，於學劍讀書等俗務皆不多心。

其二十九

夢幻之身^{〔1〕}不久長，桑榆^{〔2〕}能耐幾風霜！如何跳出利名
窟？贈汝長生不死方。

注釋

〔1〕夢幻之身：指肉身凡胎。

〔2〕桑榆：喻人到晚年。

人身是虛幻、不長久的，擋不住歲月的摧磨。練功修道不

僅能延年益壽，能使人徹底地擺脫功名利祿的誘惑，而且能達到長生不死。

其三十

拈弄[1]谿山詩伎巧，吐吞風月[2]氣神通[3]。且將詩酒瞞人眼，出入紅塵過幾冬。

注釋

〔1〕拈弄：玩弄。

〔2〕吐吞風月：指練功。

〔3〕氣神通：即神氣交感。白氏《谷神不死論》：「神氣交感，自然成真，與道為一，而入於不死不生。」

作者平時浪跡山水，吟詩飲酒，但只不過是用來瞞人耳目，修道練功，才是活在塵世上的主要目的。

水調歌頭（五首）

其一

金液還丹訣，無中養就兒[1]。別無他術，只要神水入華池。採取天真鉛汞，片餉自然交媾，一點紫金脂[2]，十月周天火[3]，玉鼎產瓊芝[4]。你休癡，今説破，莫生疑。乾坤運用，大都不過坎和離[5]。石裏緣何懷玉[6]，因甚珠藏蚌腹[7]，借此顯天機[8]。何況妙中妙，未易與君知[9]。

注釋

〔1〕無中養就兒：謂通過煉養，於虛無中結出金丹。白氏《鶴林問道篇上》：「結之以片晌，養之以十月，是所謂無中養就嬰兒者也。」

〔2〕紫金脂：指丹種。

〔3〕十月周天火：用周天運轉的火候溫養十月。

道家 南宗 丹道修真 長壽學

650

〔4〕瓊芝：喻指金液還丹。

〔5〕乾坤運用，大都不過坎和離：陰陽二氣的運用變化，都體現在坎離二卦上。坎離是乾坤互相作用的產物。乾的中爻變化生成離，坤的中爻變化生成坎。離為陽，坎為陰，而陽中含陰，陰中含陽；陰陽交變，復為乾坤。故云乾坤之妙用盡在坎離之中了。《周易參同契》：「易謂坎離，坎離者，乾坤之用。」

〔6〕石裏緣何懷玉：坎水中為何含真陽，心火中為何含真陰。

〔7〕因甚珠藏蚌腹：為什麼體內能結出金丹。

〔8〕借此顯天機：借坎離二卦來顯露陰陽造化的奧秘。

〔9〕未易與君知：不容易對您說清楚。

詞的上半闋指出，煉金液還丹，好比婦人從空腹中養出嬰兒，關鍵是要陰陽結合。陰陽即鉛汞，人體中的鉛汞即先天元精元氣。烹煉得法，片刻間便能陰陽交合，生成丹種。然後運以周天火候，溫養十月，即能在頭部泥丸中結就金丹。詞的下半闋，進一步揭示出煉丹的道理可歸結為坎離二卦。

指出人體內陰中含陽，陽中含陰，金丹所以能在體內煉成，其中的奧妙，無非坎離交媾而已。

其二

不用尋神水，也莫問華池。黃芽白雪，算來總是假名之。只這坤牛乾馬，便是離龍坎虎，不必更猜疑。藥物無斤兩[1]，火候不須時[2]。偃月爐，朱砂鼎，總皆非[3]。真鉛真汞，遇之不煉要何為？自己金公姹女，漸漸打成一塊，胎息像嬰兒[4]。不信張平叔，你更問他誰！

注釋

〔1〕藥物無斤兩：內藥是無法真正稱出斤兩來的。

〔2〕火候不須時：進火或退符，不必死板的遵守自然的某時某刻。「須」字原作「用」，此據《道藏》改。

〔3〕總皆非：都非實有，也是借外丹名稱假名之。

〔4〕胎息像嬰兒：指練功中用丹田呼吸，達到神息相依之境，如同嬰兒在母體之息。

詞的上半闋指出，內丹中「神水」、「華池」，都是借用外丹的名詞術語，對「藥物」、「火候」，也應有正確的理解。意在告誡修煉者不要按圖索驥，誤入歧途。

下半闋強調，應當用自己體內的真鉛真汞修煉內丹，而在方法上，則當遵循張伯端宣導的道家內丹南宗一派的修煉方法，也就是陰精陽氣感合，用意念控制火候等等。

其三

要做神仙去，工夫譬似閑。一陽初動〔1〕，玉爐起火煉還丹。捉住天魂地魄，不與龍騰虎躍〔2〕，滿鼎汞花〔3〕乾〔4〕。一任河車運，徑路入泥丸。飛金精，採木〔5〕液，過三關〔6〕。金木間隔，如何上得玉京山〔7〕？尋得曹溪路脈〔8〕，便把華池神水，結就紫金圓〔9〕。免得饑寒了，天上即人間〔10〕。

注釋

〔1〕一陽初動：指冬至或一天中的子時，陽氣初生。若從「活子時」的觀點看，金水旺盛，覺丹田氣動，陽氣生發，即為一陽初動。

〔2〕不與龍騰虎躍：在此意謂不使元精元氣分離。

〔3〕汞花：金花。

〔4〕乾：本為剛健義，此引申為旺盛。

〔5〕木：原作「玉」字，據《道藏》改。

〔6〕三關：此指督脈上尾閭、夾脊、玉枕三關。

〔7〕玉京山：泥丸。參前《華陽吟》第二十首注〔2〕。

〔8〕曹溪路脈：從尾閭穴到泥丸之督脈。

〔9〕紫金圓：金丹。

〔10〕免得饑寒了，天上即人間：意謂煉就金丹，則不懼
饑寒，住在人間，如居天界。

詞的上半闋強調，練功中要凝神守一，閒靜自然。當一陽
初動，便是進火之時。只有使元精元氣緊密結合，並且周天運
轉，方能成功。

詞的下半闋，重點強調了修煉中陰陽二氣必須結合，無論
是過三關，通督脈上泥丸，都須以此為前提。

當然從另一方面說，也只有明瞭真氣運行之路線，才能融
合陰陽二氣，結就紫金丹。

其四

土釜溫溫火，橐籥〔1〕動春雷〔2〕。三田升降，一條徑路〔3〕
屬〔4〕靈台〔5〕。自有真龍真虎，和合天然鉛汞，赤子〔6〕結真
胎〔7〕。水裏捉明月〔8〕，心地覺花開〔9〕。一轉功〔10〕，三十日，
九旬〔11〕來。抽添氣候〔12〕，煉成白血換枯骸〔13〕。四象五行聚
會〔14〕，只在一方〔15〕凝結，方寸絕纖埃〔16〕。人在泥丸上，歸
路入蓬萊。

注釋

〔1〕橐籥：《道藏・洞視起居》：「夫橐籥者，人之心腎也」。

〔2〕動春雷：形容真氣鼓蕩。

〔3〕徑路：此指任督脈。

〔4〕屬：連接。

〔5〕靈台：即泥丸，白氏《快活歌》又一首「靈台初生蕙茋草。」

〔6〕赤子：此指鉛汞合成之內藥。

〔7〕真胎：即「聖胎」，內丹真種。

〔8〕水裏捉明月：取坎水中真陽，以便填入離火中真陰。

〔9〕心地覺花開：意謂心神起導引作用。

〔10〕一轉功：宋陳樸《陳先生內丹訣》收有「九轉金丹秘訣」，中謂一轉功夫，「只覺心中一點光明，乃是丹降」；二轉之功，為心腎交泰，真精成丹，還丹初就；等等。此白氏只借用「一轉」之名詞，意義未必盡同。

〔11〕九旬：猶言九轉，為泛指。旬，周遍，《詩·大雅·江漢》：「王命召虎，來旬來宣。」

〔12〕氣候：火候。

〔13〕煉成白血換枯骸：內煉家以為，修煉到陰氣消盡、遍體純陽的階段，血就變白，白氏《修仙辨惑論》引陳泥丸云：「到此地位，赤血換為白血，陰氣煉成陽氣。」

〔14〕四象五行聚會：《金丹四百字·序》：「以東魂之木、西魄之金、南神之火、北精之水、中意之土，是為攢簇五行；以含眼光、凝耳韻，調鼻息、緘舌氣，是為和合四象。」

〔15〕一方：指泥丸。

〔16〕方寸絕纖埃：意謂結就的金丹十分純淨。

詞指出，在火候的烹煉下，真氣鼓蕩，沿任督脈周天運轉。真氣由元精元氣合成，經過修煉，合成丹藥，生成丹種。進一步的修煉就是取坎填離，消盡陰氣。但這一過程，需要在心意指揮下，真氣反覆周天方能完成；真氣不斷周天的過程，也就是不斷地抽鉛添汞——取坎填離的過程。

在這個過程中，必須注意火候的控制。如此反覆煉養，最

後即能做到赤血換為白血，在泥丸方寸之地中結成純陽金丹。

其五

堪笑塵中客，都總是迷流。冤家纏縛[1]，算來不是你風流。不解去尋活路，只是擔枷負鎖，不肯放教休。三萬六千日[2]，受盡百年憂。得人身，休蹉過[3]，急宜修。烏飛兔走[4]，剎那又是死臨頭。只這眼前快樂，難免無常[5]兩字，何似出塵囚！煉就金丹去，萬劫自逍遙。

注釋

〔1〕冤家纏縛：意謂人世情慾。

〔2〕三萬六千日：正是下「百年」之數。

〔3〕蹉過：錯誤地度過。

〔4〕烏飛兔走：元氣元精喪失。

〔5〕無常：不固定，《荀子‧修身》：「趣舍無定，謂之無常。」

批評了塵世中人不知練功修道，故而一生受盡煩擾之苦；指出人生在世，要儘快修煉，不使元精元氣飛失，而一旦金丹煉成，就可陸地成仙。

沁園春（二首）

要做神仙，煉丹工夫，譬之等閒[1]。但姹女乘龍，金公御虎；玉爐火熾，土釜灰寒。鉛裏藏銀，砂中取汞[2]，神水華池上下間。三田內，有一條徑路，直透泥丸。一聲雷震崑山[3]，真橐籥[4]飛沖夾脊關[5]。見白雪漫天，黃芽滿地；龜蛇繚繞，烏兔掀翻[6]。自古乾坤，這些離坎[7]，九轉烹煎結大還。靈丹就，未升騰玉闕，且在人寰。

注釋

〔1〕等閒：隨便，此引申為自然無為。

〔2〕鉛裏藏銀，砂中取汞：喻腎水中有真陽，心火中有真陰。

〔3〕崑山：泥丸。

〔4〕真橐籥：此指真氣。

〔5〕夾脊關：據《寥陽殿問答篇》，在人背脊之十二節處。彼又云：「一名雙關，直透頂門，此即夾脊關也。」

〔6〕龜蛇繚繞，烏兔掀翻：謂真鉛真汞結合在一塊。

〔7〕自古乾坤，這些離坎：意謂乾坤（陰陽二氣）先天而生，離坎二卦為乾坤之用。詳參前《水調歌頭》第一首注〔5〕。

這首詞的上半闋指出，欲煉大丹，自然無為最為重要；此外，尚需藥材、爐火。而真陰含於心液，真陽生於腎水，以及真氣周天之路線這些道理，也都是需要懂得的。

下半闋指出，真氣沖關之中，可見「白雪」、「黃芽」之景，此時體內陰陽之氣已然結合。

透過真氣反覆周天烹煉，坎水中真陽逐漸填入離火中真陰，陰氣化盡，金液還丹也就煉成了。

又贈胡葆光

要做神仙，煉丹工夫，亦有何難？向雷聲震處，一陽來複；玉爐火熾，金鼎煙寒。姹女乘龍，金公跨虎，片餉之間結大還〔1〕。丹田裏，有白鴉〔2〕一個，飛入泥丸。河車運入崑山，全不動纖毫過玉關〔3〕。把龜蛇烏兔，生擒活捉；靆時雲雨，一點成丹。白雪漫天，黃芽滿地，服此刀圭永駐顏。神丹結，脫胎並換骨，身在雲端。

注釋

〔1〕大還：此實指丹種，需反覆煉養，方能結成還丹。

〔2〕白鴉：指真氣。

〔3〕玉關：玉枕關。參前《華陽吟》第二十首注〔1〕。

指出一陽來復之時，就當進火烹煉；元精元氣相合，片刻之間能結成丹頭；然後真氣周天進行煉養，使陰陽二氣完全交融。陰氣消盡，則神丹結就，陸地成仙。

山坡羊（四首）

其一

默坐寒灰〔1〕清靜，會向時中一定〔2〕。金城賊返，報馬流星奔。用將須分左右軍，出師交征定主賓〔3〕，排的是天文地理、九宮〔4〕八卦天魂〔5〕陣。捉住金精也，送黃庭〔6〕土釜封〔7〕。神通，戰〔8〕罷方能見聖人〔9〕。英雄，不時干戈〔10〕定太平。

注釋

〔1〕寒灰：心如寒灰。

〔2〕定：靜定。

〔3〕用將須分左右軍，出師交征定主賓：意謂內煉中須分陰陽及主次。左右軍，指陰精陽氣；或指文火武火。主賓，指進火退符時，一為主則一為賓，即進陽火則退陰符，進陰符則退陽火；或指取坎填離時一為主一為賓。《悟真篇》：「用將須分左右軍，饒他為主我為賓。」

〔4〕九宮：東漢以前《易》緯家的學說，以離艮兌乾巽震坤坎八卦之宮加上中央，合為九宮。

〔5〕天魂：此指心意。

〔6〕黃庭：《如是我聞》：「心下有一竅，名曰絳宮，是乃龍虎交會之處；直下三寸六分，名曰土釜，又名黃庭，是為中

657

丹田。」

〔7〕封：封爐。《道鄉集》：「封爐者，即歸土釜。恐其走失，以意而守，以目而照；先存後忘，合乎自然，即封爐之要訣也。」

〔8〕戰：喻元精元氣相感合之過程。

〔9〕見聖人：意謂成真。聖人，指道教教主老子。

〔10〕干戈：喻煉養。

這首《山坡羊》曲子，首先提出練功時姿勢、心境與環境的要求，指出這些要求都是為了入靜入定。接下去以用兵打仗為比喻，說明內煉中，必現懂得藥材之分陰陽，火候之分文武，溫養之有抽添，整個內煉過程，就是這些對立面的相互作用。內煉取象於天地自然、九宮八卦，而以心神為主導。

內煉時，擒住金精封爐之後，欲達成真之境，必須陰陽二氣完全交融，而要做到這一點，就必須不斷地煉養。

其二

不刻時陰陽交並，古盆〔1〕一聲號令。九宮〔2〕八卦，排列下拿龍〔3〕陣。領金烏左右軍〔4〕，奪乾坤始媾精〔5〕，三回九轉，交戰在西南境〔6〕。得勝回朝也〔7〕，河車不曾暫停。辛勤，曲枕〔8〕晝夜行。專精，鐵打方樑磨繡針。

注釋

〔1〕古盆：指中央意土。

〔2〕九宮：見上首曲子注〔4〕。

〔3〕龍：此指龍子，即金丹。

〔4〕金烏左右軍：指南方心火。南方心火為離卦，左右軍可指離卦之兩陽爻。

〔5〕乾坤始媾精：指腎水元精。

〔6〕交戰在西南境：元精元氣結合成藥物，其象為一陽初動，猶如初三月象，而依納甲法，此月象為震卦，黃昏時現於西南。

〔7〕得勝回朝也：指藥物已成。

〔8〕曲枕：曲臂而為枕。語出《論語‧述而》：「曲肱而枕之。」

指出在中央意土指揮下，真鉛元精與真汞元氣透過三回九轉，結成內藥，然後河車續轉，經過不懈修煉，最後可煉成「龍子」金丹。

其三

獨坐無為宮殿〔1〕，息息綿綿不斷〔2〕。我把生身父母〔3〕，要使他重相見。青頭郎天外玄〔4〕，白衣婦海底眠〔5〕，嬰兒姹女，阻隔在天涯遠。全仗著黃婆也，黃婆在兩下纏〔6〕。團圓，打破都關〔7〕共一天〔8〕。托延〔9〕，賞罷蟾輝〔10〕斗柄偏〔11〕。

注釋

〔1〕獨坐無為宮殿：靜靜獨坐，心中無為，即今所謂「調身」、「調心」二義。

〔2〕息息綿綿不斷：呼吸細而密，綿綿不斷，即今所謂「調息」之義。

〔3〕生身父母：體內先天陰陽二氣。

〔4〕青頭郎天外玄：意謂真汞元氣懸浮在體內上方。青頭郎，東方肝木。

〔5〕白衣婦海底眠：意謂真鉛元精下沉於體內下方氣海之內。白衣婦，西方肺金。

〔6〕纏：指黃婆牽合陰陽。

〔7〕都關：指尾閭、夾脊、玉枕諸關。

〔8〕天：泥丸。

〔9〕托延：進火退符。

〔10〕蟾輝：月光。

〔11〕斗柄偏：指時辰流轉。斗柄即北斗柄。古人「均斗杓以命四時」，又以斗柄的運轉計算月份。詳見《鶡冠子・環流》及《漢書・律曆志上》。

先指出，練功時要做到如今天所強調的「三調」，而練功之含義，簡言之即陰陽二氣之結合。接著指出，陰精陽氣各據一方，內煉中要靠意土從中媒合。丹種一旦形成，真氣就要衝關通周天，而其中火候的掌握，則當如自然時辰之變化有節。

其四

圓覺[1]金丹太極[2]，這造化誰人知味？傍門小徑，正理全然昧。學三峰九鼎[3]奇，習休糧[4]與閉饑[5]，吃齋入定，到底成何濟[6]？耽擱了浮生[7]也，道無緣福不齊。思知，不識陰陽莫亂為。修持，莫信愚徒妄指迷[8]。

注釋

〔1〕圓覺：佛教用語。直譯為圓滿的靈覺，謂所悟之道平等周滿，毫無缺漏。

〔2〕太極：指原始混沌之氣。語出於《易・繫辭上》：「易有太極，是生兩儀……」。

〔3〕三峰九鼎：含義不詳，要之當為「旁門小徑」一類練功方法。又：「九鼎」一詞又見於《古文周易參同契》：「九鼎者，陽鼎也。太陽居一而合九，九乃陽之數也。」然彼「九鼎」與此「九鼎」，似非一類。

〔4〕休糧：即所謂辟穀，不食五穀肉蔬。

〔5〕閉饑：辟穀之類。

〔6〕成何濟：有什麼用。

〔7〕浮生：人生。

〔8〕指迷：指點迷津。

這首曲子批評了練功中的一些旁門左道，指出三峰九鼎、辟穀等等修持方法，全是昧於正理，耽誤人生。就道家修煉而言，只有金丹太極才是正道。而內煉金丹，「要須洞曉陰陽，深達造化」（《悟真篇‧序》），千萬不可聽信愚人之妄說。

滿庭芳（二首）

其一

鼎用乾坤，藥須烏兔，恁時方煉金丹。水中虎吼[1]，火裏赤龍蟠[2]。況是兌鉛震汞[3]，自元谷[4]上至泥丸。些兒事，坎離復姤[5]，返老做童顏。五行全四象[6]，不調停[7]火候，間斷如閑。六天罡[8]所指，玉出崑山。不動纖毫雲雨，頃刻處、直透三關[9]。黃庭[10]內，一陽來復，丹就片時間。

注釋

〔1〕水中虎吼：腎水中真陽發動。

〔2〕火裏赤龍蟠：心火中真陰發動。

〔3〕兌鉛震汞：兌為西方肺金，與北方腎水為一家，為煉丹之真鉛；震為東方肝木，與南方離火為一家，為煉丹之真汞。

〔4〕元谷：指下丹田。

〔5〕坎離復姤：坎離，指陰陽二氣，即藥物；或指取坎填離。復姤，指火候。

〔6〕五行全四象：參前《水調歌頭》第四首注〔14〕。

〔7〕調停：停止。

〔8〕六天罡（《ㄨㄤ》）：緯書所虛構的六天帝：蒼帝靈威仰，赤帝赤熛怒，黃帝含樞紐，白帝白招矩，黑帝汁光紀，天皇大帝耀瑰寶。

〔9〕三關：尾閭、夾脊、玉枕三關。

〔10〕黃庭：此指泥丸。

要煉金丹，必須以泥丸、丹田為鼎爐，以元精、元氣為藥物。透過正確的修煉方法，使腎水中真陽、心火中真陰發動並結合，然後真氣沖過督脈三關，自丹田上達泥丸進行周天。火候不斷，抽鉛添汞，最後在泥丸中煉成金丹。

其二

兩種汞鉛，黃婆感合，如如[1]真虎真龍[2]。周天造化[3]，蹙在片時中。爐裏溫溫種子[4]，玄珠象氣[5]透三宮[6]。金木處，煉成赤水，白血自流通[7]。無中胎已兆[8]，見龜蛇烏兔，恍惚相逢。但坎離既濟，復姤交融[9]。了得[10]真空[11]命脈，天地裏、萬物春風。陰陽[12]外，天然夫婦[13]，一點[14]便成功。

注釋

〔1〕如如：形容常在、圓融而不凝滯的意思。

〔2〕真虎真龍：原文作「真龍真虎」，於韻不合，此依《道藏》校正。

〔3〕周天造化：真氣周天運轉的創造化育之功。周天原作「周年」，費解。前《華陽吟》第二一首云：「誰識周天造化功，於今蹙在片時中。」文句與此詞正同，茲據以校正。

〔4〕種子：元精元氣合成之內丹真種。

〔5〕玄珠象氣：玄珠成象（金丹之雛形）之氣，即真氣。

〔6〕三宮：上、中、下三丹田。

〔7〕金木處，煉成赤水，白血自流通：赤水，《陳先生內丹訣》詩云：「紅蓮葉下藏丹穴，赤水流通九候珠」，解謂：「赤水者，心之液是也。……自舌下而生，以灌五臟……」一

說赤水即指心血。全句意思，參前《水調歌頭》第四首注〔13〕。

〔8〕無中胎已兆：虛無中已見聖胎之兆。

〔9〕復姤交融：透過進火退符使陰陽二氣完全交融在一塊。復為坤陰轉陽，姤為乾陽轉陰，乃陰陽交替之樞機，故用以指進火及退符。

〔10〕了得：懂得如何獲得。

〔11〕真空：空盡、空無，猶言虛空。

〔12〕陰陽：指女子和男子。

〔13〕天然夫婦：先天元精元氣。

〔14〕點：點化，意即修煉。

詞的上半闋指出，元精元氣要由中央意土感合方能成丹，這只在片刻之間，但卻凝聚了周天造化之功。當丹頭已成，真氣鬱鬱勃發，就上行通過三關，作周天運轉。而煉至陰盡陽純之時，白血流通，成真之日也就到了。

詞的下半闋指出，聖胎於虛無中養就，前提是陰陽二氣必須結合。火候運用適當，則陰陽二氣交融而密不可分。如此修煉，就好比是抓住了天地之命脈，則人自然長壽。

醉江月

冬至贈胡胎仙

因看斗柄運周天，頓悟神仙妙訣〔1〕。一點真陽生坎位，點卻離宮之缺〔2〕。造化無聲，水中起火〔3〕，妙在虛危穴〔4〕。今年冬至〔5〕，梅花依舊凝雪。先聖此日閉關〔6〕，不通來往，皆為群生設。物物皆含生育意，正在子初亥末〔7〕。自古乾坤，這些離坎〔8〕，日日無休歇。如今識破，金烏飛入蟾窟〔9〕。

第八章　白玉蟾：《指玄集》釋義

㊟釋

〔1〕因看斗柄運周天，頓悟神仙妙訣：意謂煉丹當取法於天象。朱元育《周易參同契闡幽》：「丹道法天，全仗天心斡運，斗柄推遷。天心居北極之中，兀然不動，惟視斗杓所指。斗杓指於子午，則水火為之徘徊；指於寅申，則金木於是交並。」

〔2〕一點真陽生坎位，點卻離宮之缺：以腎水中真陽點化心火中真陰，即所謂「取坎填離」。

〔3〕水中起火：猶言「水中火發」。水為陰，火為陽，火起於水中，即陰極陽生，一陽來復之意。

〔4〕虛危穴：又名尾閭穴，為任督交接之處，陰陽變化之鄉。

〔5〕冬至：冬至為陰極陽生之時。

〔6〕閉關：閉門練功，不與人來往。

〔7〕子初亥末：十二時辰始於子而終於亥，故子初即亥末，為陽生之時。

〔8〕自古乾坤，這些離坎：參前《沁園春》第一首注〔7〕。

〔9〕金烏飛入蟾窟：喻真陰與真陽結合。金烏，指心液，中有真陰。蟾窟，即「月窟」，指腎氣，中有真陽。

　　詞強調了修道成真之要，在於效法天地自然，日月星辰。觀星辰之變化，意在掌握火候，而進火退符，也即是取坎填離、化陰為陽之過程。自然界陰陽化生萬物，悄無聲息，然「消息盈虛，終則有始」（《莊子·秋水》），故就煉丹而言，陽氣初生，進火之始，是從陰陽變化之鄉的尾閭穴開始的。萬物在子初陽氣始生之時，都有化育衍生之慾望，因此內煉進火，亦當遵此原則。

　　詞的最後，以陰陽化物日夜不息，告誡世人當及時修煉。

導引養生功

全系列為彩色圖解附教學光碟

張廣德養生著作　每冊定價350元

疏筋壯骨功
定價350元

導引保健功
定價350元

頤身九段錦
定價350元

九九還童功
定價350元

舒心平血功
定價350元

益氣養肺功
定價350元

養生太極扇
定價350元

養生太極棒
定價350元

導引養生形體詩韻
定價350元

四十九式經絡動功
定價350元

輕鬆學武術

二十四式太極拳
定價250元

四十二式太極拳
定價250元

八十六式太極拳
定價250元

三十二式太極劍
定價250元

四十二式太極劍
定價250元

二十八式木蘭拳
定價250元

三十八式木蘭扇
定價250元

四十八式木蘭劍
定價250元

分解教學二十四式 簡化太極拳
定價280元

觀賽套路分解教學 楊式太極拳四十式
定價330元

觀賽套路分解教學 四十二式太極拳
定價250元

三十六式創路分解教學 陳式太極拳
定價250元

太極跤

太極防身術
定價300元

擒拿術
定價280元

中國式摔角
定價350元

彩色圖解太極武術

定價220元

定價220元

定價220元

定價220元

定價350元

定價350元

定價350元

定價350元

定價350元

定價350元

定價350元

定價350元

定價350元

定價220元

定價220元

定價220元

定價350元

定價220元

定價350元

定價350元

定價220元

定價220元

定價220元

養生保健 古今養生保健法 強身健體增加身體免疫力

 醫療養生氣功 定價250元
 中國氣功圖譜 定價250元
 少林醫療氣功精粹 定價250元
 龍形實用氣功 定價220元
 魚戲增視強身氣功 定價220元
 道家玄牝氣功 定價200元
 仙家秘傳祛病功 定價160元

 少林十大健身功 定價180元
 中國自控氣功 定價250元
 醫療防癌氣功 定價250元
 醫療強身氣功 定價250元
 醫療點穴氣功 定價250元
 中國八卦如意功 定價180元
 正宗馬禮堂養氣功 定價420元

 道家筋經內丹功 定價300元
 三元開慧功 定價250元
 防癌治癌新氣功 定價180元
 禪密功築基與築家氣功修煉 定價200元
 顛倒之術 定價360元
 簡明氣功辭典 定價360元
 八卦三合功 定價230元

 朱砂掌健身養生功 定價250元
 抗老功 定價230元
 意氣按穴排濁自療法 定價250元
 健身祛病小功法 定價200元
 張氏太極混元功 定價250元
 中國少林禪密功 定價200元
 郭林新氣功 定價400元

 太極 定價280元
 現代原始氣功 定價400元
 開脈太極 定價300元
 養生太極入門 定價300元
 太極內功養生法 定價180元
 無極養生氣功 定價200元
 小周天健康法 定價200元

 易筋經 定價350元
 洗髓經 定價400元
 精功易筋經 定價200元
 武當門戶七心法氣功 定價280元
 手臂健身法 定價200元
 養生導引術 定價180元
 養生長壽功 定價200元

 太極拳內功養生心法 定價280元
 意拳 定價280元
靜坐要訣 定價200元

運動精進叢書

定價200元

定價180元

定價180元

定價180元

定價220元

定價220元

定價230元

定價230元

定價230元

定價220元

定價230元

定價220元

定價220元

定價300元

定價280元

定價330元

定價230元

定價300元

定價230元

定價280元

定價350元

定價280元

定價280元

定價250元

定價220元

太極武術教學光碟

太極功夫扇
五十二式太極扇
演示：李德印 等
(2VCD)中國

夕陽美太極功夫扇
五十六式太極扇
演示：李德印 等
(2VCD)中國

陳氏太極拳及其技擊法
演示：馬虹(10VCD)中國
陳氏太極拳勁道釋秘
拆拳講勁
演示：馬虹(8DVD)中國
推手技巧及功力訓練
演示：馬虹(4VCD)中國

陳氏太極拳新架一路
演示：陳正雷(1DVD)中國
陳氏太極拳新架二路
演示：陳正雷(1DVD)中國
陳氏太極拳老架一路
演示：陳正雷(1DVD)中國
陳氏太極拳老架二路
演示：陳正雷(1DVD)中國
陳氏太極推手
演示：陳正雷(1DVD)中國
陳氏太極單刀‧雙刀
演示：陳正雷(1DVD)中國

郭林新氣功
(8DVD)中國

本公司還有其他武術光碟
歡迎來電詢問或至網站查詢
電話：02-28236031
網址：www.dah-jaan.com.tw

原版教學光碟

歡迎至本公司購買書籍

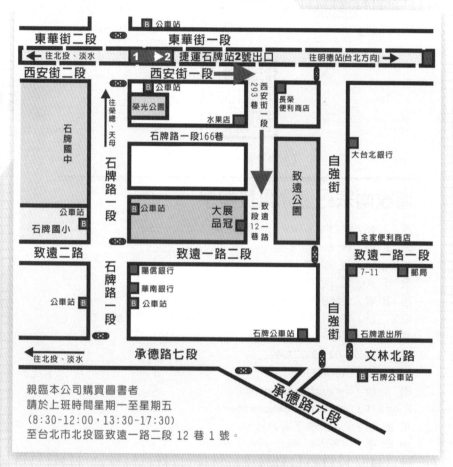

親臨本公司購買圖書者
請於上班時間星期一至星期五
(8:30~12:00,13:30~17:30)
至台北市北投區致遠一路二段 12 巷 1 號。

建議路線

1. 搭乘捷運‧公車

　　淡水線石牌站下車,由石牌捷運站2號出口出站(出站後靠右邊),沿著捷運高架往台北方向走(往明德站方向),其街名為西安街,約走100公尺(勿超過紅綠燈),由西安街一段293巷進來(巷口有一公車站牌,站名為自強街口),本公司位於致遠公園對面。搭公車者請於石牌站(石牌派出所)下車,走進自強街,遇致遠路口左轉,右手邊第一條巷子即為本社位置。

2. 自行開車或騎車

　　由承德路接石牌路,看到陽信銀行右轉,此條即為致遠一路二段,在遇到自強街(紅綠燈)前的巷子(致遠公園)左轉,即可看到本公司招牌。

國家圖書館出版品預行編目資料

道家南宗丹道修真長壽學 / 蘇華仁總主編
一初版，一臺北市，大展，2013 [民 102.11]
　　　面；21公分一（道家養生與生命科學；12）
　　　ISBN　978-957-468-981-1（平裝）
　　1.道教修鍊
235.2　　　　　　　　　　　　　　　　102018353

道家南宗丹道修真長壽學

原　　著／張伯端、石泰、薛道光、陳泥丸、白玉蟾
總 主 編／蘇 華 仁
責任編輯／趙 志 春
發 行 人／蔡 森 明
出 版 者／大展出版社有限公司
社　　址／臺北市北投區（石牌）致遠一路 2 段 12 巷 1 號
電　　話／（02）28236031，28236033，28233123
傳　　真／（02）28272069
郵政劃撥／01669551
網　　址／www.dah-jaan.com.tw
E-mail／service@dah-jann.com.tw
登 記 證／局版臺業字第 2171 號
承 印 者／傳興印刷有限公司
裝　　訂／承安裝訂有限公司
排 版 者／菩薩蠻數位文化有限公司
授 權 者／山西科學技術出版社
初版 1 刷／2013 年（民 102 年）11 月　　　　　定價／500元

大展好書　好書大展
品嘗好書　冠群可期

大展好書　好書大展
品嘗好書・　冠群可期